大学生心理健康教育
积极心理训练

谭华玉　马利军　主编

华南理工大学出版社
SOUTH CHINA UNIVERSITY OF TECHNOLOGY PRESS
·广州·

内 容 提 要

本书是广东省高等职业教育教学改革项目、广东省高等学校思政课题等研究与实践的成果,为高等职业教育新形态一体化教材。

本书基于积极心理学理念,根据影响大学生心理健康的主要方面设计了12个项目,包括"健康人生,从心开始""学会适应,生存之道""认识自我,悦纳自我""优化人格,展现魅力""学会学习,受益终身""和谐人际,幸福之源""谈性说爱,成长成熟""情绪调节,快乐生活""管理压力,笑对挫折""网络心境,智慧驾驭""职业规划,从容就业""珍爱生命,积极人生"。每个项目内容从了解基本知识、识别异常心理、掌握调适方法、提高相关能力等任务展开,配有相应的心理测试、心理训练、拓展阅读和学习评价。配套丰富的微课等教学资源,方便教学使用。

本书在编写过程中,作者尽可能提升教材的可读性、实用性、体验性,将理论学习与实践训练紧密结合,进而最大程度实现教材内化于心、外化于行的教育功效。

本书可作为不同层次职业院校心理健康教育教材和参考用书,也可作为大学生完善心理健康状态、提升心理素养的自助读本。

图书在版编目（CIP）数据

大学生心理健康教育：积极心理训练／谭华玉,马利军主编．－－广州：华南理工大学出版社,2024.7．－－ISBN 978－7－5623－7784－9

Ⅰ．①G444

中国国家版本馆 CIP 数据核字第 2024QU2733 号

Daxuesheng Xinli Jiankang Jiaoyu：Jiji Xinli Xunlian

大学生心理健康教育：积极心理训练

谭华玉　马利军　主编

出 版 人：柯　宁
出版发行：华南理工大学出版社
　　　　　（广州五山华南理工大学17号楼,邮编510640）
　　　　　http：//hg.cb.scut.edu.cn　E-mail：scutc13@scut.edu.cn
　　　　　营销部电话：020-87113487　87111048（传真）
策划编辑：林起提
责任编辑：卜穗珍　郭银霞
责任校对：盛美珍
印　刷　者：广州小明数码印刷有限公司
开　　本：787mm×1092mm　1/16　印张：20.5　字数：496 千
版　　次：2024 年 7 月第 1 版　印次：2024 年 7 月第 1 次印刷
定　　价：52.80 元

版权所有　盗版必究　　印装差错　负责调换

编委会

主　编　谭华玉　马利军
副主编　李　鸥　梁　娟　王琳璐　路丹丹
　　　　　李佳忻　支素华
顾　问　颜新宇
参　编　林冬妹　张文彬　甘子成　龙春江
　　　　　严　芳　温雪秋　龚红莲　李慧平
　　　　　彭洁瑶　闫梦洁　陈海涌　罗婉婷
　　　　　廖彗伶　孙昭赟　黎晓婷

前　言

全面加强和改进学生心理健康教育工作是培育担当民族复兴大任的时代新人的重要内容。大学生的心理健康工作不仅涉及一个人、一个家庭、一个学校，更关乎民族的未来和国家的全局。2023 年 10 月，国家卫生健康委召开的新闻发布会中提到"加强学生心理健康工作上升为一项国家战略"。2024 年 3 月，国务院总理李强在第十四届全国人民代表大会第二次会议上作的政府工作报告中又一次提到"加强学生心理健康教育"。心理健康已成为提高人民生活质量、促进社会和谐稳定的重要因素。

本书紧扣相关文件精神，在编写中贯穿育心与育德相结合、补救性与发展性相并行的"两结合、双并行"理念，体现课程思政与积极心理学特色，通过理论与实践一体化教学，在注重为学生传道授业解惑的同时，更注重挖掘学生的积极力量，发展学生的积极品质，培育学生自尊自信、理性平和、积极向上的健康心态，促进学生心理健康素质与思想道德素质、科学文化素质的协调发展。

本书在 2016 年版《大学生心理健康教育：基于积极心理角度》和 2020 年版《大学生心理健康教育：积极心理学的运用》的基础上修订，按项目式教学调整了教材体例，增加了教学内容和教学视频，更新了教学案例和部分知识点。全书由谭华玉副教授负责拟定教材体例、内容结构，组织并统筹编写；谭华玉副教授、马利军教授审阅定稿。各章执笔编委如下：项目一（谭华玉）、项目二（王琳璐）、项目三（梁娟、支素华）、项目四（马利军、谭华玉）、项目五（谭华玉）、项目六（李鸥、谭华玉）、项目七（马利军）、项目八（梁娟、支素华）、项目九（谭华玉、马利军）、项目十（路丹丹、李佳忻）、项目十一（李鸥、谭华玉）、项目十二（梁娟）。微课视频由以上编者和闫梦洁、陈海涌、罗婉婷教师及学生陈晓丽、苏冰婉提供。部分素材由参编智囊团提供。

由于编者的理论修养和实践经验有限，本书难免存在不足之处，有些相关理论和心理问题案例有待进一步探讨，恳请各位专家、学者和读者提出宝贵意见，以便进一步修订完善。在此，谨向本书中的引文作者表示深深的谢意，向支持和帮助本书出版的领导、专家、朋友和出版社同志表示衷心的感谢，向为本书编写提出宝贵意见的老师、同学们表示衷心的感谢！

编　者

2024 年 6 月

目　录

项目一　健康人生　从心开始
——大学生心理健康教育导论 / 1
任务一　了解心理健康知识 / 3
任务二　掌握大学生心理健康的标准及自我评估 / 6
任务三　识别大学生常见的心理问题及心理疾病 / 10
任务四　维护良好的心理健康 / 17

项目二　学会适应　生存之道
——大学生活的心理适应 / 28
任务一　了解大学生心理适应的相关知识 / 31
任务二　认识大学生活的特点与适应内容 / 33
任务三　探索大学生活不适应的原因及其影响 / 37
任务四　掌握提高心理适应能力的途径与方法 / 41

项目三　认识自我　悦纳自我
——大学生的自我意识与培养 / 52
任务一　了解自我意识 / 54
任务二　认识大学生自我意识的发展历程 / 57
任务三　掌握大学生自我意识偏差的识别及其调适 / 61

项目四　优化人格　展现魅力
　　——大学生人格发展与心理健康 / 73

　　任务一　了解人格 / 75
　　任务二　理解大学生健康人格的标准 / 83
　　任务三　掌握大学生人格问题的识别及其调适 / 85
　　任务四　培育大学生良好的人格魅力 / 90

项目五　学会学习　受益终身
　　——大学生学习心理 / 102

　　任务一　了解大学学习与学习心理 / 105
　　任务二　学会大学生学习心理偏差的识别及其调适 / 110
　　任务三　培养良好的学习状态 / 119

项目六　和谐人际　幸福之源
　　——大学生的人际交往心理 / 132

　　任务一　了解人际交往 / 134
　　任务二　理解大学生人际交往的原则 / 142
　　任务三　学会人际交往障碍的识别及其调适 / 143
　　任务四　掌握人际交往的艺术 / 152
　　任务五　注意大学生的网络人际交往 / 157

项目七　谈性说爱　成长成熟
　　——大学生性心理及恋爱心理 / 167

　　任务一　了解大学生性心理 / 169
　　任务二　了解大学生性心理困惑及其调适 / 172

任务三　认识大学生恋爱心理的特点和常见问题／174

任务四　培养大学生健康的择偶观和恋爱观／179

项目八　调节情绪　快乐生活
——大学生情绪管理／189

任务一　了解情绪／191

任务二　认识大学生情绪发展的特征／196

任务三　掌握大学生不良情绪的识别及其调适／197

任务四　培养健康的、积极的情绪情感／198

项目九　管理压力　笑对挫折
——大学生压力管理与挫折应对／207

任务一　了解压力与挫折的概念及其来源／209

任务二　了解压力与挫折对大学生的影响／216

任务三　理解压力与挫折对人生的意义／219

任务四　掌握常用的压力管理和挫折应对的方法／220

任务五　提高压力承受力与抗挫折能力／222

项目十　网络心境　智慧驾驭
——探索大学生的网络心理／232

任务一　了解网络心理相关知识／234

任务二　认识大学生网络心理特点／237

任务三　识别大学生常见的网络心理问题／242

任务四　维护网络心理健康／246

项目十一　职业规划　从容就业
——大学生职业生涯规划与就业心理 / 257

任务一　了解职业生涯规划 / 260

任务二　学会大学生择就业常见的心理偏差识别及调适 / 267

任务三　培养大学生良好的综合就业能力 / 271

任务四　掌握求职技巧 / 274

项目十二　珍爱生命　积极生活
——大学生生命教育与心理危机干预 / 291

任务一　认识生命教育的意义与价值 / 293

任务二　了解生命教育的起源与发展 / 294

任务三　掌握积极心理学视野下的大学生心理危机干预 / 301

参考文献 / 310

项目一　健康人生　从心开始
——大学生心理健康教育导论

深学践悟

以习近平新时代中国特色社会主义思想为指导，全面贯彻党的教育方针，坚持为党育人、为国育才，落实立德树人根本任务，坚持健康第一的教育理念，切实把心理健康工作摆在更加突出位置，统筹政策与制度、学科与人才、技术与环境，贯通大中小学各学段，贯穿学校、家庭、社会各方面，培育学生热爱生活、珍视生命、自尊自信、理性平和、乐观向上的心理品质和不懈奋斗、荣辱不惊、百折不挠的意志品质，促进学生思想道德素质、科学文化素质和身心健康素质协调发展，培养担当民族复兴大任的时代新人。

——《全面加强和改进新时代学生心理健康工作专项行动计划（2023—2025年）》

学习目标

- 知识目标：了解心理健康知识、大学生心理健康标准、大学生常见的心理问题及心理疾病、心理咨询的基本知识。
- 技能目标：掌握常用的心理调适方法，学会维护自身心理健康。
- 自我认识目标：了解自身的心理健康状况，探索适合自己的心理调适方法。树立正确的心理健康观念和自助求助的意识。

学习导图

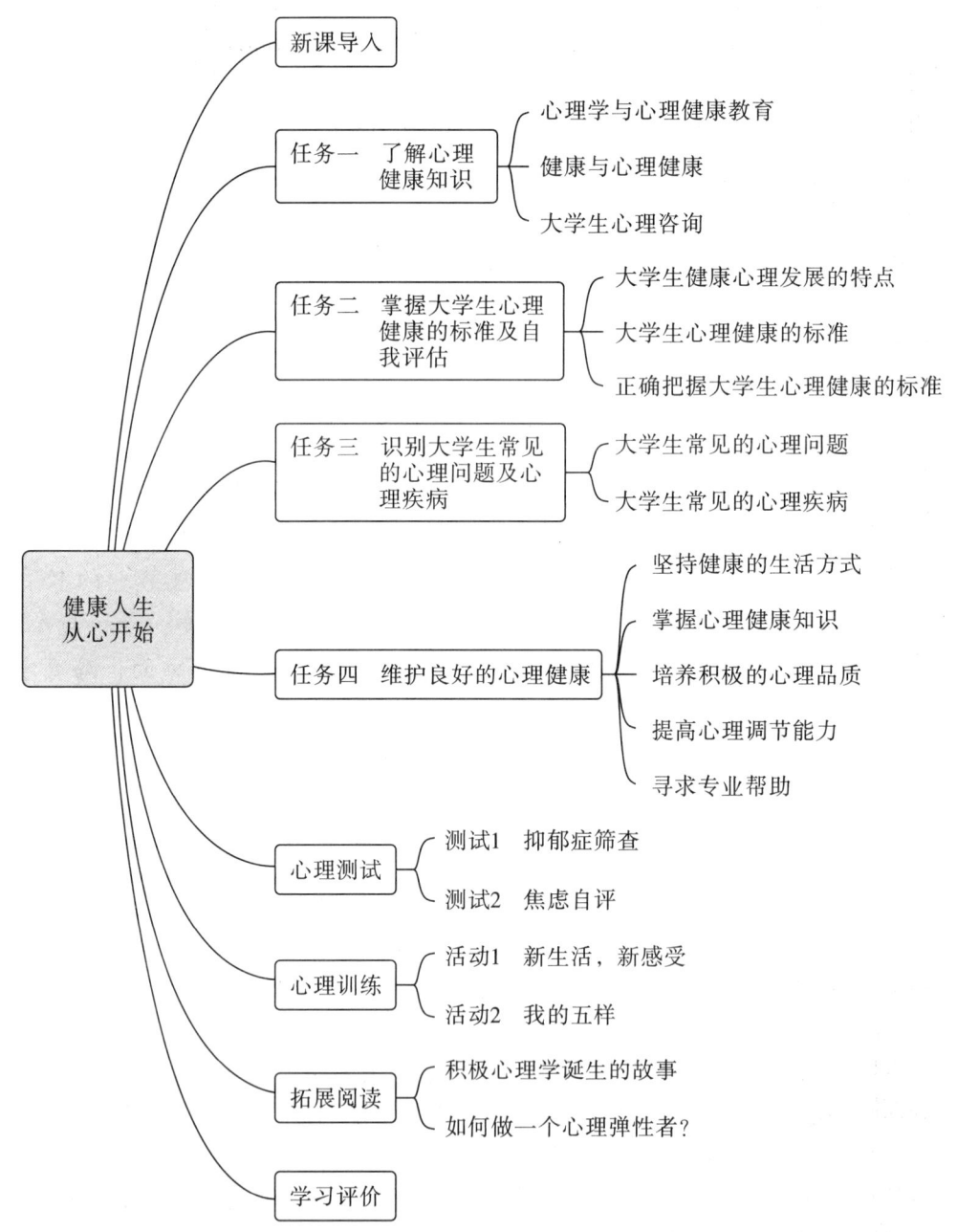

新课导入

大学是人生发展的重要时期,承载着许多美好的愿望和向往。走进大学新生活的同学们,期待着与所有的美好不期而遇,但往往被适应不良、人际冲突、学习不适等问题所困扰。如果不能适时调整自我,则容易出现郁郁寡欢、焦虑不安等多种心理问题和行为问题,甚至出现严重的心理失衡,导致自伤、自杀,以及伤人、杀人等严重后果。

【案例1】小李在刚入学军训阶段,新鲜感和兴奋感未退,常与舍友一起"出生入死",大家相处得很融洽。可是军训过后,她逐渐发现自己越来越不能很好地融入宿舍生活。小李是一个有主见的女孩,想要学业优秀,喜欢打篮球,也想加入社团、学生会锻炼自己,她喜欢谷爱凌那样的女孩。但是舍友们觉得大学生活应该用来享受,每天除了上课就是睡觉、玩手机、逛街,聊的大部分都是服饰化妆品。小李担心自己被孤立,"强颜欢笑"和舍友们保持一致。有时候拿起书本想去图书馆学习,又被舍友喊去逛街。小李害怕自己堕落,害怕慢慢变成自己不喜欢的样子。

为了帮助大学生树立良好的心理健康意识,培养积极的心理品质,增强社会适应能力,提高心理保健水平,以积极向上的心态开拓自己的人生,从积极心理学角度开展大学生心理健康教育尤为重要。

任务一 了解心理健康知识

一、心理学与心理健康教育

心理学神秘而好玩吗?在生活和工作中,一提到心理学,就经常有人提诸如"你能不能知道我现在在想什么""你听了上半句,会知道我下半句想说什么"之类的问题,甚至有人把心理学与"算卦""占卜""星座""血型"等联系在一起。实际上,心理学是一门研究人的心理现象和行为规律的科学。它的目标是描述、解释、预测和控制行为,并提供改善生活质量的途径。积极心理学是用严格的科学研究方法,使心理科学和实践重新关注人类的积极心理力量以提升人类的普遍幸福感,活出美好的生活(马丁·塞利格曼,1999)。它倡导用积极的心态对人的许多心理现象,包括心理问题,做出新的解读,用欣赏性的眼光去看待人类的潜能、动机和能力,从而激发个体自身所固有的某些实际的或潜在的积极品质和内生力量,并利用它们来帮助有问题的人、普通人或者具有一定天赋的人最大限度地挖掘自己的潜力,获得良好生活。

扫码观看"心理学与心理健康教育"视频
(精品微课)

从传统的病理性心理学角度来看,当谈到大学生的特点时,我们会马上联想到大学生存在以自我为中心、缺乏使命感和责任感、没有理想信念、人生价值观存在偏差、挫折承受力弱、对职业生涯迷茫、缺乏对未来的规划等问题。从该角度开展的大学生心理健康教育似乎觉得只要预防心理问题的发生,大学生自然就是健康和幸福的。其实,消除问题只是"零"状态。积极心理健康的核心理念是,心理健康不仅要关注人的各种心理问题或心理疾病,还要更多地关注人的积极品质或积极力量,强调人的价值与人文关怀。

大学生群体,无论是少数暂时具有心理问题或心理疾病的学生,还是大多数心理正常的学生,除了要关注心理疾病的预防与缓解,更要关注如何获得更好的发展、如何生活得更加幸福、如何更大程度地发挥潜能以实现人生价值和社会价值。从积极心理学角度出发的大学生心理健康教育,其目的在于将积极心理学与传统的大学生心理健康教育进行有机结合,让同学们懂得利用积极心理学原理来反省、思考、实践,从而对自身心理的健康发展产生更大的帮助,更好地挖掘潜能、发展技巧,更好地工作、学习和生活。

二、健康与心理健康

世界卫生组织(1998)将"健康"定义为"健康应包括身体健康、心理健康、社会适应良好和道德健康"。有关学者也提出了具有现代意义的新的健康观:健康应是能对抗紧张,经得住压抑和挫折,积极安排自己的各种生活活动,使自己的智慧、情感和躯体融为一体,生活和精神充满生机,且富有文明的意义。

世界卫生组织(2001)将"心理健康"定义为"心理健康不仅是一种无精神病,更可视为一种幸福的状态(well-being)"。在这种状态中,每个人能认识到自己的潜力,可以应对正常的生活压力,有效地从事工作,并能够对社会做出贡献。从广义上来讲,心理健康是指个体具有一种持续、高效而满意的心理状态,在这种状态下,生命具有活力,潜能得到开发,价值得以实现。从狭义上来讲,心理健康是个体具有稳定的情绪、适度的行为,具有协调关系和适应环境的能力。

我国的汉字"人"很形象地表达了身体健康与心理健康的关系(如图1-1)。"人"的一撇代表身体健康,一捺代表心理健康。若只有前者没有后者,则"人"会趴下;若只有后者没有前者,则"人"只能卧着。只有身心健康兼备,才能相互支撑,站立起来。

图1-1 身体健康与心理健康的关系

三、大学生心理咨询

心理咨询是高校心理健康教育的必备服务,已被大学生广泛接受。它是通过人际关系,运用心理学方法,帮助来访者自强自立的过程(钱铭怡,1994)。而学校心理咨询是心理咨询的类型之一,是指对在校学生的学习、适应、发展、择业等问题给予直接或间接指导，并对有心理行为障碍的学生进行诊断、矫治（林崇德，2003）。心理咨询中的双方一般会被称为咨询者和来访者。心理咨询有近百年的历史，其定义往往随着咨询流派的不同而有所差异，但都具有共同的特征。

（一）心理咨询体现着一种特殊的人际关系

心理咨询是咨询者运用心理学理论、知识和方法，通过语言、文字及其他信息传递方式，给予来访者帮助、启发和指导，促进来访者成长与发展的过程。此过程建立的基础是双方良好的人际关系，双方的真诚和相互信任是取得咨询效果的关键。

（二）心理咨询包含一系列的心理活动

从咨询者的角度看，咨询是帮助来访者更好地了解自己，更有效地生活。从来访者的角度看，咨询是让自身接受新信息、学习新知识、学会调整情绪和解决问题的技能以及做出某种决定，包含着一系列的心理活动。因此心理咨询的效果不是一蹴而就的，而要经历双方共同努力的过程。

（三）心理咨询属于一种特殊的服务领域

与思想工作、谈心谈话不同，心理咨询是一项专业性很强的工作。咨询者必须是受过系统的专业训练、具有心理咨询所必需的知识和技能的专业人员。由于心理的复杂性和咨询者的个人局限性，心理咨询不是无所不能的，在一定的情况下可考虑转介其他医院或者心理咨询师。

（四）心理咨询适合一类特定的人群

心理咨询的对象是精神正常，但产生的心理困扰或心理问题导致正常学习、工作、生活受到较大影响而请求帮助的健康人群或者亚健康人群。明显的人格障碍、抑郁症、焦虑症、双相情感障碍、精神分裂症、躁狂症等患者需寻求精神科医生的治疗。

（五）心理咨询具有一套基本的原则

为了让来访者的利益最大化，心理咨询需遵循善行、责任、诚信、公正、尊重等伦理原则。同时，除了伦理原则之外，大学生心理咨询还应该遵循保密性原则、自愿性原则和发展性原则。

1. 保密性原则

保密性原则是心理咨询中最重要的原则，既是职业道德的要求，也是咨询双方建立和维护良好关系的基础。咨询者应保守来访者的内心秘密，妥善保管个人信息、来往信件、测试资料等材料，对来访者所有咨询内容均应保密，不得泄露。然而，保密原则有一定的限制，如果来访者有自杀、自伤倾向或可能会对他人和社会造成伤害时，咨询者有义务打破保密性原则向相关部门报告。如果在教学和研究中使用来访者的资料，必须隐去可能暴露当事人身份的信息，以免被他人对号入座。

2. 自愿性原则

原则上讲，到心理咨询室求询的来访者必须出于完全自愿，这是确立咨访关系的先决条件。无论是在咨询关系确立的时候，还是在心理咨询过程中，或是在咨访关系终止后，是否接受或继续心理咨询完全尊重来访者个人的选择，咨询者只能提建议而不能进行主观强制。相应地，随意终止心理咨询带来的不良影响也由来访者承担。

3. 发展性原则

在大学生心理咨询中，来访者的问题大多是在正常成长过程当中遇到的适应、交往和学习等方面的暂时性困难。在心理咨询过程中，咨询者不仅要在问题分析和本质把握时善于用发展的眼光做动态考察，而且在对问题的解决和咨询结果的预测上不宜轻易将来访者的问题归为某种心理障碍或某种疾病，但也要注意预防问题真正演变为疾病，帮助来访者开发潜能以及指出来访者今后良好发展的可能性和方向。

任务二　掌握大学生心理健康的标准及自我评估

大学生的年龄一般在 18~25 岁，心理学上称此年龄段为"青年中期"。大学生的心理具有青年中期的许多特点，但作为特殊群体，大学生又不能完全等同于一般青年。

一、大学生健康心理发展的特点

根据大多数心理学观点来看，大学生的心理特点往往是正面与负面的对立统一，具体表现为以下几点。

1. 亲密对孤独

根据埃里克森的心理发展八阶段理论，大学生的心理发展阶段处于从青春期过渡到成年早期。此阶段主要的心理冲突为亲密对孤独，表现为大学生在恋爱中、与他人的友谊中建立亲密无间的关系，从而体验到亲密感，否则将产生孤独感。

2. 理想对现实

根据发展心理学家华纳·沙伊的认知发展毕生模型，大学生的智力发展在社会情境中的应用处于达成阶段。大学生不再仅仅为了好奇求学而学习，而是利用所学来达到某种目的，如职业和家庭方面。所以大学生会思考自己喜欢的专业以及未来可能从事的职业，但是由于对自我认知不足，对社会的需求、专业的发展不了解，生活阅历有限，往往容易造成理想与现实的脱节。同时，理想与现实的落差还可能表现在人际交往、爱情等方面。

3. 独立对依赖

大学阶段是个体社会化的重要时期。社会化是指社会将一个生物人转化成一个能够适应社会文化环境，参与社会生活，按照社会发展的需要承担社会角色和不断完善其社会性的社会人的过程。这是一个贯穿人生始终的过程。大学生离开家庭，进入拥有一定社会气氛的大学校园，成人感迅速增强。他们渴望独立自主，强烈渴望社会承认其成人资格,却尚未有完全独立的能力,无法完全靠自己来处理各种实际问题,仍需依靠家庭和学校,此时独立与依赖的矛盾冲突会比较明显。

4. 奋进对躺平

"思想奋进身体却躺平"是部分大学生的真实写照。2022年4月21日,国务院新闻办公室发布《新时代的中国青年》白皮书,并举行新闻发布会介绍白皮书的有关情况。时任共青团中央书记处第一书记贺军科表示,国家高度重视解决"躺平""佛系"反映出的深层次问题。这些年,国家在政策上加大了解决青少年教育、就业和婚恋、育幼等方面难题的力度,帮助青年解决急难愁盼问题。党的二十大报告中号召"广大青年要坚定不移听党话、跟党走,怀抱梦想又脚踏实地,敢想敢为又善作善成,立志做有理想、敢担当、能吃苦、肯奋斗的新时代好青年"。

二、大学生心理健康的标准

根据当前我国大学生的实际情况,在实践中,以下几条标准可在评判中着重考虑。可以试着给自己的心理健康打分。假设按符合程度,把心理健康分为5个等级,等级由低到高分别为1~5分,心理越健康,分数越高。

扫码观看"大学生心理健康标准与解读"视频

1. 智力正常

高智商的人,心理不一定都健康。因此衡量的关键在于是否正常地、充分地发挥了效能,即有强烈的求知欲,乐于学习,能够积极参与学习活动。

2. 情绪健康

心理健康的人通常能保持情绪稳定和心情愉快,表现为对生活充满希望,愉快情绪多于负性情绪,能直面自己的不良情绪,并且善于控制与调节,情绪反应与环境相协调。

3. 意志健全

意志健全的大学生在各种活动中应有较高的自觉性,能适时地做出决定并运用切实有效的方式解决问题;当遇到困难和挫折时,有恒心、有毅力,能采取合理的应对方式解决问题。

4. 人格完整

即个人的所想、所说、所做协调一致。大学生应以积极进取的人生观作为人格的核心,并以此为中心把自己的需要、目标和行动统一起来;把人格作为人的整体的精神面貌完整、协调、和谐地表现出来,例如思考问题的方式适中、合理;待人接物的态度恰当灵活;对外界刺激不会有偏激的情绪和行为反应;能够与社会相适应,也能和集体融为一体。

5. 自我评价正确

正确的自我评价是大学生心理健康的重要标准。大学生应能客观地认识自己、恰如其分地评价自己、正视自己的缺点和不足,并悦纳自我,做到自尊、自强、自制、自爱。

6. 人际关系和谐

良好而深厚的人际关系，是事业成功与生活幸福的前提。其表现为：交往动机端正，积极的交往态度多于消极的交往态度，既有广泛而良好的人际关系，又有知心朋友；在交往中能保持独立而完整的人格，有自知之明，不卑不亢；能客观评价别人和自己，善取人之长补己之短，宽以待人，乐于助人。

7. 社会适应正常

心理健康的大学生应能较快适应学习环境、生活环境、自然环境及人际环境等的变化。即使突然发生意外变化或身处恶劣环境中，也能较快适应环境并保持心理平衡。

8. 心理行为符合年龄特征

大学生应具有与年龄、角色相应的心理行为特征，如果心理行为经常严重偏离自己的年龄特征，一般都是心理不健康的表现。

三、正确把握大学生心理健康的标准

读完以上标准后，自测结果可能会让你感到欣慰或沮丧，甚至焦虑，因此正确理解大学生心理健康的标准非常必要，应从不同层面来把握。

（一）概括地把握心理健康标准

①本人不觉痛苦。即在一个时间段内（如一周、一月、一季或一年）快乐的感觉大于痛苦的感觉。

②他人不觉异常。即心理活动与周围环境相协调，没有与周围环境格格不入的表现。

③社会功能良好。即能胜任社会角色，做好自己分内该做的事情。

（二）动态地把握心理健康标准

1. 标准的相对性

人群的心理健康状况总体上符合正态分布（如图1-2），绝对健康和绝对不健康的人都是少数，大部分人都落在中间区域。个体的心理健康状态是一个动态的过程，正常与异常之间没有明确的严格界线。

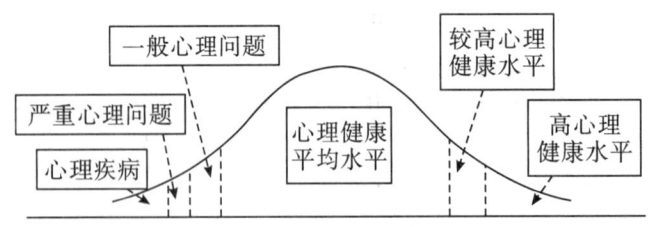

图1-2 心理健康水平的常态分布图

心理健康灰色理论将完全心理健康比作白色，将强烈的不健康比作黑色，白色与黑色之间存在着一个巨大的缓冲区域——灰色区（如图1-3）。有些学者将灰色区域——既非疾病又非健康的中间状态称为"亚健康状态"。世界卫生组织发布的一项全球性调查结果表明，全世界真正健康的人仅占5%，患病的也只占20%，而75%的人处于亚健康状态。对于大部分学生来说，在人生发展过程当中遇到各种各样的心理困扰和心理问题都是正常的，不必过于担心和焦虑，应及时、积极调整或寻求专业帮助。

	白色区	浅灰色区	深灰色区	黑色区
特点	健康人格 自信适应	由生活、学习、人际交往等产生心理冲突	各种人格障碍与神经症	精神病
服务者	—	心理咨询师、社会工作者	心理治疗师	精神科医生
服务模式	—	咨询心理学模式	临床心理学模式	医学模式

图1-3 心理健康灰色理论

2. 整体协调性

一般来说，心理健康的人都能够善待自己、善待他人、适应环境，且情绪正常、人格和谐。在心理健康的状态下，生命具有活力，潜能得到开发，价值得以实现。但心理健康的人并非没有痛苦和烦恼，而是他们能适时地从痛苦和烦恼中解脱出来，积极地寻求改变不利现状的新途径。他们能够深切领悟人生冲突的严峻性和不可回避性，也能深刻体察人性的善恶。他们能够自由、适度地表达，展现自己的个性，并且与环境和谐地相处。他们善于不断地学习，利用各种资源充实自己。他们不会钻牛角尖，而是善于从不同角度看待问题。他们会享受美好人生，同时也明白知足常乐的道理。

3. 发展性

人在发展的过程中会遇到各种各样的挫折，一些不健康的心理状态可能是大学生成长过程中不可避免的问题，比如新生适应问题、就业焦虑问题。随着时间的推移、身心的发展，其症状会自行缓解或消失。即便是有精神病性障碍的人，他们的心理活动也并不全部表现为异常。比如，他们的人格可能有某方面的缺陷并伴随思维障碍，可是感知却正常，而且经过系统治疗，心理的异常部分也能得到改善或完全被矫正。因此，正常心理活动和异常心理活动之间有相互转化的可能性。这一可能性，就是正常心理活动和异常心理活动在人群中永远并存的根据。心理健康的双连续模式认为，心理疾病和心理健康在一个人身上可以并存，它们是两个既独立又保持互相关联的概念（如图1-4）。

目前，关于心理健康到底是一个目标还是一个过程，这个问题尚存在争论。很多学者认为心理健康应该是一个目标。将其作为一个目标呈现给个体，个体按照标准去执行，就可以达到心理健康的标准。另外一种观点认为心理健康应该是一个过程，是实现的过程，是被完成的过程。尽管现在还没有具备心理健康的种种积极的品质，但是在朝这个方向不断接近的时候，心理也是健康的，而不一定说非得达到某个标准才算是心理健康。

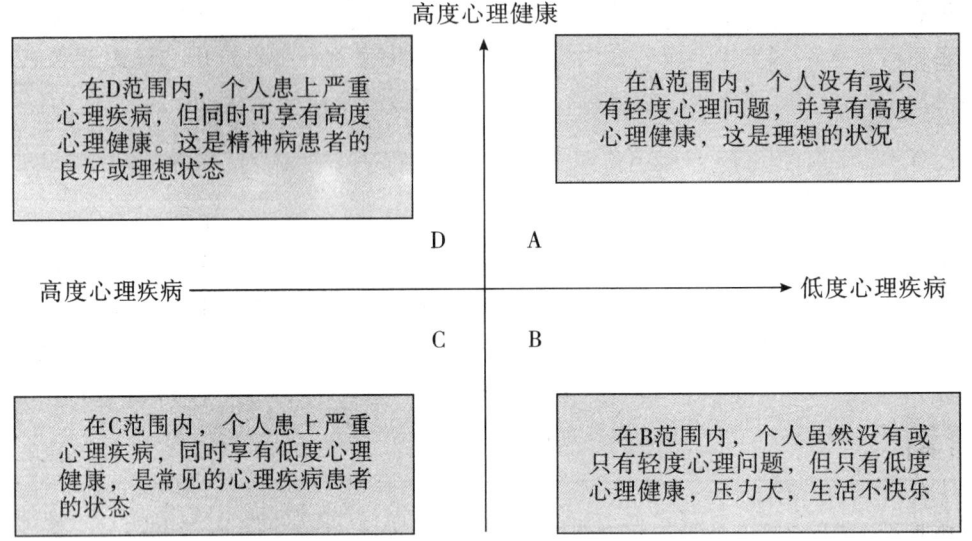

图1-4 心理健康的双连续模式

因此，我们可以把心理健康标准看作一种理想的尺度，它是一个衡量的依据，更重要的是它指明了提高心理健康水平的方向。

任务三 识别大学生常见的心理问题及心理疾病

大量的调查表明，大学生的心理健康状况总体较好，但有一定比例的人存在各种不同程度的心理异常，给学习、生活和身体健康发展带来严重影响，需要引起高度重视。

一、大学生常见的心理问题

当代大学生存在的心理问题主要是成长、发展中的问题，包括以下几种。

（一）适应问题

大学生在适应新的角色、任务和环境的过程中，会产生许多心理问题。调查数据表明，约30%的大中专学生有不同程度的适应性问题，其中低年级学生最为突出；在新生入学两个月之内，不适应表现最为集中、明显，涉及环境适应、人际适应、学习适应等问题。如案例2中的A同学，不适应新气候、新口味和新生活，不习惯离开家，不会照顾自己等。

【案例2】A同学，女生，从云南来到广州某大学求学，由于环境气候发生了较大变化，皮肤总是起疹发痒。学校饭堂的饭菜是典型的广东口味，她无法下咽，若每天叫外卖，经济压力又很大。她跟同学没有共同语言，舍友爱谈论化妆、着装等话题，但她都不感兴趣，只好默默去图书馆，但又被同学说清高，想一个人"卷"死她们。她觉得大学生活跟自己想象的完全不一样，很想复读，回云南上学，但又担心复读考不好，很苦闷。

（二）自我意识问题

在大学生的自我发展过程中，很多心理问题和行为问题都有自我意识不足的原因，过度的自我接纳和过度的自尊导致学生在群体中找不准自己的位置，出现人际交往困难，如案例3中的B同学。研究表明，理想自我与现实自我的不平衡往往是心理问题产生的重要因素。如何协调这种不平衡、如何看待自己，是大学生发展阶段面临的重大问题。

【案例3】 B同学，女生，认为自己美丽有气质、聪明过人，常常在同学面前炫耀自己过去的光辉历史，对同学有比较强的支配欲，认为同学们都很喜欢她、甘愿受她支配，觉得班里的男同学都对她有不一样的好感。她每天都在盲目的孤芳自赏中自得其乐，慢慢地舍友都受不了她，她向老师投诉说同学们都嫉妒她，对她不公正。

（三）学习学业问题

"在中学阶段，学生伏案学习；在大学里，他需要站起来，四面观望。"大学的学习与中学的学习相比，不仅环境和科目发生了变化，更重要的是对学生自主性和自律的要求的变化。因此要在充分认识自己的基础上，学会学习的目标管理、行动规划、行为管理和心态调节，很多学生出现学习压力过大、目标不明确、学习方法不适应、对所学专业不感兴趣、学习动力不足、注意力不集中、成绩不理想、考试焦虑、学习倦怠等问题，如案例4是一个比较典型的学习心理问题的个案。

【案例4】 C同学，大一男生，生于公务员家庭，向来对自己要求比较严格，期望比较高。步入大学生活后，决心不浪费大学的每分每秒，大一第一学期就报了专插本培训班，准备插本到211重点院校，改写自己的大学毕业证书。同时还自学教育学、心理学等课程，准备考教师资格证。他每天过着三点一线的生活，从不参加班集体活动和宿舍活动。期末考试将至，其患上了比较严重的考试焦虑，求助心理咨询。

（四）人际关系问题

大学生活在一定程度上给学生创造了一个模拟社会的环境，学生可以展示自我风采。有的学生憧憬着开展新的人际局面，兴致勃勃却遭遇挫折；有的学生缺乏在公众场合表达自己思想的能力与勇气，出现不同程度的社交恐惧；有的学生远离熟悉的生活与学习环境，对大学的师生关系、同学关系、异性关系表现出一定程度的适应困难，如案例5。

【案例5】 D同学，大一女生，面对来自五湖四海的新同学，面对各种各样的活动，既充满兴趣和希望，又担心失败，害怕别人不喜欢自己；既渴望友谊，又不敢主动出击，害怕不被接纳。在纠结迟疑中，她觉得自己错失了良好的开局，自己喜欢的那个同学已经跟别人结对了，自己找不到合适的伙伴了。

(五) 情感情绪问题

大学生正处于青春期向青年期的过渡时期，在生理发育接近成熟的同时，心理上也经历着急剧的变化。在情绪上会表现出一些如矛盾性、两极性和想象性等特殊反应。一般认为，适度的、情境性的负性情绪反应，如有考试的紧张焦虑、失意后的悲伤等情绪都比较正常。但是，如果大学生不能很好地处理学习生活中的各种问题，则极易产生不同程度的情绪问题，例如抑郁、焦虑、冲动等，从而影响身心的健康发展，如案例6。

【案例6】E同学，大一女生，来自全国有名的高中，本以为只是高考失利才来到现在所就读的学校，相对于周围的同学，自己还是非常有优势的。但第一学年，本来踌躇满志准备获取奖学金的她未能如愿。她的情绪从此一落千丈，变得郁郁寡欢，无心学习，对什么事情都提不起兴趣，经常深夜没有原因地哭泣，哭累了才能睡着。

(六) 恋爱与性问题

大量事实证明，爱情是最令大学生心醉和神往的期待，同时也是大学生除学习和就业之外的三大烦恼之一，如何面对暗恋、表白、恋爱和失恋都是大学生的烦恼来源。恋爱挫折综合征给大学生的身心健康带来比较大的影响，主要表现为情绪低落、经常哭泣、头脑混乱、失眠烦躁、注意力不集中、日夜思念恋爱对象、对学习没兴趣、对前途失去信心、不能控制自己的行为、反复去找恋人谈心、反复纠结与恋人之间的矛盾。在性心理方面，渴望获得异性的好感与承认，产生性好奇、性幻想、性冲动等，这些都是很常见的现象。如何面对性与爱的困惑，如何处理恋爱与成才的关系，都是大学生需要关注的话题，如案例7。

【案例7】F同学，大一女生，与男朋友在新生报到的时候一见钟情，两人很快便走到一起。恋爱没多久，男朋友就向她提出了性的要求。一直以来，妈妈都教育她，现阶段处于青春期，身心发育尚未成熟，在无法承受性行为可能会带来的后果的情况下，不能随意发生性行为。正因为害怕，她以前一直不敢谈恋爱。现在自己很喜欢这个男生，害怕自己拒绝的话，男朋友会怀疑她的爱、会离开她。她很纠结，找了几次借口推脱。

(七) 网络依赖问题

大学生网络依赖是指大学生往往没有一定的理由，无节制地花费大量时间和精力在互联网上持续聊天、浏览网页、打游戏等，以致影响生活质量，降低学习效率，损害身体健康，并出现各种行为异常、人格障碍、交感神经功能部分失调。其典型症状表现为视力下降、身体体质变差、头昏脑胀、食欲不振、情绪低落、失眠焦躁、精力不足、思维迟缓、无心向学、社会活动减少等各种情绪问题和行为问题。精神空虚、情感受挫、无所事事、自制力差的人最容易患上网络依赖症。网络依赖症发病年龄介于15～45岁，男性居多，20～30岁的单身男性为易患人群，如案例8。

【案例8】G同学，大二计算机应用专业男生。上大学之前妈妈管得很严，他没有什么机会玩游戏。上大学后，为了专业学习的需要，家里给他买了笔记本电脑。一开始G同学还记得妈妈的教诲，上网要节制。慢慢地，他便开始不可控地玩游戏，每天去上课都觉得情绪低落、疲乏无力,思维跟不上老师上课的节奏、昏昏欲睡,须上网以后精神状态才能恢复。后来他干脆不去上课了,作业也不做,甚至连要考试都不知道,最终导致连续挂科和重修,达到了学业预警的程度。

(八)求职择业问题

全国普通高校毕业生人数连年攀升,同时受世界经济低增长、高不确定性等态势影响,就业市场处于供需调整期。Chat GPT 等人工智能的新进展,引发了人工智能替代现有传统就业岗位的恐慌,这些都为大学生群体就业带来了新的不确定性。在就业环境的外部冲击下,是勇于奋斗还是主动蛰居,是就业还是深造,该选择什么职业,万一不能找到专业对口的工作怎么办……这些问题都给大学生带来困扰,使他们产生自卑、焦虑、抑郁、迷茫、从众、患得患失等心理,如案例9。

【案例9】H 同学,市场营销专业毕业生。他得到了 3 个单位的面试机会,其中一家是外资企业、一家是合资企业、一家是民营企业。按照约定,H 同学一家一家地接受面谈。他发现外资企业规模大,设备先进,工资可观,但是经常要加班,节假日有时都要搭上;合资企业规定新员工试用期 3~6 个月,如果没有完成工作指标,就要被解雇;民营企业规模较小,老板是自主创业的"90 后"大学生,管理上相对人性化,但是产品不稳定,资金周转上有一定困难。H 同学拿不定主意,最终错过了签约的时机。

以上大学生常见的心理问题,将在后面的学习中按项目教学模式详细展开,同学们有关注的问题也可直接翻到该专题阅读。

二、大学生常见的心理疾病

在大学生心理咨询中,常见的心理疾病有神经症(焦虑症、恐惧症、强迫症等)、情感性精神障碍(抑郁症、双相情感障碍等)、精神分裂症。

(一)焦虑症

1. 焦虑症的症状

焦虑症是以焦虑为主的神经症,主要分为惊恐障碍和广泛性焦虑症。惊恐障碍又称急性焦虑障碍,主要特点是突然发作、不可预测、反复出现强烈的惊恐体验,一般历时 5~20 分钟,伴濒死感、窒息感或失控感。广泛性焦虑症则以经常或持续的、全面的、无明确对象或固定内容的紧张不安及过度焦虑感为特征。焦虑症的典型表现是常常对现实生活中的某些问题过分担心或烦恼,如担心自己或亲戚患病或发生意外,异常担心经济状况,过分担心工作或社会能力等(如图 1-5)。

图 1-5 焦虑症

2. 焦虑症的应对

焦虑症患者需接受药物治疗和心理治疗。药物治疗应到精神专科医院或三甲医院的精神科或心理科，由医生开具处方。心理治疗的方法有支持疗法、认知疗法和行为疗法。此外，患者可以通过正念训练、渐进式肌肉放松等方法，缓解紧张和焦虑感，通过改变不良的思维模式和行为习惯，提高自我认知和应对能力。

（二）恐惧症

1. 恐惧症的症状

恐惧症是一种以过分和不合理地害怕外界某种客观事物或情境为主要表现的神经症。虽然明知这种恐惧是过分的或不合理的，但难以控制，在相同场合下反复出现。恐惧发作时常常伴有明显的焦虑和自主神经症状。其发生与遗传因素、生化紊乱（可能为去甲肾上腺素功能失调）、心理社会因素等有关。恐惧症的主要临床表现可归纳为以下三大类。

①社交恐惧症：是以在社交场合持续紧张或恐惧，以及回避社交为主要临床表现的一类恐惧障碍，主要表现为回避社交，害怕当众说话或与异性交谈，害怕别人评论自己，害怕被人注视，当发现别人注意自己时会不自然地脸红、不敢抬头、不敢与人对视等。

②场所恐惧症：主要表现为对某些特定环境的恐惧，这些环境包括公共交通工具（公交汽车、火车、地铁、飞机等）内环境、人多拥挤的公共场所（剧院、商场、车站、电梯等）、空旷的地方（广场、山谷等），患者害怕并极力避免到上述场所，也害怕独处，担心出现恐惧感而自己无法控制。

③特殊恐惧症：是对某一特定的物体、场景或活动有一种不合理的恐惧，最常见的是对某种动物的恐惧，如蛇、猫、鼠、狗、蜘蛛、蟑螂、毛毛虫等（如图1-6）；有的害怕尖锐的物品，有的害怕鲜血，有的害怕羽毛等物品，还有的对黑暗、高处、雷电等特定的自然环境产生恐惧。

图1-6 特殊恐惧症

2. 恐惧症的应对

（1）正确认识并直面恐惧

恐惧是我们对未知或潜在危险的自然反应。当感到恐惧时，我们需要停下来思考，这个恐惧是否合理，是否真的存在危险。恐惧症患者应坦诚接纳自己，勇于直面恐惧，积极采取一些方法来缓解恐惧，如深呼吸、放松训练、积极思考等。

（2）寻求专业帮助

如果自我调节效果不明显，建议通过心理咨询或心理治疗，向专业心理医生或心理咨询师求助，以获得个性化、科学的治疗方案，更好地应对恐惧。

(三)强迫症

1. 强迫症的症状

强迫症以反复出现强迫观念和强迫动作为基本特征,主要表现为强迫怀疑、强迫性穷思竭虑、强迫回忆、强迫意向及对立观念等。例如,患者对自己做过的事情经反复检查后仍不放心,反复多次洗手,走路先迈左脚,东西必须要按一个规则摆放整齐等(如图1-7)。多数患者认为这些观念和行为不必要或不正常,违反了自己的意愿,但无法摆脱,为此深感焦虑和痛苦。

图1-7 强迫症

2. 强迫症的应对

强迫症的治疗方法包括药物治疗、心理治疗和物理治疗。其中,药物治疗和心理治疗是主要的治疗方式。在药物治疗中,应遵医嘱服用相关药物,切不可自行中断服药,以免病情反复或加重。心理治疗中的认知行为治疗是强迫症的一线治疗方案,对改善强迫症带来的影响有很好的疗效。

(四)抑郁症

1. 抑郁症的症状

抑郁症是一种以显著的心境低落为主要特征的精神障碍,核心症状是抑郁心境存在于一天中的大多数时间,且几乎每天如此,基本不受环境影响,持续至少2周;对平日感兴趣的活动丧失兴趣或愉快感;精力不足或易疲劳。附加症状有自卑、自责、自罪、自杀倾向、思维迟缓或注意能力降低、精神运动性激越或迟滞、记忆力下降、睡眠障碍、食欲改变且伴有体重变化等,严重者可出现幻觉、妄想等精神型症状。患上抑郁症的大学生往往陷入消极的想法中,认为自己无能、什么事情都做不好、做什么都不成功,以悲观、绝望的态度看待未来。

扫码观看"抑郁症"视频(精品微课)

2. 抑郁症的应对

抑郁症的治疗主要包括药物治疗、心理治疗及物理治疗等方式。药物治疗是主要的治疗手段,一般在2~4周开始起效。但需要注意的是,所有药物都必须在医生指导下,严格遵照医嘱服用。除药物治疗外,心理治疗也能够有效降低复发的风险。

(五)双相情感障碍

1. 双相情感障碍的症状

双相情感障碍(bipolar disorder, BD)又名双相障碍,是一类既有躁狂发作或者轻躁狂发作，又有抑郁发作（典型特征）的常见精神障碍（如图1-8），首次发病可见于任何年龄。临床表现为躁狂发作，或抑郁和躁狂交替发作，存在于一天中大多数时间里，且几乎每天如此，基本不受环境影响，持续至少1周。典型的躁狂发作，以情绪高涨、思维奔逸和意志增强的"三高"症状为特征，属于精神运动性兴奋。典型抑郁发作时，以情绪低落悲观、思维迟缓、意志行为减退的"三低"症状为特征，伴有认知功能减退和躯体症状，处于精神运动性抑制状态。

图1-8 双相情感障碍

患者的临床表现比较复杂，其复杂性体现为在情绪低落或者高涨反复、交替、不规则呈现的同时，伴有注意力分散、轻率、夸大、思维奔逸、高反应性、睡眠减少和言语增多等紊乱症状，还常见焦虑、强迫、物质滥用，也可出现幻觉、妄想等精神病症状。

2. 双相情感障碍的治疗

以药物治疗为主，辅以心理治疗和物理治疗。其中，心理治疗包括心理教育干预、认知行为治疗、家庭治疗、人际与社会和谐治疗等。双相情感障碍需于早期识别症状，及时治疗，全病程治疗，加强对患者及家属的教育，提高治疗依从性，促进康复，减少复发。

扫码观看"走进双相情感障碍"视频（精品微课）

（六）精神分裂症

1. 精神分裂症的症状

精神分裂症是一种慢性精神障碍，属于重性精神疾病，会全面影响人的感知、思维、认知、情感、行为，其突出的表现是病人的感知、思维、情感、行为是病人的主观世界，与客观环境相分离、分裂。典型症状为自知力部分或完全丧失，患者不承认自己有病，拒绝就医、服药；产生幻觉，看到、听到、闻到、尝到、感觉到并不存在的事物，最常见的是幻听，这些幻觉对于患者来说非常真实，好像是真实发生的，而周围其他人感受不到；还会产生妄想，意识情形下的无中生有或缺乏事实根据，而患者坚信不疑，并无法被事实说服。妄想的内容一般与个人经历、需要等有关。其中被害妄想危害性最大，甚至可能产生主动攻击他人的行为。

【案例10】I同学，大二女生，性格孤僻，不与人交往，没课时多是待在宿舍床上，拉上床帘。舍友经常听到她在里面讲话，但听不懂也没仔细留意，以为她在用家乡话讲电话。一天早晨，她与舍友一起出门上课，但不知道什么时候她就不见了，一整个白天都不见踪影。舍友觉得异常，分散去寻找也没有找到。一直到晚上10点左右，I同学才回宿舍，在舍友的追问下，她才说有人要害她，她一直躲在教学楼的卫生间里。家长将其送医，确诊为精神分裂症。

2. 精神分裂症的治疗

治疗要"三早"——早识别、早诊断、早干预。药物往往是有效治疗的基础，也是精神分裂症治疗的基石。注意要足量、足疗程服药，不能突然停药。除了药物治疗，还要辅以心理治疗和物理治疗。心理治疗包括认知行为治疗、心理社会支持治疗等，对患者适应工作、提高社交应对能力、与他人正常沟通有所帮助。就精神分裂症治疗结果来看，约三分之一的患者经过治疗后症状可得到彻底缓解，其中部分人不再复发，可认为治愈，部分人可能会复发，需要治疗。

【重要提醒】对心理疾病的诊断，是一项专业性很强的工作，同学们不要盲目进行自我诊断。盲目对号入座的做法是极为有害的。如果觉得自己有某些异常心理或行为，应该到精神专科医院或三甲医院的精神科或心理科做专业的诊治。

》任务四 维护良好的心理健康《

一、坚持健康的生活方式

健康是每一个人成长和实现幸福生活的重要基础。习近平总书记曾在一次座谈会上讲到："年轻人不要总熬夜。那个时候我年轻想办好事，差不多一个月大病一场。为什么呢？老熬夜，经常是通宵达旦干。后来最后感觉到不行，这么干也长不了。先把自己的心态摆顺了，内在有激情，外在还是要从容不迫。"研究表明，运动锻炼行为、规律生活行为、饮食营养行为、健康责任行为、人际关系行为、压力管理行为、生命欣赏行为等健康生活方式与身心健康状况存在显著正相关；长时间使用手机会降低心理健康水平，每天手机使用时间小于3小时的大学生情感职能和心理健康状况更好。大学生体育锻炼行为与心理领域得分显著正相关，良好的体育锻炼习惯、参与体育锻炼的项目越多、体育锻炼的强度越大、体育锻炼的时间越长、体育锻炼的频次越高，心理领域得分越高。

二、掌握心理健康知识

用知识武装自己是预防心理疾病和提高心理健康素质的有效方法。有研究表明，平时阅读相关书籍能治疗由精神和情绪引发的如抑郁、焦虑、紧张、恐惧、偏执等心理疾病。例如，《感谢自己的不完美》（武志红）、《重遇未知的自己》（张德芬）、《心灵七游戏》（毕淑敏）等书对大学生自卑、人际关系问题等心理困扰有良好疗效。调查表明，求助人生哲理类书刊解决心理困扰的前4项是就业压力、交际困难、人生目标不明确、遭受挫折；求助小说类书刊解决心理问题的前4项是孤独、恋爱苦恼、厌学、焦虑；求助休闲类读物解决心理问题的前4项是焦虑、孤独、遭受挫折、当众讲话紧张。大学生应积极参加心理健康教育相关课程、专题讲座和心理健康知识竞赛等活动，查阅心理科普网站，阅读相关书籍，了解和掌握心理健康的有关知识。

三、培养积极的心理品质

积极的心理品质铸造健康心理。研究表明，神经质、外倾性、宜人性、责任心与精神健康显著正相关。积极心理学家彭凯平指出，在人工智能时代，未来更需要会"动心"的人才。拥有美感、幸福感、意义感、创造力、自控力、同理力的人，更有竞争力。他还特别强调"韧性"的重要性。研究还表明，低心理韧性者更容易注意到负性信息，易受负性情绪、负性评价的影响；高心理韧性者拥有更高水平的自尊和对现实与未来乐观的认知方式，更倾向于灵活使用主动的应对策略，更善于发掘压力事件中的积极意义，更容易或更多地感知到社会支持，从而能够充分有效地利用内外资源克服困境，更可能在校园里获得成功，其中包括学习成绩和个人发展。因此，大学生应主动优化人格，培养各种积极的心理品质。

四、提高心理调节能力

传统心理学家认为，如果去除了抑郁、焦虑等负面情绪，个体就会快乐，但这其实很难实现。比如享受美食与消化不良的关系。如果个体消化不良，确实不能很好地享受美食；但是即便消化良好，也不一定能享受美食。所以即便剔除了不快乐的成分，快乐也不会自动出现。大学生需要学会客观、全面、理性地看待问题，以积极的认知方式面对生活；通过适当的方式宣泄不良情绪，调节和控制自己的情绪。

（一）积极的心理暗示

暗示有积极、消极之分，凡是能使人增加力量、勇气、快乐和信心的暗示就是积极暗示，反之则是消极暗示。著名的罗森塔尔效应（又称"皮格马利翁效应"）指的是教师对学生的殷切希望能戏剧性地收到预期效果的现象。著名心理学家罗森塔尔撒了一个"权威性谎言"，他以赞许的口吻将一份"最有发展前途者"的名单交给了校长和相关老师，并叮嘱他们保密。老师流露出的兴奋和积极不知不觉暗示了孩子及父母，孩子的心理接受了来自心理学家、老师和父母的赞美、肯定和期待的暗示，他的上进心、理想和信心像注入了"激素"一样，故而学习成绩明显进步。相反，消极的心理暗示会带来负面作用。心理学领域曾经有一个以死囚犯为样本的暗示实验，实验中的模拟场景使死囚犯形成"自己的血正在流淌，自己正在死去"的心理暗示，实际上他一滴血也没有流，但他死亡的症状与因放血而死一样。因此，大学生要自觉排除生活中的消极心理暗示，用正向积极的语言和行为调动内心深处的"潜意识"，不要说"我累坏了"，而要说"忙了一整天，终于可以好好休息了"，不要说"天啊！我坚持不下去了"，而要说"坚持就是胜利！此刻我还在坚持，我觉得自己很棒"。

（二）自我激励法

自我激励是动力的源泉，也是保持心理健康的有效方法。《人民日报》官方微博整理了以下21种自我激励方法。

1. 目标合理

开始新项目时，我们会非常兴奋，但用不了多久，就因为能力、时间等因素的限制，热情衰退。因此，在一开始时，不要什么都想做。只做你想做的事的 50%～70%。学会合理调控能量，才可以走得更远。

2. 把目标贴在看得到的地方

把目标写下来，贴在几乎每小时都能看到的地方。比如，设成电脑桌面、贴在办公桌上，使你专注于目标。因为专注能够长期激励你。

3. 迈出第一步

不要想目标有多难，告诉自己：你必须要开始做。畏首畏尾，止步不前，只会一事无成。一旦你开始去做，会发现其实它并不像你想象的那么难。

4. 记录进步

无论如何，都要追踪你的目标。可以用图表记录当天活动，做到的打"√"，没做到的打"×"。刚开始，图表中可能有些"×"，不要让它阻碍你前进，努力用"√"来取代吧。

5. 把目标变成乐趣

有时候，我们不想去完成一件事，是因为对它毫无兴趣。所以，试着找到一个方法，让要做的事变得有意思，把你要达成目标的努力变成一种乐趣，你就会开始期待它。

6. 分成小目标

有时太大的目标会让人觉得喘不过气来，几周之后，可能就会失去动力。对一个单独的目标保持长时间的激情和动力是很难的。解决的办法是设置持续的小目标。

7. 找个志向相同的伙伴

要想长期保持被激励的状态是很难的。如果你可以找到一个同样需要动力的人，比如你的亲人、朋友，不论他们要坚持的目标是什么，你没必要和他们完全一致，你们可以相互鼓励、督促。

8. 耐心一点

很多人的问题在于，总是期待一个快速的成果。当你考虑你的目标时，想得长远一些。如果你没有很快地看到你想要的结果，不要放弃，给它一些时间。同时对于你现在的进步感到高兴，对于你坚持目标感到高兴。

9. 每天鼓励自己

鼓励是最好的动力，每天都要寻找鼓励，它能帮助你保持动力达成长久目标。鼓励的资源可以是网上的案例、朋友、家庭、杂志、名言、音乐、照片和你遇见的人。

10. 经常奖励自己

每一个小目标都应对应一个小奖励。把小目标列出，并在旁边写一个合适的奖励。奖励的大小要和目标大小成比例。奖励不会破坏你的目标，而会让你更愿意行动！

11. 写下努力的理由

明晰你努力的理由，多思考它们，然后写下来。如果你有挚爱的人，你正在为他们而实现目标，这比起为了自己的兴趣这个理由更有力量。因此，写下一些你真正希望发生的事，这会让你更有动力。

12. 每天想象你的目标

闭上眼睛，仔细想象你成功后的样子。尽量形成一幅清晰的画面，关键是要经常想象，每天至少几分钟，这是保持长时间激励的方法。

13. 远离消极的关系

你所交往的人会影响你的生活。结交那些乐观的、希望你快乐和成功的人，他们对生活的热情会具有感染力，让你看到更多希望。

14. 迎接恐惧

世上最秘而不宣的事情是，战胜恐惧后迎来的是某种安全有益的东西。哪怕克服的是小小的恐惧，也会增强你创造生活的信心。如果一味想避开恐惧，它们会穷追不舍。

15. 加强排练

先"排演"一场比你要面对的更复杂的战斗。如果手上有棘手的工作而自己又犹豫不决，不妨挑件更难的事先做。成功的真谛是：对自己越苛刻，生活对你越宽容。

16. 敢于竞争

竞争给了我们宝贵的经验，无论你多么出色，总会人外有人，所以你需要学会谦虚。努力胜过别人，能使自己更深刻地认识自己。要明白，超越别人远没有超越自己更重要。

17. 内省

大多数人都通过别人对自己的印象来看自己，尤其是正面反馈。但是，仅凭别人的一面之词，会面临严重束缚自己的危险。应把这些溢美之词当作生活中的点缀，人生的棋局该由自己来摆。

18. 敢于犯错

有时候因为我们没有把握做好一件事，往往会把必须做的事放在一边。不要这样做。如果有些事你知道需要做却又提不起劲，尽管去做，不要怕犯错。一旦做起来了你就会发现乐在其中。

19. 不要怕被拒绝

当你的要求落空时，你应该把这种拒绝当作一个问题："我能不能更多一点创意呢？"不要一听见"不"字就打退堂鼓，应该让这种拒绝激励你产生更大的创造力。

20. 把握好情绪

人开心的时候，体内会发生奇妙的变化，从而获得阵阵新的动力和力量。令你开心的事不在别处，就在你身上。找出自身的情绪高涨期，用来不断激励自己。

21. 做出公共承诺，全力以赴

这招总是可以获得成功。在微博、朋友圈里，或者对自己的亲友说自己要实现什么目标,并设定预期时间,然后全力以赴实现它。这可以让大家监督自己。

五、寻求专业帮助

当心理压力过大,或心理困扰难以解开,自我调节起不到较好效果时,应主动、及时寻求同学、朋友、家人或心理咨询的帮助。高校一般都设有心理咨询机构,大学生应充分利用,主动求助。根据自己的需求,选择面谈咨询、电话咨询、网络咨询等形式。在求助心理咨询时,要坦诚、互相信任、遵守约定和耐心坚持。"冰冻三尺,非一日之寒",心理问题不是一天形成的,这需要求助者的个人努力和耐心。当然,并不是所有的心理问题都需要多次咨询,有些简单的问题一次也就足够了。如果心理问题发展成心理疾病,则必须进行心理治疗。目前,一般高校的心理咨询机构不具备心理治疗的能力,应到精神专科医院或三甲医院的精神科或心理科接受治疗。

【温馨提示】以下心理测试结果只供参考,不作为诊断结果。如有需要,请到相关医院做专业诊断。

测试 1　抑郁症筛查

表 1-1 是国家卫生健康委办公厅发布的《探索抑郁症防治特色服务工作方案》中指定的抑郁症筛查量表。诊断标准共 9 个条目,是一个简便、有效的抑郁障碍自评量表,在抑郁症诊断的辅助和症状严重程度评估方面,均具有良好的信度和效度。

请你根据过去两周的情况,回答是否存在下列描述的状况及频率,请看清楚问题后,在符合你自身情况的选项对应的数字上画"√"。

表 1-1　抑郁症筛查量表(PHQ-9)

序号	项目	没有	有几天	一半以上时间	几乎每天
1	做事时提不起劲或没有兴趣	0	1	2	3
2	感到心情低落、沮丧或绝望	0	1	2	3
3	入睡困难、睡不安稳或睡眠过多	0	1	2	3
4	感觉疲倦或没有活力	0	1	2	3
5	食欲不振或吃太多	0	1	2	3
6	觉得自己很糟,或觉得自己很失败,或让自己、家人失望	0	1	2	3
7	对事物专注有困难,例如阅读报纸或看电视时不能集中注意力	0	1	2	3

续上表

序号	项目	没有	有几天	一半以上时间	几乎每天
8	动作或说话速度缓慢到别人已经觉察；或正好相反，烦躁或坐立不安、动来动去的情况更胜于平常	0	1	2	3
9	有不如死掉或用某种方式伤害自己的念头	0	1	2	3

【计分方法与结果分析】

每个条目0~3分，将9个条目的分值相加即为总分。

★ 0~4分：没有抑郁，注意自我保重。

★ 5~9分：轻度抑郁，建议咨询心理医生或心理医学工作者。

★ 10~14分：中度抑郁，建议咨询心理医生或心理医学工作者。

★ 15~19分：中重度抑郁，建议咨询心理医生或精神科医生。

★ 20~27分：重度抑郁，一定要看心理医生或精神科医生。

测试2 焦虑自评

表1-2为焦虑自评量表（self-rating anxiety scale，SAS），由Zung在1971年编制，适用于具有焦虑症状的成年人。评定时间为"现在或过去一周"的症状水平。该量表具有广泛的应用性，能够较好地反映测试者焦虑的主观感受。SAS可以反映焦虑的严重程度，但在各类神经症鉴别中的作用不大，因为焦虑是神经症的共同症状，故量表总分值仅能作为一项参考指标。

表格中有20个条目，请你仔细阅读每1条，理解意思后，根据你最近一周的实际情况，在选项对应的数字上画"√"。

表1-2 焦虑自评量表

序号	项目	没有或很少时间	小部分时间	相当多时间	绝大部分或全部时间
1	我觉得比平时容易紧张或着急	1	2	3	4
2	我无缘无故地感到害怕	1	2	3	4
3	我容易心里烦乱或感到惊恐	1	2	3	4
4	我觉得我可能将要发疯	1	2	3	4
5*	我觉得一切都很好	4	3	2	1
6	我手脚发抖打颤	1	2	3	4
7	我因为头疼、颈痛和背痛而苦恼	1	2	3	4
8	我觉得容易衰弱和疲乏	1	2	3	4
9*	我觉得心平气和，并且容易安静坐着	4	3	2	1
10	我觉得心跳得很快	1	2	3	4

续上表

序号	项目	没有或很少时间	小部分时间	相当多时间	绝大部分或全部时间
11	我因为一阵阵头晕而苦恼	1	2	3	4
12	我有晕倒发作,或觉得要晕倒似的	1	2	3	4
13*	我吸气呼气都感到很容易	4	3	2	1
14	我的手脚麻木和刺痛	1	2	3	4
15	我因为胃痛和消化不良而苦恼	1	2	3	4
16	我常常要小便	1	2	3	4
17*	我的手脚常常是干燥温暖的	4	3	2	1
18	我脸红发热	1	2	3	4
19*	我容易入睡并且一夜睡得很好	4	3	2	1
20	我做噩梦	1	2	3	4

【计分方法与结果分析】

20 个条目中,有 15 个是用负性词陈述的,按上述 1~4 顺序评分。其余 5 项注 * 号者(第 5,9,13,17,19),是用正性词陈述的,按 4~1 顺序反向计分,已在表中注明。将 20 个条目的各个得分相加,即得粗分;用粗分乘以 1.25 以后取整数部分为标准分。

按照中国常模结果,SAS 标准分的分界值为 50 分,其中 50~59 分为轻度焦虑,60~69 分为中度焦虑,70 分以上为重度焦虑。

心理训练

【温馨提示】在本项目心理训练活动中,请注意以下 4 点:

(1) 鼓励尊重和谨慎,在讨论敏感话题时注意自我暴露的"度",并保护彼此的个人隐私;

(2) 鼓励开放、尊重和包容,对组员不作批判和评价;

(3) 鼓励互助,提倡组员相互支持和分享彼此的经验;

(4) 在讨论过程中,如感觉不适,可及时向老师提出,有需要可到心理咨询中心求助。

活动 1 新生活,新感受

一、活动目的

认识大学新生活带来的新体验,引导学生看到消极中的积极面,学会自主调整心理状态。

二、活动时间

10~15 分钟。

三、活动准备

(1) 分组:5~8 人/组。

(2)道具：每位同学准备一张纸和一支笔。

四、场地要求
安静的室内。

五、活动步骤
（1）同学们开启大学新生活已经有一小段时间了，请同学们回顾一下从开学报到至此刻坐在教室的这段生活，用3个词语来概括自己的感受，请在纸上写下来。

（2）请同学们在组内进行分享、交流和讨论，了解彼此的经历、感受与体会。

（3）请同学们对组内的词语进行"积极"和"消极"的区分，并说说消极中所蕴含的积极因素。

（4）请同学们充分发挥聪明智慧，对"消极"感受支招。

六、分享与升华
（1）请每个小组选出代表，对本小组的活动情况进行全班分享。

（2）请同学代表分享活动感受。

（3）教师对活动进行总结和点评，注意从积极心理学的角度引导学生思考，培育学生的积极心理素养。

活动2 我的五样

一、活动目的
通过游戏，引导学生认识自己，学会面对生命中可能出现的得与失。

二、活动时间
10~20分钟。

三、活动准备
每位同学准备一张白纸和一支黑笔。

四、场地要求
安静的室内或室外。

五、活动步骤
首先，在白纸上写下你生命中最重要的五样东西。你尽可以天马行空地想象，只要把内心最珍贵的五样东西写出来就行，不必考虑顺序。

此刻，目不转睛地看着它们，这支集结而起的队伍，就是你生命中的挚爱。它们藏在你心底，是你最大的秘密。也许在今天之前，你并没有认真地思考和珍惜过它们，但从这一刻开始，你知道了什么是你维系生命的理由。

糟糕！你的生活中出了一点意外。你要在这最宝贵的五样东西中舍去一样。请你拿起笔，把五样之中的某一样抹去。注意，你要用黑墨水，将这样东西毫不留情地涂掉，或者用刀子将它剜掉。直到它在洁白的纸上成为一个墨斑或黑洞，再也无法辨识。

你的纸上剩下了四样宝贵的东西。此刻，生活又发生了重大变故，你必须再放弃一样。好，现在白纸上还有三个选项了。但是，你又遇到了险恶，又要放弃一样。

最后，你的生活滑到了前所未有的低谷，你必须做出你一生中最艰难的选择。你只能留下一样，其余全部放弃。

至此，你的纸上只剩下一样东西，这也就是你最宝贵的东西了。

六、分享与升华

（1）请学生代表分享自己的活动感受。

（2）教师对活动进行总结和点评，注意从积极心理学的角度引导学生思考如何面对生命中的得与失、如何处理自己由此产生的消极情绪。

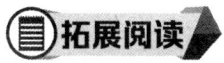拓展阅读

积极心理学诞生的故事

一位父亲在花园里割草，他的小女儿在一边玩耍。这位父亲是一个做事很认真、很专注的人，即使在他割草的时候也是如此。女儿天真活泼，在父亲的身边又唱又跳，还不时把父亲割下的草抛向天空。父亲终于对女儿的行为感到不耐烦，于是对着女儿大声训斥。女儿一声不响地走开了，可过了一会儿她又回到父亲身边，一本正经地对父亲说："爸爸，我想和你谈谈。"爸爸回答："可以。""爸爸，你还记得我在过5岁生日之前的情况吗？您常说我在3岁到5岁是一个爱抱怨和哭诉的人，也不管这些事情是否要紧。但当我过了5岁生日后，我就下决心不再就任何事对任何人抱怨和哭诉了，这是我长这么大做过的最难的一件事。不过我发现，当我不再抱怨和哭诉，您也会停止对我吼叫和训斥。"

5岁小女儿的一番话让这位父亲陷入沉思，他认识到停止抱怨、积极生活的重要意义。他就是积极心理学的创始人马丁·塞利格曼。于是塞利格曼开始构想发起一种关注人的积极力量和积极潜力的心理学运动，即积极心理学运动。正如塞利格曼所说："女儿尼奇的话一直在我耳边回响，这些话虽然使我有点感到羞愧和不安，却使我非常清楚地看到了自己的使命：发起一场积极心理学运动。"积极心理学作为一个研究领域的形成，以马丁·塞利格曼和米哈里·契克森米哈赖于2000年1月发表的论文《积极心理学导论》为标志。

如何做一个心理弹性者？

华东师范大学心理与认知科学学院教授席居哲给出以下建议：

1. 顺应世界变化，做到随"变"

世界上唯一不变的真理是世界永远都在变化。发展变化是世间恒理，对抗只能让自己徒增苦恼。随"变"是一种境界，也是一种姿态。

2. 勇于面对挫折，善品生活诸味

如果所有事情都在自己的意志范围内，所预料的必然会发生，非意欲的必然都不会发生，那么生活就没了趣味，世界便少了精彩。一下子直视无碍地看到自己的一生，是爆破生活信心的最强力的锥形炸药。

3. 正视不公平，要多从差异化视角看问题

不公平是世界上最大的公平。因为在不公平这个问题上，所有人都公平地享有了。如果有区别，可能是一些人比另外一些人觉得更为不公平罢了。世界是多态的，文化是

多元的，生活是多彩的，这是世界丰富的写真。

4. 多创造积极情绪

在压力或逆境之中，情绪不佳是很自然的事情。所以，不必为消极情绪的存在而苦恼，否则只会徒增消极情绪而已。学会接纳不良情绪，而不是对抗。间接表达不良情绪不失为良策，如通过运动来宣泄，找个没有人的地方大吼一声，看一场感动得流泪的电影等。心理弹性者，不是完全没有消极情绪，而是知道生活的真谛是痛并快乐着。会生活的人可以含着眼泪微笑，不因为有苦而将其作为放弃享有快乐的理由。心理弹性者，不会听任于消极情绪的影响，他们不仅会将注意点放在积极情绪上，而且会通过创造积极的情绪，以消除消极情绪的不利影响。因此，要做自己情绪的主人，做到"我的地盘我做主"。

5. 给自己足够的应对时间

在压力或逆境中，很多事情都不能一蹴而就，即便你觉得自己能力较强，但指望自己朝夕之间就能够摆脱困境也不现实。冰冻三尺非一日之寒，消融坚冰自然也不会立竿见影。给自己充足的时间，让自己有一个喘息的机会，厚积薄发，方能成就未来。对于压力或逆境，只要你直视它们，它们便没有那么可怕。聚精会神地解决它们，困难就会一一化解，再难的事，也可能探寻到解决的契机。即使困境最终仍然没有得到根本解决，也不要气馁，正所谓"人生不如意事十之八九"。山挡住了前进的路，爬不上去，绕过去就好！困难来了，应从长计议，积极应对，从容不迫，不胜犹荣。

6. 目标集中，要给自己制定有限的务实目标

应对压力或逆境是一个系统工程，在应对过程中，人们最容易出现的问题之一是给自己定的目标过高、过多。目标太多，容易分散精力，不利于应对压力或逆境。在心理弹性者身上，容易看到他们具有明确的产品结果导向，即注重与压力或逆境较量后每一回的收效。研究表明，切中要害，各个击破，是应对压力或逆境的有效策略。

7. 在压力或逆境应对中要善待自己

在压力或逆境应对中，拼的是身体健康，个体要善待自己，让自己吃好、睡好，确保拥有一个健康的体魄，这是解决一切问题的关键，正所谓"留得青山在，不怕没柴烧"。

学习评价

项目	课堂评价标准	自我评分					小组互评				
学习态度	自觉按要求完成学习任务	5	4	3	2	1	5	4	3	2	1
	上课认真，课堂互动活跃	5	4	3	2	1	5	4	3	2	1
	在小组活动中具有团队合作精神	5	4	3	2	1	5	4	3	2	1
活动表现	服从活动安排，积极参与	5	4	3	2	1	5	4	3	2	1
	大胆发表个人观点，思路清晰，表达流畅	5	4	3	2	1	5	4	3	2	1
	乐于回应同学发言，分享有用资源	5	4	3	2	1	5	4	3	2	1

续上表

项目	课堂评价标准	自我评分	小组互评
知识掌握	通过本项目的学习，你已经对自己的心理健康状况有了大概的了解。那么你打算如何提高自己的心理健康水平呢？（70分） 【答案填写】		
	合计得分		
	加权总分 （自我评分×50% + 小组互评×50%）		

项目二　学会适应　生存之道

——大学生活的心理适应

深学践悟

2023年8月24日，在清华大学社会科学学院2023级本科生开学典礼上，院长彭凯平以"积极适应是大学生活的第一课"寄语新生，希望同学们在面对生活方式、社会关系、自我期待等方面的不适应时，能够秉持开放的心态，保证学业的完成，保持身心健康，努力做到为意义而学习、为美德而深造、为幸福而奋斗。

——清华大学社会科学学院官网

学习目标

- 知识目标：了解心理适应的相关知识、大学生活的特点、心理适应的重要性及不适应的问题类型。
- 技能目标：根据心理不适应的可能原因，掌握提高心理适应水平的方式方法，缩短心理适应时间，快速融入大学生活。
- 自我认识目标：了解自己的心理适应状况，分析不适应的原因并探索适合自己的心理调适方法。树立开放心态，积极拥抱丰富多彩的大学生活。

项目二　学会适应　生存之道

学习导图

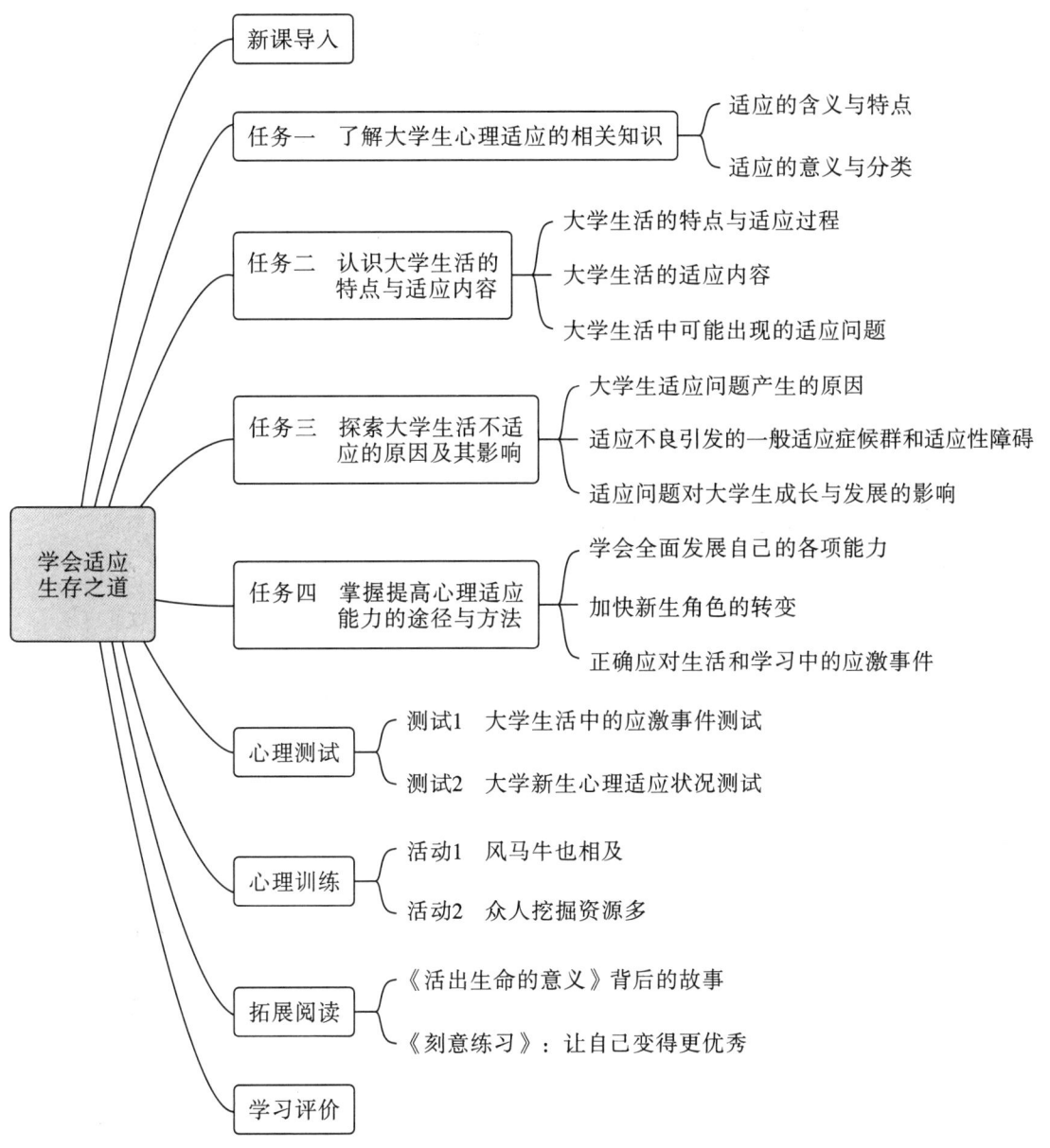

新课导入

经过十年寒窗,同学们终于踌躇满志地步入大学校园,面临着一个全新的世界。不仅面临学习环境、学习任务和学习内容的变化,还面临人际关系的重新建构和新的文化环境的适应,不论你是激动还是紧张,每个大学生都将有一个调整自己原有认知和行为的适应过程,这就是大学生的适应。多数大学生能够面对心理和行为上的困惑与挑战,不断战胜困难,最终适应大学生活。但也有少数人因为心理上的不适应而出现这样或那样的问题,影响到大学生活以及个人的发展,如下面案例1中的小王。进入大学,大家又站在了新的起跑线上,若是因为各种原因延迟开跑,则会影响最终的成绩(如图2-1)。如何由不适应到适应,顺利完成从中学生到大学生的转变,尽快融入大学生活,是摆在大学新生面前的重要课题。

【案例1】小王是一名大一新生,他来自一个小城市,这是他第一次离开家乡到大城市生活。由于环境、文化和生活方式的巨大差异,他发现自己很难适应大学的生活。首先,他感到学习压力巨大。高中时,他习惯了老师严格的监管和频繁的考试,但在大学,更多的是要自主学习和时间管理。他发现自己无法有效地规划时间,经常错过重要的课程和活动,导致学业成绩下滑。其次,小王在社交方面也遇到了困难。他来自一个相对封闭的环境,没有太多机会接触不同的人和文化。在大学,他感到自己和其他同学格格不入,很难融入群体。他常常感到孤独和无助,缺乏归属感和支持。此外,小王还面临生活自理的挑战。他之前的生活都由父母照顾,但现在他需要自己处理各种生活琐事,如购物、洗衣、打扫宿舍等。他发现自己对这些事情毫无头绪,常常感到焦虑和不安。

由于这些适应不良的问题,小王的心理健康也受到了影响。他经常感到沮丧、失落和焦虑,无法集中精力学习和生活。如果不及时寻求帮助和支持,这些问题可能会进一步恶化,影响他的大学生活和未来发展。

图2-1 大学生活适应与新的起跑线

》任务一　　了解大学生心理适应的相关知识《

一、适应的含义与特点

（一）适应的含义

适应是指个体在与环境的相互作用中构筑良好心理的过程，也是指个人同环境之间一种和谐、协调、相宜、相适的状态。朱智贤主编的《心理学大辞典》中对适应的定义是："适应是源于生物学（生物适应 adaptation in biology）的一个词，用来表示能增加有机体生存机会的那些身体上和行为上的改变。心理学中用它来表示对环境变化做出的反应。"让·皮亚杰（Jean Piaget，1896—1980）认为，智慧的本质从生物学来说是一种适应，它既可以是一个过程，也可以是一种状态。有机体是在不断运动变化中与环境取得平衡的，它可以概括为同化和顺应这两种相辅相成的作用。适应状态则是这两种作用之间取得平衡的结果。这种平衡不是绝对静止的，某一个水平的平衡会成为另一个水平的平衡运动的开始。如果机体与环境失去平衡，就需要改变行为以重建平衡。这种平衡—不平衡—平衡的动态过程就是适应。

（二）适应现象的性质与特点

心理适应是主体对环境变化所做出的一种反应，没有环境的变化就无所谓适应或不适应。人们生活的环境（自然环境、心理环境和社会环境）处于不断变化之中，因此每个人都存在适应问题，都会产生不断适应新环境的需求。适应是人的一种基本需要，适应能力是个体生存与发展的必备能力。

心理适应是一个重建平衡的动态变化过程。适应的主要任务就是使主体、客体之间的不平衡状态重新恢复平衡。但从个体发展全程来看，平衡是暂时的、相对的，不平衡是经常的、绝对的，因此适应的直接目标是建立平衡，其根本目标是主体自身的发展。

心理适应的内部机制是同化与顺应的平衡。同化是指将客体纳入主体已有认知结构或行为模式的过程。顺应则是指调整原有的认知结构或行为模式，以适应环境变化的过程。同化和顺应都是对环境做出反应和对自身（认知和行为）进行调节的过程，这个调节过程受到主体自我意识的支配，借助自我监控系统的作用来实现。因此，心理适应实际上是一个自我调节的过程，自我意识的发展水平、应对技巧对适应起着决定性的作用。

二、适应的意义与分类

（一）适应的意义

适应的意义在于它是个体或群体在面对环境变化时调整自身行为、思维和生理状态，以适应新的环境要求的能力。这种能力在生物、心理和社会等多个领域都具有重要的价值和意义。

1. 生物层面

适应是生物体在面对环境变化时，通过自然选择和遗传变异等机制，逐渐改变其结构、形态和生理功能，以使其更好地适应新环境的过程。这种适应性的变化使得生物体能够在不同的生态系统中生存和繁衍，体现了生物多样性和生态平衡的维持。

2. 心理层面

适应是指个体在面对各种生活事件和压力时，通过调整自己的认知、情绪和行为，以应对并适应新情境的能力。这种心理适应能力的高低，从某种程度上说，代表着一个人的成熟程度。提高心理适应能力有助于大学生更好地应对大学生活中的各种挑战和压力，保持心理健康。

3. 社会层面

适应是指个体或群体在社会环境的变化中，通过学习、行为调整和价值观转变等方式，以适应社会的需求和规范。社会适应是人们在社会交往中发展出的一种能力，有助于个体更好地融入社会系统，与他人建立良好的关系。通过社会适应，个体能够更好地适应社会环境的变化，实现个人价值和社会价值的统一。

（二）适应的分类

根据不同的标准，可以将适应划分为不同的类型。根据适应对象的不同，可分为自然环境适应和社会环境适应。根据适应内容的不同，可分为生理适应和心理适应。根据适应过程中态度的不同，可分为被动适应和主动适应等。

1. 自然环境适应与社会环境适应

对自然环境的适应包括对气候、地理位置、生物等自然环境的适应。例如南方的同学去到北方时对干冷气候的适应，北方的同学来到南方时对湿热气候的适应；高海拔地区的同学来到低海拔地区，或者低海拔地区的同学来到高海拔地区，对于氧气浓度变化的适应等。社会环境的适应包括对新的学习和生活环境的适应、对人际关系的适应、对社会角色和社会职能的适应、对文化环境和社会规范的适应等。总的来说，大学生的自然环境与社会环境适应是一个多维度的过程，需要学生在生活、人际、学习、文化、心理、社会角色、语言和规范等多个方面进行调整和适应。这个过程既是挑战也是机会，通过适应新的自然环境与社会环境，学生可以更好地成长和发展。

2. 生理适应与心理适应

生理适应指生物学意义上的适应，指在有机体的机能和感知觉水平上，个体对声、光、味等刺激物的适应，包括长期适应和即时性适应。长期适应指个体或群体为求得生存和发展，在生理机能或心理结构上发生改变，以适应自身生存环境的历程；即时性适应则是指有机体感官随着刺激在时间上的延续，感受水平发生变化的现象。心理适应通常是指个体遭受挫折后借助心理防御机制来减轻压力、恢复平衡的自我调节过程。总的来说，生理适应和心理适应是人体在适应环境时的两个重要方面。生理适应主要涉及人体的生理调节机制，而心理适应则更多涉及情感、认知、文化和社会角色等方面的调整。两者相互作用，共同帮助人体在变化的环境中保持舒适和稳定。

3. 被动适应与主动适应

被动适应是指个体改变自己的行为或态度来适应外部环境的要求。在这一过程中，个体认同、顺应了环境的消极因素，压抑了自身的积极因素及自身潜能。其作用只是求得一时的内心平衡，其结果是环境改造了个体，而个体并未发挥出自身对环境的能动作用。主动适应是指个体充分发挥自身的主观能动性，积极主动地调整自己与环境不相适应的行为，并尽最大可能改变环境使之适合自己发展的需要，这是一种比较高级、比较主动的适应方式。任何环境中都存在自身发展的有利因素和不利因素，积极适应就是要正确分析自身特点及环境的特点，从两者的关系中找到自己成长的生长点。被动适应与主动适应不仅是相互联系的，也是缺一不可的。我们既要根据环境的要求调整自己，也要积极主动发挥自身的潜能，将环境的有利因素和不利因素统一在个体的能动实践中，使个人获得不断发展，如下面的案例2。

【案例2】小刘上大学之前一直保持着早睡早起的习惯，进入大学后他发现，他的舍友都习惯晚睡晚起。一开始他担心自己的作息习惯与舍友不一致，长此以往会影响与舍友的关系，于是他开始努力以舍友的标准调整自己的作息。一段时间过去了，他不仅没有形成与舍友一样的作息习惯，还出现了入睡困难、白天精力差、影响上课质量等问题。他查询有关睡眠的书籍时发现，早睡早起其实是一个好习惯，比晚睡晚起更利于大学生的身心健康。他也想帮助其他舍友建立良好的习惯，便将自己了解到的睡眠科学知识分享给舍友，同时给他们推荐了一些图书，帮助他们认识到早睡早起的重要性。后来全体宿舍成员都养成了早睡早起的好习惯，成为班上学风最好的宿舍。

小刘从刚开始的被动适应宿舍的作息，到后来发挥自己的主动性，影响其他舍友，共同营造健康的宿舍休息环境，完成从被动适应到主动适应的转变。

》任务二　认识大学生活的特点与适应内容《

一、大学生活的特点与适应过程

大学生活的适应问题是大学新生普遍存在的问题，充分了解大学生活的特点与适应过程，将有助于新生提前在心理上做好准备，缩短适应的时间。

（一）大学生活的特点

与高中阶段相比，大学生活可能会经历以下一些变化。

1. 生活环境的改变

大部分学生在高中时期是就近上学，在家吃住，生活方面的许多事情由家长料理。

上大学后，过上了集体生活，生活独立性大大增强。高校一般地处繁华的都市，城市的文化环境和各种信息必然会对大学新生带来不同程度的影响和冲击。面对来自不同地区、不同家庭背景、不同成长经历的同学组成的班集体和宿舍生活，如何相互沟通和重新建构新的人际关系，需要一个学习和成长的过程。

2. 教学方式与管理方式的改变

在中学，学校和老师对学生的管理和学习指导都比较具体，校规严格，学生自由支配的项目和时间都不多，只要遵照学校的规定，跟着老师的节奏就可以了。相比而言，大学的管理制度较为宽松且鼓励学生的个性发展，大学生在学习科目、时间支配、生活安排等方面的自由空间相对较多，对没有自我管理经验的同学构成一定的挑战。大学教育是专业教育和通识教育的结合，一方面，课程门类多，学习的内容深且新，同学间的基础差异大，总有一部分同学无法适应教师的讲课节奏；另一方面，在一个班级授课的教师较多，与学生在课后的沟通较少，师生关系远不如中学时候的紧密。学习效果及知识的巩固全靠学生自主学习。从中学到大学，是从被动的"老师引着我学习"向"师傅领进门，修炼在个人"的主动学习模式的转变。

3. 比较群体的不同

大学生在中学时代，可能都是班上的佼佼者，优越感和自尊感较强，可到了人才聚集的大学里，参照群体改变了，大部分同学以前的学习优势逐渐淡化或消失，突然产生一种"人外有人，天外有天"的感觉，这种落差往往使不少人产生失落感和自卑感。同时，大学里的各种学生活动更加丰富，文艺、体育、才干等非知识的比试更加突出，非智力因素的发展水平显出更明显的差异。

（二）大学生活的适应过程

大学新生对大学生活的适应过程一般需要 1~3 个月，个别学生需要一个学期甚至更长的时间。这一过程可分为三个阶段。

1. 兴奋期

这种兴奋源自十年寒窗的默默耕耘，夙愿终于得以实现的结果。进入大学后，新的城市、新的校园和新的同学，理想中的"天堂"，新奇而富有生机的大学生活，都会激发新生强烈的好奇心。兴奋期会持续 1 个月左右。

2. 消沉期

随着时间的推移，新鲜感逐渐褪去，孤独、困惑开始代替兴奋。对家乡亲人的思念，与中学同学的情谊，自由安排有余但具体指导不足的学习，因为考试频率的降低，学习效果得不到及时反馈，更听不到昔日老师的表扬，理想中的"天堂"与体验到的现实之间的差距，使一些人产生了"什么是大学"的困惑。有些大学生开始精神不振，对学习感到索然无味，对课外活动也开始缺乏兴趣与激情；有的假装洒脱，眼睛中却透露出心灵的空虚与茫然。

3. 思考定位期

随着学习和实践的深入，经过教师的教诲和与高年级同学的交往，新生初期的各种心理困惑逐渐得到了解决，新生对自我、对环境、对专业，从能力到个性、从优势到不足、从学习到为人都进行了再认识。他们开始思考自己的发展前途，重新调整自己在集体中的位置，表现出冷静和理性的思考特征。

二、大学生活的适应内容

大学生心理适应的内容涵盖了生活、学习和未来发展的方方面面，具体如下。

（一）初入大学的心理挑战

从熟悉的高中环境到陌生的大学校园，大学生首先要面临的挑战就是环境变化，包括新的城市、新的宿舍、新的同学和老师，这种环境的变化往往伴随着一定的心理压力。另外，从高中生到大学生的身份转变，不仅是年龄的增长，更是角色和责任感的变化。这种身份上的变化同时还承载了亲人的更多期待，民族和国家的更大使命，可能让一些学生感到迷茫或不安。

（二）自我认知与接纳

大学阶段是自我认识的重要时期，学生通过逐渐探索自己的兴趣、价值观和人生目标来认识自我。自我探索的过程可能不是一帆风顺的，有时会伴随着一些错误经历甚至失败，但正是这些经历和失败，才能更好地帮助大学生了解自己。没有谁是十全十美的，面对自己的缺点和不足，大学生们还需要学会接纳自己。努力做到自我接纳和自我悦纳，这是一个重要的心理适应过程，有助于大学生不断完善自己，建立积极的自我形象，减少自卑和焦虑。

（三）社交与人际关系的建立

人是社会的动物，是社会关系中的一员，良好的社会交往是大学生活中不可或缺的重要内容。大学生不仅需要与舍友、班级同学交往来建立稳定的友谊，进而获得支持和归属感，还需要与老师和其他教职工交往来完成学业和发展的相关事宜。有时还需要及时处理人际交往中的误解、冲突和矛盾。除了现实生活中的人际交往，生活在信息时代的大学生还需要学会虚拟环境中的网络人际交往，不断拓展交往范围的同时也要防范可能存在的风险。

（四）学业压力与时间管理

学习是大学生的天职和使命。但从中学到大学，首先是教学模式和学习方式都发生了很大的变化，中学常用的学习方法不一定适用于大学阶段；其次是大学阶段更加注重学生的自主学习和批判性思维的训练；最后是大学阶段的学习在原有竞争性不减少的基础上还增加了合作学习、团队协作的要求。大学生需要适应这种变化，尽快找到自己与新阶段新要求的契合点，适应新阶段的学习。另外，在大学阶段自由支配时间增多，面对繁重的学业任务和丰富多彩的课外活动，科学合理的时间管理无论对大学生完成学业还是身心健康都显得尤为重要。

（五）情绪调节与压力应对

情绪是我们内心对外部世界变化的一种自然反应，大学生也有各种各样的情绪。学会识别自己的情绪尤其是负面情绪，认识到自己正在经历的情绪变化，接纳它们的存在，不否定不压抑，而是通过合理的途径、采用适合自己的方式将情绪表达出来，是情绪调节的第一步。另外，大学阶段作为大学生重要的人生成长阶段，注定会遇到各种压力。但没有压力就没有动力，我们要学会科学有效的压力管理方法，比如制订合理的学习计划，让学习任务根据轻重缓急的顺序依次得到解决，避免拖延和任务堆积；确保足够的睡眠和适当的锻炼；必要时寻求专业心理咨询也是解决压力的重要途径。

（六）职业规划与未来展望

常言道，计划赶不上变化，大学生活也充满了很多的未知和变数，但适当的职业规划有助于大学生明确自己的目标发展方向，避免盲目性和随机性。职业规划还能帮助大学生更加有针对性地学习，提升自己的技能和能力，增加在未来的就业市场中的竞争力。未来展望对大学生的成长和发展也至关重要。通过展望未来，大学生可以更加清晰地认识到自己所处的时代背景和社会趋势，从而更加主动地适应和应对未来的变化，进而激发自己的创新精神和创造力。

三、大学生活中可能出现的适应问题

国内相关研究资料显示，大学生面临的心理适应问题复杂多样，概括起来主要有以下五类。

（一）集体生活方式不适应

离开父母和家人，大学生开始过上集体生活，饮食习惯、钱财管理以及如何处理各种生活事务等方面容易出现困难。此外还有心态与氛围的不适应，比如以前在家里一个人当"老大"，而现在要和来自天南海北的不同生活背景的几个同学挤在一起。如何在新环境中学会与同学和谐相处，是新生适应阶段的重要课题，如下面的案例3。

【案例3】小赵是家里的独生女，上大学之前自己住一个宽敞的房间，因为有足够的收纳空间，小赵没有认识到将物品摆放整齐的必要性。来到大学后，小赵要与另外5位舍友分享有限的宿舍空间。在空间实在不够用的情况下，小赵会把自己的物品随意摆放在其他舍友闲置的空间，或者占据大家的共同空间。其结果就是要么找不到自己的物品，要么因为摆放凌乱而在宿舍检查中被扣分。舍友对此意见非常大，小赵与其他同学的和睦关系也受影响。小赵觉得非常委屈，不知道集体生活该怎么过，甚至萌生出退学的想法。小赵同学由于缺乏集体生活的经验，在集体生活中出现了不适应的问题，该问题如果不能及时得到解决，还有可能影响其人际关系和学业。

（二）资源利用上的不适应

许多学生在进入大学之前，凡事都是老师或家长帮着安排，自己照做就行。上了大学后发现很多事情得自己安排，没人会追着提醒自己，虽然可供支配的资源增多，支配权也增大了，但不知道如何利用大学里的各种生活资源和学习资源。比如：遇到疑惑如何向教师请教，如何利用图书馆的资源，如何选择选修课，如何更加科学高效地安排课程表上的无课时间段等。这些不适应容易让学生产生各种各样的畏难情绪。

（三）新的社会关系不适应

大学生的社会关系从原来以血缘关系所建立起来的待人接物方式为主突然转变为以与陌生人打交道为主。以前感受到的更多是家庭中的爱、分享与宽容，就算有点过失、发点小脾气也有家人包容，可一上大学都变了，大家人格平等，没有谁有义务包容你的坏脾气，找人办事得按照契约精神、规则与信用，更得学会和陌生人交往、沟通与合作。总之，对社会关系的变化适应，其实对很多同学来说是一个挺大的挑战。

（四）学习模式不适应

与中学阶段的应试教育相比，大学阶段在学习方法、内容和形式上都有很大的变化。大学阶段学习的内容多、任务重、进度快，没有老师或家长能随时督促学生的学习，学生自由支配的时间多。对于习惯被动学习、自学能力不强的大学生来说，有可能产生学习上的压力与困难。

（五）学习和职业目标的不适应

开始专业课程学习前，大学生对就读专业的了解可能并不透彻，对未来可能从事的职业以及就业前景感到茫然。社会对专业人才的需求是不断变化的，并没有永远时髦的热门专业，不少大学新生是听从父母或老师的建议报考专业的，自己对所学专业的培养目标和就业市场可能并不熟悉，缺乏职业生涯规划。职业目标困扰感强烈的学生，不能正确认识和评价自己的专业，容易产生失落感。

任务三　探索大学生活不适应的原因及其影响

一、大学生适应问题产生的原因

大学生的适应问题是环境变化与个体心理素质相互作用的结果，其原因可以从如下三个方面来探讨。

（一）理想与现实的落差

每个大学生都有自己的远大理想，对未来充满期待与希望。大学生常常按照理想来规划自己的生活、学习、婚恋和择业。然而现实的复杂性，常常使得理想不能实现，造成心理冲突。这种心理冲突一方面表现为对大学和学习的不满，另一方面表现为目标的缺失。

1. 对大学的不满意

对于刚刚踏入大学的新生来说，现实的大学生活可能并非想象中的那样诗情画意，学习也不是预料中的那样有趣,而是新一轮的"三点一线"(寝室—教室—图书馆)式生活,一种失落的心情油然而生。产生这种失落的主要原因有两个:一是中学教师为了激发同学们的学习热情,过分渲染大学学习生活的美好;二是在高中夜以继日地苦读,大学成为所有希望的寄托,新生对大学的期望值普遍偏高。

2. 对专业的不满意

有的新生所学专业是调剂或自己委曲求全的结果,并非自己感兴趣的专业或"热门专业",认为自己所学的专业没有前途,便开始埋怨自己的专业。其实他们缺乏对专业的全面认识,容易对专业产生偏见。他们不会处理直接兴趣和间接兴趣的关系、专业学习和素质提升的关系,缺乏内在动机,不懂得为自己充电,以便在更广的层面获得发展。

3. 目标的真空状态

考上大学后,不少学生首先想到的是如何让紧张的神经和疲惫的身心得到调整和放松,没有主动确定新的目标,出现了目标的"真空"状态。由于没有具体目标的引领,学生往往会陷于被动,要么按照学校的安排简单而重复地生活,要么表现为茫然失措,不知道自己喜欢什么、能做什么,所以,大学生活虽然比高中自由,但许多新生会感叹大学没有高中充实。

(二)自我优势的丧失

心理学家阿尔弗雷德·阿德勒(Alfred Adler,1870—1937)曾经说过,每次重要的经历都会引起我们对自身作出新的认识和评价。从高中到大学、由大学结束走向工作岗位等环境的变化,都会引起我们对自我重新的认识与定位。大学环境的变化,可能会导致大学生自我优势丧失,产生角色定位偏差。

1. 社会角色的理想化

考上大学意味着进入高等教育的行列,社会角色也随之发生变化。在人们的期望中,大学生理应各方面都是比较优秀的,是全面发展的"天之骄子"。大学生也能感受到社会对自己期望的变化,自我期望也无形中提高了。大学生是充满期望与理想的群体,也是充满自信与渴望成才的群体,但往往对未来生活和学习过于理想化,导致容易缺乏充分适应大学生活的心理准备。

2. 优秀价值的多元化

大学生都有很强的自我表现欲望,然而要想保持高中时期的"光环"和理想角色并不容易。高校追求优秀价值的多元化,不仅看重知识,而且注重能力,使得以往以学业作为重要指标的评价体系发生了变化,这种评价体系的改变,一方面为大学生自我展现提供了广阔的舞台,另一方面则淡化了学习成绩在评价中的权重。学习成绩突出的同学不如以前那样受教师重视了,而学习成绩平平的同学却由于某种突出的才艺或人格魅力受到同学和教师的关注。不少新生由于没有适应这种多元化的优秀价值观念,容易出现心理失衡。

3. 自我认知失调

大学作为一个人才聚集的场所,不少在中学时代的佼佼者到大学后成绩只能处于中间水平甚至变得相对落后，一些同学难以接受自己不再名次靠前的现实，情绪上产生明显的波动。这种反差和心理不平衡状态导致自我认知失调。一些来自农村或偏远地区的学生往往因多方面的原因而敏感多疑和自卑，有的学生则脱离实际盲目地与他人攀比，产生怨气和不满。

（三）求同与立异的矛盾

新时代的大学生群体在个性上呈现出典型的张扬独立的特点。追求个性、与众不同成为新时代的大学生尤其是"00 后"大学生的座右铭。他们关注时事与社会热点，但对于社会理想与现实的差异缺乏理性的分析；他们崇尚自我、注重外在形象等，刻意表现出自己的与众不同。然而，新时代的大学生内心也十分渴望获得他人的认同。用他们的话来说，展现自己的与众不同实质上也是在"求关注"。他们在被家庭、学校和社会百般呵护的同时也承受着更多的关注与期望，这种高关注与高期望不仅成为这一代青年的心理压力，也增加了他们在自我评价的过程中对外部标准的敏感性。观察表明，有适应性问题的大学新生往往一方面自尊心较强，封闭自己，不愿主动与人交往，但另一方面又感到孤独，渴望得到群体的接纳与认同。

二、适应不良引发的一般适应症候群和适应性障碍

（一）一般适应症候群

心理生理学派认为，生物有机体都有一种保持内部环境稳定状态的趋势或特性。当机体处于危险紧张的状况或新环境时，机体的自主神经系统会自动调节做出适当反应，以保持和维护机体内环境的稳定，这一生理过程叫作应激。适应障碍与应激过程密切相关。通过实验发现，无论外界刺激性质如何，机体的反应都是非特异性的，即称为一般适应症候群（general adaptation syndrome, GAS）。应激反应一般经历警觉反应期、抵抗反应期和衰竭反应期三个阶段。

1. 警觉反应期

在这个阶段，机体对刺激尚未产生适应性，表现为心率加快、血压升高、血糖升高等植物神经反应。警觉反应是对应激源的第一个反应。对有机体而言，对任何被判断为应激源的事件都会立即作出防御反应。如果应激源很快过去或个体对刺激的应对游刃有余，心理生理危机就会很快消除，机体就会恢复正常状态。

2. 抵抗反应期

抵抗反应期指个体内部防御力量与应激刺激进行对抗，努力使生理心理恢复平衡的过程。抵抗反应出现在应激源持续时间较长（通常为慢性应激源）或个体应对技术不恰当的情况下。这时，机体会动员和消耗全身的防御资源，以提高对应激的承受力。

3. 衰竭反应期

衰竭反应期指在应激源不能消除或机体不能寻找到有效的应对策略，个体抗衡力量逐渐被耗尽时，机体产生身心疾病的状况。在大多数情况下，应激只引起第一、第二阶

段的反应变化，并且这些变化是可逆的。每个阶段的时间长短以及进度快慢取决于应激源的能量级数及持续时间、机体应对反应的成功与否等因素。

（二）适应性障碍

与一般适应症候群的生理反应相对比，适应性障碍更多地涉及心理层面，表现为个体在面临新的环境或角色变化时，无法有效地适应并产生一系列负面情绪和躯体症状。它不仅涉及生理层面的反应，还涵盖心理、行为和社会适应等多个方面。适应性障碍的诊断通常需要考虑个体在特定时间段内的情绪、行为和社会功能变化。比如，有明显的生活事件作为诱因，尤其是生活环境或社会地位的改变；有理由推断生活事件和患者的人格基础对导致精神障碍均起着重要的作用；以抑郁、焦虑、害怕等情感症状为主，并有适应不良的行为障碍，如退缩、不注意卫生、生活无规律等；或生理功能障碍，如睡眠不好、食欲不振等；可出现情感性精神障碍（但不包括妄想和幻觉）、神经症、应激障碍、躯体形式障碍或品行障碍的各种症状。

三、适应问题对大学生成长与发展的影响

大学生活不适应或适应不良对大学生的成长与发展会产生多方面的影响，主要包括以下几个方面。

（一）心理健康的影响

在大多数情况下，新环境变化引起的短时间的应激反应并不会对身心带来什么不良影响，但长期无法适应新环境，一直让自己处于应激状态，就可能引发焦虑或抑郁情绪，进而影响大学生的心理健康。他们可能会因为情绪问题而出现失眠、食欲不振等生理症状，影响身体健康。同时，他们可能会因为无法有效应对生活中的挑战和困难，而产生挫败感和无助感，进一步加剧心理困扰。大学生在面临心理适应问题时，往往会出现焦虑、抑郁、敌对、低落的情绪。这些情绪不仅会影响他们的日常生活和学习状态，还可能引发更严重的心理健康问题。

（二）社会关系的影响

大学生活不适应对人际关系的影响是多方面的，包括社交退缩、人际关系紧张、信任与沟通障碍、社交焦虑与孤独感以及人际关系网断裂等。心理适应不良的大学生可能在社交方面遇到困难。他们可能会因为自卑、焦虑等情绪问题而不愿意主动与人交往，选择逃避社交活动而产生社会退缩；由于自我意识强烈、对他人的包容性不够，容易与具有不同生活习惯的舍友、同学产生矛盾，引发人际冲突；在人际交往中缺乏信任感，难以建立深厚的友谊；可能在与同学、老师沟通时感到困难，无法有效地表达自己的想法和需求；由于长期缺乏社交活动而感到孤独、无助，影响心理健康。

（三）对学习和自我认知的影响

大学生活不适应还有可能导致大学生对学习的兴趣和动力下降，进而影响他们的学业成绩。一些学生可能会因为无法适应大学的学习环境和学习节奏，出现学习困难、成

绩下滑的情况。严重者可能会对学习产生抵触情绪，甚至放弃学业。如果这种影响是长期且深远的，不仅会影响学生的个人发展，还可能对其未来的职业生涯产生负面影响。不适应还可能导致大学生对自己的能力、兴趣、价值观等方面产生模糊的认识。由于缺乏自信，对自己的评价过于负面，会过于关注他人的眼光和评价，忽视自己的内心需求和价值观，进而难以形成独立的自我认知。

》任务四　掌握提高心理适应能力的途径与方法《

一、学会全面发展自己的各项能力

发展是一个国家、一个民族解决一切问题的基础和关键，对于大学生的成长来说同样适用。大学生心理适应的实质是个体内部人格发展与外部环境之间相互作用的结果。联合国教科文组织曾提出关于现代教育的四大培养目标，即学会做事、学会求知、学会与人共处和学会生存，那么大学生为了更好地适应环境，以及获得更好的成长，又应该把什么作为其发展任务和要求呢？1969年，西方学者奇克林（Chickering）提出了大学生"七向量发展理论"，在西方大学教育领域中被广泛认同。根据这一理论，大学生适应发展的主要任务应该包括以下几方面。

（一）学会做人和做事

大学生首先要学会做人，适应与发展的目的在于使人日臻完善，使人格成熟，不断增强自主性、判断力和个人的责任感，使人拥有正确的人生观、价值观，拥有明确的伦理道德观念和是非观念，能够遵守社会公德，使自己的行为符合新时期大学生的行为规范。学会做人还要明确自己的角色定位，要学会做事，有敬业精神和社会责任感，要有独立的生活管理能力，独立选择、独立决断、独立处理问题的能力，以及应对各种情况和各种环境的工作能力，能够不断积累相关的做事经验，工作富有成效。

（二）学会学习和发展能力

学习是一个终身任务。大学阶段的学习有许多区别于中学阶段的特点。首先是从基本通识向学科专业知识，从教师引导式学习向以学生为主体自学的转变；其次是学习场所从单一的课室向图书馆、实验室、实训基地和社会实践的转变；再次是从知识记忆为主的学习模式向创新思维和运用知识的模式转变。因此，大学生要学会自学，学会在书本之外的杂志、实验和社会实践中学习新的知识和职业技能，学会运用专业知识来分析和解决实际问题，提高创新知识和创新技术的水平。除了文化课的学习，在大学期间，大学生应增进和发展多方面的能力，包括智力、体力、社交能力等，能力是建立自信心的基础。

（三）学会与人相处和发展成熟的人际关系

现代社会中与人合作是十分重要和必要的，与人和谐相处，既是一种人际交往技能，也是助力成功的一种人际资源。大学生应当对他人有尊重和真诚的态度，能够接纳他人的长处与不足，能够与他人进行良好的沟通，在沟通中建立亲密的合作关系，在相互交流与分享中促进自我和他人的成长与发展。作为大学生，学习独立生活和自己独立承担责任是十分重要的。同时也要学习如何相互帮助、相互包容，因为每个人的行为都会影响自己和他人，在有些情况下需要做出个人牺牲和让步以达成共识。与别人建立成熟的人际关系就要学会包容和欣赏别人与自己的不同，要有能力与别人发展融洽的关系。维持这样一种亲切融洽的关系需要自我认识、自信心及沟通技巧。

（四）学会管理情绪

大学生每天都会面对许多挑战，有些来自学习方面，有些来自人际关系、家庭、生活等方面，会产生各种各样的情绪。情绪没有好坏之分，它们产生和存在都与我们的生存有关，与现实世界通过必要的中介作用对我们产生影响。因此，学会管理情绪就要知道它从什么地方来、什么时候到来、以什么样的方式到来。我们也要做好迎接这位尊贵客人的准备。只有这样，我们才能与自己的情绪和谐相处，真正成为自己情绪的主人，最大限度地发挥情绪对我们生活的功能价值。

二、加快新生角色转变

高校应高度重视大学新生适应性教育，采取有力措施，有计划、有步骤地实施科学有效的措施，促进大学新生尽快适应高校人文环境和育人管理模式，重点可以从以下三个方面着手。

第一，加强对大学文化和专业学科的认同教育。通过对新生进行有关学校办学历史、杰出人物、专业发展前景的教育，激发新生对学校文化的认同感和对专业的学习兴趣，树立远大的职业理想。

第二，加强专业思想教育，包括对不同专业的教学计划、课程模块、人才培养目标、就业前景、学习管理制度等内容的宣讲。以此让大学生明确自己在大学期间的主要任务和学习目标，提高学习的积极主动性，转变学习成才的方式。

第三，加强自我认识和改变竞争比较的标准。从各地出类拔萃的高中生到大学生优秀群体中的普通一员，这种变化使不少大学新生一时难以适应。可以通过老同学带新同学、社团中的互助等多种方式引导大学新生调整对自我的认识和评价，引导其建立多元化的优秀学生的评价标准，例如善于公关、会创造发明、能歌善舞、懂管理、擅长体育等都是值得赞赏的能力，并非只有会学习才是值得骄傲的。要引导大学新生正确处理全面发展和重点发展的矛盾，引导新生克服样样争先进和急功近利的心态，采取"长计划，短安排"策略，坚持朝向自己理想的人生目标迈进。

三、正确应对生活和学习中的应激事件

（一）生活和学习中的应激事件

大学阶段是大学生的心理走向成熟、人格趋于完善和稳定、确定自我未来的发展目

标和职业目标的重要时期。大学生面临的发展任务是多样而繁重的，而且不同年级的大学生的发展重点和面临的应激事件也各不相同。综合来说，大学生产生适应问题的外部原因无外乎学业挫折或失败、与同学或教师关系的不协调、恋爱的失败、职业目标的迷惘和求职受挫、经济问题造成的心理负担以及家庭的重大变故等。这些生活事件，不一定立刻成为应激源，但当这些事件发生的频率达到一定的程度，或者持续的时间过长，就可能使人产生挫折感和心理压力。当这种心理压力超出其心理承受能力时，就会影响个人的身心健康，如出现身体疲劳、睡眠不好、肠胃不适、烦躁、抑郁、焦虑等。

扫码观看"大学生应激应对策略"视频（精品微课）

所以，大学生要对大学所面临的各种压力来源有一个清晰客观的认识和充分的心理准备，破除大学的理想化和神圣化，树立迎接挑战、正视挫折、不断磨炼和发展自己的理念。只有树立科学的发展观，才能做到有备无患，才能降低心理的挫败感，采取更为积极主动的行动，更好地适应大学生活。

（二）应对应激事件的两种策略

经验表明，个体并不总是使用最合适的应对策略。比如，有人会通过否定事实以至于完全歪曲事实，或者为了逃避感到有威胁性的社会处境而采取不健康的应对方式。以理查德·拉扎勒斯（Richard Lazarus，1922—2002）为代表的认知交互模式理论学派将应对应激事件的方式分为两种类型，即情绪定向的应对策略和问题定向的应对策略。

1. 情绪定向的应对策略

情绪定向的应对策略与我们内在的防御机制有关，它以情绪体验和情绪表现为特征。当个体遭受挫折困难时，会伴随着不同程度的紧张、愤怒、焦虑等情绪状态和内心体验，还可能产生特定的行为反应。情绪定向方法往往侧重于对情绪的处理和调整，而忽视了对问题本身的解决。它可能让个体陷入"情绪循环"中，而非真正面对和解决问题。过度依赖情绪定向应对，可能使个体在面对新挑战或问题时，缺乏解决问题的主动性和创造性，进而影响其长远发展。情绪定向应对策略虽然在短期内似乎能有效缓解情绪压力，但无法从根本上解决问题，还有可能导致问题反复出现。情绪定向应对策略是个体在应激状态或挫折情境中，不自觉的、下意识的反应，有时也可能是自觉的、有意识的反应。攻击、冷漠、退化、固着、幻想、逃避、焦虑、自残等是常见的消极的情绪性反应方式，如案例4。

【案例4】小明是一名大学新生，他在入学初期遇到了明显的适应问题。加之小明性格较为敏感、内向，面对大学的新环境、新同学和学业压力，他先是频繁地向家人和朋友抱怨学校的种种不好，或者在社交媒体上发布消极言论，后来他选择逃避课程、不参与集体活动等方式来回避问题。为了不让家人和朋友担心，小明在外人面前常常强颜欢笑或故作坚强。这种情绪宣泄虽然暂时缓解了他的压力感，但并未实质性解决问题，反而让他陷入了更深的消极情绪中。

2. 问题定向的应对策略

问题定向的应对策略，指个体试图制订出具体的行为与努力计划，尽可能直接地解决问题。问题定向的应对策略以压力事件本身为注意对象，分析问题、思考问题的解决途径，是一种理智的反应。虽然问题定向的策略会因直面问题而在刚开始的时候有压力，但随着问题根源不断被揭示，解决问题的思路被打开，方法被找到，就会有一种豁然开朗的感觉。成功的应对经验还能增强人的自信心，遇到类似情形更愿意采用理智的应对方式，从而让自己进入良性循环。

（三）正确应对方式的训练

鉴于生活经验的局限性，有些大学生还不懂得采取情绪定向与问题定向相结合的应对策略，可以尝试如下自我训练的方法。

首先，正确认识和对待挫折失败所带来的苦恼。这要求我们对失败要有精神准备和正确认识，当遭受挫折时，不要把注意力放在体验自己的痛苦上，而是把注意力转移开来，使挫折感的消极影响大大缩小；要积极摆脱痛苦和消极情绪的干扰，待情绪稳定后，集中精力去认识挫折本身。

其次，面对挫折，认清问题，冷静分析。当你敢于面对挫折，正视困难挫折时，它就变得不那么有力了；要弄清挫折的程度，有些挫折只不过是局部的、暂时性的问题，认清了挫折的局部性和暂时性，就会大大激励我们的信心和斗志；需要对挫折进行全面分析，找出失败的主客观原因，从而提高个人的认识，利用积极因素，克服不利因素，抓住主要矛盾，找到解决问题的策略和方法。

最后，积极行动，寻求转机，或静观其变。面对困难和挫折，不仅需要有正确的态度，更重要的是积极行动，寻求方法，求得解决。找到问题出现的原因之后，要积极地创造条件加以改善；需要将毅力和正确方法结合起来，既要具有坚持不懈的毅力，又要具有创造能力和正确的方法，才能收到事半功倍的效果；当我们经过努力还不能实现目标时，不妨换个方向，改变目标，再做尝试，可能会获得新的发展机遇，从现有的条件中找到更适合自己的发展方向，与环境更好地进行协调。

有意识地训练大学生更有效地运用问题定向与情绪定向相结合的策略，不仅有利于提高个体适应环境的能力，还能使个体在生活的磨炼中成长。正如戴尔·卡耐基（Dale Carnegie，1888—1955）所说："成功者并不畏惧失败，而是能够从失败中找寻到经验和教训。"

测试1　大学生活中的应激事件测试

表2-1包含一些大学生日常生活中常见的事件，如果一个事件"几乎从不"引起你的不愉快，计0分；如果"有时会"引起你的不愉快，计5分；如果"经常会"引起你的不愉快，则计10分。

表 2-1 大学生活中的应激事件量表

序号	项目	计分			序号	项目	计分		
1	学校周围的停车问题	0	5	10	25	没时间锻炼	0	5	10
2	别人对自己的看法	0	5	10	26	同家人争吵	0	5	10
3	莽撞的骑车人	0	5	10	27	其他的驾车人	0	5	10
4	室友的欺侮	0	5	10	28	与室友冲突	0	5	10
5	图书馆里太吵闹	0	5	10	29	教师讲课太枯燥	0	5	10
6	做饭	0	5	10	30	拥挤	0	5	10
7	室友太吵	0	5	10	31	需要找教师时找不到	0	5	10
8	睡眠太少	0	5	10	32	想家	0	5	10
9	考试	0	5	10	33	孤独	0	5	10
10	购物	0	5	10	34	没有自己的信件	0	5	10
11	时间太少	0	5	10	35	持续的学习压力	0	5	10
12	决定穿什么	0	5	10	36	准时上课	0	5	10
13	钱太少	0	5	10	37	教师难以理解	0	5	10
14	天黑以后的安全问题	0	5	10	38	别的同学不友好	0	5	10
15	每天早上需整理头发	0	5	10	39	没有足够的密友	0	5	10
16	早晨起床	0	5	10	40	没有足够的时间同朋友谈话	0	5	10
17	洗衣服	0	5	10	41	与异性约会太少	0	5	10
18	家务	0	5	10	42	担心自己的外在形象	0	5	10
19	恋爱关系紧张	0	5	10	43	饭菜质量问题	0	5	10
20	图书馆没有所需资料	0	5	10	44	室温不适	0	5	10
21	写文章	0	5	10	45	缺乏计划性	0	5	10
22	工作中的关系	0	5	10	46	将来的打算	0	5	10
23	自己的体重	0	5	10	47	亲热太少	0	5	10
24	吵闹的邻居	0	5	10					

【说明】如果你的总分达到了 70 分或更高,则表明你比大多数学生的分高了,生活事件已成为你的应激源。

测试 2 大学新生心理适应状况测试

表 2-2 的大学新生适应量表(FARS)主要用于评定大学新生心理适应状况,请根据自己的实际情况在对应的分数上画圈。如果你的情况与项目"完全不符合"得 1 分,"比较不符合"得 2 分,"比较符合"得 3 分,"完全符合"得 4 分。其中,有 5 项注 * 号者,是用正向句子陈述的,按 4~1 顺序反向计分。如果你的情况与项目"完全不符合"得 4 分,"比较不符合"得 3 分,依此类推。

表 2-2 大学新生适应量表（FARS）

序号	项目	计分			
1*	我觉得自己一定可以顺利取得大学文凭	1	2	3	4
2*	我相信自己有充分的技巧撰写读书报告或研究报告	1	2	3	4
3	对选课的事，我感到不知所措	1	2	3	4
4*	我相信自己有充分的能力做好大学的课堂笔记	1	2	3	4
5	大学的上课方式和高中不同，这让我不知所措	1	2	3	4
6	我不能确定自己读大学的目标所在	1	2	3	4
7	考上这个系，我对未来的职业生涯方向感到茫然	1	2	3	4
8	我不能确定自己将来从事什么职业	1	2	3	4
9	考上这个系，与我未来的职业目标有冲突	1	2	3	4
10*	对于我所在的系学什么，我非常了解	1	2	3	4
11	我对自己目前就读的系感到不满意	1	2	3	4
12	上大学好像来到一个陌生的大城市，让我不知如何是好	1	2	3	4
13	我担心大学里的人比较疏远冷漠，不容易交到亲近的朋友	1	2	3	4
14	我不知道是否容易从教师那里获取所需的资料和信息	1	2	3	4
15	我不知道是否容易从学校有关部门获取所需的资料和信息	1	2	3	4
16	我不知道大学生活会是怎样的情况	1	2	3	4
17	我担心自己不善于安排四年的大学学习生活	1	2	3	4
18*	我觉得上了大学以后，父母会让我完全地独立自主	1	2	3	4
19	我担心父母会干涉我要参加的大学活动	1	2	3	4
20	我不知道自己是否习惯宿舍的团体生活	1	2	3	4
21	我担心自己会很想家	1	2	3	4
22	我担心父母会干涉我大学期间的异性交往	1	2	3	4
23	我担心在大学里没有人提醒和督促我读书和完成作业	1	2	3	4
24	我担心在大学里没有人可以依靠	1	2	3	4
25	我害怕成为大学生后必须像成人一样负起许多责任	1	2	3	4
26	我不知道大学里同学的交往方式是否与以前不同	1	2	3	4
27	我不知道大学里要怎样才能交到新朋友	1	2	3	4
28	我不知道在大学里能否结交到知心朋友	1	2	3	4
29	在大学的一些社交场合中，我不知道如何与陌生人交谈	1	2	3	4
30	大学新班级里，我不知道如何和异性朋友自由自在地交谈	1	2	3	4
31	我不知道自己是否能对班上有归属感	1	2	3	4
32	我不知道怎样去向教师请教或与他们交谈	1	2	3	4
33	我不清楚大学里有什么设备可以让我使用	1	2	3	4
34	我不知道大学里是否有我喜欢参加的社团	1	2	3	4
35	我担心在遇到困难或问题时，大学里没有适当的人或部门可帮助我	1	2	3	4
36	我不知道如何利用图书馆的资源	1	2	3	4
37	我担心大学里有学生可利用的设备而我却不知道	1	2	3	4

【说明】此表由中国台湾学者吴秀碧编制。本量表包括了大学新生普遍存在的人际关系、学习方法、职业目标、独立生活和资源利用等方面的困扰，共37道题，所得总分越高，说明适应的困扰越大。

心理训练

【温馨提示】在本项目心理训练活动中，请注意以下4点：

（1）鼓励尊重和谨慎，在讨论敏感话题时注意自我暴露的"度"，并保护彼此的个人隐私；

（2）鼓励开放、尊重和包容，对组员不做批判和评价；

（3）鼓励互助，提倡组员相互支持和分享彼此的经验；

（4）在讨论过程中，如感觉不适可及时向老师提出，有需要可到心理咨询中心求助。

活动1　风马牛也相及

一、活动目的

帮助学生更好地理解和适应大学生活，建立和谐的人际关系，促进彼此交流，明确承诺义务，加强学生间的交流和团队合作。

二、活动时间

15~20分钟。

三、活动准备

（1）分组：5~8人/组。

（2）道具：空白胸卡、纸张、中性笔、彩笔等工具。

四、场地要求

安静的室内。

五、活动步骤

（1）同学们先在自己的胸卡上写上自己的姓名，然后为自己的姓名编写一个小故事，其目的是加深别人对自己名字的印象，让成员间更好地认识彼此。以毛遂自荐或众人推荐的方式选出本次活动的小组长。

（2）按照一定顺序进行名字故事分享，先让其他组员猜自己的名字，然后揭晓答案，以此方式为活动热身。

（3）按照与名字故事分享相反的顺序，让组员依次说出两个风马牛不相及的词语（比如，桌子和嘴巴），其他成员逐个找出两个词语的内部关系（比如，嘴巴不小心磕在桌子上了），让其建立合情合理的内部联系。然后轮到下一个同学给出词语，直到所有成员完成参与。

（4）同学们先在组内进行交流和讨论，分享对本次活动的感受和收获，小组长负责汇总本组成员的感受和收获。

六、分享与升华

（1）请每个小组的小组长代表本小组，将活动情况进行全班分享。

（2）请学生代表分享活动感受。

（3）教师对活动进行总结和点评，注意从积极心理学的角度引导学生思考，培育学生的积极心理素养。

活动2　众人挖掘资源多

一、活动目的

通过活动引导同学们认识团队合作的重要性，感受互帮互助的巨大力量。在共同寻找资源的过程中，发现身边更多可供利用的资源，助力同学们学习与成长。

二、活动时间

15~20分钟。

三、活动准备

几张白纸、一支中性笔、一个计时器。

四、场地要求

安静的室内或室外。

五、活动步骤

（1）每个成员先在纸上写下自己需要大家帮忙解决的问题或希望实现的愿望。

（2）按照自愿排序或组长推荐的方式依次读出自己的问题或愿望。如果是问题的话，也可以说出自己想要的理想结果，其他同学进行头脑风暴，对该问题或愿望献计献策，尽可能多地挖掘可供当事人采用的有效资源。对每个问题或愿望，每位组员至少发言一次，控制在2分钟以内。然后轮到下一位同学，直至所有同学完成参与。

（3）每个成员记下自己的问题被解决或愿望被实现的进度或关键条件（可以用"%"表示，或者记录关键条件）。比如，一个成员的问题是弥补自己高数学习跟不上的问题，在组员帮忙的过程中，大家为其提供了擅长数学并愿意提供辅导服务的同学资源、在线微课、教师资源、图书馆的图书资源等，当事人就可以把大家提供的资源关键点记录下来。

（4）同学们先在组内进行交流和讨论，分享本次活动带给自己的启发和感受，小组长负责汇总本组成员的启发和感受。

六、分享与升华

（1）请每个小组的小组长代表本小组，将活动情况进行全班分享。

（2）请学生代表分享活动的启发与感受。

（3）教师对活动进行总结和点评，注意从积极心理学的角度引导学生思考，培育学生的积极心理素养。

拓展阅读

《活出生命的意义》背后的故事

我们普通人虽没有经历过集中营生活，但实际上我们的精神却时常会经受着跟集中营一样的煎熬。相反，有一些人进了集中营以后，肉体虽忍受着地狱般的折磨，精神却依然能够高贵、独立、平静，这里蕴藏着很多关于人生的秘密。《活出生命的意义》的作者维克托·弗兰克尔是二战期间被抓到奥斯维辛集中营里去的，他在那个地方待了三年，经历了平常人无法体会的折磨，他最终能活下来是因为他在心中为自己的生命赋予了意义。正如哲学家尼采曾经说过："如果你知道为什么活着，那么你就能生存。"人对生命意义的追求，会让人的内心产生一股精神动力，这是人们生活最好的支撑。

在集中营里，弗兰克尔跟大多数人不一样，他超脱出当时的环境来观察自己，迫切地想知道在这种极端环境下，自己身上会发生什么变化，看看自己能忍受不刷牙不洗澡、严重缺乏维生素、一天只有一片面包且睡眠不足的生活多久。弗兰克尔的父母、妻子、哥哥全都死于集中营的毒气室，只有他和妹妹得以幸存，所以他一生当中都对生命充满着热情。67岁的时候，他还开始学习驾驶飞机，并且在几个月后拿到了驾照；80岁高龄时，他还登上了阿尔卑斯山。人一旦有了丰富的精神生活，内心的伤害就会少很多，因为他们懂得如何把恶劣的外部环境转化为内心丰富自由的精神生活。弗兰克尔认为人们永远拥有在任何环境下选择自己态度和行为方式的自由。当我们放弃了选择自己的态度和行为方式，就会觉得自己所有的伤害都是别人或环境造成的。这样想的时候就有可能去做各种各样极端的事情，自虐、生气、郁闷等都有可能出现，这其实就是对自己的伤害。

弗兰克尔从集中营出来以后，开始研究心理学并开创了意义疗法。这个意义疗法不像弗洛伊德过去的做法——不断地往回找，而是着眼于未来，它着眼于当事人将来应该完成的意义。意义疗法能帮助人们重新认识生命的意义，进而大大增强他们克服困难的能力。《活出生命的意义》这本书里解读到的一个重要概念，就是让人活下去的并不是希望，而是意义。然而，心理成长并非易事，只有少数人才能够做到，多数人会选择那条顺应人性、比较舒适且容易的退行之路。退行的整个过程，其实都是在人们的潜意识中完成的。

按照意义疗法，寻找生命意义有三种途径。第一种，可以通过创立某项工作或从事某种事业帮自己找到意义。第二种，去体验某种事情或者面对某个人。比如看着自己的孩子不断地成长，不断地去爱他，这也是能够找到意义的。第三种，在忍受不可避免的苦难时，如生老病死，你用什么样的态度来对待它，就能够体现出你对生命意义的理解。比如，有一位老人来找弗兰克尔咨询，老人非常痛苦，他觉得自己无法承受妻子死亡所带来的伤痛，他觉得妻子如果死亡的话，他会特别特别难过。这时弗兰克尔就问他，如果你比你的妻子先死，你的妻子会怎样？老人说那她一定会痛苦万分。弗兰克尔接着说，你现在的痛苦是有意义的，因为这个痛苦，使你的妻子免于承受同样的痛苦。

通过调查，弗兰克尔发现美国大学生只有5%的人真正了解生命的意义，而95%的人并不了解生命的意义。假如一个人没有正确的目标，他就会出现各种各样的问题。研究还发现，那些自杀的、抑郁的、焦虑不安的、心力枯竭的心理障碍患者都有一个共同的问题——看不到未来，没有生活目标，不了解生活的意义所在。严格来讲，生命原本没有意义，需要我们为它赋予意义。比如亲自做饭的人比买现成饭的人，吃饭的幸福感要大得多，因为他知道这顿美餐是自己的辛勤劳动换来的，其中凝结着自己的汗水，那么做饭这件事就拥有了意义。

总之，生命的意义是一个多维的概念，既包括个人的独立成长，又包括与他人的关系，既包括个人的探索与追求，也包括自己对社会和他人的责任与贡献等多个方面。那么，同学们，你们找到自己生命的意义了吗？也来试着为自己的生命赋予不一般的意义吧！

《刻意练习》：让自己变得更优秀

你小时候是否也被家长和老师灌输了无数个天才人物的故事呢？牛顿、爱因斯坦、高斯、达·芬奇、莫扎特、居里夫人等人，他们既天赋异禀，又勤奋异常，这让我们又羡慕又惭愧。我们总觉得自己无法与那些天才比肩是因为自己没有天赋，而父母则批评我们不够努力刻苦。阻挡我们变得优秀杰出的原因究竟是什么呢？研究发现，杰出并非一种天赋，而是一种人人都可以学习的技巧。成功的确需要刻苦的成分，但成为杰出人物的关键，在于刻意练习。刻意练习是真正的成就天才之道。刻意练习并不等同于刻苦。那究竟什么是刻意练习呢？让我们一起来看看吧！

我们先一起看看帕格尼尼的故事。据说帕格尼尼在一场小提琴公开演出的时候，拉着拉着断了一根弦。别人都觉得完了，不能拉了。但他没有中断演出，而是接着弹奏。不久又断了一根弦，只剩两根弦了，他用这两根弦依然演奏得非常流畅。很快，不出意料地又断了一根弦，这下只剩一根弦了。帕格尼尼就用这一根弦拉完了整首曲子。结束之后人们发现他手上全是血，因为他要在一根弦上使劲地滑动。因为这样的经历，大家就开始传说帕格尼尼是一个特别伟大的天才。但事实上，《刻意练习》这本书的作者经过调查发现，帕格尼尼之所以能够拉从四根弦到一根弦的曲子，是因为他之前追求一位女士的时候，曾经尝试着创作了一首曲子，去掉了中间的两根弦，一根粗一点的弦的声音代表男生，细一点的弦的声音代表女生。他拉了一首像男女生对话的感觉的曲子，然后献给了那位女士。他成功尝试后在想，是不是可以挑战一下只用一根弦的演奏呢？于是他就用一根弦写了一首曲子，那次三根弦崩断的演奏是他刻意而为的。所有的天才表面上看起来似乎都有着常人不可企及的高度，但事实上唯一的秘密就在于刻意练习。

天才与普通人最大的不同在于他们有一套系统的练习方法，并不断突破自己的边界，这种练习方法被称为"有目的的练习"。而平时很多人所用的练习只能被称为"天真的练习"，天真的练习基本上只是反复地做某件事情，并指望靠那种反复就能提高自己的表现与水平。那么，有目的的练习要具备什么特点呢？首先，有目的的练习具有定义明确的特定目标。定义明确的具体目标，可以有效地引导你的练习。其次，有目的的练习是专注的。要想取得进步，必须完全把注意力集中在要完成的任务上，让自己进入一种忘我的"心流"状态。再次，有目的的练习必须包含反馈。不论你在努力做什么事情，都需要反馈来准确辨别哪些方面还存在不足，以及为什么存在这些不足。最后，有目的的练习需要走出舒适区。这是一条基本的真理，如果你不迫使自己走出舒适区，你便永远无法进步。

虽然有目的的练习很重要，但要想成为天才还不够，还需要更进一步的刻意练习。该理论认为我们大脑的结构与运行都会为了应对各种不同的心流训练而改变，很大程度上像我们的肌肉和血管系统响应体育锻炼那样。大脑拥有无限的适应能力，如果你足够多地练习做某件事情，你的大脑就会改变某些神经元的用途，帮助你完成那些任务，比如，盲人大脑的"重新布线"，即大脑会重新分配盲人的神经元路径，以便这些无法得到运用的区域也可以用来做其他事情，以此增强其他器官的感受能力。比如，盲人的触觉、嗅觉可能更加敏锐。

总之，通过刻意的练习来改变大脑的结构，使之更好地完成所做的事情，就可以取得超乎平常的效果，这样做，你便距成功甚至杰出更近了一步。由于篇幅的关系，《刻意练习》中的很多精华未能列出，大家有兴趣的话，可以阅读这本书。

扫码观看"盲人大脑重新布线对大学生活适应的启示"视频（精品微课）

学习评价

项目	课堂评价标准	自我评分					小组互评				
学习态度	自觉按要求完成学习任务	5	4	3	2	1	5	4	3	2	1
	上课认真，课堂互动活跃	5	4	3	2	1	5	4	3	2	1
	在小组活动中具有团队合作精神	5	4	3	2	1	5	4	3	2	1
活动表现	服从活动安排，积极参与	5	4	3	2	1	5	4	3	2	1
	大胆发表个人观点，思路清晰，表达流畅	5	4	3	2	1	5	4	3	2	1
	乐于回应同学发言，分享有用资源	5	4	3	2	1	5	4	3	2	1
知识掌握	通过本项目的学习，你对心理适应这个话题应该有了一定的了解。对照自己，看看还有哪些方面不适应？接下来你打算如何提高自己的适应能力，开启充实且有意义的大学生涯呢？（70分） 【答案填写】										
	合计得分										
	加权总分 （自我评分×50% + 小组互评×50%）										

项目三　认识自我　悦纳自我
——大学生的自我意识与培养

深学践悟

一个人最大的智慧，就是认清自己。认清自己的能力边界，才能知不足而上进；认清自己的过往得失，才能有则改之无则加勉；不在任何地方高看自己，才能越过光环的束缚，看到更多可能性，更好地前行。

——光明网《一个人最大的智慧，就是认清自己》

学习目标

- 知识目标：了解自我意识，大学生自我意识的发展特点，大学生自我意识的评估、偏差和调适。
- 技能目标：掌握常用的自我意识偏差的调适方法。
- 自我认识目标：了解个体的自我意识，建立自尊自信的自我意识。

项目三 认识自我 悦纳自我

学习导图

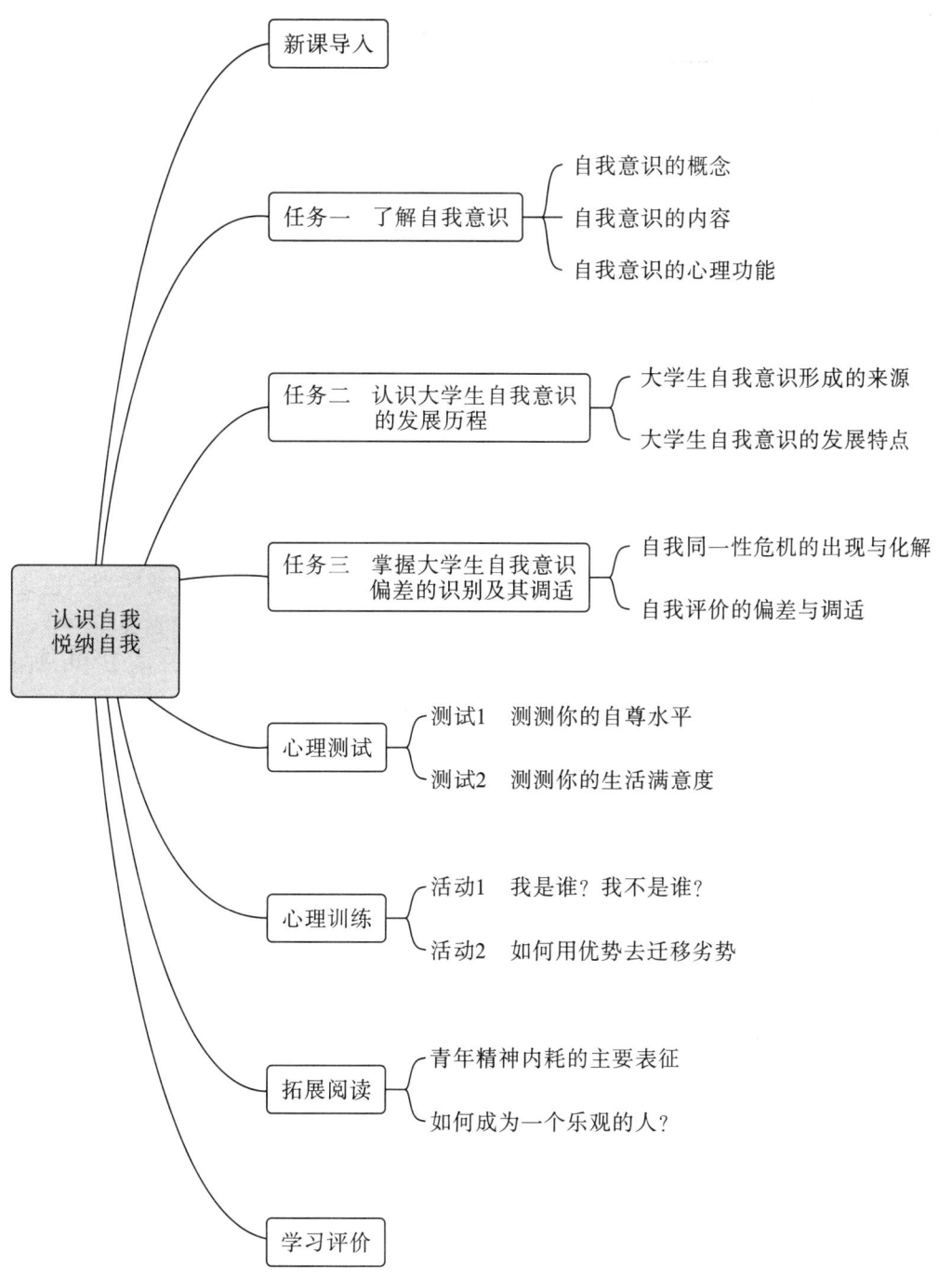

新课导入

从职高生到麻省理工博士，人生照样"开挂"

周信静，在义务教育阶段，他每天都是浑浑噩噩的，从小学到初中，学习成绩一直不太好，自然也就对学习丧失了兴趣。

中考前，有职校来他所在的初中招生，听说上职校不读书，只学技术，他一下子来了兴趣，便毅然放弃中考，走进了职校。后来，他自己回忆道："其实，当时我连职校是什么都不知道。"

最初进入职校的时候，周信静还是一副老样子，对待学习一点都不上心。但是在毕业前夕，他得知，学校只负责介绍就业单位，不包分配。这个突如其来的消息把他打回现实：为了将来，必须做出改变！

于是，他一改往日的状态，先报考了一所专科院校——浙江经贸职业技术学院。进入大专之后，他继续维持着之前努力的势头，积极学习高质量的公开课，荣获大学生程序设计大赛省级一等奖，后来通过了专升本考试，进入杭州电子科技大学计算机学院。随后他又考取了浙江大学硕士，直到最后成为麻省理工学院的博士。

老子在《道德经》中有言："知人者智，自知者明。"能够了解他人的人是有智慧的，能够了解自己的人是高明的。大学阶段是青春期向成年期转变的重要时期，也是个体自我意识逐步发展并走向完善的重要时期。进入大学的同学，都会遇到关于学业、情感、人际关系、个人前途等方面的各种困惑，问题千差万别，但核心内容总是相似的，如"我是一个怎样的人""我适合做什么""我今后的目标是什么"等，这些都属于心理学中自我意识的范畴。完善自我是人生中最重要的课题之一，健全的自我意识是心理健康的重要标志，对于大学生人格的形成、心理的健康发展起着重要作用。从某种意义上讲，人认为自己是一个怎样的人，比他真正是怎样的人更重要，因为每个人都是按照对自己的认知而行动的。而一个人只有对自己各方面都有比较明确的了解，才能在环境的适应、个体的发展上获得较满意的结果。

通过本章的学习，大学生能够更为客观地认识自我，掌握发展与完善自我的方法，建立积极的自我，提升自我幸福感。

》任务一　了解自我意识《

一、自我意识的概念

自我意识（self-consciousness）即对自我的认知，或者说是对自己的认知，是对自己及自己与周围环境关系的认识，既包括对自己存在的认识，也包括对个体身体、心理、

社会特征等方面的认识。这种认识是个体通过观察、分析外部活动及情境、社会比较等途径获得的，是一个多维度、多层次的心理系统。

自我是心理学的重要内容。美国心理学家詹姆斯提出：凡属于我或与我有关的事物都是自我的内容，如身体、品质、能力、愿望、家庭等，自我从物质自我、精神自我和社会自我三个层次起作用。

扫码观看"什么是自我意识"视频（精品微课）

二、自我意识的内容

自我意识是意识的核心部分，指自己所认识到的关于自己的一切。自我意识有不同的分类方式，按照自我意识的结构要素可以将其分为自我认知、自我体验与自我控制；按照其活动的内容可以将其分为生理自我、心理自我和社会自我；按照自我意识的差别可以将其分为理想自我、现实自我与他人（投射）自我。

（一）按结构要素划分

按自我意识的结构要素，可从知、情、意的角度把自我意识分为自我认知、自我体验、自我控制。

1. 自我认知

自我认知是主观自我对客观自我的评价，包括自我感觉、自我观察、自我观念、自我分析、自我评价等。自我认知解决"我是一个什么样的人"的问题。进行客观、正确的自我评价是一个复杂、长期的过程，人的自我发展持续一生，对自我的认识将是人类永恒的话题。"认识自己"也将是一个终身课题。

2. 自我体验

自我体验是主观自我对客观自我产生的情绪体验，是在自我认知的基础上产生的。自我认知决定自我体验，而自我体验又强化着自我认知，主要集中在"能否悦纳自己""对自我是否满意"等方面。自我体验的内容十分丰富，包括自尊、自爱、自信、义务感、责任感、优越感、荣誉感、羞耻感等。

3. 自我控制

自我控制是对自己行为、思想和言语的控制，以达到自我期望的目标。自我控制包括自我激励、自我暗示、自强自律，核心内容是"我将如何规划自己的人生"。自我控制是自我发展的最高阶段，其核心是"我应该成为什么样的人""我如何管理好自我"。人们经常讲的"自制力"就是自我控制的能力。大学生具备一定的主观能动性，可通过选择认知角度、转变认知观念、调整自我认知评价体系来感受积极自我，并实现对自我的有效控制。

自我控制是自我意识的关键，许多学生常常"知"与"行"不一致，"心动而不行动"。事实上心动是一件容易的事，而真正历练意志则需要更多的自我控制。成功的人都有较高的自我控制力，但并非所有的自我控制都是积极的。自我要求与控制过高，而在实际中却因为主观或客观原因不能达到，容易使人对自我产生怀疑与否定，产生自我意识的偏差。

（二）按活动内容划分

从自我意识的活动内容来看，自我意识又可分为生理自我、心理自我与社会自我。

1. 生理自我

生理自我是个体对自己身体、生理状态（如外貌、身高、体重）的认识和体验，它是个人在与他人交往中通过学习而逐渐形成的，它使一个人把自我和非我区别开来，意识到自己的生存是依托于自己的躯体的。生理自我是与生俱来的，我们不能改变它而只能接受它，随着自我意识的成长，我们逐渐对生理自我有一个明晰的看法与正确的认识。大学生正处于对生理自我高度关注的时期，女生关注自己是不是漂亮、有没有吸引力、胖瘦高矮甚至脸上的雀斑；男生关注自己的体形与身体高度，甚至生理器官、声音的吸引力等。

2. 心理自我

心理自我是个体对自己的心理活动、个性特点、心理品质的认识、体验和愿望，包括对自己的感知、记忆、思维、智力、能力、性格、气质、爱好、兴趣等的认识和体验。

3. 社会自我

社会自我是个体对自身与外界客观事物关系的认识、体验和愿望，包括个人对自己在客观环境及各种社会关系中的角色、地位、权利、义务、责任、力量等的意识。

生理自我、心理自我与社会自我密切联系、相互影响，它们都包含着不同的自我认知、自我体验与自我控制，但由于比例和搭配的不同，构成了个体与个体自我意识之间的差异，也造成每个人都有自己的对人、对己、对社会的独特的看法和体验。

（三）按差别划分

按自我意识的差别，可将自我意识划分为理想自我、现实自我和他人自我。

1. 理想自我

理想自我是指希望自己成为怎样的人，具有怎样的特征和品质，对将来或者想象的自我的认识。其中涉及的根本问题是"我想成为一个怎样的人""我应该成为一个怎样的人"。理想自我常常包含了美好的期许，比如期待有姣好的面容、匀称的身材、良好的人际关系、优秀的学业、受大家欢迎的性格等。

2. 现实自我

现实自我是指实际上自己认为现在所具有的特征和品质。对照理想自我，现实自我可能是个头不够高大帅气、身材不够匀称、人际交往自诩为社恐、认为自己是个容易被忽略的个体。比如有的学生认为自己是个内向、悲观的人。

3. 他人自我

他人自我又称投射自我，是指在与别人接触、交往的过程中，别人认为我是怎样的一个人，对我有怎样的评价。虽然有的人认为自己是个内向的人，但在别人眼里他却是个善于沟通、挺喜欢说话的人。这样，现实自我与他人自我之间就出现了一些偏差。

三、自我意识的心理功能

（一）决定个体行为的持续性与目标性

人是社会性动物，人的行为既由诸多社会因素决定，又与自我意识关系密切。每个人的现实行为，并不仅仅由其所在的情境决定，更重要的是与对自我的认知、自我意识有着密切的联系。自我意识较积极的学生，其成就动机和学习投入以及学习成绩也明显优于那些自我意识消极的学生；当学生认为自己声名不佳时，他们会放松对自己行为的约束。个人怎样理解自己，是决定个体行为及行为方式的重要前提。生活中一些高大、帅气的男孩子，常常认为自己长得不好看，于是会回避一些社会交往。其实，这就是一种消极的自我意识带给人的人际交往方面的被动影响。

（二）决定个体对经验的解释

解释经验的方式取决于一个人的自我意识。一个自认为能力一般，只能获得平均成绩的学生，当获得比较好的成绩的时候，他往往会认为取得了极大的成功，感到十分满足；而对于同样的成绩，一个自认为能力优秀的学生，会解释为遭到了很大的失败，并体会到极大的挫折感。事实证明，当个人的自我意识消极，每一种经验都会与消极的自我评价联系在一起；而如果自我意识是积极的，每一种经验都可能被赋予积极的含义。就像看到的半杯水，如果是积极的自我意识的个体，得出的结论往往是"还有半杯水"，如果是消极的自我意识的个体，其结论往往是"只有半杯水了"。

（三）影响个体的期望水平

自我意识影响个体对未来事情发生的期待，这是因为个体对自己的期望是在自我意识的基础上发展起来的，并与自我意识相一致，其后继的行为也取决于自我意识的性质。研究发现，后进生的成绩落后并不是孤立存在的，而是他的整个行为动力系统出现了角色偏离的结果。成绩长期落后对于普通学生而言是不正常的，但对于后进生来说，这是与其自我意识相一致的。由于他们的整个行为动力系统出现了偏离，并在偏离的状况下形成了新的自相一致的系统，即落后的学习成绩正是后进生自己"期待"的结果。消极的自我意识比较容易出现悲观的预期，而积极的自我意识容易出现乐观的预期。

》任务二　认识大学生自我意识的发展历程《

一、大学生自我意识形成的来源

自我意识不是与生俱来的，而是后天获得的，是个体在一定的社会环境中、与他人的互动中逐渐形成的。一般而言，大学生自我意识的形成有以下四个途径。

（一）对自我行为的评价

个体在内部线索模糊的情况下，常常依据外在行为来推断自己的特征，如性格、态度、品质、爱好等（D. J. Bem, 1972）。个体的行为具有外显性，但更具有内倾性，因而依据自己行为的评价为自我的确立提供了可靠的依据。例如，参加公益活动会让大学生对自己的评价变得积极，而不断地受挫有可能让一个人对自己的评价趋于消极。

扫码观看"自我意识形成的来源"视频（精品微课）

（二）他人的反馈

他人对个体的性格、品质、能力给予清晰的反馈，会增强个体对自己的了解。当被老师告诫要更加大胆、更加主动、更加勤奋一些时，个体会从反馈中得知：自己有些害羞，不够主动，学习不够勤奋。特别是当许多人的看法一致时，个体就会相信这些看法是正确的，从而确定自己的个性。激励对于成长中的大学生非常重要，"优秀的学生是夸出来的"。当否定性评价过多时，学生会产生"习得性无助"。马丁·塞利格曼的研究提出，习得性无助是指对环境失去控制的一种信念，当一个人拥有这种信念时，他感到不能从环境中逃脱出来，便会放弃脱离环境的努力。有大学生会说："无论我如何努力，我也不会成为受大家欢迎的人。"事实上，习得性无助是一种严重的自我意识障碍，它抑制了人改造与影响环境的能力，强化了顺从甚至屈从，并转化为一种内在信念。习得性无助是后天形成的，容易受到环境的影响，尤其是当大学生来到一个陌生环境开始新的学习生活时。很多在中学时代成绩较好的学生由于种种原因而认同了自己的平凡且不尝试改变时，就极易产生习得性无助。

（三）反射性评价

所谓反射性评价就是"镜中我"，即生活中那些与个体生活无关紧要的人有时并不会给予清晰明确的反馈，但个体可以从他们的态度与反应中来了解自己。符号互动学者库利认为，个体感知自己就像别人感知自己一样，镜子中的我或别人眼中的我就是我们感知的对象，个体常常依据别人如何对待自己来了解自身，这一过程称为反射性评价。

库利认为"镜中我"的形成包括三个阶段：第一，想象他人如何认识自己；第二，想象他人如何评价自己；第三，自己对他人的这些"认识"或"评价"的情感。"镜中我"理论阐明人际传播这一机制在个人与社会关系中的关键作用，说明了人对自我的认知取决于与他人传播的程度及与社会的互动和联系。因此库利也提出"初级群体"概念，传播活动越频繁、活跃，人对自己的认知就越清晰、客观。

比如一个大学生在与心理咨询老师的交谈中提到："我感觉在宿舍中很孤独，我问舍友们原因，大家都没有说什么，但是我感觉到他们是不太喜欢我的。有一次，我在宿舍外面听到里面在热烈地讨论一个话题，而当我进入宿舍时，谈话就中断了，大家的表情也显示出冷淡与不在乎。我不知道自己做错了什么，得不到大家的认同，这使我非常痛苦。"反射性评价对自我的形成也起着重要作用，对大学生自我评价的形成具有重要的意义。

（四）社会比较

社会比较理论认为，人们非常想准确地认识自我、评估自我，因此，在缺乏明确标准时，人们常常和自己相似的人作比较。大学生中的这种情况比较常见。通常会在学习成绩上与同宿舍、同年级的人进行比较。积极的比较会促进个体继续努力，以优秀者为榜样。消极的比较则会让人缺乏信心，总是看到别人的优势与自己的劣势，往往会变得自卑。比如，高中阶段大家都是佼佼者，但是到了大学以后忽然发现自己曾经的优势不再明显，身边的人个个优秀，于是对自己产生了强烈的怀疑，甚至产生了自暴自弃的念头。

二、大学生自我意识的发展特点

自我意识从童年期就开始产生并逐步发展，青少年时期是自我意识发展最快的阶段。大学生是青少年中的一个特殊群体，他们社会要求高、家长期望高、个人成才欲望强烈，但心理发展处于尚未成熟阶段，缺乏社会经验。进入大学后，大学校园在管理模式上与中学有很大差别，大学创设了一种宽松自由的氛围，强调独立、注重自我确立，鼓励大学生在较大的程度上按照自己的方式安排生活。同时，大学生处于独特的社会层次并具有较高的文化素质，其思想与观点和社会上一般人有许多差异，但大学生的实际生活阅历有限，与现实社会有一定的距离，社会实践能力不强，加上以往为了在激烈的高考竞争中取胜，几乎全身心投入学习，缺乏独立能力与情绪调节训练，心理比较脆弱、适应能力差、情绪不稳定，心理失衡常常发生。所有这些因素使得大学生自我意识的发展存在着其自身的特点与规律。

（一）大学生自我认识的发展特点

1. 自我认识的全面性

大学生生活在宽松、自由的大学校园里，随着年龄的增长，身体各方面的发展趋于成熟，他们对自身生理、心理和社会各方面认识也更加全面。韩进之（1987）对大学生自我评价的研究发现，1200名大学生对自己的认识包括了容貌体形、性别、大学生活、自己的优点与缺点、性格气质、道德水平、才华能力、同学关系、理想与社会地位、世界观等方面，内容全面。郑涌、黄希庭（1998）通过调查发现，大学生对自己的认识涉及面相当广泛，包括交际、友善、信义、容貌、学业、志向、家庭、成熟等各个维度。赵新年、倪晓莉（2015）的研究发现，大学生的网络使用行为与自我意识存在着显著的相关性。然而随着互联网的飞速发展，尤其是在后疫情时代下，人们对电子产品的依赖越来越强烈。大学生们对自我的认识除了来自父母、老师、朋友、同学等身边人外，还越来越多地接触到网络上不同的圈子和群体。网络的过度使用与依赖，与大学生过多的自我否定与自我批评、较低的自我认同与自信心不足、消极的自我应对有关。

2. 自我认识的独立性

独立性是自我评价的一个重要指标。事实上，"自我"的产生就意味着主体对客观环境与他人的分离和独立。个体自我评价的发展大致经历两个阶段。第一阶段，自我评价开始摆脱对成人、权威的依赖，表现出反叛与对抗倾向；在评价标准上由儿童期的成人评价标准取向变为同龄团体评价标准取向，成为一种相对独立的自我评价与认识。第二阶段，自我评价既摆脱了对成人的依赖，又逐渐克服了同龄团体的强烈影响，形成个体独特而鲜明的自我评价。大学生的自我认识随着年龄与环境的变化，由以往依赖于成人和同龄群体，逐渐发展为根据自己的价值标准取向进行自我评价及调整，表现出真正独立的倾向。

3. 自我认识的矛盾性

青年期自我意识的确立，是在自我明显分化的基础上完成的。在这一阶段，出现了两个"我"，一个是作为被观察者的"我"（me），另一个则是作为观察者的"我"（I），"主体我"与"客体我"的这种分化意味着青年期自我矛盾冲突的加剧，对自我的肯定和否定导致了"客体我"与"主体我"的矛盾斗争。这种矛盾一旦被激化，将使青年难以确立自我形象，也就无法形成自我意识，引起情感急剧波动，导致青年一时难以自我接纳。青年期许多心理上的不适应由此而来。对于青年期的大学生而言，如果在"主体我"与"客体我"分化的基础上，能够形成新的认知水平上协调统一的自我，那么就能建立良好的自我意识，反之则可能出现自我意识的混乱。

（二）大学生自我体验的发展特点

1. 自我体验的丰富性

随着大学生知识经验的增长，人际交往范围的扩大，生理心理的进一步成熟，以及对自我内心活动的关注，个体出现了许多以往少有的自我体验，如自爱、自怜、自责、自怨、自得、自负、自卑等。左衍涛等（1997）的研究表明，中国青年大学生的自我体验包含两个单极的主导维度——正情绪和负情绪，二者相互独立。正情绪包括接受、精力充沛、喜爱与满意等；负情绪包括精神低落、自我否定、对不良刺激的情绪反应及自我扩张等。

2. 自我体验的深刻性

大学生的自我体验不仅丰富，深度也在不断发展。从自我体验的内容上来说，青年期的个体将注意力放到了能力、品行等内在的个性品质上。随着自我评价的社会性程度提高，青年时期的自我体验更多地与自己的道德品质、社会价值、事业成就、地位等联系在一起；从自我体验的程度上来说，大学生由于生活学习环境的特殊性，对于自己往往抱有更大的期望，这些问题所引起的自我体验尤其强烈、深刻。许加明、张倩倩（2021）的研究认为，随着新媒体的快速发展和信息技术的广泛应用，作为"数字原住民"的当代大学生，其"宿舍宅"现象急剧增加。从表面来看，大学生"宿舍宅"是一种具有共性的生活方式，但大学生主体却存在多样化的自我体验，既包括舒适感和成就感等积极的自我体验，也包括孤独感、挫败感、焦虑感和负罪感等消极的自我体验。

3. 自我体验的波动性

自我体验的波动性是大学生自我意识发展的必然规律，青年期是个体一生发展最重要，也是波动最大的时期，生理的成熟、知识经验的丰富与人生体验的缺乏对青年的心理形成了巨大冲击。外界的种种复杂变化带来的刺激让人目不暇接，所有这些都造成了青年情绪上的不稳定性，表现为自我体验的波动性，具体表现为：既容易产生积极肯定的情感体验，又容易在遭受打击时就走向另一个极端。现代大学生面临着社会经济发展的不平衡、家庭背景的巨大差异、校园人才的激烈竞争、就业问题的日益严重等复杂多样的问题，内心世界产生强烈冲击，导致心理失衡，如果大学生不能妥善地自我调节，就容易走向自我体验的极端化，影响身心健康水平甚至产生不良的社会后果。

（三）大学生自我调控的发展特点

1. 自我调控的主动性

中小学学生已经具备了一定的自我控制能力，但这种自我控制主要来自权威人物，依赖的是外部暗示甚至命令，具有明显的被动性。进入青年期后，个体主动自我调控能力明显增强。对于进入大学校园的大学生来说，由于父母不在身边，生活自由度大大提高，同时自我约束、自我计划、自我规范能力被迫增强。独立面对社会竞争、独立生活能力的形成都是大学生主动进行自我调控的结果。随着手机等电子产品的普及，大学生对电子产品的依赖日益加深，课堂上玩手机的现象越来越多，能否和手机保持合适的距离，成为手机的主人，而不是被手机控制，如何增强自我调控的主动性和自觉性，成为大学生必须要面对的亟待解决的社会问题。

2. 自我教育能力的发展

自我教育是自我调控的最高阶段。自我教育强调的是"主体我"对"客体我"不断进行教育，促使个体充分发挥主观能动性和自觉自主精神，最大限度实现自我目标，发挥自己的潜能。随着大学生活的展开，以往父母与老师的教导远离耳边，能够依靠的只有自己。大学生逐渐懂得了自我评价和监督，越来越意识到自己作为独立个体在社会生存和竞争方面面临的压力，危机感也不断加强。在这种情况下，自我教育能力可以帮助个体坚定意志，勇于面对困难，最终实现自我成长。从这个角度来说，自我教育能力是个体良好个性品质的重要指标。随着现代社会变化发展周期的缩短，大学生自我教育能力的高低在一定程度上意味着个体进入社会后可持续发展水平的高低。

》任务三　掌握大学生自我意识偏差的识别及其调适《

一、自我同一性危机的出现与化解

自我认同是人生发展的重要任务。按照埃里克森划分的人生阶段，在进入大学之前，个体应该就已经完成了自我统合的过程，但从中国大学生的实际情况来看，在初高中阶段，学习和考大学是最重要的生活方式和生活目标，是由社会、学校、家长为学生早已确定的、不容置疑的道路。作为青春期的个体并没有真正的选择权利和自主思考的意识，因而推迟了个体自我统合的年龄阶段。因此，个体是在进入大学之后才开始发展自我认同的。

自我认同的内容主要包括以下六个方面：我现在想要什么？我有什么样的身体特征？父母对我有什么期望？以往成败经验如何？现在有什么问题？希望将来如何？这六个方面的问题可以总结为"我是谁"与"我将走向何方"两大问题，即对自我意识问题的总体评估。如果这些问题处理得好，大学生就能够适应与化解危机，达到自我同一性，否则容易导致自我同一性危机、个人方向迷失、与自己的角色不相适应等问题，最后出现退缩、自卑等不良人格特征，具体来说可能出现的情况有以下几种。

1. 对时间不成熟的认同

有的大学生没有认识到时间的重要性，为了避开成长的压力，不愿主动去面对自己的问题，不愿作出决定和付出努力，而是希望随着时间流逝，面临的困境也随之而去；有的大学生则希望时间停滞不前，长久沉浸在少年时代中，不去主动承担责任，拒绝成长，造成不成熟的自我认同。

2. 自我肯定与自我怀疑

一个自我认同的人既能够有效地统合自我与他人的信息，达到自我同一性，又能够努力去理解和尊重他人的独特性和自我认同方式。大学生的自我评价和认识逐渐表现出多元化，如对自己的天赋、智力、身体、心理、人际交往、社会活动等方面，都会逐渐进入自我认知范围，并且各方面的重要性也因人而异。有的大学生过分看重别人对自己外表的看法，有的则对一切持漠不关心的态度。

3. 职业成就与无所事事

大学生的职业生涯规划与职业预期是非常实际的问题，大学生可通过职业生涯确立与肯定自己的能力。对他们来说，重要的是坚持学习并充分发挥自己的潜能，而不是确定自己的能力有多大。许多有才能的大学生由于缺乏意志力和坚定的目标而无所建树。

4. 性别角色认同与两性混淆

大学生应当对社会规范的性别角色及其责任有所认同，接受自己的性别并有适当的性别角色表现，与同性或异性相处时都能够感到自在。

5. 服从与领导的认同

大学生既要发展自己作为团体领导者的能力，又要学会适应作为团体成员的团队合作精神。当作为领导时，应能够适当地运用权力；而作为成员时，需要不盲目服从而又能归属于团队。

6. 价值观的形成

大学生到大学时期才真正开始选择人生、思考人生，逐步形成自己的人生观与价值观及生活理念。大学生价值观的确立是自我同一性的最高境界，也是达到自我同一性最为重要的任务。

二、自我评价的偏差与调适

自我意识对人的心理健康起着很重要的作用，它制约着人格的形成和发展，在人格的优化中发挥着强大的动力功能。健全的自我意识是心理健康的重要标准，是人类自身内在的一种成功机制，在人才发展中发挥着重要作用。当理想自我和现实自我产生矛盾和偏差的时候，过高的自我评价和过低的自我评价都会导致自我意识的混乱。

比如你理想中自己拥有出色的社交能力，但实际却内向、不善言辞；你理想中自己可能外貌出众、体形匀称，实际却是普通相貌，身高体重也不尽己意；你理想中自己可能成绩斐然、多才多艺，然而实际并无特长，成绩也只是尚可……

过高或过低的自我评价往往导致个体自我意识确立过程中的过分自负或过分自卑。自负与自卑总是紧密相连的，自负表现强烈的人往往也是极度自卑的人。大学生体现出较高的自尊与自信，他们渴望成功，不甘落后，对成功的渴望与预期高，特别是当小小的成就来到身边时，很容易表现得骄傲自大、唯我独尊、自我中心，相当自负。当遭遇失败与挫折时，有时甚至是小小的失利如考试失败、恋爱失败等，他们便开始怀疑自己的能力，进而产生自我否定、自我怀疑甚至自暴自弃，陷入强烈的自卑之中。这些都与大学生自我认知不良、自我定位不准确有关。自我意识良好的核心是自知与自爱，能了解自己的实际情况，意识到自己的优点和弱点，并且容忍并认可它们，这样心理才健康。那么如何调适二者的矛盾呢？有如下几个方面。

（一）树立正确的自我观念

1. 建立多元自我概念

大学生在自我认知与自我评价中容易走极端，如一旦在某方面稍有成绩，便沾沾自喜；一旦在某方面受挫，又会全盘否定自己的价值。树立正确的自我观念，首先要建立多元的自我评价系统，例如在大学生活中，应该从学习、人际交往、自我成长等多个方面对自己进行合理的评价，不要将自我局限在狭小的范围内，要全面认识自己。某一方面失败不代表另一方面也不行，某阶段失败并不意味着整个人生失败。

2. 建立合理的比较体系

比较是大学生认识自我、了解自我和发展自我的重要方法。建立合理的比较体系，通常有以下两种方法。

（1）通过与他人进行客观比较来正确认识自己

"以人为镜，可以知得失"，他人是反映自我的镜子。大学生每时每刻都处在人际交往中，尤其是与教师、同学、朋友交往甚密，对此要自觉地寻找比较对象，在比较中取长补短，发展自己。在比较的过程中，如果总是拿别人的长处与自己的短处作比较的话，就很容易产生自卑感。所谓的客观，就是要学会看到自己的长处，并且减少与他人的比较。

（2）通过别人的评价来正确认识自己

大学生自我认识上的偏差，就是"不识庐山真面目，只缘身在此山中"的局面。因此，大学生要注重父母、长辈、教师和同学的评价，不要因为忠言逆耳便充耳不闻、我行我素，要接受别人评价中的合理部分，避免自我评价的偏差。

另外，大学生在比较时，要多角度进行，如果总是拿自己的不足和别人的优势相比，那么肯定很难对自己有自信。为了找到自己正确的位置，可以进行纵向比较——将现实自我与理想自我进行比较；同时还要学着与过去的自己进行比较，哪怕有一点点进步，都值得被看到，都要鼓励自己。

3. 经常内省自我

曾子曰："吾日三省吾身。"没有内省，就无从实现自我完善。在内省过程中，分析自己成败的原因，严于解剖自我，敢于批评自己，提高自我认识，调整自我评价，从而定位自我。内省调适法是指运用自我观察、自我分析、自我报告的方法进行自我评价，它是纠正自我评价偏差的根本。在这里要特别注意，是内省而不是反省。内省常常是一种向光向亮的觉察，而反省则是常常让人们陷入自我怀疑、内疚和自责的消极情绪中，常常因为犯错误而进行的反思。这种过度反思其实并不利于个体的成长，也不符合积极心理学所倡导的更多关注于积极情绪和优势的培养。

（二）积极地悦纳自我

悦纳自我就是对自己的本来面目持肯定、认可的态度，是发展健康的自我体验的关键和核心。大学生怎样才能形成悦纳自我的积极态度呢？具体地说，积极悦纳自我包括以下几方面。

1. 全面看待自己的优缺点

要悦纳自己的优点，也要接受自己的缺点。所谓"尺有所短，寸有所长"，每个人都既有长处又有短处，要肯定自己的价值，善于学习别人的长处，克服自己的缺点，扬长避短，充分地发挥自身潜力。

扫码观看"积极悦纳自我"视频

2. 保持乐观、性情开朗

进入大学后，大学生经常面临各种生活、学习的压力，经常遇到挫折和冲突。有的同学碰到挫折时，会把挫折当笑话讲给其他人听，使自己总是保持一种愉快、充实的心境。其实，生活中谁没有烦恼呢？只要能换一个角度，乐观地去看待，那么个体一定会更快乐。

（三）有效地控制自我

有效地控制自我是健全自我意识的根本途径，有效进行自我调控是为了保证自我的健康发展。

1. 培养顽强的意志力

大学生要发展意志力和自制力，增强挫折耐受力，使自己能自觉主动地认清目标，为实现目标而努力排除干扰、克服困难。很多大学生树立了远大的目标和理想，但在努力的过程中，没有足够的意志力和自制力，经受不住挫折和打击，导致最终无法实现自我理想。积极心理学中有个很重要的概念叫微习惯的养成,在意志力的养成初期,会遇到来自自我的强烈排斥以及外界强烈的诱惑。为了习惯的养成,就需要先从最小的,最可能不需要太大意志力的活动开始做起。比如要养成运动的习惯,可以先从做一个仰卧起坐开始,这绝对不会消耗自己太大的能量,相对来说容易完成。当坚持了一段时间之后,可以慢慢增加到五个,等等。采用这种循序渐进的方式,就养成了一个微习惯,而微习惯到习惯的距离就越来越近了。在微习惯的养成过程中,个体的自我控制力和意志力也会得到有效的增强。

2. 建立合乎自身实际的目标

要使自我控制积极有效,大学生应该建立合乎自身实际的目标,首先要合理定位理想自我。理想自我是大学生将来要实现的目标,在确立其内容时,要立足社会需要,符合社会的要求和规范。同时,目标设定要从自身的实际出发,既不好高骛远,也不过于简单,把远大的目标分解成一个个远近高低不同的具体目标,目标的难度应适中,即"跳起来摘苹果"。同时,目标要符合自己的实际能力,不苛求自己,不被他人的要求所左右。只有明确这一点,才可能真正地认清自己,规划自己的发展方向,最终建立独立的自我。

3. 积极参加社会实践

自我评价、自我锻炼和自我教育是一个实践过程。大学生努力参加社会实践,用学到的知识和自身的智慧为社会服务,可以认清自己的责任和义务,确立科学的人生观、价值观。在实践中,要学会用乐观的情绪和积极的心态去对待问题,客观公正地看待事物,增加自我意识中的理性成分,消除偏激和肤浅,使自己得到和谐发展。

(四)培养自信心,提升自我效能感

不论现在还是将来,不论身处逆境还是顺境,也不论周围的人与事如何变迁,只有自己才是永远的依靠。你应该自始至终相信自己、珍惜自己、帮助自己、激励自己,坚定地捍卫自信。

有自信的人并不是天生就自信,其来源于自觉地维护和积极地增进自信。缺乏自信的人也并不是天生就不自信,其往往是长期缺乏自我肯定、自我激励以及被动接受外界消极评价的结果。真正自信的人首先会自爱,他知道自己有哪些长处,确信不疑而且十分珍爱,并引以为荣。不自信的人缺乏自爱,他并不特别了解自己的长处,相反总是盯住自己的缺点或者有意挑剔自己的不足,并且耿耿于怀;即使有好的地方,也十分轻视它们的价值,甚至会怀疑其真实性。

美国心理学家班杜拉认为,自我效能感是指个体对自己是否有能力完成某一行为所进行的推测与判断。自我效能感影响或决定人们对行为的选择,以及对该行为的坚持性和努力程度,影响人们的思维模式和情感反应模式,进而影响新行为的习得和习得行为的表现。自我效能感高的人对成功有较高的期待,遇事理智处理,乐于迎接应急情况的挑战,能够控制自暴自弃的想法——需要时能发挥智慧和技能;自我效能低的人畏缩不前、害怕失败,情绪化地处理问题,在压力面前束手无策,易产生恐慌的情绪——当需要时,其知识和技能无法发挥。大学生的成功与成长无疑与自我效能感有着密切的关系,提升自我效能感对于提升心理素质、获得幸福感有重要的作用。

（五）不断超越自我

健全自我的过程也是一个塑造自我、超越自我的过程。对于大学生而言，超越自我更是终生努力的目标。在行动上，无论对人对事，均全力以赴，使自己的能力品行得到最大限度的发挥。

完善自我、超越自我并不是一帆风顺的过程，需要付出艰辛的努力和沉重的代价，也是一个"新我"形成的过程，是从"小我"走向"大我"，从"昨天之我"向"今日之我""明日之我"迈进的过程。珍惜已有的自我，追求更好、更高的自我，做一个"自如、独特、最好的自我"。既注重自我，又不固守自我，而是根据社会要求不断改造自我；既注重自我价值的实现，又不仅仅局限于追求个人自我价值的实现，而是把自我价值实现的过程与为祖国现代化建设做贡献的过程统一起来，在为他人和社会的服务中真正地实现自我价值。

测试1　测测你的自尊水平

自尊心，反映了你对自己是否聪明、是否有吸引力等方面的信心，但是这种信心要求是准确的。因此，高自尊可能是一个人对自身价值、成功和成就精确合理的信念，也可能是高傲的、夸大的、毫无根据的优越感。同样，低自尊可能准确反映了一个人的缺点或偏见，甚至是病态的不安全感和自卑感。为了检测你的自尊水平，请完成下面的小测验。

通过表3-1，检测你对自己的总体感觉。1代表"完全反对"，2代表"反对"，3代表"同意"，4代表"完全同意"，请依据自己的情况，在相应的数字上打"√"。

表3-1　自尊水平测试量表

序号	项目	完全反对	反对	同意	完全同意
1	我对自己总体满意	1	2	3	4
2*	有时我觉得自己一点都不好	4	3	2	1
3	我觉得自己有很多优秀的品质	1	2	3	4
4	我能够和大多数人一样把事情做好	1	2	3	4
5*	我觉得自己没有什么值得骄傲的资本	4	3	2	1
6*	我有时感到自己没用	4	3	2	1
7	我觉得自己是一个有价值的人，至少不比别人差	1	2	3	4
8	我希望我能更尊重自己	1	2	3	4
9*	我觉得自己是失败者	4	3	2	1
10	我对自己的态度积极向上	1	2	3	4

【计分方法与结果分析】

将 1、3、4、7、8、10 项的得分相加；将带"＊"的题目 2、5、6、9 项反向计分（即如果选"1－完全反对"，得 4 分；选"2－反对"，得 3 分；选"3－同意"，得 2 分；选"4－完全同意"，得 1 分），然后将上面两大项的总分相加，得出自尊水平总分。

你的得分应该在 10～40 分。如果你的得分在 35～40 分，说明你的自尊水平很高；得分在 30～34 分，说明自尊水平较高；得分在 20～29 分，说明自尊水平较低；得分在 10～19 分，说明自尊水平很低。

测试 2　测测你的生活满意度

你可以赞同或不赞同下面的 5 个句子，并用 1～7 的分值来表示你对每一个句子的赞同程度。7＝非常同意；6＝同意；5＝有点同意；4＝既不是同意也不是不同意；3＝有一点不同意；2＝不同意；1＝非常不同意。

①大致来说，我的生活很符合我的理想。
②我对我的生活现状真是满意极了。
③我对我的生活完全满意。
④我已得到了生活中我想要的重要东西。
⑤假如我可以重活一次，我也不会对我的生活做任何改变。

【计分方法与结果分析】

直接累加每一项的得分即为总分。

★30～35 分：极满意，比平均水平高出很多。

★25～29 分：很满意，在平均水平之上。

★20～24 分：有点满意，处于美国成人的平均值。

★15～19 分：有点不满意，低于平均值。

★10～14 分：不满意，低于平均值。

★5～9 分：非常不满意，比平均值低很多。

据塞利格曼对数以万计不同国家、不同文化的人做过这个测验的结果分析，发现美国老年人中，男性的平均分值为 28，女性为 26。北美洲大学生的分值为 23～25 分；东欧及中国学生的分值为 16～19 分。男性犯人与医院患者的平均值均为 12 分。有心理疾病但未住院者的分值为 14～18 分，受虐妇女及老年人看护者的分值为 21 分。

这些差异对我们会有什么启发呢？

（摘自马丁·塞利格曼《真实的幸福》）

活动1　我是谁？我不是谁？

一、活动目的

通过对记忆中重大生活事件的回顾，找到个人乐观或悲观的原因，并改变不合理信念，达到提升自我评价的目的。

二、活动时间

10~15分钟。

三、活动准备

（1）分组：5~8人/组。

（2）道具：彩虹卡片（印刷），每人一张；三支不同颜色的彩色笔，分别代表幸福、痛苦、没感觉（不好形容）三种情绪体验。

四、场地要求

安静的室内。

五、活动步骤

1. 假如生命可以这样表示

卡片上有一个代表生命历程的坐标图（如图3-1）。横坐标表示"时间"，也可以为"年龄"；纵坐标表示你的情绪或感受（满意程度）。横坐标与纵坐标相交之处标记为"0"，意思是"生命开始之处"。

2. 记忆中的那些事

请回忆自己生命中那些发生过的、让你无法忘怀的重大事情，数量不限。但一定要是在你目前的生命历程中对你而言是很重要的事情。

3. 当时的心情

以该事件发生的时间和你当时的感受，在坐标图上相应的位置标点。每个点的含义就是表示在某个时候发生了一件让你感觉到痛苦或幸福的事。

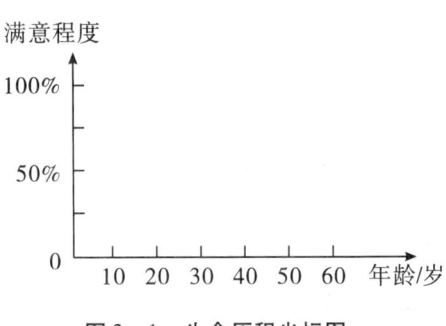

图3-1　生命历程坐标图

4. 彩色烙印

回忆事件发生时你的感受，用分别代表幸福、痛苦、没感觉（不好形容）三种情绪体验的彩色笔，将每个点与后面的点连接起来。例如，A事件发生时，你觉得很幸福，就用表示幸福的彩色笔将图中对应的点与其后一个点连接起来，以此类推。最后你会完成一道生命的彩虹。

5. 故事会

在小组中坦诚交流，向别人介绍你的经历，同时也感受别人各种各样的人生。

6. 互助与成长

（1）引导思考：观察自己的坐标图时有无新发现？从他人分享的经历中得到哪些启发？

（2）教师总结：每一件事情都让我们懂得了一些东西，那些生命节点上发生的主要的事情，让我们明白的东西也许更多或者更重要。请简单概括，并写下来。

六、分享与升华

（1）请每个小组选出代表，将本小组的活动情况进行全班分享。

（2）教师对活动进行总结和点评。告诉学生如何评价自己？个体对自己的评价有两个来源：一个是日常生活琐事带来的评价积累；另一个是重大生活事件带来的评价。两者皆不可忽视。重大生活事件带来的挫折感或幸福感更能使个体印象深刻，针对此类事件进行讨论与设计，对于我们认识自己与应对压力具有重要的意义。

活动2　如何用优势去迁移劣势

一、活动目的

通过游戏，引导学生认识到，与其只关注劣势，不如发展优势，增强自信。

二、活动时间

10~20分钟。

三、活动准备

（1）分组：5~8人/组。

（2）道具：准备一张白纸，彩笔若干。

四、场地要求

安静的室内或室外。

五、活动步骤

（1）请你写下最近遇到的让你感到不知所措、力不从心或者缺乏动力的一个劣势的场景。请用彩笔简单地把这个困扰画出来。在画好的图片里，写上当时遇到这个场景的时候你的感受、想法和决定。

（2）请清点你的优势，想想如何利用你的优势去面对这个场景给你带来的困扰。请将你的优势罗列在刚刚画好的图片旁边。

（3）请试着重新画一幅你期待中的与众不同的场景。在这个场景里，剧中的主人公有什么新的感受、想法和决定？

六、分享与升华

（1）请学生在小组内部逐次分享自己的作品。

（2）教师对活动进行总结和点评，引导学生体会发挥优势带给个体不一样的感受。虽然劣势消除不了，但是当人们积极关注优势并且发挥优势的时候，劣势所带来的负面影响就不那么明显了，而个体的自信心会得到极大的提升。

青年精神内耗的主要表征

随着现代社会的急剧转型，快节奏的学习、生活和工作带来的压力，迫使青年像被抽打的"陀螺"，"随着时代的巨大钟摆而运转，直到筋疲力尽"。"内卷""躺平""佛系""丧"，皆是青年以诙谐幽默的方式表达着对当下社会现实的抗争。在"卷不卷""躺不躺""佛不佛""丧不丧"的相互摩擦、拉扯和消磨中，青年加速着自身精神内耗的积淀生成，主要表现为自我怀疑、自我攻击、纠结犹豫等特征。

第一，无休止自我怀疑：瞻前顾后与犹豫不决并存。

青年出现精神内耗症状的主要原因之一，就在于完美主义的社会规定。完美主义的社会规定，主要是指"个体感受到来自重要他人和现实社会卓越标准的压力，尽力去满足别人对他/她的期望，生怕别人对他/她失望"。拥有完美主义倾向的青年，在急剧"白热化"的社会竞争和强势的社会规则面前，使出"浑身解数"规避自己犯错，期望达到自己、他人和社会制定的高标准。然而完美主义的追求背后隐藏着对失败的恐惧，就像两个相互拉扯的"小人"在内心世界相互冲撞以期避免错误的发生，致使青年在"脑补"消极后果的过程中犹豫不决、瞻前顾后。不仅如此，经济社会高速蓬勃发展，为"千禧一代"和"Z世代"青年提供了完全不同于父辈的相对优渥富足的物质文化生活。同时，自立自强、踔厉奋发的主流观念，已经由外而内地嵌入青年的价值认知，并且在逐渐内化中升华为青年的价值认同。物质和精神相对丰裕的青年本应承担比父辈更大的使命，完成更重要的任务，取得更大的成就。然而，不断涌现的"我太难了""社畜""emo""打工人""葛优躺""佛系""躺平"等反映青年社会心态的网络热词，折射出对阶层固化、社会不公平的不满甚至是愤恨情绪，青年在"内卷"还是"躺平"的犹豫中瞻前顾后、不知所措。

第二，无止境自我攻击：理想丰满与现实骨感交织。

"集万千宠爱于一身"的青年在国家、社会和父辈的多重关爱之下，容易陷入"物质生活的乐观主义迷思"。"温室里的一代"认为自己能够凭借高学历、高文凭在现实世界中以一己之力实现"35岁财务自由"，然而学习、就业、买房、婚姻、生育等现实压力与预期目标出现偏差，致使青年较为普遍地陷入焦虑、自卑的泥潭中不能自拔，只能无奈自嘲为"打工人"。《中国国民心理健康发展报告（2019—2020）》显示，"18～34岁青年的焦虑平均水平高于成人期的其他年龄段"。同时，据《2022国民健康洞察报告》调查，超过90%的人担心自己有心理问题，其中担心自己患有焦虑症和抑郁症的分别占据50%和44%。不仅如此，《逆卷而行——2021青年男女健康调查报告》显示，超八成青年职场人曾担心自己会猝死，从未担心过猝死的比例仅为18.1%。18～35岁的青年男女中，89.1%感觉有压力，87.3%感到疲劳，71.2%感到孤独。其中，"90后"是压力与疲劳感知最高的人群。理想的"高开低走"和压力的无限升级，打破了青年人对物质生活和个人发展的乐观预期。一些青年的目标追求遭遇现实碰壁后，选择以"卷王"的姿态，试图通过"自我压榨"的方式在非理性的激烈竞争中突围。另一部分不堪压力重负的青年则采用"自我矮化"的方式进行"自我贬低"和"自我攻击",尝试在焦虑、紧张、敏感和怀疑的气氛中,以低欲望或消极遁世的形式自我慰藉。

第三,无止境纠结犹豫:反刍过去与忧虑未来杂糅。

当个体经历了失败、挫折、打击、失利、丧失等负性事件,或者正在面临压力较大的重大事件之时,都会反复思考"为什么会失败""如果失败了,我该怎么办"。如果不能及时处理或者应对不当,就容易陷入长期且重复的思想旋涡中无法自拔。青年精神内耗的出现,一定程度上在于花费太多时间"自我讨伐""反刍过去",却没有理性有效的行动措施,周而复始直至精神疲惫。有关调查显示,"仅有 11.7% 的年轻人 23 点之前入睡,50.93% 的年轻人 24 点之后才入睡,其中 41.3% 的'80 后'24 点之后入睡,近半数'90 后'24 点之后入睡"。当然,熬夜失眠的原因形形色色,其中不乏有些青年在脑海中上演一场又一场小剧场,复盘白天的小失误是否给自己和他人造成麻烦与困扰。同时,在完美主义的绑架下,反刍过去与忧思未来的相互杂糅,构成当下一些青年人的精神基调。总体而言,人们的焦虑有 40% 左右来自对未来的担忧,30% 左右源于过去的事情。从事业方面看,大学生群体面对高校毕业生人数持续增加和就业岗位相对有限的结构性矛盾,尤其是全球疫情冲击更使供需脱节矛盾进一步深化,青年群体似乎集体陷入体制内外的纠结犹豫中;从家庭方面看,青年群体面对情感问题、经济问题以及子女教育的巨大物质和精神压力表现出的茫然使得精神内耗加剧扩展,"不婚主义"成为一些青年逃避压力的被动选择。

——摘自王乐乐、李伟《纠结与治愈:青年精神内耗的表征、根源与应对》,2023 年 3 月 15 日发表于"中国青年研究"公众号(有改动)

如何成为一个乐观的人?

乐观主义并不是把一切都看成是美好的。乐观主义者不会忽视问题,也不会假装生活是完美的。他们只是选择专注于当下事件的积极之处,以及他们能做些什么来让事情变得更好。乐观主义者对自己完全有信心,他们知道,如果想在艰难的比赛中获胜,就需要不断练习。

乐观与行动密不可分,关键是在积极的心态和现实的情况之间找到一个平衡。

悲观主义需要被全盘否定吗?

悲观主义的确会对我们产生一些不利的影响,但这并不意味着要消除所有悲观消极的想法。健康的消极心态可以让我们更加谨慎深入地研究问题,思考可能出现的问题并帮助我们规避风险。

想象一下,当你父亲开车送你去上课时,他一边驾驶一边回微信。你的消极想法会提醒你,这很危险。所以你会提醒父亲别再看手机了。在这种情况下,你将悲观的想法"看手机容易导致车祸"与乐观主义"我可以避免这种情况发生"结合在一起。

几乎所有人都会经历一段艰难的时期,似乎干什么都不起作用。当我们气馁时,也别忘了保持健康的心态,努力转变情绪,告诉自己一切总会过去。消极思维有时可以帮助我们前进,只要别过度专注于错误的地方。

——摘自《如何成为一个乐观的人》,2023 年 12 月 8 日发表于"上海市徐汇区精神卫生中心"公众号(有改动)

学习评价

项目	课堂评价标准	自我评分					小组互评				
学习态度	自觉按要求完成学习任务	5	4	3	2	1	5	4	3	2	1
	上课认真，课堂互动活跃	5	4	3	2	1	5	4	3	2	1
	在小组活动中具有团队合作精神	5	4	3	2	1	5	4	3	2	1
活动表现	服从活动安排，积极参与	5	4	3	2	1	5	4	3	2	1
	大胆发表个人观点，思路清晰，表达流畅	5	4	3	2	1	5	4	3	2	1
	乐于回应同学发言，分享有用资源	5	4	3	2	1	5	4	3	2	1
知识掌握	通过本项目的学习，你已经对自己有了大概的了解，你打算如何提高自我意识，悦纳自我？（70分） 【答案填写】 _____											
合计得分												
加权总分 （自我评分×50% + 小组互评×50%）												

项目四　优化人格　展现魅力
——大学生人格发展与心理健康

深学践悟

大学首先是培养"人"的地方，决不能脱离"树人"而空谈"育才"；首要的是实施人格培养教育，然后才是实施专业教育。大学培养的人是"大人"，是深入时代又超越时代，致力追求卓越精神和灵魂的人。

——严从根《从大学生到"大人"，需要专业精神，更需独立人格》，《光明日报》2023年6月21日

学习目标

- 知识目标：了解和区分不同的人格理论与人格障碍类型。
- 技能目标：掌握运用心理学工具和方法评估自己和他人的性格类型。
- 自我认识目标：认识自己的人格特点，学会应对个人弱点。

学习导图

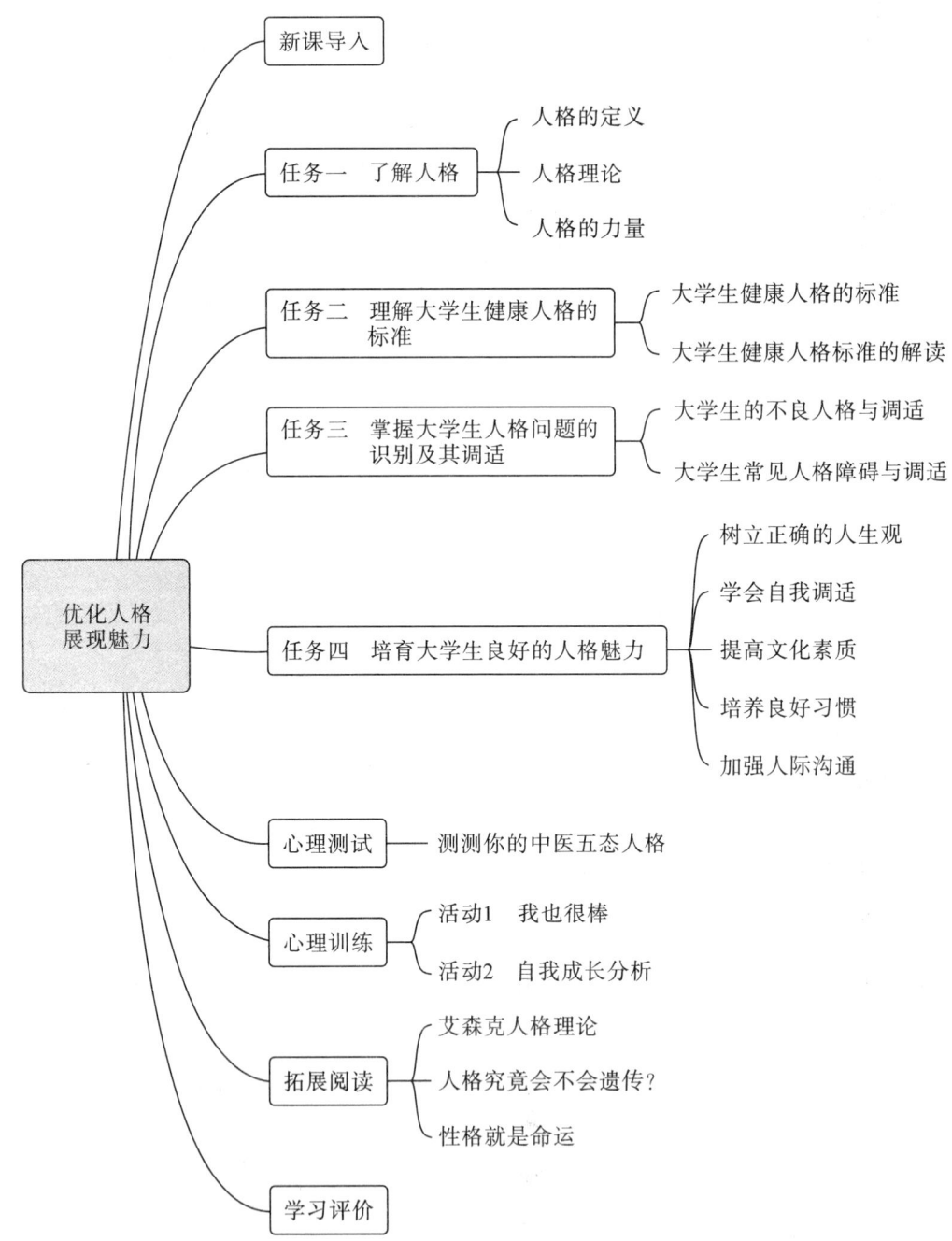

项目四　优化人格　展现魅力

新课导入

人格是一种丰富而复杂的心理成分，体现着一个人整体的精神风貌，是伴随着个体一生不断成长的心理品质。杨贵英等学者探索了人格特质与心理健康之间的关系，他们采用中国大学生人格量表（CCSPS）和中国大学生心理健康量表（CCSMHS），对2182名新生进行评估，结果显示，积极的人格特质如活跃、坚韧、随和与较好的心理健康状态显著相关。研究还发现，这些积极的人格特质有助于学生更好地适应大学生活和面对挑战。

心理健康教育应当着重培养学生的积极人格品质，以促进其整体心理健康和社会适应能力。人格的成熟意味着心理的成熟，人格魅力展现着个体心灵的完善。发展心理学研究认为，人格的发展状况、人格所呈现的面貌不仅直接影响着人的社会生活质量，而且间接关系到整个人类社会能否健康、和谐地发展。

任务一　了解人格

一、人格的定义

"人格"一词，最早起源于拉丁文"persona"，原意指戏剧演员在舞台上扮演角色所戴的面具，用来表现角色的剧中形象。随着角色的变化，面具会依人物变化，方便观众更准确地了解剧中人物的特点和身份。例如，中国的京剧脸谱中，红脸代表忠义，白脸代表奸诈，黑脸代表刚强（如图4-1）。随着社会的发展，人格的含义几经扩充和引申，在不同的学科、不同的领域范围内具有不同的含义。比如，日常生活中常常从伦理道德的观点出发，使用"人格"一词来对人的行为进行评价，说某人的人格高尚或卑鄙，即一个人的人品如何，与品格同义；从法律含义上使用"人格"，说某人的言行损害了他人的人格，指的是权利义务主体的资格。

扫码观看"优化人格，展现魅力"视频（精品微课）

红脸（关羽）

白脸（曹操）

黑脸（张飞）

图4-1　戏剧中的面具

在心理学上，人格指个体在遗传素质的基础上，通过与后天环境的相互作用而形成的、区别于他人的、相对稳定且独特的心理行为模式。人格的结构是多层次、多侧面的，包括活动倾向性特征，如需要、动机、兴趣、信念等；也包括个性心理特征，如气质、性格等。其中，气质和性格是人格结构的主要方面。人格结构的各个因素相互渗透、影响和制约，组合成有机整体，调节和控制个体行为。

二、人格理论

为了详细说明人与人之间的差异，以对个体的人生经历做出预测，心理学家不断地寻求简单有力的人格分类方法，主要有类型论、特质论、心理动力学理论和人本主义理论。

（一）类型论

许多人喜欢在日常生活中使用类型分类，以便将理解个体的复杂过程简单化。类型论采用全和无的模式，而非程度的多少。类型分类中比较有影响的理论包括体液说、血型说和出生顺序说等。

1. 体液说——气质类型

气质指的是一个人天生的、典型而稳定的心理活动的动力特征之总和，包括心理活动的速度和强度、灵活性和稳定性以及指向性等，如思维的速度和灵活性、情绪的稳定性和指向性等。气质在不同情境、不同活动中都会表现出来，而气质特点的不同组合就构成了气质类型。气质类型的分类方法有多种，其中最常见的是古希腊著名医生希波克拉底提出的体液说。在《论人的本性》中，希波克拉底提出人体内有四种基本的体液，每种体液与一个特定的气质类型相对应。体内哪种体液占优势，就决定了个体的人格类型（如表4-1）。

扫码观看"体液说"视频

表4-1 优势体液与气质类型对应表

优势体液	气质类型	人格特征	代表人物
黄胆汁	胆汁质	直率、热情、精力充沛，遇事反应强烈，情绪发生快而强，思维和言语急速而难以自制，工作有顽强性，易躁、易怒，整个心理活动都笼罩着突发色彩，严重外倾性	孙悟空
血液	多血质	活泼、热情、好动、敏感，情绪发生快而多变，兴趣广泛而容易转移，善于交际，但做事马虎，坚持性差，具有外倾性	猪八戒
黏液	黏液质	安静、沉稳，情绪发生慢而弱，思维和动作迟缓，工作认真踏实，注意力较稳定，善于克制和忍耐，执拗、淡漠，适应环境慢，具有内倾性	唐僧
黑胆汁	抑郁质	敏感、孤僻、悲伤、易哀愁，情绪发生慢而深刻、持久，善于观察细节，具有内倾性	沙僧

参考来源：张彦军. 从唐僧师徒气质特点看中国古人对气质的认识［J］. 吉林省教育学院学报，2013，5（29）：137-138.

虽然不同气质类型的人的情绪和行为模式不同，但气质没有优劣之分，它与人的道德品质、智力发展和成就高低均无直接联系。但是，气质类型会影响工作效率、对环境的适应能力等。气质类型主要是由遗传决定的，每种气质类型都有其积极的一面和不足的一面。个体应认识并悦纳自己的气质类型，充分发挥其积极的一面，管理好不足的一面，以有利于形成自己良好的人格。

2. 血型说

日本研究人员把幼儿园孩子按不同血型分成小组，考察他们在面对同一个突发状况时的反应。我国安徽省合肥市蜀山区龙凤嘉园幼儿园也做了相似实验。虽然目前还没有确切的科学依据证明性格与血型有关，但通过实验得出了比较一致的结论：

①A 型血的小朋友忠实，比较单纯。

②B 型血的小朋友感性，受环境影响较大。

③O 型血的小朋友公私分明，稳重且有正义感。

④AB 型血的小朋友性格差异较大，各有主见。

人的性格受到先天因素及后天环境的共同影响，血型基因只是人类数万个基因中的一个，血型与性格在一定程度上存在关联，但关联程度应该不会太大。实验中不同血型的小朋友所表现出的差异，可能是由于具有某种相同特质的人聚在一起，其行为倾向会表现得更加明显，但推测有待进一步的研究。

3. 出生顺序说

1996 年，美国麻省理工学院的弗兰克·沙洛威提出了基于出生顺序的现代类型理论。根据沙洛威的观点，得出以下结论：

①头生儿或独生子女的位置是现成的，头生儿或者独生子女的幼年时期不需要任何努力，便可独享父母的爱和关注。随着成长，他们需要通过认同和遵从父母来寻求和保持最初的依恋。

②后生儿的位置不同，为了争夺父母的爱和关注，他们要在先前出生的孩子还没占到主导地位的领域里占有优势。后出生的孩子为了在生活中获得更新颖、更成功的位置，通常被培养成对经验持有开放性态度的个体。

为了验证后生儿喜爱创新而头生儿安于现状这一假设，沙洛威对获得 23 项科学创新的 1218 名科学家的出生顺序进行研究。结果显示，在每种家庭规模下，后生儿均比头生儿更倾向于接纳新理论。

（二）特质论

特质是持久的品质或特征，这些品质或特征使个体在各种情况下的行为具有一致性。与类型论相比，特质论在区分人的特质方面更灵活、更有弹性。比如生活中你可能通过拾金不昧来证明你的诚实，也可以通过考试不作弊证明这一点。特质论推崇连续的维度，如智力和友情等，它不是非此即彼的，而是强调程度的多少。一些理论家认为特质是引起行为的先决条件，但另一些则仅仅将特质作为描述性的词语维度。

1. 阿尔波特的特质理论

阿尔波特认为，特质是人格的框架和个性的根源，作为一个中介变量，使一系列的刺激和反应发生联系（如图4-2）。

阿尔波特确定了以下三种特质：

①首要特质：影响一个人如何组织生活。通常指一个人的信念，如集体主义信念。

②核心特质：代表一个人主要特征的特质。通常指一个人的性情，如诚实。

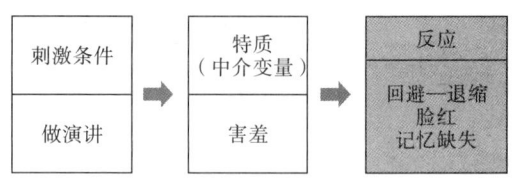

图4-2 阿尔波特的特质理论

③次要特质：有助于预测个人特定的、专属的特征。通常指一个人的喜好，如食物偏好。

阿尔波特感兴趣的是探索使一个人成为独立个体的三种特质的独特组合。他的理论提示大家如何去认识一个人，判断一个人可能与你交往的深度。

2. 艾森克人格理论（也称"大三人格"）

艾森克根据人格测验（EPQ）的数据推出三个范围很广的维度，分别为外向性（E）、神经质（N）、精神质（P）。谭华玉（2007）的研究结果表明，神经质、外向性与精神质对心理健康有显著的预测作用，解释量分别为55.1%、4%和1%，三个变量联合预测心理健康水平达60.1%，其中神经质，即情绪的稳定性对心理健康影响最大。

（三）心理动力学理论

西格蒙德·弗洛伊德（Sigmund Freud，1856—1939）是精神分析学派的创始人。他认为人格的结构由三个部分组成，即"本我""自我"和"超我"。

"本我"是人类心理最原始的部分，人一出生就具有"本我"。它是一切心理活动的能量之源，包含生存所需的基本欲望、冲动和生命力。"本我"的目标是求得个体的舒适、生存及繁殖，表现为无意识、非理性和易冲动。"本我"像一个被宠坏的孩子：自私、冲

扫码观看"弗洛伊德的人格理论"视频

动，追求享乐，不理会社会道德和外在的行为规范，唯一的要求是获得快乐，避免痛苦。弗洛伊德认为幼儿的精神人格完全属于"本我"，没有是非观念，其生活受欲望支配。如当婴儿看到一个色彩鲜艳的玩具时，就伸手去拿，拿不到就会哭闹，要求即时满足。有时候婴儿的需要明显不合理，因为"本我"按"快乐原则"行事，遵循初级加工思维，这种思维既不遵循意识思想中的逻辑原则，也缺乏现实基础。梦和想象就是初级加工思维的经典例子。父母的教养方式及后天环境会影响本能驱力形成的结构，进一步影响后期的人格发展。

"自我"，指现实"我"。在出生后的第一个月，新生儿就能清楚地感受到自己和别的事物或人不一样。这种感觉首先从对自己身体的局限性和自信的感知产生。"自我"是个体为了调和周围世界与内部驱力，追随客观环境的现实原则而发展出来的意识状态。它的机能是寻求"本我"冲动得以满足，而同时保护整个机体不受伤害。"自我"知道"本我"冲动与社会现实和物理现实之间的冲突。如一个儿童不能偷货架上的棒棒糖；无论妹妹把哥哥惹得多么生气，哥哥不能打妹妹。虽然偷东西和打妹妹可能减轻儿童内

心的紧张，但这与社会和父母既定的规则冲突，"自我"清楚此类行为会产生问题，必须避免、改变和延迟"本我"冲动的直接释放。"自我"遵循的是"现实原则"，采取次级加工思维方式，是解决问题和获得满足的发展性策略。绝大部分的人，在成年期凸显的都是"自我"。

"超我"，指理想"我"，是人格结构中代表理想和良心、体现道德准则的部分。"超我"在儿童5岁左右开始发展，通过父母、学校和社会组织等媒介内化社会价值，形成道德和观念。其机能主要是监督、批判及管束自己的行为。"超我"主要通过内疚感来判别正义与邪恶。"超我"的特点是追求理想、尽善尽美，因此，如同"本我"一样是非现实的。"超我"大部分也是无意识的，"超我"要求"自我"按社会可接受的方式去满足"本我"，它所遵循的是"道德原则"。如果儿童形成了低的道德标准，其结果是，他们伤害别人时并不感到内疚。然而，若"超我"发展出过于强有力的内在标准，儿童就会为几乎不可能达到的超高道德所累，导致接二连三的失败，可能长期经受羞愧和自责的折磨。

"本我""自我"和"超我"之间不是静止的，而是始终处于冲突与协调的矛盾运动之中（如图4-3）。

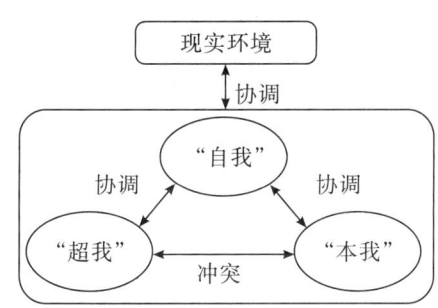

图4-3 "本我""自我""超我"关系图

一般情况下，强大的"自我"能协调现实环境、"本我"和"超我"的关系，保持个体内心平和，远离焦虑。但当"自我"受到现实环境、"本我"的冲动以及"超我"严格控制的威胁时，个体就会体验到焦虑。焦虑可能以身体症状来表现，如心跳加速、手心出汗、呼吸不规律等。关于这三者的关系，弗洛伊德有一个比喻："本我"是马，"自我"是马车夫。马是驱动力，马车夫给马指明方向。马车夫要驾驭马车，但马可能不听话，二者就会僵持不下，直到一方屈服。弗洛伊德认为，只有三个"我"和睦相处，保持平衡，个体才会健康发展；而三者吵架的时候，人有时会怀疑"这一个我是不是我"，或者内心有不同的声音在对话："能做？不能做？"，或者内心因为欲望和道德的冲突而痛苦不堪，又抑或为自己某个突如其来的丑恶念头而惶恐等。这种状况如果持续久了，冲突严重，会导致神经症的产生。

（四）人本主义理论

人本主义心理学的创始人亚伯拉罕·马斯洛（Abraham H. Maslow，1908—1970），在1943年发表的《人类动机的理论》一书中提出了著名的需要层次理论（如图4-4）。他认为，人的一切行为都是由需要引起的。他把人多种多样的需要归纳为五大类，即生理需要、安全需要、归属和爱的需要、尊重的需要、自我实现的需要。

1. 生理需要

生理需要是人类最原始的也是最基本的需要，包括饥、渴、性和其他生理机能的需要，它是推动人类行为最强大的动力。

扫码观看"马斯洛需要层次理论"视频

2. 安全需要

当一个人的生理需要基本得到满足后，安全需要就会产生，即个人寻求生命、财产等生活方面免于威胁、孤独、侵犯并得到保障的心理需要。

3. 归属和爱的需要

归属和爱的需要是一种社会的需要，也叫交往需要，包括社会交往，获得友谊与忠诚，爱与被爱，被团体与社会所接纳并成为其中的一员，得到相互支持与关照等。

4. 尊重的需要

尊重的需要包括受人尊重与自我尊重两方面，前者是希求别人重视，获得名誉、地位；后者希求个人有价值，希望个人的能力、成就得到社会的承认。

5. 自我实现的需要

自我实现的需要是指实现个人理想、抱负，最大限度地发挥个人能力的需要，即获得精神层面的臻于真、善、美——至高人生境界的需要。马斯洛认为，为满足自我实现的需要所采取的方式因人而异。有人希望成为一位理想的母亲，有人表现在体育运动上，还有人表现在绘画或发明创造上……简言之，自我实现的需要是指最大限度地发挥一个人潜能的需要。

图 4-4 马斯洛的需要层次结构

马斯洛按照三个原则来解释人类的需要层次。首先，人类基本的需要必先得到满足，才会进一步追求较高层次需要的满足。其次，人类需要与个体成长发展密切相关。人出生时，最主要是满足生理需要，再逐渐考虑到安全、归属和爱、尊重的需要，最后才追求自我实现的需要。因此，个人的需要结构发展过程是波浪式的演进，各种需要的优势由一级演进至另一级。最后，人类需要的高低与个体生存有关。马斯洛认为，一个理想的社会，除了应该满足人们基本的生理需要外，还要使人们满足较高层次的需要，并鼓励个人去追求自我实现。一个人只有把个人需要和国家需要以及社会发展需要联系起来，才能有永不衰竭的动力，才能充分发挥个人的潜能，达到最大限度的自我实现。

三、人格的力量

积极心理学将良好的人格定义为一系列积极素质的综合体，它的特点是有洞察力、有团结合作精神、善良和充满希望等。为了能够更好地表达这些良好性格的特点，积极心理学把它们称为性格力量因子。性格力量在某种意义上是特质性的，具有个体差异，稳定性和普遍性较差。根据 VIA 分类标准，可以识别出包括 6 大类的 24 种性格力量。

（一）智慧和知识的力量

1. 创造性

能够思考出新奇和有效的方式去做事情；多体现在艺术成就上，但不仅限于此。

2. 好奇心

对所有正在发生的事情感兴趣；认为所有的科目和话题都是富有吸引力的，乐于去探索和发现。

3. 热爱学习

掌握新的技术、主题和知识；热爱学习与好奇心这一性格力量显然是相关的，但其更能描述增加某人所知的系统性。

4. 思想开放

能够全面透彻地思考问题，并从各个方面检查；不急于得出结论；能够根据事实调整自己的思想；全面公平地衡量各种证据。

5. 洞察力

能够为别人提供明智的参考意见；能够以多种方式看世界，认识自己和他人。

（二）意志的力量

1. 真实性

以更加诚恳的方式讲述事实；不加以掩饰和伪装；对自己的感觉和行为负责。

2. 勇敢

在威胁、挑战、困难或痛苦面前不畏缩；即使有反对意见存在，也能直言不讳地说出自己的意见；即使不受欢迎，也能表现出坚定不移的信念；体现在生理上的勇敢，但不仅限于此。

3. 坚持

善始善终；即使存在艰难险阻，也要坚持完成自己的行动；享受任务完成时的愉悦感。

4. 热情

充满激情和力量地去追求生活；做事情不半途而废或心不在焉；把生活当作历险；充满生机和活力。

（三）人道主义的力量

1. 善良

助人为乐，与人为善；关心、照顾别人。

2. 爱

重视与他人之间的亲密关系，尤其是彼此之间能够分享和关照；能够亲近他人。

3. 社会智慧

能够感知别人的意图和感受；知道在不同的社会场合应该怎样做；知道什么会使他人不悦。

（四）公正的力量

1. 正直

公正公平地对待每一个人；不让个人的情感影响到别人所作出的决定；给每一个人公平的机会。

2. 领导力

鼓励团体中的每一个人把工作做好，同时促进良好的集体关系；组织集体活动并且观察活动的效果。

3. 团队合作精神

作为团队或小组中的一员，做好自己的工作；忠实于团队，与团队的其他成员分享。

（五）节制的力量

1. 原谅/怜悯

原谅那些曾经做错事的人，重新给他们一次机会；不打击报复。

2. 谦卑/虚心

让成绩说话；不要过分表现自己，不认为自己比别人都强。

3. 审慎

慎重地做出选择；不做不适当的冒险，不说以后可能后悔的话，不做以后可能后悔的事。

4. 自我调节

调节自己的感受和行为；遵守纪律；控制自己的欲望和情绪。

（六）卓越的力量

1. 对美的欣赏

能够在生活的所有领域，发现和欣赏美丽、卓越和富有技巧的表现，从自然界到艺术领域，再到数学、科学领域以及日常生活的每一天。

2. 感激

敏锐地观察和感激生活中发生的每一件好的事情；花时间去表达你的感恩之情。

3. 希望

期待未来最美好事情的发生，并努力去达成这一愿望；相信未来的美好能够实现。

4. **幽默**

畅快地大笑，给别人带来欢乐；心中充满阳光，积极地看待事情；制造一些笑话（并不一定非得是讲出来的笑话）。

5. **虔诚/灵性**

对高级的目标和宇宙的意义有内在的信念；拥有对人生价值的信念，并以此来规划自己的行为，感受生命意义的愉悦。

研究发现，24 种性格力量的相对认可度在全世界高度一致。在 54 个国家和地区里，从阿塞拜疆到津巴布韦，最受认可的力量有和善、公正、真实性、感恩和思想开放。国家与国家之间的等级相关性非常强，往往都在 0.8 以上，不存在文化、种族、宗教和经济上的差异。这些性格力量，又被称为"心灵上的力量"，如热情、感激、希望和爱等，有助于实现充实的人生；而且比起那些"头脑上的力量"，如热爱学习等，"心灵上的力量"与生活满意度之间存在更为强烈和稳定的关系。纵向研究结果还表明，这些"心灵上的力量"能够预示今后的生活满意度。可见，性格力量源于自身，作用于他人时最能使个体感受到幸福快乐。

研究还表明，人们所看重的东西是与自己性格力量相一致的工作、人际关系和兴趣爱好。比如，具有善良性格力量的人，往往会喜欢对别人进行工作指导；那些有着好奇心性格力量的人，更喜欢"富有冒险精神的"浪漫伴侣；那些性格力量中有热爱学习成分的人，则很喜欢在闲暇的时候做一些园艺工作。那些经历过危机事件（躯体疾病、心理困扰或创伤事件）的个体相比那些没有类似经历的人，在某些性格力量的得分上要偏高。比如有过严重躯体疾病的被试者（如果被试者从中恢复过来的话）所表现出来的性格力量往往跟勇敢、善良和幽默相关。这些力量最终又与生活满意度相关。研究结果提示，进行有针对性的干预训练，提高人们相关方面的性格力量，不仅可以帮助他们度过危机，还能使他们在危机过后拥有更幸福的生活。

》任务二　理解大学生健康人格的标准《

一、大学生健康人格的标准

每个人都希望自己能拥有美好的生活和成功的人生，而健康人格是成功的前提和基础。大学生作为社会的一个特殊团体，根据其独有的社会地位和身份可知，他们的健康人格有自己的特点。具体而言，可以总结出以下特征。

1. **正确的人生态度**

大学生正处在人生发展最关键的时期。时代要求大学生在学习

扫码观看"健康人格的标准"视频

生活中面对和思考如何正确处理个体与社会的关系。大学生要学会生存、学会学习、学会创造、学会奉献，这些都是将来面向社会和生活所必须具有的最基本、最重要的品质。其中，核心内容就是学会如何做人，学会做一个符合国家繁荣富强与社会不断进步发展所需要的人格健全的人；学会做一个能正确处理人与人、人与社会、人与自然的关系并使之能协调发展的人；做一个有理想、有道德、有高尚情操的人。

2. 正确的自我意识

具有健康人格的大学生对自己应有恰如其分的评价，要充满自信，扬长避短，在日常生活中有效地调节自己的行为，与环境保持和谐与平衡。

3. 具有良好的情绪调控能力

具有健康人格的大学生情绪反应适度，具有调节情绪和控制情绪的能力，经常保持愉快、开朗的心境，并富有幽默感。当消极情绪出现时，能合情合理地宣泄、排解、转移、升华。

4. 良好的社会适应能力

社会适应能力反映了人与社会的协调程度。一个拥有健康人格的大学生要以一种开放的态度，主动关心社会、了解社会，观察所接触到的各种事物和现象，看到社会发展的积极面和主流，并具有社会责任感。在认识社会的同时，使自己的思想、行为跟上时代的发展，与社会的要求相符合，表现出良好的适应能力。

5. 和谐的人际关系

人际关系最能体现一个人人格健康的程度。人格健康的大学生乐于与人交往，能与别人建立良好的人际关系，与人相处时，常常以谦虚、诚恳、公平、包容的态度对待他人，对不同的人际交往对象表现出恰当的态度，同时也受到他人的尊重和接纳。

6. 健康的审美情趣

健康的审美情趣对于大学生树立审美观、人生观、世界观和塑造健康的人格结构具有重要作用。具有高尚、健康的审美情趣，能提高自身的修养，自觉抵制各种不健康思想的侵蚀，追求更高的人生价值，实现人的自我完善。

7. 积极向上的生活态度

具有积极向上生活态度的大学生会热爱生活、热爱身边的人和事，乐于去体验生活，敢于创新，不怨天尤人，积极的情绪和情感体验在学习、生活中占主导地位。

二、大学生健康人格标准的解读

对健康人格的标准，大家应该有一个理性的认识。首先，健康人格的标准可分为理想标准和相对标准。理想标准就是人格的生理、心理、社会、道德和审美各要素完美地统一、平衡、协调，人的才能得以充分发挥。但在特定的历史阶段，由于各方面条件的制约，健康人格具有相对的意义，即不同时代、不同的社会条件有与之相对应的健康人格标准。人只有在自己所处的特定历史条件下不断进取，不懈努力，充实自我，才能使自己的人格健康水平不断提高。其次，大学生健康人格的各个标准都是相关的。"具有丰富体验并能控制情绪表现的人,通常是有能力满足自身基本需要的人,是能紧紧地把握现实的人,是获得健康的自我结构的人,是拥有稳定而可靠的人际关系的人。"总之,人格健康的人,其人格的各个方面都能统一、平衡。最后,大学生健康人格的标准不仅是衡量人格健康的尺度,也是优化人格的具体努力方向。

》任务三 掌握大学生人格问题的识别及其调适《

一、大学生的不良人格与调适

不良人格是介于正常人格与人格障碍之间的一种状态。大学生中常见的不良人格有拖延、懒散、狭隘、怯懦、孤僻、冷漠、悲观、依赖、敏感、多疑、敌对、暴躁冲动、破坏等。不良人格在青年群体中较为常见,它不仅影响活动效率,妨碍正常人际关系,而且会给人生蒙上一层消极的阴影,如不及时矫正与治疗,会发展为各种人格障碍。因此,大学生应了解并掌握一些常见不良人格的特征及调适的方法。

(一)拖延

拖延是当前不少大学生的通病。本来可以完成的事情,今天推明天,明天推后天,不到最后一刻不做,做又马马虎虎。正所谓"春天不是读书天,夏日初长正好眠,秋又凄凉冬又冷,收书又待过新年"。心理学研究表明,拖延与不快乐、生理免疫系统脆弱、压力过大等都呈正相关。造成拖延的原因有逃避困难、目标不明确、惰性等。拖延不仅耽误学习和工作,而且会导致心理压力增大、焦虑。

扫码观看"拖延"视频

关于如何克服拖延,降低生活和学习工作中因拖延带来的压力,积极心理学家提供了6种方法。

1. 5分钟起飞法

"5分钟起飞法"是战胜拖延的最佳法宝。它不需要通过精神力量,只需要行动即可。很多时候,个体不太想开启一项工作,可以在开始的5分钟内,强迫自己工作。通常5分钟之后,就会步入正轨了。很多状态不佳的人会觉得,必须受到鼓舞、激发之后,才能采取行动。事实并非如此,行动上的改变,会影响个体的态度。如果总是等待自己情绪上准备好了再开始行动,就可能总是处于懒懒散散的状态中。但是如果你已经开始行动了,哪怕是强迫自己行动的,也可以通过行动来改变你的情绪。

2. 放手去做,并奖励自己

人要懂得奖励自己,包括精神上和物质上的奖励,比如,周一到周五认真学习了,周末就可以好好休息。通过奖励来强化个体的行为。

3. 把想法公开，破釜沉舟

一旦把想法公开，在某种意义上，就没了退路，不得不去做，从而有效地克服拖延。

4. 加强团队合作，让别人来督促自己

能与别人一起去做的事情，就尽量同别人进行合作，如结伴学习。因为在进行合作的同时，他人也可以对个体进行有效的监督，并且可以分散自身压力。

5. 写下目标，分解成功的步骤

将目标记录下来，就等于给自己立下军令状，可以有效克服拖延。

6. 允许娱乐消遣，准许自己偶尔偷懒

允许自己在某个时候偷点懒，去娱乐消遣一下。人不是机器，不能一直工作学习，娱乐放松是人类的天性。如果不尊重天性，就会付出代价，比如削弱创造力、生产力和幸福感。

（二）懒散

懒散是不少大学生感到苦恼并很难克服的一种不良人格。处于懒散状态的大学生也常常感到内疚、自责、后悔，但又无力改变，主要原因是此类大学生想得多、做得少、缺乏毅力。

要克服懒散，首先要充分认识到其危害性；真正要做的是认真做好计划，坚定地行动起来。从日常小事做起，自己对自己负责，努力做到不为自己找借口，不原谅自己偷懒，按计划今日事今日毕，多参加有益身心的活动。

（三）狭隘

受功利主义的影响，大学生中的"狭隘"现象越来越多。斤斤计较、耿耿于怀、嫉妒、挑剔、容不得人等，都是狭隘的表现。狭隘影响人际关系，伤害他人感情，也给自己带来烦闷、苦恼，影响自己的情绪和形象。狭隘人格多见于内向性格的人。

克服狭隘，一要胸怀坦荡，一切向前看，有"比天空更广阔的心灵"；二要开阔视野，丰富自己，"站得高，看得远"；三要学会宽容，增大格局，"宰相肚里能撑船"。

二、大学生常见人格障碍与调适

人格障碍，是指个体的人格特征及其行为明显偏离社会常态的一种异常状况。在人格的形成和发展过程中，由于遗传、社会化过程、社会境遇等多因素的作用，导致人格发展受阻和社会化不足，引起人格障碍。人格障碍至少有认知、情感、冲动控制、人际关系中的一项异常偏离。根据世界卫生组织发布的国际疾病分类第十版（ICD-10），人格障碍的诊断要点包括不是由广泛性大脑损伤或病变以及其他精神科障碍直接引起的状况，符合下述标准：

①明显不协调的态度和行为，通常涉及几方面的技能，如情感、唤起、冲动、控制、知觉和思维方式及与他人交往的方式；

②异常行为模式是持久的、固定的，并不局限于精神疾患的发作期；

③异常行为模式是泛化的，与个人及社会的多种场合不相适应；

④上述表现均在童年或青春期出现，延续至成年；

⑤这一障碍会给个人带来相当大的苦恼，但仅在病程后期才明显；

⑥这一障碍通常会伴有严重的职业及社交问题，但并非绝对如此。

人格障碍的类型有很多，根据中国精神障碍分类与诊断标准第三版（CCMD-3）及美国《精神障碍诊断与统计手册（第四版）》（DSM-4），可以将人格障碍分为三大类：第一类以行为怪僻、奇异为特点，包括偏执型、分裂型人格障碍；第二类以情感强烈、不稳定为特点，包括冲动型、表演型、反社会型、攻击型人格障碍；第三类以紧张、退缩为特点，包括依赖型、回避型和强迫型人格障碍。

人格障碍患者很少有主动求医的动机，即使有药物治疗和心理辅导，效果也有限。因此，对人格障碍重点在于预防。当代大学生常见的人格障碍主要有偏执型人格障碍、强迫型人格障碍、依赖型人格障碍等。

（一）偏执型人格障碍

【案例1】小刘，男，总认为自己是直肠子、一根筋，认为别人对自己不真心，背着自己做不可告人的事。因为猜忌，小刘与家人、朋友、同学经常产生不愉快，身边的人逐渐离他越来越远。他与女朋友也经常有矛盾，怀疑女朋友背叛他，还说如果女朋友胆敢背叛，一定不会让她好过。小刘觉得很多事情都不是自己的错，都是因为他人不好；自己可能也有问题，脾气一上来什么都不顾，但不知道问题出在哪里。

ICD-10指出，偏执型人格障碍的特征为：

①对挫折与拒绝过分敏感；

②容易长久地记仇，即不肯原谅侮辱、伤害或轻视自己的人；

③猜疑，以及将体验歪曲的一种普遍倾向，即把他人无意的或友好的行为误解为敌意或轻蔑；

④与现实环境不相称的好斗及顽固地维护个人的权利；

⑤极易猜疑，毫无根据地怀疑配偶或性伴侣的忠诚；

⑥有将自己看得过分重要的倾向，表现为持续的自我援引态度；

⑦将患者直接有关的事件以及世间的形形色色都解释为"阴谋"的无根据的先占观念。

这种性格的人很难与人和睦相处，别人只能对其敬而远之。调查资料表明，偏执型人格障碍患病率为0.4%～1.6%，多见于男性。

对偏执型人格的调适，首先要进行交友训练，积极主动地与人交往，在交往中学会相信别人，没有证据就不要轻易认为别人有意伤害你；要学会原谅别人，也不要轻易就肯定别人要攻击你，逐渐消除多疑和不安。其次，辅之以敌意纠正训练法：第一，经常提醒自己不要陷于"敌对心理"的漩涡中；第二，记住只有尊重别人，才能得到别人的尊重，学会诚恳待人；第三，学会欣赏他人，经常对别人微笑；第四，要有耐心，学会忍让。

(二) 强迫型人格障碍

【案例2】 小沈，女，做事情非常认真，追求完美，对生活有很多硬性标准。比如，睡前一定要把鞋子整齐地摆放在床底下，把眼镜擦干净放在枕边，衣服要叠得整整齐齐放在桌上，就连袜子也要叠好。一旦哪一件事没做好，就睡不着觉，要起来做好才能入睡。她对舍友凌乱的杂物也无法忍受，经常帮舍友整理书架和床铺。

ICD-10指出，强迫型人格障碍除符合人格障碍的诊断标准外，还需要满足以下至少3条临床描述特征：

①过分疑虑及谨慎；
②对细节、规则、条目、秩序、组织或表格过分关注；
③完美主义，以致影响了工作的完成；
④道德感过强，谨小慎微，过分看重工作成效而不顾乐趣和人际关系；
⑤过分迂腐，拘泥于社会习俗；
⑥刻板和固执；
⑦不合情理地要求他人必须严格按自己的方式行事，或即使允许他人行事也极不情愿；
⑧有强加的、令人讨厌的思想或冲动闯入。

研究显示，在普通人群中，强迫型人格障碍的患病率为10%~15%，男性患者多于女性患者的2倍，约72%的强迫症病人有强迫型人格障碍。

要克服强迫型人格，首先要学会顺其自然。一旦确定这件事情已经做了，就不要反复想。其次要多交知心朋友，友谊和温情会让你生动灵活起来。

(三) 依赖型人格障碍

【案例3】 小梁，女，上大学前一直都在父母身边，没有住过学校。大一时，妈妈每周都会把所需的物品准备好，送来学校给她。大二开始，小梁习惯了学校生活，也有了好朋友，妈妈改为每月送一次物品。但是每天的穿衣搭配都一定要征求好朋友的意见才敢穿，甚至每天吃什么，有时都做不了主。小梁非常珍惜好朋友，什么事都可以迁就她，哪怕是自己不想做的事情也无所谓。但好朋友似乎在疏远自己，小梁感到很困惑，也很害怕。

ICD-10指出，依赖型人格障碍除符合人格障碍的诊断标准外，另外需要满足以下至少3条临床描述特征：

①请求或同意让人为自己生活中大多数重要事情做决定；
②将自己的需求附属于所依赖的人，过分顺从他人的意愿；
③不愿意对所依赖的人提出即使是合理的要求；
④由于过分害怕不能照顾自己，在独处时感到不舒服或无聊；
⑤沉陷于被关系密切的人所抛弃的恐惧中，害怕只剩下他一人来照顾自己。

依赖型人格的纠正关键在于个人，应自觉向周围同学学习，逐渐独立处理一些事情，建立自信，保持尝试生活的勇气，遇到挫折不要畏缩，大胆出击，成败顺其自然。

（四）自恋型人格障碍

【案例4】 小罗，女，大专毕业生，声称自己的智商上下300年无人能及，懂诗画，会弹琴，精通古汉语，9岁起博览群书，20岁达到顶峰，扬言"鲁迅的文章可读性和丰富性都比我差一些，300年之后，我的文章还会被人传阅，而鲁迅的不会"。她曾在地铁站发过成千上万份征婚传单，也曾在电视台情感类节目上公布自己的征婚条件，要求对方是身高1.76~1.83米的清华或北大硕士生，并且长相阳光帅气。

对自恋型人格障碍的诊断，目前尚无完全一致的标准。一般认为其有以下特征，只要出现其中的5条，即可诊断为自恋型人格。

①对批评的反应是愤怒、羞愧或感到耻辱（尽管不一定当即表露出来）；
②喜欢指使他人，要他人为自己服务；
③过分自高自大，对自己的才能夸大其词，希望受人特别关注；
④坚信他关注的问题是世上独有的，不能被某些特殊的人物了解；
⑤对无限的成功、权力、荣誉、美丽或理想爱情有非分的幻想；
⑥认为自己应享有他人没有的特权；
⑦渴望持久的关注与赞美；
⑧缺乏同情心；
⑨有很强的嫉妒心；
⑩亲密关系困难（婚姻关系、亲子关系等）。

根据DSM-4的定义，在社区样本（美国）中，自恋型人格障碍的患病率为0~6.2%，在被诊断为自恋型人格障碍的个体中，50%~75%是男性。对于自恋型人格障碍的治疗，一般可从以下方法入手。

1. 解除自我中心观

自我中心是自恋型人格的主要特征，而人生中最以自我为中心的阶段是婴儿时期。自恋型人格障碍患者的行为实际上退化到了婴儿期。因此，治疗自恋型人格障碍，必须了解那些婴儿化的行为。首先，通过罗列自己认为不讨人喜欢的人格特征和别人对你的批评，看看有多少婴儿期的成分。例如，渴望持久的关注与赞美，一旦不被注意便采用偏激的行为；喜欢指使别人；对别人的好东西垂涎欲滴；对别人的成功无比嫉妒等。然后，通过回忆自己的童年，你会发现以上人格特点在童年期便有其原型。例如，总是渴望得到父母的关注与赞美，每当父母忽视这一点时，便要无赖、捣蛋或做一些异想天开的动作以吸引父母的注意；童年时衣来伸手，饭来张口；总想占有一切，别的小朋友有的，自己也想有。当你明白了自己的行为是童年幼稚行为的翻版后，从以下方面努力可能对你有益。

①努力工作，以取得成绩来吸引别人的关注与赞美；
②不再做儿童，自己动手去做自己的事情；
③每个人都有属于自己的好东西，争取自己应得到的，不嫉妒别人应得的。

同时，还可以请一位亲近的人作为监督者，一旦再次出现自我中心的行为，便给予警告和提示，以督促及时改正。通过这些努力，自我中心观便会慢慢消除。

2. 学会爱别人

对于自恋型人格障碍的人来说，光抛弃自我中心观念还不够，必须学会去爱别人。艾里希·弗洛姆在《爱的艺术》中指出，幼儿的爱遵循"我爱因为我被爱"的原则；成人的爱遵循"我被爱因为我爱"的原则；不成熟的爱认为"我爱你因为我需要你"；成熟的爱认为"我需要你因为我爱你"。自恋型的爱就像是幼儿的爱，是不成熟的爱，要努力加以改正。

生活中最简单的爱的行为便是关心别人，尤其是当别人需要帮助的时候。当朋友生病时及时送上一句问候，朋友会真诚地感激你；当别人在经济上有困难时，你力所能及地解囊相助，自然会得到别人的尊敬。只要你在生活中多一份对他人的关爱，自恋型人格障碍便自然会减轻。

除了以上讲到的4种人格障碍，比较常见的还有以下几种。

(1) 反社会型人格障碍

主要特征是：对他人情感淡漠，对挫折容忍度很低，抗压能力较差，冲动强烈，易激动，将世界分成好的和坏的两个极端；情绪爆发猛烈，很容易变得有暴力倾向，出现暴力行为；喜欢怪罪他人，认为自己总是对的；易冲动、易怒、不负责任、社会态度冷漠。

(2) 边缘型人格障碍

主要特征是：生活以不稳定为特征，其人际关系不稳定，行为模式不稳定，情绪也不稳定，甚至自我意象也不稳定；人际关系通常很紧张，比较情绪化，甚至有暴力倾向，十分害怕被遗弃；对自我的认识也时常变换，情绪强烈，经常自我伤害。

(3) 表演型人格障碍

主要特征是：过度寻求关注和情绪化（突出特点），往往举止轻浮，情绪过于戏剧化，喜欢成为被关注的焦点，装腔作势，常常夸张地表达自己的观点，具有自我暗示性，缺乏自我克制。

(4) 焦虑型（回避型）人格障碍

主要特征是：常常充满紧张和焦虑的感觉；没有安全感和价值感；对他人的批评和拒绝极度恐惧，甚至因此限制自己的社交活动；自尊水平通常很低。

》任务四 培育大学生良好的人格魅力《

人格是相对稳定且可塑的。大学生既可以积极自觉地培养良好的人格品质，也可以改变不良的人格品质。遗传和成长经历会对个体的人格产生较大的影响，但是马丁·塞利格曼指出，"我们并不是自己过去历史的奴隶"。大学生塑造健康人格可以从以下几方面努力。

扫码观看"人格魅力的塑造"视频

一、树立正确的人生观

人生观是个体对人生的目的、意义和道路的根本看法与态度，包括幸福观、生死观、荣辱观、恋爱观等。在人的一生中，人生观始终是行动的最高指挥者和调节者。有什么样的人生观，就给予人什么样的言行。个体一旦形成正确的人生观，就会有明确的方向、顽强的斗志，能动地认识和改造世界，其主观世界也会得到改造。当我们明白了做人的道理，就能客观地对人、对事、对己，心理反应适度，人格因素也会健康发展。

二、学会自我调适

要塑造健康人格，必须掌握一些自我调适的方法，主要有自我分析、自我评价、自我教育。自我分析，即分析自己的人格结构的优势和不足，分析要做到客观，恰到好处，保持一种比较合乎实际的水平。自我评价，即客观地评价自己的人格和行为表现，做到有自知之明。自我教育，即经常反思自己的思想、行为，总结优点，发现缺点，要经常自我提醒、自我警戒、自我约束，有意识地进行自我磨炼，锻炼意志品质。

三、提高文化素质

培根说："读史使人明智，读诗使人灵秀，数学使人周密，科学使人深刻，伦理使人庄重，逻辑修辞学使人善辩，凡有所学，皆成性格。"荣格也有句名言："文化的最后成果是人格。"学习知识、增长智慧的过程也是塑造和优化人格的过程。事实上，不少人格缺陷是源于知识的贫乏。丰富的知识使人自信、坚强、谦恭和理智。科学文化的全面发展是人格健全发展的智力基础。可是，许多理工科大学生缺乏人文知识，文科学生缺乏科学技术基本素养，这不利于健全人格的培养，大学生需要有意识地弥补和修复这种偏差。

四、培养良好习惯

著名心理学家威廉·詹姆斯有一句这样的名言："播下一个行动，收获一种习惯；播下一种习惯，收获一种性格；播下一种性格，收获一种命运。"习惯的养成最终会成为个人人格的一部分。习惯的保持并不需要付出很多自制力，但习惯的养成却需要付出许多努力，因为人们极容易退回到原来的习惯中去。那么要如何养成新习惯呢？积极心理学家泰勒·本·沙哈尔认为，最好的做法是一旦确定了新习惯的内容之后，就不要再犹豫，马上开始行动。刚开始可能并不容易，但是在坚持21~30天后，一种新的习惯就可以固定下来，就好像早上刷牙那样自然。他还给我们列出了两种养成新习惯的方法，一是找准目标，集中精神去做。最主要的是坚定自己的信念，并不断预见积极的成果。这样才能让自己增加勇气，找到自信，并下定决心、充满动力地坚持到习惯固定下来。二是制订周密的计划，并坚决完成这些计划。这样做，便可以将自己的思想提高到一个新的水平。

五、加强人际沟通

通过人际沟通，个体可以获得一个深入认知自我的机会。交流应尽可能地扩大范围、层次、领域，为和谐的人格形成构建一个平台。因为拥有健康人格的人能面对现实，适应环境，能保持和谐的人际关系。在人与人的交往中，积极的态度多于消极的态度。在需要的满足中激发进取的力量和信心，发展自我价值感，这样，个体就会在交往中发展富有朝气、团结奋进的乐观品格。

健全人格的培养和塑造既是大学生成长发展的要求，也是时代的呼唤。但健全人格的培养不是一朝一夕的事情，需要坚持不懈的努力。同时，马丁·塞利格曼指出："有些改变可以受你控制，而有些不能。所以你最好先做好充分的准备，尽可能多地去了解哪些是你能够改变的，以及你该如何去实施这种改变……改变并不是一件容易的事，往往比我们预期的难得多。这里没有捷径可走，也没有绝妙的方法……有勇气改变你能改变的，平静地接受你改变不了的，智者能分辨出这两者的区别。生活是一个长期改变的过程。"著名的"皮格马利翁效应"故事里，少女的雕像最终在皮格马利翁的全部热情和希望中活起来，如果个体对自己有美好的期许，加上坚持不懈，就一定可以使自己的人格更加完善，展现迷人的魅力。

心理测试

【温馨提示】以下心理测试结果只供参考，不作为诊断结果。如有需要，请到相关医院做专业诊断。

测测你的中医五态人格

薛崇成和杨秋莉等基于《内经》阴阳理论，结合现代社会具体情况建立了五态人格测验表，被载入《心理学大辞典》。五态人格测验表是一种问卷式个性测验，其制定和临床应用，有力地促进了中医心理学的发展。

五态人格从特质论而言，分别代表人对事物反应的强度、灵活性、平衡性、持久性与趋进性等特征。各种人格类型的性格特征如表4-2所示。

表4-2 五态人格类型及性格特征

人格类型	性格特征
太阳型	不怕打击，刚毅勇敢，激昂，有进取心，敢坚持自己的观点，敢顶撞，傲慢，主观冲动，有野心，有魄力，任性，暴躁易怒
少阳型	好社交，善交际，开朗，敏捷乐观，机智，随和，动作多，漫不经心，喜欢谈笑，不愿静而愿动，做事不易坚持，轻浮易变

续上表

人格类型	性格特征
太阴型	外貌谦虚，内怀疑虑，考虑多，悲观失望，胆小，优柔寡断，与人保持一定距离，内省，孤独，不愿接触人，不喜欢兴奋的事，自私，先看他人之成败而定自己的动向，不肯带头行事
少阴型	冷淡沉静，心有沉思而不外露，善辨是非，能自制，警惕性高，做事有计划，不轻举妄动，谨慎，细心，耐受性好，有嫉妒心，柔弱
阴阳平和型	态度从容，有尊严而又谦谨，有品而不乱，喜怒不形于色，居处安静，不受物感，无私无畏，不患得患失，不沾沾自喜，能顺应事物发展规律，有高度平衡能力

五态人格测验表如表4-3所示，共有103个条目，依序编号为1~103，请你阅读后想一想，是否符合自己的情况，若符合，在"是"字旁边的括号内打"√"；若不符合，在"否"字旁边的括号内打"√"。

表4-3　五态人格测验表

序号	项目	回答
1	凡是我认为正确的事情，我都要坚持	是（　）否（　）
2	我对日常生活中感兴趣的事太多了	是（　）否（　）
3	人家对我特别好时，我常疑心他们另有目的	是（　）否（　）
4	好像我周围的人都不怎么了解我	是（　）否（　）
5	不管别人对我有什么看法，我都不在乎	是（　）否（　）
6	我与周围的人都合得来	是（　）否（　）
7	我说话做事很有分寸	是（　）否（　）
8	我遇事镇静，不容易激动	是（　）否（　）
9	我时常感到悲观失望	是（　）否（　）
10	我读报纸时，对我所关心的事情看得详细些，有的我只看标题	是（　）否（　）
11	在排队的时候，有人插队，我就向他提意见，甚至不惜与他争吵一番	是（　）否（　）
12	我喜欢人多热闹的场合	是（　）否（　）
13	我认为对任何人都不要太相信，这样比较安全	是（　）否（　）
14	我喜欢独自一人	是（　）否（　）
15	我自信心很强	是（　）否（　）
16	我经常是愉快的，很少忧虑	是（　）否（　）
17	我说话做事不快不慢、从容不迫	是（　）否（　）
18	我不爱流露我的情感	是（　）否（　）
19	我优柔寡断，不能当机立断，所以错失了许多机会	是（　）否（　）
20	有时我也找关系买东西，但次数不多	是（　）否（　）

续上表

序号	项目	回答
21	我的朋友说我是急性子	是（ ）否（ ）
22	我对任何事情都抱乐观态度，对困难并不忧心忡忡	是（ ）否（ ）
23	我性情不急躁，也不疲沓	是（ ）否（ ）
24	当我要发火的时候，我总尽力克制下来	是（ ）否（ ）
25	我缺乏自信心	是（ ）否（ ）
26	我认为毫不动摇地维护自己的观点是必要的	是（ ）否（ ）
27	对不同种类的游戏和娱乐，我都喜欢	是（ ）否（ ）
28	我认为对人不能过于热情	是（ ）否（ ）
29	我不愿意同人讲话，即使他先开口，我也只应付一下	是（ ）否（ ）
30	有时我也说一两句违心的话	是（ ）否（ ）
31	我不轻率做决定，一旦作出决定后，也不轻易更改	是（ ）否（ ）
32	我的爱好很广，但我并不长期坚持某一项目	是（ ）否（ ）
33	我处理问题，必定反复考虑其正反两方面	是（ ）否（ ）
34	我的态度从容、举止安详	是（ ）否（ ）
35	就算在人多热闹的场合，我也感到孤独，或者提不起兴趣	是（ ）否（ ）
36	照我的意见做事，即使失败了，我也并不追悔	是（ ）否（ ）
37	在公共场所，我不怕生人，常跟生人交谈	是（ ）否（ ）
38	我不愿针对别人的行为表示强烈的反对或同意	是（ ）否（ ）
39	我不喜欢交际，总避开人多的地方	是（ ）否（ ）
40	我认为一个人应具有不屈不挠的精神	是（ ）否（ ）
41	我容易对一件事作出决定	是（ ）否（ ）
42	我很拘谨，我认为我不能随随便便	是（ ）否（ ）
43	我常感到自己什么都不行	是（ ）否（ ）
44	太忙时，我就有些急躁	是（ ）否（ ）
45	不管碰到什么困难，我也要争取完成	是（ ）否（ ）
46	有人夸奖我时，我就感到洋洋得意	是（ ）否（ ）
47	我不容易生气	是（ ）否（ ）
48	我性情温和，不愿与人争吵，也不与人深交	是（ ）否（ ）
49	我常担心会发生不幸事件	是（ ）否（ ）
50	我爱打抱不平	是（ ）否（ ）
51	我活泼热情，主动交朋友	是（ ）否（ ）
52	我觉得做事要有耐心，急也没用	是（ ）否（ ）
53	我常常多愁善感，忧虑重重	是（ ）否（ ）
54	要说服我改变主意是不容易的	是（ ）否（ ）

续上表

序号	项目	回答
55	有人挑剔我工作中的毛病时，我就不积极了	是（ ） 否（ ）
56	我对朋友和同事并不都是一样喜欢，对有的人好些，对有的人则差些	是（ ） 否（ ）
57	我脚踏实地做事，但主动性不够	是（ ） 否（ ）
58	我的情绪时常波动	是（ ） 否（ ）
59	我总是昂首挺腰	是（ ） 否（ ）
60	在沉闷的场合，我能给大家添些生气，使气氛活跃起来	是（ ） 否（ ）
61	我处理问题不偏不倚，所以很少出错误	是（ ） 否（ ）
62	我的朋友们说我稳健	是（ ） 否（ ）
63	我没有什么爱好，兴趣很窄	是（ ） 否（ ）
64	有人挑剔我的工作时，我必定与他争论一番	是（ ） 否（ ）
65	我常争取机会到外地观光访问	是（ ） 否（ ）
66	我说话做事不求快，慢腾腾的，有条有理	是（ ） 否（ ）
67	我有时无缘无故地感到不安	是（ ） 否（ ）
68	压是压不服我的，口服都不容易，更不用说服	是（ ） 否（ ）
69	我说话时常指手画脚	是（ ） 否（ ）
70	出风头的事，我不想干	是（ ） 否（ ）
71	我宁愿一个人待在家里也不想出去访朋会友	是（ ） 否（ ）
72	我认为人多少都有点自私心，我自己也不例外	是（ ） 否（ ）
73	我想做的事，说干就干，恨不得立即做成	是（ ） 否（ ）
74	人少时我就感到寂寞	是（ ） 否（ ）
75	我常悠闲自得	是（ ） 否（ ）
76	我不轻易改变观点，但我却不为此与人争辩	是（ ） 否（ ）
77	我容易疲倦，且无精打采	是（ ） 否（ ）
78	我不怕打击	是（ ） 否（ ）
79	我认为不需要谨小慎微，不要过于注意小节	是（ ） 否（ ）
80	我对人处世都比较有节制	是（ ） 否（ ）
81	我对什么事都无所谓	是（ ） 否（ ）
82	别人说我开朗随和	是（ ） 否（ ）
83	我从不冒险	是（ ） 否（ ）
84	人家说我对人冷淡，缺乏热情	是（ ） 否（ ）
85	我对人对事既热情又冷静	是（ ） 否（ ）
86	朋友们说我办事有魄力，敢顶撞	是（ ） 否（ ）
87	我不拘谨，往往有些粗心	是（ ） 否（ ）
88	我的举止言行都很稳重	是（ ） 否（ ）

续上表

序号	项目	回答
89	我不想大有作为而得过且过	是（ ）否（ ）
90	我有时完不成当天的工作而拖到第二天	是（ ）否（ ）
91	我处理事情快、果断，但不老练	是（ ）否（ ）
92	我对人总是有礼貌且谦让	是（ ）否（ ）
93	我宁愿依靠他人，而不愿自立门面	是（ ）否（ ）
94	我的态度往往是和悦而严肃的	是（ ）否（ ）
95	假如人们说我主观，我不以为然	是（ ）否（ ）
96	我对事物的反应很快，从这件事一下就联系到别的事上了	是（ ）否（ ）
97	我觉得察言观色而后行事是必要的	是（ ）否（ ）
98	我时常生闷气	是（ ）否（ ）
99	无论是高兴还是不高兴的事，我都坦然处之	是（ ）否（ ）
100	我自信我的理想若能实现，就可以做出成绩	是（ ）否（ ）
101	我喜欢说笑话和谈论有趣的事	是（ ）否（ ）
102	我认为一个人一辈子很难不说一两次谎话	是（ ）否（ ）
103	我常沉思默想，有时想得脱离现实	是（ ）否（ ）

所有条目都以答"是"者计分，每题计1分，答"否"者不计分。测试完后，按表4-4的分量表计各分量表的得分。各分量表之最高分，即为它们的条目数，很少有人得满分或零分。凡卷中未答条目超过5个，即作废，不超过此数的未答条目，按"否"计，不计分。同一条目既答"是"又答"否"者，以未答计，不计分。以下为各分量表条目序号：

表4-4 各分量表条目序号

类型	条目序号
太阳型（Tya）	1、5、11、15、21、26、31、36、40、45、50、54、59、64、68、73、78、86、95、100
少阳型（Sya）	2、6、12、16、22、27、32、37、41、46、51、55、60、65、69、74、79、82、87、91、96、101
太阴型（Tyi）	4、9、14、19、25、29、35、39、43、49、53、58、63、67、71、77、81、84、89、93、98、103
少阴型（Syi）	3、8、13、18、24、28、34、38、42、48、52、57、62、66、70、76、80、83、88、92、97
阴阳平和型（Yy）	7、17、23、33、47、61、75、85、94、99
掩饰型（L）	10、20、30、44、56、72、90、102

某一分量表得分高低，表示受试者该维度性格的特点，也反映受试者反应之强度、灵活性、平衡性、持久性与趋近性等。如太阳型得分高表示反应强度大，低则小；少阳型得分高为灵活性好，反之则差；阴阳平和型得分高为平衡性好，反之则差；少阴型得分高为持久性好，反之则差；太阴型得分高为趋近性差，反之则较好。太阳型与太阴型两者得分同时都突出时，要考虑受试者的性格不稳定，但在测验表中未列为一型而已。掩饰分高，表示受试者无虚假、无掩饰，说明受试者朴实。低分则要考虑答卷的可靠性。

一个人的基本人格类型是相对稳定的，即使因为现实生活的种种原因，基本人格形态中有某部分可能被隐藏或调整，却不会真正改变。同时某一类型的典型描述也不一定全然符合某一个人。每一个人的成长环境都是独一无二的，所以同类型的人之间可能有许多共同点，但也会拥有一些属于自己最特殊的品质。事实上，每一类型都有其优缺点，没有哪个比较好、哪个比较差的绝对价值观。而且需要说明的是，这只是一个供参考的结论，更精确的判断还需要在深入了解后获得。

心理训练

【温馨提示】在本项目心理训练活动中，请注意以下4点：

（1）鼓励尊重和谨慎，在讨论敏感话题时注意自我暴露的"度"，并保护彼此的个人隐私；

（2）鼓励开放、尊重和包容，对组员不作批判和评价；

（3）鼓励互助，提倡组员相互支持和分享彼此的经验；

（4）在讨论过程中，如感觉不适可及时向老师提出，有需要可到心理咨询中心求助。

活动1 我也很棒

一、活动目的

帮助学生了解消极自我标签的危害，帮助学生改变，撕掉自身的消极自我标签；使学生学会在日常生活中给自己贴积极自我标签的方法，能够树立积极的自我意识，学会积极的自我评价方式。

二、活动准备

（1）分组：约5人/组。

（2）道具：每人2张A4纸，1支铅笔或水性笔，1个空纸盒。

三、活动步骤

1. 心理实验导入

心理学家曾做过这样一个实验：用一块透明挡板把一个大水箱隔开，两边分别放入一条饥饿的鳄鱼和一群鲜活的小鱼。鳄鱼立即向小鱼猛冲过去，结果未能如愿。它不甘心，重新发动攻击，但仍然撞在挡板上，反复攻击后，鳄鱼撞得头破血流，彻底绝望，于是不再白费力气，躺在水中一动不动。这时，心理学家将挡板撤掉，小鱼在鳄鱼眼前游来游去，可鳄鱼麻木迟钝到极点，对此无动于衷，最后被活活饿死。这个实验验证了20世纪心理学家最重要的发现之一——自我意象。

人们通过不断的心理暗示和潜意识作用，在自我认识过程中给自己贴上了类似"成功"或"失败"的标签。心理学家普遍认为，这些标签会直接影响一个人的成败。"心里一旦给自己贴上某种'标签'，就会按照'标签'所标定的意象去塑造自己，使自己某方面的情绪和行为不断得到强化。"

2．我的自我标签

请同学们想一想：自己身上贴得最牢固的标签是什么？为自己写下一个标签，来描述你是一个什么样的人。比如，我是一个自卑的人，我是一个很勤奋的人，我是一个爱发火的人，等等。将同学们的标签收集上来。

3．认识自我标签

随机选取同学们的自我标签与全班同学分享（不公布学生姓名），并对标签进行如下分类：①积极的自我标签："我自信""我勇敢""我积极进取"等。②消极的自我标签："我自卑""我胆小""我害羞""我不行"等。

接下来给同学们分享两个小故事。

【故事一】爱画画的小A

中学生小A很爱画画，但有一天老师说他画得不好，没有画画的天赋，于是他对自己没有了信心，放弃了画画。别人问他为什么，他说："我画得不好。"后来，再有人问他，他就说："我向来就画不好。"

【故事二】标签效应

第二次世界大战期间，美国心理学家在招募的一批行为不良、纪律散漫、不听指挥的新士兵中做了如下实验：让他们每人每月向家人写一封信，说自己在前线如何遵守纪律、听从指挥、奋勇杀敌、立功受奖等内容。

结果，半年后这些士兵发生了很大的变化，他们真的像信上所说的那样去努力了。这种现象在心理学上被称为"标签效应"。

4．全班交流——标签与我的故事

请个别同学发言，讲述自己与标签的故事。教师总结消极标签对人的影响。

5．撕掉消极自我标签

示范："我是一个一般的人——其实每个人都是平凡的，平凡的我可以有自己独特的生活，让自己做一个快乐的人！"

以小组为单位开展活动，请同学们撕掉消极的自我标签，有需要的话，可以请组员帮忙。

6．为你我贴上积极的自我标签

（1）小组内互相贴上积极标签（要求实事求是）；

（2）给自己贴积极标签；

（3）与同学们分享，大声念出自己的积极标签。

7．教师总结

提供一些贴积极自我标签的方法。

活动 2　自我成长分析

一、活动目的

帮助学生分析自己的个性，以及了解自己个性的形成。学会积极客观地看待自己，并强化优化人格的信心。

二、活动准备

每人 2 张 A4 纸和笔。

三、活动步骤

回想过去的岁月中，对你影响最大的 10 件事是什么？试着从积极的角度去分析每件事对你的性格形成有什么影响。

四、分享与升华

（1）请同学代表分享活动感受。

（2）教师对活动进行总结和点评，注意从积极心理学的角度引导学生思考，培育学生的积极心理素养。

艾森克人格理论

汉斯·艾森克（Hans Eysenck）是一位在德国出生的英国心理学家，他的工作主要集中在人格和智力的研究上。艾森克认为，人格可以通过几个维度来科学地描述和预测，这些维度受到遗传因素的强烈影响。他的人格理论中最核心的部分是三个主要的人格维度：外向性与内向性（extraversion-introversion）、神经质（neuroticism-stability）、精神质（psychoticism）。

外向性与内向性：外向性（extraversion）特征包括社交性、活跃、乐观、冒险和求刺激；内向性（introversion）特征包括沉默寡言、谨慎、认真和被动。艾森克认为这个维度反映了大脑的唤醒水平；外向型人格的人需要更多的刺激来保持他们的大脑唤醒状态，而内向型人格的人则因为他们的大脑较易唤醒，所以避免额外的社交和刺激活动。

神经质：神经质（neuroticism）特征表现为情绪不稳定、易焦虑、容易感到不满和经常体验负面情绪；稳定型人格（stability）则表现为情绪稳定、冷静、抗压性强。这个维度反映了个体在面对压力时的情绪反应和情绪稳定性。

精神质：高精神质的个体可能更孤僻、敌对、不友善，甚至有反社会行为。这个维度与个体对社会规范的遵从程度及冲动控制相关联。

艾森克的人格理论为理解人格提供了一个清晰的生物学和心理学框架，尽管它在学术界有一定的争议，但无疑对后续的人格研究产生了重要影响。

人格究竟会不会遗传？

美貌、攻击性、紧张、沮丧、智力等特质都是遗传得来的，但如果你找不到隐藏在人格特质后的基因的话，你又怎么知道它是遗传的还是习得的？其实这个看似头疼的问题却有一个简单得不能再简单的解决方法：研究双生子和被领养的孩子。

同卵双生子在基因上几乎完全相同，异卵双生子有一半的基因相同。异卵双生子基因的相似程度就和亲生的兄弟姐妹差不多。当同卵双生子在某些人格特质上比异卵双生子更相似时，这种特质就是遗传来的。

对眼睛的颜色来说的确如此，但对于较复杂的特质，如唱歌、舞蹈、文学能力又是怎样呢？这些能力可能来自遗传，还有可能来自后天的教养。我们都知道同卵双生子的教养方式会更相似：父母给他们穿同样的衣服，让他们睡同一间房，上同样的课等。但在不同家庭环境中分开教养的、有着同样基因的同卵双生子，如果他们的人格特质相似的话，那肯定就是遗传，而不是环境的原因了。对于在不同家庭长大的同卵双生子进行的研究，可能是最能回答我们这个问题的方法了。

托尼和罗杰还在襁褓中时就被领养了。托尼生长在费城一个温暖的意大利工人家庭。罗杰在佛罗里达州长大，父母都是受过高等教育的犹太人。托尼是个推销员，在各地跑推销。有一天，当他在新泽西州的一家餐厅吃饭时，有一位女士跑过来用非常肯定的语气对他说："罗杰，你好吗？你很久没给我打电话了。"当他最终说服这位女士他不是罗杰，也从没听过这个名字时，他的好奇心被引发了。他大费周折地找到了罗杰。当他们核对了生日后，才知道他们是双胞胎兄弟。

这种相似性令人吃惊。当然他们外表看起来很像，声音听起来也像，智商差不多。他们用同一种牙膏，从小学起就都是无神论者，学业成绩也一样。他们都抽同一品牌的香烟，都用同一品牌的须后水。他们加入同一个政党，有着相似的工作，喜欢相同类型的女人。在接下来的一次生日宴会中，他们互送了礼物，结果是一模一样的毛衣和领带。

对于科学家来说，遗传率程度和遗传的人格特质范围比趣闻轶事更令人印象深刻。下列就是那些与分开抚养的同卵双生子非常相关，而与异卵双生子不那么相关的特质：智商、心智速度、感受速度及准确性、幸福感、自我接纳、饮酒及滥用药物、专制、工作满意度、择业就业、笃信宗教、传统主义、冒险精神、犯罪行为、神经过敏症、看电视次数及程度、愉快（积极情感作用）、沮丧（消极情感作用）、自我控制、支配欲、外倾性。

过去的研究表明，人格是能够遗传的，人格特质的可遗传程度大致为 0.50（除了智商是 0.75 外）。

（摘自马丁·塞利格曼《认识自己，接纳自己》）

性格就是命运

古希腊哲学家赫拉克利特说："一个人的性格就是他的命运。"这句话包含以下两层意思：

第一，对于每一个人来说，性格是与生俱来、伴随终身的，永远不可摆脱，如同不可摆脱命运一样。

第二，性格决定了一个人在此生此世的命运。

那么，能否由此得出结论：一个人命运的好坏是由天赋性格的好坏决定的呢？答案是不能，因为天性无所谓好坏，由之决定的命运也无所谓好坏。明确了这一点，可知赫拉克利特名言的真正含义是：一个人应该认清自己的天性，过最适合于他天性的生活，对他而言这就是最好的生活。

一个灵魂在天外游荡，有一天他投进了一个凡胎。他从懵懂无知开始，似乎完全忘记了自己的本来面目。但是，随着年岁和经历的增加，那天赋的性质渐渐显露，使他不自觉地对生活有了一种基本的态度。在一定意义上，"认识你自己"就是要认识附着在凡胎上的这个灵魂，一旦认识了，过去的一切都有了解释，未来的一切都有了方向。

赫拉克利特的名言常被翻译成："一个人的性格就是他的守护神。"的确，一个人一旦认清了自己的天性，知道自己究竟是什么人，他也就知道自己究竟要什么了，如同有神守护一样，不会在喧闹的人世间迷失方向。

学习评价

项目	课堂评价标准	自我评分					小组互评				
学习态度	自觉按要求完成学习任务	5	4	3	2	1	5	4	3	2	1
	上课认真，课堂互动活跃	5	4	3	2	1	5	4	3	2	1
	在小组活动中具有团队合作精神	5	4	3	2	1	5	4	3	2	1
活动表现	服从活动安排，积极参与	5	4	3	2	1	5	4	3	2	1
	大胆发表个人观点，思路清晰，表达流畅	5	4	3	2	1	5	4	3	2	1
	乐于回应同学发言，分享有用资源	5	4	3	2	1	5	4	3	2	1
知识掌握	综合人格理论与中医五态人格测试结果，讨论这些理论和工具如何改善个人成长和人际关系。请用一个具体例子来说明。(70分) 【答案填写】 _____ _____ _____ _____ _____ _____ _____ _____ _____ _____										
合计得分											
加权总分 （自我评分×50% + 小组互评×50%）											

项目五　学会学习　受益终身

——大学生学习心理

深学践悟

如果我们不努力提高各方面的知识素养，不自觉学习各种科学文化知识，不主动加快知识更新、优化知识结构、拓宽眼界和视野，那就难以增强本领，也就没有办法赢得主动、赢得优势、赢得未来。

——2013年3月习近平在中央党校建校80周年庆祝大会暨2013年春季学期开学典礼上的讲话

学习目标

- 知识目标：了解大学学习活动的基本特点与学习心理特点，了解大学生常见学习心理障碍的表现及成因。
- 技能目标：掌握调适学习心理障碍的方法，培养良好的学习心理状态。
- 自我认识目标：了解自身的学习心理特点，探索有针对性的学习状态优化方法。

学习导图

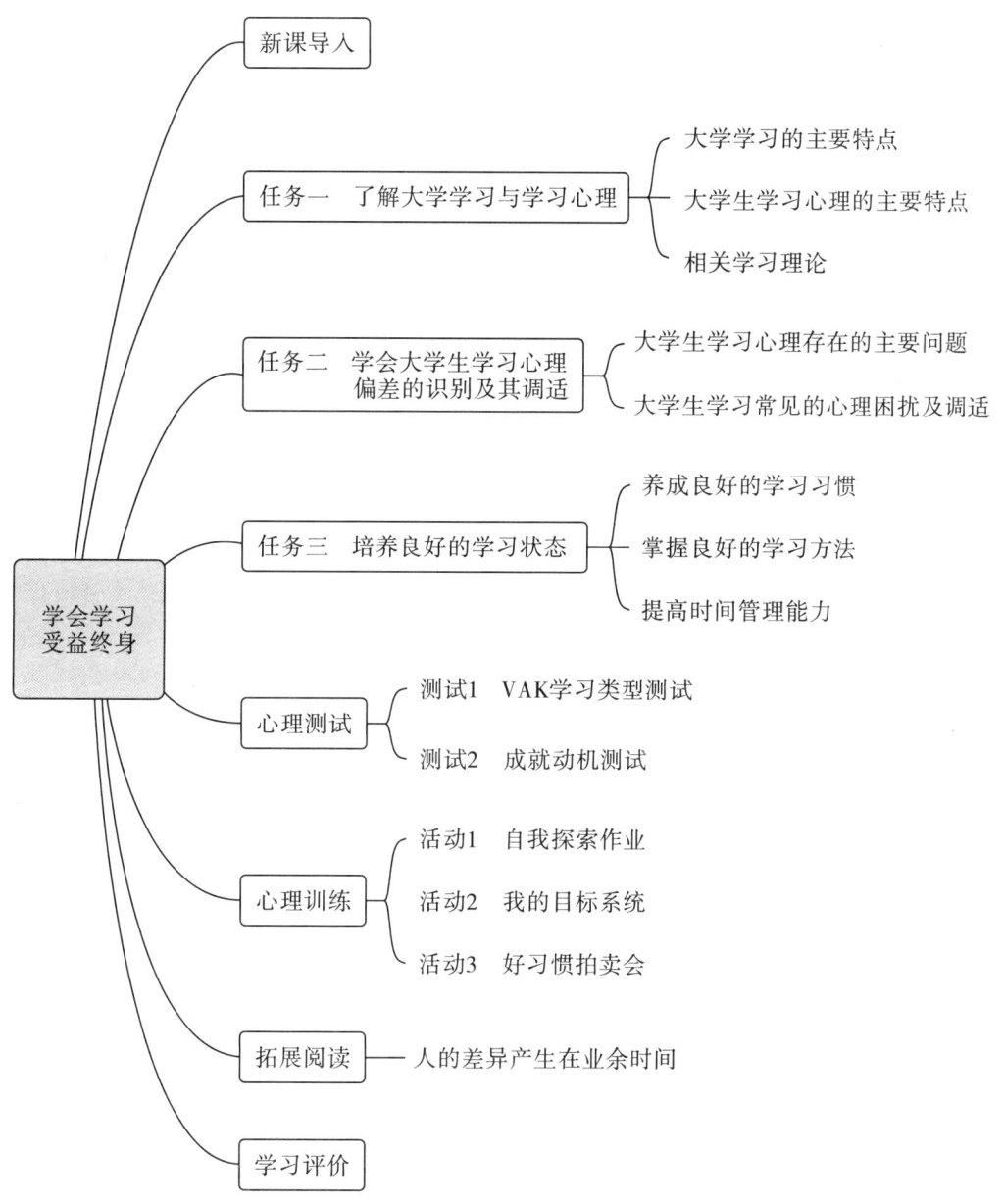

# 新课导入

DM 的故事

　　DM 是个男生，小时候无忧无虑，每天充满了惊奇与兴奋。不过，从 6 岁上小学开始，父母和老师就经常提醒他，上学就是为了取得好成绩，这样才能有好的未来。从来没有人告诉他，上学本身是一件很快乐的事情。

　　由于害怕作业做不好、考试考不好，DM 极其焦虑。下课和放学是他每天的盼望，每年的寒暑假是他的精神寄托。因为只有那时，他才不用为了功课和分数烦恼。

　　DM 逐渐接受大人的价值观——成绩是成功的唯一标准。虽然他不喜欢上学，但还是努力学习。当取得优秀成绩时，父母和老师会表扬他，同学们会羡慕他。升入高中后，DM 更加相信只有牺牲现在的快乐，才能换取未来的幸福；没有痛苦，就没有收获。虽然对学业和校园活动并无好感，但他还是全力以赴，荣耀的光环推动着他。当压力大到无法忍受时，他会安慰自己："考上大学后，一切都会变好的。"收到大学录取通知书时，DM 激动得落泪了。那一刻，他郑重地告诉自己，终于可以享受幸福了。

　　然而，好景不长。没过几天，熟悉的焦虑感又卷土重来。他担心自己不能在与同学的竞争中取胜。周围都是优秀的学生，如果无法击败他们，将来怎么找到理想的工作呢？

　　他继续忙碌奔波。大学期间，他努力地为未来打造了一份漂亮的简历：优秀的成绩、社团主席、志愿者……当然，DM 或多或少也有开心的时候，特别是在完成一些艰难的任务之后。但这些快乐完全来自如释重负的感觉，它们并不持久，焦虑很快就会降临。

　　在大四那年的春天，他被一家著名的公司录用了。他再一次兴奋地告诉自己，终于可以享受生活了。但他很快发现这份每周工作 80 小时的高薪工作让他压力很大。他说服自己：小小的牺牲没关系，只有努力工作，职位才会稳固，才会更快地升职。像读大学时一样，他因为加薪、奖金或升职，偶尔会开心一下，但这些满足感同样很快就消退了。

　　在多年超负荷、超时长的努力工作之后，公司邀请他成为合伙人。他依稀记得当初曾认为，如果有一天可以成为合伙人的话，一定会非常幸福。但是，当这一天真正来临时，他没有感到丝毫的快乐。

　　更具讽刺意味的是，身边所有人都认定 DM 为成功的典型，朋友们把他视为偶像，教育小孩以他为榜样。但是，DM 却为可能和他拥有一样命运的孩子们感到悲哀，可除此之外还有什么更好的选择呢？他甚至不知道如何教育自己的孩子——难道告诉他们，在学校不用努力，不用上好的大学，不需要找好的工作？

　　由于无法在忙碌奔波中找到幸福，他开始酗酒、吸毒，麻醉自己，尝试只以快乐为目的的滥交。他尽可能延长假期，在阳光下一待就是几小时，享受着毫无目的的人生，再也不去担心明天的事情。起初他发现这样快乐极了，但很快他感到了厌倦与不快。

　　忙碌奔波的时候不快乐，尽情享乐的时候也不开心，DM 觉得找不到出路，他决定向命运投降，听天由命。但他的孩子们呢？教育他们为了成功放弃眼前的幸福吗？不行，忙碌奔波太痛苦了。教育他们为了快乐及时行乐吗？也不行，享乐主义只会带来空虚。DM 陷入了前所未有的痛苦中……

看完这个故事，回想一下，从 DM 身上你是否看到了很多人的影子？现代社会里，"卷"成了一个高频词。"不是我卷死别人，就是别人卷死我"成了这个时代的学习生活写照。终于到了大学阶段，学习也迎来了一个全新的开始——学习科目、教学环境、教学方式、学习任务都发生了巨大的变化，奖学金、插本、考研、考公被提上了日程，"卷吧？很累！""不卷吧？怕落后，甚至找不到工作。""卷"与"不卷"成了很多同学纠结的问题。有的同学开始气馁，难道这就是自己苦苦追求的大学生活吗？值得注意的是，从来就没有人规定，成功一定要以牺牲快乐为代价。很多人对学习、工作仍抱有极大的热情，并且完全自觉地投入其中，过得非常开心。那么，个体该如何调整心态、如何提高学习效果，积极主动地投入大学学习，为追求有意义的幸福人生奠定基础呢？

》任务一　了解大学学习与学习心理《

广义上的学习指的是通过主客观的相互作用，在主体头脑内部积累经验，构建心理结构，以积极适应环境的过程。因此，人的学习不是从学习文化知识开始的，而是从出生开始，学习如何适应环境、如何与外界建立联系等，由此一直活到老、学到老。学生的学习指的是狭义的学习，是在教师有目的、有计划的指导下，以语言为中介，学生积极主动地掌握知识、技能和形成高尚品德的过程。对大学生来讲，学习可以充实人生，促进成长，实现理想。

一、大学学习的主要特点

俗话说，知己知彼，百战不殆。从中学到大学，学习方式发生了巨大的变化，很多同学由于不了解大学学习的特点，久久未能很好地适应大学的学习。为了更好地适应大学学习生活，了解大学学习的特点是很有必要的，大学学习特点如图 5-1 所示。

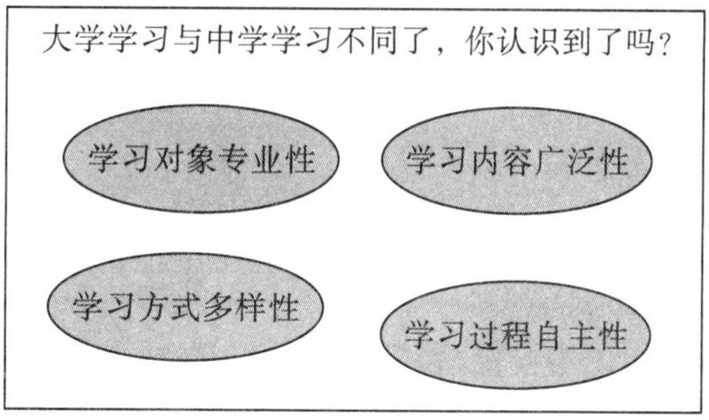

图 5-1　大学学习的特点

（一）专业性

大学阶段是一个人成为专业人才的关键阶段，这一阶段的学习有一个明显的特点是专业性强。中学学习的是基础文化知识，在此基础上，大学阶段的学习有了文科、理科、工科等分类，而且进一步区分了具体的学科和专业。一般来讲，本科的学习，一、二年级为专业学习打基础，三、四年级开始正式学习专业知识；高职高专的学习，一年级通常为专业基础学习，二、三年级为专业技能学习和实训。专业应用能力的掌握程度将直接影响大学生的学业成绩与未来的事业发展。

(二)广泛性

大学的学习同时注重个体的全面发展,合理的知识结构对人的发展非常重要。因此,在大学院校里,会出现必修课、限选课和选修课,以满足学生学习学科知识、人文知识的需要。学生可以根据自己的学科需求、个人兴趣爱好选择一些课程,最好能搭建既有广泛的知识基础又精通一门技术的"金字塔"形知识结构。

(三)多样性

大学的学习不限于课堂学习,还包括自修、选修、实习、实训、考察、调查、讲座、培训及各种各样的社团活动与校园文化活动。随着新媒体技术的发展,网络学习与交流占有越来越重要的位置。可以说,在大学校园里,只要你想学习,学习无处不在。

(四)自主性

进入大学之后,不管是在学习内容的选择上,还是学习时间的支配上,学生都有较大的自主性。学生可以在完成教学计划规定的课程学习的同时,根据自己的需要和兴趣,自主地选修或自修某些课程或其他学历。这里所讲的自主性,更重要的是,大学生学习需积极主动地完成以下三个转变:由教师指导下的学习向自主学习转变,由以接受型为主的学习向接受型与创造型相结合的学习转变;由以运用模仿性思维为主的学习向以运用创造性思维为主的学习转变(如图5-2)。只有在大学期间尽快实现这3个转变,才算真正掌握了大学的学习特点和规律,为以后的成功奠定较好的基础。

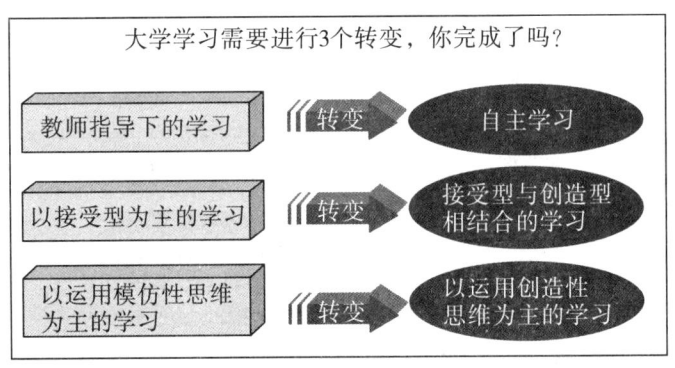

图5-2 大学学习的三个转变

二、大学生学习心理的主要特点

学习心理指学习的过程中人的心理反应、心理特点及其活动规律,是影响学习效率和学习效果的心理因素,包括两大类:一是智力因素,包括注意力、观察力、思维力、记忆力和解决问题的能力等;二是非智力因素,包括学习动机、学习兴趣、学习毅力、情绪管理能力等。如果说智力因素是反映一个人能不能干,那么非智力因素就是反映一个人愿不愿意干,尽多大的力气去干。心理学研究表明,智力测验所得的智商(IQ)只能解释学生学业成绩的35%~45%,其余部分则要由非智力因素的作用来说明,良好的非智力因素对学习起着决定性的作用。而且，经过激发的可能达到的活动能力水平是平常表现的活动能力水平的 1.6 倍。也就是说，充分激发影响学习的心理因素，可以达到事半功倍的效果。

与中学阶段相比，大学生的自主学习意识、学习动机和意义、学习智力和能力、学习评估能力等都有了较大发展，主要表现在以下几方面。

（一）自主学习意识日趋成熟

与中学阶段相比，很多大学生会更多地思考自己的人生规划，会为自己的发展去主动学习。同时，大学阶段的学习也需要学生在课后花大量的时间精力去自学消化，除课本的知识之外，还需要补充学习大量的文献资料。同时，知识型社会和学习型组织的发展也促使学生发展自主学习意识。因此，大学生的被动学习慢慢减弱，自主学习意识逐渐增强。

（二）学习动机和意义的发展达到核心层

大学生学习动机的发展规律一般是，随着年级的升高，被动学习动机逐渐减弱，以社会责任感为主导的学习动机增强，以职业定向为目标的专业性学习动机逐渐巩固和发展。学习的社会意义和人生意义越来越成为学习的深层动力。诚如《朱子家训》所言："读书志在圣贤，非徒科第。"从深层次来讲，学习的意义是为了完善自己，让我们变成一个有修养、有境界的人。学习也是大学生适应不断变化着的社会的一种手段。

（三）学习智力和能力发展达到最佳期

在智商方面，韦克斯勒（1981）对 7~65 岁不同人群进行标准化的智力测验。研究结果表明，22 岁左右是个体智力发展的最高峰。在观察力方面，大学生观察的目的性和计划性明显增强。在记忆力方面，20~25 岁是逻辑记忆力发展的最高峰，随后会逐渐下降；大学生的理解记忆能力也迅速发展，并占主导地位。在思维能力方面，思维的广阔性和深刻性有了迅速发展，对探究现象的本质及其原因有着浓厚的兴趣。大学生喜欢独立思考，并能对自己思考的结果进行理性的分析和检验。同时，随着专业学习的推进，大学生的专业性和职业性思维也逐渐形成和发展，创造性思维也得到了较大的发展。

（四）学习评估能力日益增强

大学生不再局限于以单一的考试成绩指标来评价自己的学习，而是可以通过多元评价，如考试、实训、学习汇报、成果展示等方式，对自己的学习结果和学习成效进行比较理性和全面的评估，并依据评估结果来调整学习的方式和内容，这些都是大学生学习心理成熟的重要标志。

三、相关学习理论

近百年来，教育学家和教育心理学家围绕着学习是如何发生的、有哪些规律、学习以怎样的方式进行等问题，从不同角度、运用不同的方式进行了各种研究，主要形成了四大流派学习理论。

(一)行为主义学习理论

行为主义学习理论，又称刺激-反应理论，认为一切学习都是通过条件作用，以刺激 S 和反应 R 之间建立直接联结的过程。"强化"在刺激-反应联结的建立中起着重要作用，在刺激-反应联结之中，个体学到的是习惯，而习惯是反复练习与强化的结果。习惯一旦形成，只要原来的或类似的刺激情境出现，习得的习惯反应就会自动出现。

1. 桑代克的三大学习定律

"教育心理学之父"桑代克提出，准备律、练习律和效果律对大学生的学习有一定的运用价值。准备律认为在学习活动之前先做好相应的学习准备，对掌握学习内容有帮助。练习律认为对于学习者已形成的某种联结，在实践中正确地重复会有效增强联结；另外，练习中的反馈也非常重要，简单机械的重复不会使学习进步，告诉学习者练习正确或错误的信息有利于学习者在学习中不断纠正自己的学习内容。效果律认为学习者学习某种知识以后，伴随着一种满足的状况，这种联结就会增强；反之，如果伴随的是一种使人感到厌烦的状况，这种联结就会减弱。

2. 斯金纳的强化作用与程序化教学

斯金纳通过实验观察发现，不同的强化方式会引发白鼠不同的行为反应，其中连续强化引发白鼠按动操纵杆的行为最易形成，但这种强化形成的行为反应也容易消退。而间隔强化比连续强化具有更持久的反应率和更低的消退率。经过强化的行为会趋向于重复发生。例如，当学生的某种行为后果受人称赞时，就增加了这种行为重复发生的可能性。即便表示"已注意到这种行为"的简单反馈，也能起到正强化的作用，但如果不予注意或不及时注意，这种行为重复发生的可能性就会减小以至消失。

斯金纳提出，程序化教学对大学生学习仍然适用，即"把教材内容细分成很多小单元，并按照这些单元的逻辑关系顺序排列起来，构成由易到难的许多层次或小步子，让学生循序渐进，依次进行学习"。及时的积极反馈对学习有重要作用。

3. 班杜拉的社会学习理论与自我效能

班杜拉（Albert Bandura）于 1952 年提出社会学习理论。他着眼于观察学习和自我调节在引发人的行为中的作用，重视人的行为和环境的相互作用。班杜拉认为自我调节是个人的内在强化过程。

班杜拉于 1977 年提出自我效能的概念。所谓自我效能，是指个体对自己在特定情境中，是否有能力去完成某个行为的期望。它包括结果预期和效能预期。结果预期是指个体对自己的某种行为可能导致什么样的结果的推测。如果人预测到某一特定行为将会导致特定的结果，那么这一行为就可能被激活和被选择。例如在考试前认为某个知识点必考，学生就会去复习这一知识点。效能预期是指个体对自己实施某行为的能力的主观判断。当人确信自己有能力进行某一活动时，他就会产生高度的自我效能感，并会去进行那一活动。

班杜拉等人认为自我效能感具有四种功能：①决定人们对活动的选择及对该活动的坚持性；②影响人们在困难面前的态度；③影响新行为的获得和习得行为的表现；④影

响活动时的情绪。即自我效能感影响着学生的学习行为、学习态度、学习目标和学习情感。谭华玉（2013）研究发现，大学生的职业自我效能感可以负向预测学习倦怠，职业自我效能感越高，学习倦怠程度越轻。还有研究表明，即使是能力较低的学生，如果他们有很强的职业自我效能，也会取得较好的成绩，在学业上能坚持更长的时间。

（二）认知学习理论

认知学习理论认为，学习是主动地在头脑内部构造认知结构；有机体当前的学习依赖于他原有的认知结构和当前的刺激情境，学习受主体的预期所引导。

1. 布鲁纳的认知结构学习理论

布鲁纳认为一切知识都是按编码系统排列和组织起来的，知识学习就是在头脑中形成知识结构。知识的学习包括三种几乎同时发生的过程，即新知识的获得、旧知识的改造、检查知识是否恰当。他认为，学习是一种主动的、积极的认知过程。学习过程受学生强烈的认知需求的驱使。学习的最佳方式是发现学习，即学生利用教材或教师提供的条件自己独立思考，自行发现教材的结构、结论和规律的学习。只有学生自己发现的知识才是真正属于他自己的东西。教学的目的不是要学生记住教师和教材上所陈述的内容，而是要培养学生发现知识的能力，培养学生卓越的智力。

2. 奥苏贝尔的接受－同化理论

该理论认为，在新知识的学习中，如果学习者的认知结构中没有适当的可利用的旧知识来同化新知识或者旧知识的利用性很低，那新知识就不能有效地被同化到认知结构中来，新旧知识的结合也不会牢固，新知识或新观念会很快被遗忘。因此，奥苏贝尔提倡有意义的接受学习。首先，寻找一个同化点，即先复习旧的相关知识；然后，建立相应的联系，即根据新旧知识的关系，将新知识纳入原来的认知结构中；接着，对新旧知识进行精细分化；最后，使新知识与其他相应的知识建立联系，达到融会贯通。

奥苏贝尔强调，学习动机即直接推动学生进行学习的内部动力，由认知驱力、自我提高驱力、附属驱力组成。认知驱力是意义学习中最重要的一种动机，它发端于学生好奇的倾向，以及探究、操作、理解和应付环境的心理倾向。自我提高驱力是通过自身努力，胜任一定的工作，取得一定的成就，从而赢得一定的社会地位的需要。附属驱力指个体为了保持获得长者或权威的赞许或认可，表现出来的一种把学习或工作做好的需要。对于学生来说，则是为了赢得家长或教师的认可、赞许而努力学习，取得好成绩的需要。

（三）建构主义学习理论

该理论是基于心理学家皮亚杰的发生认识论和心理学家维果茨基的文化历史理论发展而形成的旨在推动从教师为主转向学生为主的新型教学模式与方法。建构主义被誉为当代教育心理学的一场革命。

皮亚杰认为："认识既不发端于客体，也不发端于主体，而是发端于联系主体、客体相互作用的动作（活动）过程之中。"建构主义学习理论认为，知识不是对现实世界的准确表征，它只是一种解释，一种假设，它并不是问题的最终答案。学习不是由教师把知识简单地传递给学生，而是由学生自己建构知识的过程。教师是学习活动的帮助者和促进者。建构主义提倡以下几种学习方式。

（1）合作学习

每个人都以自己的方式建构对事物的理解，不存在唯一的理解标准。通过学习者的合作，使理解更加丰富和全面。这是小组学习的理论基础，大学生应好好利用小组学习，合作共赢。

（2）随机通达教学

对同一内容的学习要在不同时间多次进行，因为在各次学习的情境中会有互不重合的地方，而这将使学习者对概念知识获得新的理解。这就是所谓的"温故而知新"。

（3）探究学习

基于问题解决活动来建构知识的过程。通过不断地发现问题和解决问题，来学习与所探究的问题有关的知识，形成解决问题的技能以及自主学习的能力。

（四）人本主义学习观

人本主义的学习与教学观深刻地影响了世界范围内的教育改革。该理论强调以人为核心，尊重人的本性；认为人性本善，任何人在正常情况下都有着积极的、奋发向上的、自我肯定的无限的成长潜力。学习的目的和结果是使学生成为一个完善的人，一个充分起作用的人。学习的过程就是学生在一定条件下，自我挖掘其潜能，自我实现的过程。罗杰斯认为"只有学会如何学习和学会如何适应变化的人，只有意识到没有任何可靠的知识、只有寻求知识的过程才是可靠的人，才是真正有教养的人"；他更加强调学习过程应是有意义的自由学习，提倡建构学习内容与自我的关系，关注个人和知识点之间存在的联系，而不是简单地记忆知识，提倡从体验中学习，以发展和增强自我。

四个流派的学习观中，行为主义着眼于行为的改变，认知主义、建构主义着眼于知识的获得，人本主义则是着眼于人格的成长和价值的实现。综合来看，应以人本主义为基本理念，以行为主义、认知主义、建构主义为方式和方法，相互补充，共同促进学生的学习和发展。

任务二　学会大学生学习心理偏差的识别及其调适

社会在发展变化，知识在迭代更新，网络作为一种技术手段正在改变大学生的学习习惯与思维习惯。大学生正处于身心发展迈向成熟的时期，由他律转变为自律、由社会我进入心理我充分发展的关键时期。来自社会、学校、家庭的各种压力与自身成长的各种需求相互交织，使学生在学习过程中也可能出现一些心理问题和心理困扰。

一、大学生学习心理存在的主要问题

（一）价值取向多元，理性思考不足

借助新媒体平台，各种文化思想、政治观点汇聚博弈，对青春蓬勃、思想开放的

"灌浆期"大学生影响比较大，尤其是一些自由主义、个人主义思想。一些传统教育理念压抑了学生个性的发展和对自由自主向往的心理需求，在稀缺心态（scarcity mindset），即拥有的尊重和自由不能满足"需要"的感觉的作用下，学生容易否定原来所接受的文化和价值观，片面追求所谓的自由和价值，甚至社会制度。孙旭媛在"浅谈'00后'大学生心理特点及其心理健康教育工作模式突破"中谈到，"00后"大学生倾向于以"我"为核心进行判断，以"开心"为目标进行选择。"自己开心就好"一定程度上代表了他们的价值倾向，价值取向更加多元化，集体主义观念比较薄弱，实用主义和功利主义比较突出，如参加课外活动时，倾向于能给自己带来更多实际效益的事项，而较少考虑对学校和社会的影响。

（二）学习愿望强烈，知行难以统一

大学生是家庭的希望、社会的栋梁，集万千期望于一身。在认知层面，绝大部分学生都知道应把学习放首位。在大学生一年级的新生访谈中，很多高职院校新生都有比较强烈的插本愿望，本科院校新生有考研的计划。但在二、三年级的访谈中，很多同学都谈到受周围环境影响太大，自己不够自律，很难坚持备考。

（三）认知领域广阔，知识碎片化

新媒体时代，大学生只需动动手指，就可以获取跨越古今、涵盖中外、上至天文、下至地理的各种知识和资讯。深圳大学传播学院、传媒与文化发展研究中心的调查数据显示，68%的大学生获取信息首选搜索引擎。搜索引擎借助高度发达的新媒体技术，可以快速、精准地从海量信息中找出包含关键词的网页。但同时，其存在一些弊端。一方面，搜索引擎几乎都是基于商业利益驱动的，具体表现在呈现顺序和加工程度上。2023年3月28日，国家网信办就曾点名一些搜索引擎商业信息扎堆呈现、权威网站排序靠后等问题。另一方面，搜索引擎方通常以碎片化的方式简单罗列所获得的信息，这些信息甚至没有经过核实和加工处理。而半数学生在使用这些信息时，基本停留在复制粘贴的粗加工层面。

二、大学生学习常见的心理困扰及调适

（一）学习目标问题

在严峻的就业形势下，跨专业、跨行业就业的例子不胜枚举，这使学生普遍感觉到将来能否从事与专业相关的工作是一个未知数。再加上很多学生由于填报志愿时缺乏对专业的了解，或是完全按长辈的意见，或是被调配志愿而读了现在的专业，入学后发现对所读专业不感兴趣，或缺乏相应的专业学习基础，对专业产生厌倦或逃避的心理。有些学生没有明确的学习目标，没有长远的学习追求，学习动力不足，甚至不知道为什么读书。对于学习目标问题的调适，我们可以从以下两个方面考虑。

扫码观看"目标管理"视频（精品微课）

1. 认识目标清晰的重要性

曾经有心理学家做过这样的一个实验：

将一个班的学生随机分成3组，让他们分别前往10千米之外的村庄。

第一组学生既不知道村庄的名字，也不知道路程有多远，只告诉他们跟着向导走就行了。刚走出两三千米，就开始有人叫苦；走到一半的时候，有人几近愤怒，他们不停地抱怨为什么要走这么远，到底什么时候才能走到尽头，有人甚至坐在路边不愿走了；越往后，他们的情绪就越低落。

第二组学生知道村庄的名字和路程有多远，但路边没有里程碑，只能凭经验来估算时间和距离。走到一半的时候，大多数人想知道已经走了多远，比较有经验的人说："大概走了一半的路程。"于是，大家又继续往前走。当走到四分之三的时候，大家情绪开始低落，觉得疲惫不堪，而路程似乎还有很长。当有人说："快到了！快到了！"学生们才振作精神，加快了速度。

第三组学生不仅知道村庄的名字、路程，而且公路旁每一千米都有一块里程碑，他们边走边看里程碑，每缩短一千米大家便有一小阵的快乐。行进中，他们用歌声和笑声来消除疲劳，情绪一直很高涨，所以很快就到达了目的地。

心理学家得出这样的结论：当人们的行为有了明确的目标，并能把行动与目标不断加以对照，进而清楚地知道自己的行进速度与目标之间的距离，人们行动的动机就会得到维持和加强，就会自觉地克服一切困难，努力达到目标。同时，人生目标并不是一成不变的，需要根据实际情况不断调整。

2. 制定自己的目标系统

目标制定时，需要知己知彼，了解自己的优势和劣势、自己的职业倾向、所学专业可从事的工作，厘清主攻方向，继而制定出终极目标、总体目标、长期目标、中期目标、短期目标和日常目标（如图5-3）。也就是明确职业理想，按照总体目标，按阶段分解目标，一个一个目标去实现，获得成就感，增强自信心。

良好目标的制定可参考 SMART 原则，即具体的（specific）、可衡量的（measurable）、可达到的（attainable）、具有相关性的（relevant）、有时间限制的（time-bound）。就像以上实验，第三组学生的目标就符合该原则，学生可以把行动与目标不断加以对照，清楚地知道自己的行进速度与目标之间的距离，不断用歌声和笑声来强化自己的决心。

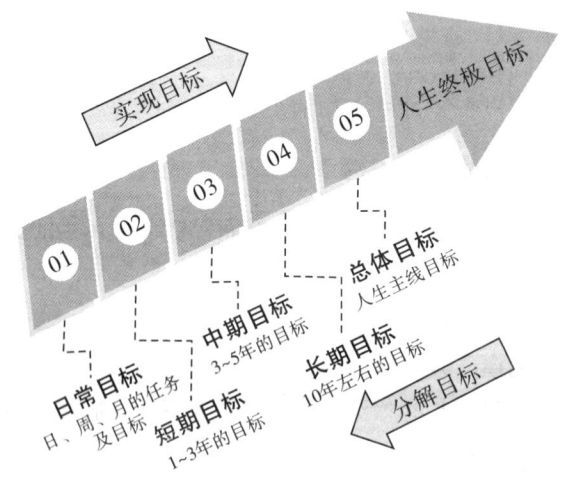

图5-3 人生目标分解示意图

方向明确，目标清晰，才能提供巨大的能量，含含糊糊只是一种敷衍。当然，由于种种原因，当前我们不一定有清晰的目标，那就先把手头的事情努力做好，不放弃、不懈怠，也许目标会渐行渐清晰。

（二）学习动机问题

学习动机是激发学习者开展和维持学习活动，并使学习行为朝向一定目标的一种内驱力。学习动机可以分为内因性动机和外因性动机，即内在动机和外在动机。内因性动机如好奇心、兴趣、自我实现、自尊心、好胜心、上进心、责任心、理想等。外因性动机如奖学金、荣誉、父母的奖励、考研、出国留学等。不同的学生有不同的学习动机，动机的重要性体现在学习者制定学习目标、选择学习方法和维持学习行为等方面，并最终体现在学习效果上。研究表明，内因性动机与外因性动机对大学生的学习都有重要意义，两者结合会起到更积极有效的作用。

一般来说，动机强度处于中等水平时，学习效率最高。动机太强，容易导致紧张、焦虑；动机太弱，则会导致学习积极性不够。根据耶克斯－多德森定律（如图5-4），学习效率会受动机水平与学习任务难度的影响。学习的内容越困难，动机水平越低，容易保持头脑冷静清晰。研究表明，学习动机是影响学习效果的最强因素之一。大学生学习动机不当的表现包括学习动机缺乏和学习动机过强。

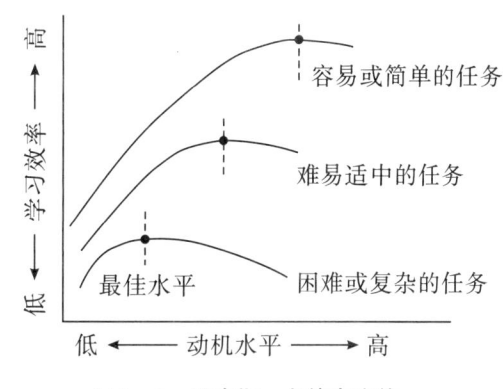

图5-4 耶克斯－多德森定律

1. 学习动机缺乏及其调适

【案例1】小李，男生，父母经商，家庭经济状况良好，从来没觉得自己缺少什么，也没有强烈地想要什么，生活平平淡淡，但就是觉得没劲，上课没精神，生活没意思，经常逃课玩电脑游戏。他说："我不是因为喜欢玩游戏而荒废学业，而是因为太无聊而玩游戏。"

这位学生的问题是典型的学习动机缺乏。当代大学生中，学习动机缺乏问题比较普遍和突出。主要表现在：逃避学习，不想听讲，即使上课也无精打采；课后少学为好，不学更妙；长期把精力放在玩手机、玩电子游戏、谈恋爱等活动上，无成就感，无抱负和期望，无求知上进的愿望。对于学习动机缺乏的调适，我们可以这样做：

（1）明确学习目标，做好学习计划

学习目标是学习的出发点和归宿，有明确的学习目标会使心理集中指向一处，使人有强大的内驱力，促使人变得积极向上。同时，制订清晰、具体可行的学习计划，个体与目标和计划结成"铁的联盟"，每天对照着学习计划进行学习，对于不合适的计划要及时调整。只有合适的计划才能持久地执行下去。

（2）体验成功感，获得学习强化

成功感，又称"成功体验"，是指一个人成功地完成某项活动任务时所产生的一种自我满足、积极愉快的情感。学习成功感可以激发学习的积极性、强化学习行为，使个体认识到自己的力量潜能,从而增强信心。消极的情绪体验则会降低学习效率和效果,如抑郁会降低人的活动力,使人对学习失去兴趣、注意力不能集中;过度紧张会引起思维混乱等。大学生可以在学习过程中创设成功的机会,在自身的进步中体验成功的喜悦,并从自身的变化中认识自己的能力。把大目标拆解成 n 个子目标,分小步走,遵照"跳一跳,摘桃子"的原则,一个一个达成,增加成功的体验,激励个体继续努力,逐步实现大目标,最终实现人生终极目标。

2. 学习动机过强及其调适

【案例2】小方,男生,来自贫困家庭,一直寄希望于读书改变命运。他的父母都是朴实的庄稼人,妹妹辍学打工供他上大学,小方默默下定决心以后要让他们过上好生活。但面对严峻的就业市场,名校毕业生都有去送外卖的,自己凭什么能找到满意的工作呢?他只能默默地努力完成心中的计划——好好学习,争取当上学生干部;必须要拿一等奖学金。可是,一等奖学金竞争很大,不管怎么努力,总有人的票数更高,总有人考得更好。他觉得压力很大,担心目标实现不了。

案例2中的这位同学走了另一个极端——学习动机太强。动机过强的同学太过专注于自己的抱负和外部的奖惩,实际上却阻碍了自己的学习。主要表现在:过于勤奋,对自己的要求严格而苛刻;不敢接受学习失败的现实,易产生挫败感。这类学生常常伴有学习焦虑和考试焦虑,反而影响了学习效果。对于学习动机过强的调适,我们可以这样做:

(1) 提高自我认识,调整学习期望

学习动机过强,往往是对自己估计太高、期望太高造成的。首先要正确认识自己,对自己的能力和局限有一个客观的评价,既不好高骛远,也不盲目攀比、操之过急。

(2) 制定科学的目标系统,脚踏实地前进

制定目标要切合自身的具体条件和实际情况,目标要清晰、具体,可操作性强。不能只有远大目标而没有近期目标,目标最好分阶段、分步骤、循序渐进,踏踏实实、一步一个脚印去实现。

(3) 关注学习本身,淡化外在评价

学习动机过强就会过分注重长辈、老师及同学的看法,过分注重学习的结果,患得患失,心理压力过大。这类同学要学会关注学习的过程和学习本身带来的乐趣,还有自身知识的增长和能力的提高,淡化名利得失。

(三) 学习兴趣问题

【案例3】小林,男生,来自农村家庭,当初报志愿的时候,不知道自己喜欢什么专业,听说计算机应用专业毕业以后好找工作,工资也高,就选择了计算机应用专业。但开始学习专业知识之后,他发现学习计算机和自己想象的几乎是两码事,编程和代码学不懂,也不明白为什么一定要学,对学习越来越没有兴趣,越来越烦躁,作业都是请同学帮忙做的,对未来感到很迷茫。

学习兴趣是一种强大的精神力量。爱因斯坦说过,只有兴趣和爱好才是最好的老师。

大教育家孔子则一言明之："知之者不如好之者，好之者不如乐之者。"学习兴趣和专业兴趣一旦形成，就成为积极探究知识奥秘或从事科学研究的意识倾向，从而使人产生学习的主动性、积极性和创造性，并乐不知疲、精力旺盛。但在高校里，像案例3中小林这样的学生不在少数。

关于学习兴趣丧失的原因，肖溢（2019）认为习得性无助会导致学生自卑厌学。一部分学生曾经努力过，也曾经挥洒过汗水，但无论怎么努力，仍然常常失败，很少甚至没有体验到成功的快乐。一次次的失败，导致他们对此做出了不正确的归因，认为自己能力不强，不擅长学习，因而主动地放弃了努力。也有另一部分学生同样努力过，也曾经取得过自认为尚可的成绩，但是往往不如他人，便逐渐丧失了自尊心，破罐子破摔。这便形成了"习得性无助"的学生群体，此类学生占很大的比重。对于学习兴趣问题的调适，我们可以这样做：

扫码观看"跟习得性无助说拜拜"视频（精品微课）

（1）认识到学习的长远意义

如学习对自己潜在的意义，是不是可以如人本主义学习理论所主张的，为了成为一个完善的人而学习，学会如何学习和学会适应变化，成为一个真正有教养的人。大学生学习最重要的意义不是掌握了多少知识，而是对思维能力的发展和各种素质的培养，并找到适合自己的学习方法。

（2）寻找自己的兴趣点

李开复说："如果你对一件事情没有反感，就可以慢慢培养兴趣。"可以看看自己的专业有没有你特别喜欢的领域，多做一些尝试；或者试试与本专业相关的跨学科领域，慢慢找到自己的兴趣。

（3）体验学习的积极情绪

当你全神贯注地投入当前的学习任务时，你会时常遗忘时间的运转轨迹以及周遭环境的知觉，那些与任务无关的念头就会被完全屏蔽。这种经由全神贯注所产生的心理体验，称为"心流"。心流被认为是一种最佳体验，可以使人体验学习带来的沉浸感、充实感、满足感、成功感、愉快感。研究表明，学习带来心流体验的频率高于饮食、美容、看电视和闲逛。

（四）学习自制力问题

有研究指出，自制力比智商和学术能力更能预测大学成绩；在30多个人格特质之中，自制力是唯一比运气更能预测大学生平均成绩的因素。在现实生活中，很多同学都曾经有过强烈的学习动机，也曾付诸行动，但通常不能长久维持。究其原因，与大学生缺乏自制力密切相关，尤其是在看不到、摸不着学习效果的情况下，要在电脑游戏、足球赛等众多诱惑前保持清醒的头脑，继续坚持，必须要依靠强大的自制力。

心理学家做了系列有关自制力的实验。实验一招募想让身体更健康但是没有定期运动的人，其中一些人立即免费加入一个健身房，并在实验人员的帮助下制订了定期运动的计划。这些人通过写日志来记录每次运动的情况。实验二招募想改进学习习惯的学生。

立即得到帮助的那组人，在实验人员的帮助下确定了长期目标和总任务，并把长期目标分解成分期目标，把总任务分解成小任务。他们的学习计划还要配合他们生活的其他方面（例如兼职）。在执行计划的过程中，他们写日志来监控进展。实验三招募想改进理财习惯的人。在实验人员的帮助下，他们制订预算并计划用什么方法存下更多的钱。除了记账，他们还写日志记录他们的感受和想花钱又不能花钱的挣扎——如何强迫自己待在家里以回避商店橱窗的诱惑，或者如何强迫自己牺牲度假来省钱，或者推迟原来定期进行的购物。

在所有实验中，被试者不时来实验室做一个看起来与自我改进项目没有关系的练习。在这个练习中，被试者必须看着电视屏幕，屏幕上有6个黑色方块，其中3个方块会闪耀很短一段时间，然后所有方块会在屏幕上滑动，随机改变位置。5秒钟后，被试者必须用鼠标指出哪些方块是最初闪耀过的方块。这样，要想取得好的成绩，就必须用心记下应该盯紧哪些方块。让这个练习变得更难的是，其间附近有台电视在播放艾迪·墨菲的单人滑稽喜剧表演（不时传出观众的笑声）。如果被试者去看表演或者太过专注地听艾迪·墨菲的笑话，就盯不住方块。为了获得高分，被试者必须忽略笑话和笑声，把注意力集中在枯燥的方块上。这个练习绝对需要自制力。每次来实验室，被试者都要做两次这样的练习。第一次在一到实验室还很精神的时候做，第二次在稍后消耗了意志力之后做。所有这些实验的结果基本上呈现出一样的模式。

时间一周周地过去，那些定期在健身、学习、理财中训练自制力的人，越来越擅长忽略艾迪·墨菲的喜剧表演而跟踪移动的方块。特别的是，最主要的改进体现在抵制消耗上（即每次来实验室做的第二次自制力测验，成绩越来越好）。因此，练习增强了被试者的自制力，让他们在损耗了心智资源后仍然能坚持抵制诱惑。不足为奇的是，他们接近了各自的目标。定期运动的人，身体更健康了；改进学习习惯的人，做完了更多的家庭作业；改进理财习惯的人，存下了更多的钱。而且，还有一个真正的惊喜——他们在其他方面也有改进。学习项目中的人报告说，身体健康了，乱花钱的现象少了；健身项目中的人和理财项目中的人报告说，学习更勤奋了。可见，集中精力除了可以改变一个方面的自制力，其他很多方面也会受益。

学习自制力的培养可以从以下几方面着手：

(1) 确立具体的目标和计划

例如以上实验中的被试者，制定目标和计划不能太低，但也不能太高，千万不能好高骛远，更不要急功近利，按最近发展区原则，应该制定自己努力一些就能够实现的，而不是遥不可及的目标。否则尽管自己非常努力，但目标无法实现，这反而变成了一个挫折，严重的会使人失去前进的动力。

(2) 承诺让学习行为可测量

只是写出你的目标和计划是不够的，你必须对它们做出一个内心的承诺。否则，当你的闹钟在早上五点响起的时候，你会毫无愧疚地按下闹钟"再睡5分钟……"。当你要与承诺作斗争时，需要想想之前做这个承诺的决定和决心。俗话说："可测量者可改进。"强烈建议你想出一个系统的办法来实现你的承诺。

(3) 培养良好的学习习惯

培养一心向学、专心致志、定时定量、积极思考的习惯。重点克服好逸恶劳、躺着看书、边听歌边学习等不良习惯。

(4) 磨炼自己的意志

千里之行，始于足下。培养坚强的意志品质，随着自己的成长和进步，从小到大、从易到难、从低到高地磨炼自己。

（五）学习焦虑问题

学习焦虑指学生在学习上不能达到预期的目标或不能克服学习困难，致使自信心受挫而产生失败感所形成的一种紧张的情绪状态。学习焦虑最突出的是考试焦虑，即在临考前或临考时产生紧张与恐惧的情绪状态。心理学研究表明，适度的焦虑对学习较为有利。焦虑不足会使人不思进取、灰心丧气；焦虑过度会使人感到痛苦失望、沮丧不安。严重的考试焦虑者在考前会出现明显的生理与心理反应，如过分担忧、恐惧、失眠健忘、食欲减退、腹泻等症状；在临考时心慌气短、呼吸急促、手足出汗、发抖、尿频尿急、判断力下降，甚至大脑一片空白；个别学生还会出现视障，如看不清题目、看错题目、漏题丢题、动作僵硬等。对于考试焦虑的调适，我们可以从以下几方面进行。

扫码观看"对学习焦虑说不"视频（精品微课）

1. 正确认识焦虑

从个体层面讲，焦虑无处不在，焦虑最直接的作用在于保护个体不被威胁。在原始社会，人的焦虑在于如何保护自己不受野兽的侵扰；在现代社会，人的焦虑可能来自害怕自己在竞争中失败。在考场上，适当的紧张焦虑有利于个体保持高度的注意力，更好地完成考试；焦虑程度过低，唤醒状态较低，难以考出好成绩；焦虑程度过高，认知能力下降，影响考试发挥。研究表明，在容易的任务上，高焦虑者成绩比低焦虑者好，在困难任务上则刚好相反。对于一般学生，中等强度的焦虑最好；对于少数学习能力强的学生，焦虑程度和学习效率成正比；对于年幼学生，焦虑会抑制学习。随着年龄的增长，焦虑的消极作用逐步降低，积极作用逐步增大。

焦虑本身并不是问题，问题在于应对焦虑的态度和方式。比如缺考或者严重的强迫学习行为等负面处理焦虑的方式，只能暂时舒缓和躲避焦虑，不能真正解决焦虑情境下的冲突。就管理焦虑而言，最合理的方法就是——花些时间来理解和体验焦虑。坦然面对产生焦虑的情境，承认自己有所不安，承认自己有所恐惧，在焦虑的情况下继续前行。当自己被说服直接面对困境比逃避更有价值时，个体也会在内心准备好面对不可避免的焦虑；当你真正置身于焦虑之中，焦虑带给你的可能是一种面对困境的勇气。你可能发现，生活中越有开拓精神的人，越容易将自己置于焦虑的情境中。焦虑与人的创造力和创新有着极为密切的关系。

2. 分析焦虑的原因

常使你焦虑的原因可能包括以下几点：①不能接受或不愿意接受一些不能改变的情况，如在大学里你不再是学习的佼佼者；②你正在追求一个目标，可又害怕这个目标不能实现，如你想争取成为学习积极分子，但是竞争很激烈，对你的威胁很大；③你盼望着一件快乐事情的到来，但又害怕会发生另一件事来破坏这种快乐，如参加奖学金的竞争，你估计自己各项条件都差不多达到了，但又担心某门课考不好而失去机会；④曾经多次失败的事情，又马上让你去做，如自己的弱科、弱项马上要考试了；⑤自己的主观偏见夸大了一些小事，或者根本不可能发生的事情，如要是考试的时候自己突然失忆了怎么办。

3. 用行动化解焦虑

把你的学习生活安排得尽量充实严谨，目标一经确定，便一头扎进去，享受紧张、体验充实、欣喜于收获，唯独不给焦虑留出时间。相反，当你在昨天的焦虑中回味、咀嚼着今天的焦虑、躺在床上担心明天的时候，不仅不会有一丝进步、一点收获，还会因此增加焦虑。所以，从床上跳下来、从游戏中走出来、从静止中动起来，让自己行动起来。当你逐渐掌握了考试知识点，焦虑就会慢慢缓解；当你做好了充分的准备，心情自然会放松一些。

4. 掌握放松的技巧

考场中经常出现这样的情形，一些之前很熟悉的题目，却怎么也想不起来，有一种话到嘴边却说不出来的感觉，心理学上称为"舌尖效应"。舌尖效应在情绪紧张时尤为明显。在考试中遇到这种情况时，可先做其他题目，回头再来思考这个问题；另一种方法是深呼吸放松法，有助于考生暂时抽离紧张的考试状态，使头脑清晰，思维更灵敏。深呼吸放松法操作如下：以舒适的姿势坐好，背部挺直但不僵硬，双手轻放于大腿上，做三次全息呼吸：①呼吸要深长而缓慢；②鼻吸口呼；③一呼一吸掌握在15秒左右，即深吸气（至腹部鼓起）3~5秒，屏息1秒，然后慢慢喷气（回缩肚子）3~5秒，屏息1秒；④一吸一呼之间要吸尽气、呼尽气，若屏息时感到呼吸困难，可不屏息直接换气。呼吸过程中如有口津溢出，可徐徐下咽。之后，稍做停顿，再恢复考试状态。

5. 系统脱敏法

系统脱敏法是行为治疗的一种基本方法，目的是让被治疗者在放松的状态下逐步减少对刺激情景的敏感性。它特别适用于某种客体式情境的恐怖和焦虑状况。

（1）建立考试焦虑的等级表

从引起焦虑、紧张的最轻微的情境到最强烈的情境，依次排列出若干等级。例如，对一个考试焦虑者，根据他一听到要考试就开始焦虑，直到考试时焦虑达到最高点，列出如下考试焦虑等级表：

听到一周后要进行考试的消息；

离考试还有6天；

离考试还有5天；

离考试还有4天；

离考试还有3天；

离考试还有2天；

离考试还有1天；

考试当天起床；

考试当天到教室；

考试当天坐在座位上；

拿到考卷；

开始考试。

（2）脱敏训练

按照等级次序一步步地进行训练。先按以上深呼吸放松法进行放松，达到身心松弛状态。想象上面列出的第一个令你感到焦虑的场景，逼真地想象它的发生，好像它正在发生一样，你心跳加剧，开始紧张了，这时进行放松操作，直至心慌消失。待想象第一个等级的情境时不心慌了，再对第二个等级进行训练。逐个等级依次脱敏下去，一直到把所排的等级全部脱敏完。经过多次脱敏训练，可以有效克服考试焦虑。

（六）注意力不集中的问题

注意力在学习中具有关键作用。当你注意力不集中时，进入大脑并被理解和记忆的信息会大大减少，学习效率直线下降。有些同学学习时不能有效控制自己的心理活动，常想一些与学习无关的事情；有些同学容易被外界无关刺激干扰；有些同学注意力难以持久集中，对已经开始的学习活动常常半途而废。这些表现都会导致学习效率低下，学习成绩不理想。对于注意力不集中的调适，我们可以这样做：

（1）制订学习计划，规定学习任务

根据自己的主客观条件确立一个合适的学习目标，并依据目标订立详细的学习计划，让自己每次学习都对照计划进行，带着任务压力迫使自己集中精力学习。

（2）选择合适的学习环境，自觉排除干扰

每个人的心理特征不同，大学生要根据自己的心理特点，选择或创设有益的学习环境。当无法选择环境时，就需要自身有与干扰环境作斗争的自制力。在新媒体时代，尤其需要管理好自己不被手机干扰。

（3）运用思维阻断法，集中精力学习

当你在学习中胡思乱想、无法专注的时候，可以出去走走，进行深呼吸，再回到学习中。还可以用一种方法：闭上眼睛，反复握拳、松开，使肌肉收缩，同时对自己喊"停"，如此反复多次，有助于集中精力。

》任务三　培养良好的学习状态《

一、养成良好的学习习惯

郭端立在《学习能力训练教案》中说："世界上最可怕的力量就是习惯，世界上最宝贵的财富也是习惯……好习惯是一笔丰厚的存款，让你终生享受不尽的利润；而坏习惯则是一笔沉重的债务，终生偿还不尽。"良好的学习习惯可以让你拥有更多的时间学习，可以让你学得更轻松、更有效。而那些没有良好学习习惯的人，往往不能安排好学习，生活比较混乱。行为养成习惯，习惯形成性格，性格决定命运。可见，好习惯的形成对人生的成功有着非常重要的影响。

二、掌握良好的学习方法

科学的学习方法可获得经济、高效的学习效果，使学生的才智得到充分的发挥与发展；拙劣的学习方法不仅会抑制才智的发挥，而且会使学生视学习为沉重的负担，将学习变得枯燥乏味，甚至导致精神萎靡，丧失信心，茫然无序。

哲学家笛卡儿很早就指出："最有价值的知识是关于方法的知识。"大学生不能只关心自己学会了什么，还要关心怎么高效地学。换言之，学习的目的不是要达到某种知识成果，而是要获得达到这种结果的过程和方法。清华大学土木工程系教授、工程院院士龙驭球先生总结自己几十年大学从教经验，概括出大学生学习方法"五字诀"——加、减、问、用、新（如表5-1）。"加"指知识的摄取和积累的过程，强调在继承中创新；"减"指知识的提炼和升华的过程；"问"指善问巧思；"用"指在应用和实践中对已有知识进行检验；"新"指创新。

表5-1 大学生学习方法"五字诀"

加（会加）	减（会减）	问（会问）	用（会用）	新（会创新）
博采厚积 织网生根	去粗取精 弃形取神	知惑解惑 开启心扉	实践检验 用中生巧	觅真理，立巨人肩； 出新法于法度中
勤于积累 融会贯通 用心梳理 落地生根	概括的能力 简化的能力 统帅驾驭的能力 弃形取神的能力	多问出智慧 要会问 要追问 要问自己	多面性 综合性 检验性 其他：习题校核	反思性 跳跃性 灵活性 牢固性 悟性

《学习的革命》一书谈到，"我们所看、我们所听、我们所尝、我们所触、我们所嗅、我们所做"均为学习的途径。大学生应该变被动学习为主动求知，能动地发现、探索、创新；走出教室、学校，走向社会、生活，处处留心皆学问，不断积累经验。而积累需要有目标、有毅力、讲方法、常用心。

三、提高时间管理能力

很多同学不缺目标和计划，但是可能计划刚刚形成就夭折了，究其原因，除了意志力的问题外，还有时间管理的问题。帕累托原则认为生活中80%的结果几乎源于20%的活动，因此，要把80%的精力放在20%的关键事情上。要做到这一点，时间管理能力就显得非常重要。时间管理的方法有很多种，这里介绍四象限法和番茄学习法。

（一）四象限法

这个方法需要个体把每天要做的事情分清轻重缓急，填入四象限法图（如图5-5），其中在 A 象限中填入急需处理的事情，如吃饭、考试、突击复习等；在 B 象限中填入与实现长期目标有关的事情，如锻炼身体、兴趣爱好、提升自己等；在 C 象限中填入与别人有关的事情，如解决同学的事情等；在 D 象限中填入浪费时间的事情，如玩游戏、发呆等。

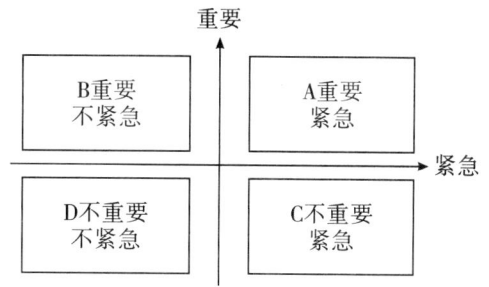

图 5-5 时间管理的四象限法图

把每天要做的事情列成一份清单，确定优先顺序，按照排序优先去做重要或紧急的事情。建议根据自己的生物钟，把效率最佳的时间留给学习，而把不太有精力的时间或零碎的时间留给不重要的事情。在 A、B 象限的事情没做好之前，学会对不重要的事情说"不"，这样才不至于本末倒置。

每天晚上休息之前，查看一下自己的计划完成情况如何，如果完成得不好，要查找原因，并及时调整第二天的计划。只要能坚持做下去，你一定能够做到学习、做事两不误。

（二）番茄学习法

这是一种简单的时间管理方法，由弗朗西斯科·西里洛于 1992 年创立，旨在提高工作和学习的效率。该方法通过将任务分解成若干个 25 分钟的工作时间段，每个时间段后跟随 5 分钟的休息时间，以此来提高专注力和效率。具体实施时，首先需要明确学习目标，并将目标分解成若干个小任务。每个 25 分钟的工作时间段内，应专注于完成 1 个小任务，之后休息 5

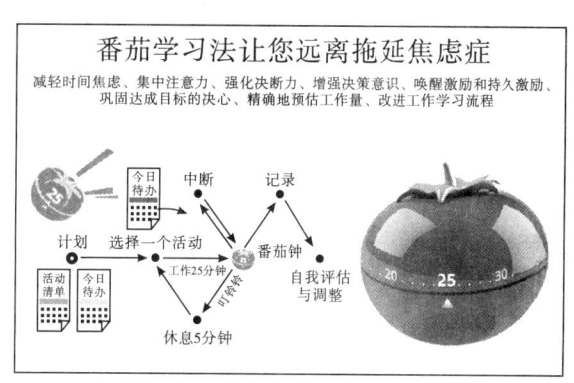

图 5-6 番茄学习法

分钟。每完成 4 个这样的时间段（即 2 个小时），可以休息 20 分钟（如图 5-6）。

番茄学习法的核心在于通过固定的时间段来提高专注力，通过短暂的休息来恢复精力，从而提升学习或工作的效率。它特别适合那些希望提高自我管理能力、减少时间焦虑的人。通过这种方法，学习者可以更好地控制自己的学习进度，提高学习效率。

测试 1　VAK 学习类型测试

在诸多有关学习类型的测试中，有一个较为经典且知名的测试——VAK 学习类型测试，三个字母分别代表视觉（Visual）、听觉（Auditory）和操作（Kinesthetic）。

心理学有关研究表明，不同认知通道的学习效果是有差异的。一般来说，只使用视觉通道,仅能记住材料的25%;只使用听觉通道,能记住材料的15%;而视听结合,使用多通道参加学习活动,则能记住材料的65%。不同感知觉类型的学习者,在学习上有不同的表现,应采用的学习策略也各不相同。

请你依直觉和实际情况,选出较符合你情况的选项,并在①~⑤的数字上打"√",最后分类型相加。① = 不曾如此;② = 很少如此;③ = 偶尔如此;④ = 通常如此;⑤ = 总是如此。

表 5-2 VAK 学习类型测验表

学习类型	项目	选项				
视觉型	1. 我喜欢上老师要求考试的课	①	②	③	④	⑤
	2. 我喜欢书面的说明,不喜欢口头的说明	①	②	③	④	⑤
	3. 我发现幻灯片与电影有助于对课程的了解	①	②	③	④	⑤
	4. 与听老师讲述相比,阅读一本书能使我记住更多的重点	①	②	③	④	⑤
	5. 我需要抄下老师写在黑板上的范例以便后面再复习	①	②	③	④	⑤
	6. 我喜欢课本附有图表及图片,因为它们有助于我对教材的了解	①	②	③	④	⑤
	7. 我可以只要大致浏览便可找出作业上的错误	①	②	③	④	⑤
	8. 我比较喜欢看报纸,不喜欢听新闻	①	②	③	④	⑤
听觉型	9. 听老师讲会比阅读课本能记得更多内容	①	②	③	④	⑤
	10. 当我专心听讲时,我不必写笔记就可记住重点	①	②	③	④	⑤
	11. 我喜欢上老师要求随堂考的课	①	②	③	④	⑤
	12. 我比较喜欢听新闻,不喜欢看报纸	①	②	③	④	⑤
	13. 我喜欢口头说明,不喜欢书写说明	①	②	③	④	⑤
	14. 当我要阅读一则短篇故事或戏剧时,比较喜欢听音频	①	②	③	④	⑤
	15. 我用听的方式便可记下电话号码	①	②	③	④	⑤
	16. 我写东西时,需要大声念出来	①	②	③	④	⑤
操作型	17. 我发现写字有助于记忆	①	②	③	④	⑤
	18. 我喜欢在研读时吃零食或嚼口香糖	①	②	③	④	⑤
	19. 我擅长玩拼图玩具与迷宫游戏	①	②	③	④	⑤
	20. 我通常记电话号码时一定要写下来	①	②	③	④	⑤
	21. 我喜欢在听新闻或广播时,手边有一支笔	①	②	③	④	⑤
	22. 我需要列出要做的事以便记下来	①	②	③	④	⑤
	23. 我喜欢用手或工具来完成作业	①	②	③	④	⑤
	24. 写东西时,我需要到处走动才能将内容记得更好	①	②	③	④	⑤

【计分方法与结果分析】

请把各类型选项的数字分别相加,总和的高低则显示出你的学习偏好指数,也就是当你在学习时,你比较习惯使用的学习方式。

（1）视觉型学习者（40%～50%）

视觉型学习者善于通过接受视觉刺激进行学习，喜欢通过图片、图表、录像、影片等各种视觉刺激手段接受信息、表达信息。这类学习者通过观察所学到的东西，往往比从交谈、聆听或是实际操作中所学到的东西多。

在学习上，视觉型学习者通过自己动手涂写，要比阅读文字或者聆听语言更有效。这种类型的学习者喜欢阅读，而且比较容易从书本上吸收知识。他们能将所读的文章轻而易举地记住，并转换为口语，因而在复述或书面测试中取得好成绩。他们一般都很自信，而且有很强的自制力，学习有自主性和计划性，有时还具有创造性，但由于过于认真，缺乏一定的表现力，举止呆板，又或者由于过于自信，也会表现出自负的倾向。视觉型学习者应设法扩大自己的视野，放下架子，多向别人学习和请教，多阅读，以丰富自己的知识面。同时，视觉型学习者要注意培养动手能力。

对视觉型学习者而言，最有效的学习方式就是"看影像"。这类学习者可以通过用图片学习、涂鸦、画符号、画图表、画流程图、观看或制作录像带、运用模拟表演、突出色彩、贴便利贴等方式加强学习能力。

（2）听觉型学习者（15%～20%）

听觉型学习者善于通过接受听觉刺激进行学习，喜欢通过讲授、讨论、听录音等口头语言的方式接收信息。这类学习者上课一般认真听讲，能够按时完成老师布置的作业，但是劣势在于过多地注意原有的知识，有时可能会影响潜力的充分发挥。听觉型学习者应多培养独立思考问题、解决问题和处理问题的能力。在平时的学习和生活中，要多问自己几个为什么，这样既能开阔自己的思路，又使自己对问题的认识更加深入。遇到不会或不懂的问题不要急于向他人请教，应多动脑筋想办法，或借助工具寻找办法。

对听觉型学习者而言，最有效的学习方式就是"听"。他们习惯于将听到的内容转换到视觉储存系统里，因此可以在听课的同时就将笔记写得非常完美。听完别人的口头说明、录音带、有声书、读书会之后，用自己的想法写课程摘要、大纲，再朗读或默念、提问题来思考答案，向大家解说等方式能让他们的学习印象更深刻。

（3）操作型学习者（30%～40%）

操作型学习者喜欢通过双手和整个身体运动进行学习，如通过做笔记、在课本上画线、亲自动手操作等方式，不喜欢老师整堂课的讲解和板书，也不擅长言语表达。他们往往在体育、自然、课外活动等需要动手操作、需要做实验的学科中表现较为突出。

这类学习者往往比其他学习者有着更大的发展潜力。他们做事一般都比较守信，而且一旦集中于某事，就会做出很好的成绩，但是情绪不稳定，忽冷忽热，虽精力旺盛，却由于热衷太多的事项而注意力不集中，因此学习效率很低。这类学生宜采用分段学习法进行学习，如先集中学习30分钟，休息10分钟，再改换其他学科学习，可慢慢地延长学习的时间到45分钟、60分钟……如此逐渐培养集中精力学习的习惯。为了更好地集中精力学习，可以先学一些自己比较感兴趣的学科，等情绪调动起来之后，再学比较难的或不太感兴趣的学科。

这种类型的学习者要学习一些集中精力的方法。比如多给自己增加一些课外读物，让引人入胜的书籍来帮助培养自己"坐得住"的习惯，并坚信自己可以做到，需要改进的是对学科的兴趣和思维方法。当然，安静一点的环境对学习最有利，因此，应该尽可能地为自己创造一个和谐、安静的学习环境，最小限度地分散学习注意力。

对操作型学习者而言，最适合的学习方式就是需要用到肢体的活动，如把运动与所学课程结合起来，利用游泳或散步的时间在头脑中复习一下功课，通过计算机教学、参与活动、做科学实验、碰触模型、田野访查、操作科技（如笔记本电脑、平板、电子白板、电子笔和电子词典）等，也能让他们的学习印象更深刻。

【特别提示】三种类型的学习者的学习方式各有所长，学生要了解自己属于哪一种类型，才能充分发挥优势，弥补不足。除上述三类典型的学习者外，还有混合型学习者，这是指学习者不一定完全属于某一组，也可以同属于两个组别，例如听觉组和视觉组。

测试 2　成就动机测试

成就动机指的是个人对自己认为重要的或有价值的任务，不但愿意去做，而且力求达到较高标准的内在心理过程。成就动机可进一步划分出趋近性和回避性两个因素，分别称为希望成功的动机和回避失败的动机。前者关注的是如何获得成功，而后者关注的是如何避免失败。在希望成功的动机的影响下，个体会主动从事学业等重要任务，并会选择有利于任务高质量完成的策略，坚持努力，以求成功。在回避失败的动机的影响下，个体面对重要任务时可能采取两种不同的方式。一种方式是防御性的，个体力图逃避任务以避免失败；而另一种方式则较为积极，个体会非常努力以避免失败。成就动机的类型和强弱对于个体的学业成就具有重要影响。研究表明，成就动机不仅可以预测个体短期内的学业成绩，而且可以预测个体长期的成就水平。

成就动机量表（achievement motivation scale，AMS）在我国有广泛的应用，是成就动机研究中常用的一个主要量表。总体来说，量表的两因素结构稳定，是一个比较成熟的量表。请认真阅读表5-3所示的每个项目，判断句中的描述与你的情况的符合程度。请选择①~⑤来表示你认为的符合程度，数字越大表示越符合：① = 非常不符合；② = 有些不符合；③ = 不能确定；④ = 有些符合；⑤ = 非常符合。

表5-3　成就动机量表（AMS）

序号	项目	选项
1	我喜欢新奇的、有困难的任务，甚至不惜冒风险	① ② ③ ④ ⑤
2	我讨厌在完全不能确定会不会失败的情境中工作	① ② ③ ④ ⑤
3	我在完成有困难的任务时感到快乐	① ② ③ ④ ⑤
4	在结果不明的情况下，我担心失败	① ② ③ ④ ⑤
5	我会被那些能了解自己有多大才智的工作所吸引	① ② ③ ④ ⑤
6	在完成我认为是困难的任务时，我担心失败	① ② ③ ④ ⑤
7	我喜欢尽最大的努力才能完成的工作	① ② ③ ④ ⑤
8	一想到要去做那些新奇的、有困难的工作，我就感到不安	① ② ③ ④ ⑤
9	我喜欢对我没有把握解决的问题坚持不懈地努力	① ② ③ ④ ⑤

续上表

序号	题目	选项				
10	我不喜欢那些测量我能力的场面	①	②	③	④	⑤
11	对于困难的任务，即使没有什么意义，我也很容易卷进去	①	②	③	④	⑤
12	我对那些没有把握能胜任的工作感到忧虑	①	②	③	④	⑤
13	面对能测量我能力的机会，我感到是一种鞭策和挑战	①	②	③	④	⑤
14	我不喜欢做我不知道能否完成的事，即使别人不知道也一样	①	②	③	④	⑤
15	我会被有困难的任务所吸引	①	②	③	④	⑤
16	在那些测量我能力的情境中，我感到不安	①	②	③	④	⑤
17	对于那些我不能确定是否能成功的工作，最能吸引我	①	②	③	④	⑤
18	对需要有特定机会才能解决的事，我会害怕失败	①	②	③	④	⑤
19	给我的任务即使有充裕的时间，我也喜欢立即开始工作	①	②	③	④	⑤
20	那些看起来相当困难的事，我做时很担心	①	②	③	④	⑤
21	能够测量我能力的机会，对我是有吸引力的	①	②	③	④	⑤
22	我不喜欢在不熟悉的环境下工作，即使无人知道也一样	①	②	③	④	⑤
23	面临我没有把握克服的难题时，我会非常兴奋、快乐	①	②	③	④	⑤
24	如果有困难的工作要做，我希望不要分配给我	①	②	③	④	⑤
25	如果有些事不能立刻理解，我会很快对它产生兴趣	①	②	③	④	⑤
26	我不希望做那些要发挥我能力的工作	①	②	③	④	⑤
27	对我来说，重要的是做有困难的事，即使无人知道也无关紧要	①	②	③	④	⑤
28	我不喜欢做那些我不知道能否胜任的事	①	②	③	④	⑤
29	我希望把有困难的工作分配给我	①	②	③	④	⑤
30	当我遇到我不能立即弄懂的问题时，我会焦虑不安	①	②	③	④	⑤

【计分方法与结果分析】

把 1~15 题的所选数字相加，总分越高，表明你追求成功的动机越强；把 16~30 题的分数相加，总分越高，表明你避免失败的动机越强。

心理训练

【温馨提示】在本项目心理训练活动中，请注意以下 4 点：

（1）鼓励尊重和谨慎，在讨论敏感话题时注意自我暴露的"度"，并保护彼此的个人隐私；

（2）鼓励开放、尊重和包容，对组员不做批判和评价；

（3）鼓励互助，提倡组员相互支持和分享彼此的经验；

（4）在讨论过程中，如感觉不适可及时向老师提出，有需要可到心理咨询中心求助。

活动1　自我探索作业

一、活动目的

通过自我探索，引导学生对自己的学习心理有更深刻的了解，以便更好地调节自己的学习状态。

二、活动时间

10~20分钟。

三、活动准备

一支黑笔。

四、场地要求

安静的室内。

五、活动步骤

这是一个自我探索的作业，请你如实回答下面的5个问题。

（1）请列出你为什么而学习。

（2）请认真回想，你过去都是在什么情况下，会产生强烈的学习愿望？请把它们列出来。

（3）回想自己最成功的学习经历（5个），包括学习过程中你曾经遇到怎样的困难，是怎样克服的。

（4）学习中，你什么时候会感到快乐？

（5）根据以往的学习经验，比较适合你的学习方法是什么？

六、分享与升华

（1）请同学代表分享活动感受。

（2）教师对活动进行总结和点评，注意从积极心理学的角度引导学生思考，培育学生良好的学习力。

活动2　我的目标系统

一、活动目的

通过开展活动，引导学生制定自己清晰的目标系统。

二、活动时间

10~30 分钟。

三、活动准备

一支黑笔。

四、场地要求

安静的室内。

五、活动步骤

1. 活动指导语

决定一件事情的成败，往往不是事情的难度或者个人的能力，在条件相同的情况下，拥有明确的目标和可评估的标准，人更容易克服困难，走向成功。对于实现目标而言，时间非常重要，我们需要时间鞭策我们前进，同时也需要足够的时间去努力。所以，在制定目标时要标明期限，还要考虑到目标的难度，时间过分宽裕或过分紧张都不好，一定要将目标的时限控制在一个合适的位置。

慢慢静下心来，你有足够多的时间，打开你的想象和感觉，思考下面的问题，并用白纸黑字详细回答，字迹要工整，态度要认真。

2. 请完成以下内容

20 年后，我要成为一个＿＿＿＿＿＿＿＿＿＿＿＿＿，达成时限＿＿＿年＿＿＿月。

10 年后，我要成为一个＿＿＿＿＿＿＿＿＿＿＿＿＿，达成时限＿＿＿年＿＿＿月。

5 年后，我要成为一个＿＿＿＿＿＿＿＿＿＿＿＿＿＿，达成时限＿＿＿年＿＿＿月。

3 年后，我要成为一个＿＿＿＿＿＿＿＿＿＿＿＿＿＿，达成时限＿＿＿年＿＿＿月。

1 年后，我要成为一个＿＿＿＿＿＿＿＿＿＿＿＿＿＿，达成时限＿＿＿年＿＿＿月。

目前，我要做＿＿＿＿＿＿＿＿＿＿＿＿＿＿＿＿＿＿＿＿＿＿＿＿＿＿。

我相信自己！

我有无限潜能！

我集中精力，坚定不移！

我一定能成功！

签名：＿＿＿＿＿＿＿＿

年　　月　　日

六、分享与升华

（1）请同学代表分享活动感受。

（2）教师对活动进行总结和点评，注意从积极心理学的角度引导学生做好人生规划，并努力付诸行动去实现目标。

活动3　好习惯拍卖会

一、活动目的

通过开展活动，引导学生认识好习惯，积极养成好习惯。

二、活动时间

30~45 分钟。

三、活动准备

5~10人为一组,每个小组选出1名组长。

四、场地要求

安静的室内。

五、活动步骤

1. 收集好习惯

小组成员提出自己认为最有价值的好习惯(但目前自己还不具备的),组长负责收集并做好记录,组长也可以提供好习惯。如果组员想不出来,可以参考老师提供的表5-4所示的"好习惯表"。(时间:5~10分钟,也可根据具体情况确定时间)

表5-4 好习惯表(参考)

①按时起床	⑧及时复习
②每天晨读背诵	⑨严格要求自己
③主动学习	⑩积极思考
④自习、预习	⑪认真做笔记
⑤按时、独立完成作业	⑫尊重和欣赏老师
⑥学习用品摆放有序	⑬善于提问
⑦学习专心	⑭复习归纳

2. 拍卖会

【指导语】各位同学,现在假设你们每人有1万元,你们组的组长那里有你迫切需要的好习惯,你们可以用这1万元来购买,这1万元要尽可能花掉,花不完的作废。各组组长,你们是拍卖师,负责把这些好习惯拍卖出去,价高者得。当然,你自己同样有1万元,可以购买你认为对你很重要的好习惯。现在开始!(时间:20分钟)

3. 感恩大赠送

拍卖会结束后,向学生赠送他们想要却没有拍到的好习惯。

【指导语】刚才大家都在积极购买对自己很重要的好习惯,有的同学已经购买到了,有的同学虽然已经购买到了一些,但还有一些好习惯对自己很重要,可是已经被别人买走了,还有一些同学钱不够了,买不起,那怎么办呢?现在,我们有一个感恩大赠送的活动,为了感谢大家的积极参与,凡是你认为重要的又没有买到的好习惯,你都可以向组长申请,组长就会赠送给你。现在开始。(时间:3分钟)

4. 制作好习惯评价表

【指导语】为了让拍到的好习惯真正变成自己的习惯,就要通过行为将这些习惯巩固下来。表5-5所示的好习惯评价表是一个极其简单的方法,它可以帮助你批量养成好习惯。在这张表中,按照你认为的好习惯重要顺序,从最重要的开始依次往下写,每7个为一批。如果超过7个,可以归纳到下一批。(时间:2分钟)

表 5-5　好习惯评价表

好习惯	一	二	三	四	五	六	日
（1）							
（2）							
（3）							
（4）							
（5）							
（6）							
（7）							
其他							

【说明】

（1）复印本表12份，每周1张，总共持续3个月。每天晚上进行自我评价并做好记录。

（2）做到的打"√"，没做到的打"×"。

（3）真诚对待自己。

（4）连续4周发现某一项或几项都做到了，说明这一项或几项好习惯已经养成，可以为自己庆祝一番，不过这时还需要对养成的好习惯进行巩固；如果表中某一项或几项连续3个月都做到了，就可以更换成新的好习惯项目。如果某一项或几项连续3个月都没有形成习惯稳定下来，就需要自我反省（如表5-6所示的"自我反省表"，并且继续进行自我评价）。

（5）习惯养成需要3个星期，关键在头3天；巩固习惯则需要3个月。

（6）本表可自行制作；填写完毕之后，可贴在自己最易看到的地方。

表 5-6　自我反省表

我的好习惯	没有这些好习惯给我带来最糟糕的结果	拥有这些好习惯给我带来的好处

人的差异产生在业余时间

鲁迅先生曾说："我是把别人喝咖啡的时间用在写作上。"中国女排有一句大家都喜欢的格言，那就是"只有付出超人的代价，才能取得超人的成绩"。

大家总认为，人与人不同，有环境、机缘、能力和性格的差异。中国人民大学教授王琪延（2000）带领他的课题组对全国城市居民的生活时间进行抽样调查发现，我国城市居民一周平均每日工作时间为5小时1分钟，个人生活必需时间为10小时42分钟，家务劳动时间为2小时21分钟，闲暇时间为6小时6分钟。这四类活动时间分别占总时间的21%、44%、10%、25%。每一天，城市人就这样度过。10年来，人的闲暇时间增加了69分钟，闲暇时间占生命的1/3。而我国居民每天在电视机前所花的时间是3小时38分钟，打发掉自己一半的闲暇时光。调查结果还显示，本科以上高学历者的终身工作时间是低学历者的4倍，前者的收入是后者的7倍以上。学历越高，越重视终身学习，平均日学习时间为61分钟。由此可见，人的差异确实产生于业余时间。

那么业余时间该如何利用？

大学相比初中、高中，业余时间增加了许多。有一部分人认为在高中吃了很多苦，到了大学应该好好享受一下，精神松懈下来，甚至一发不可收拾，整天无所事事地在校园里游荡，或者待在宿舍看电影、打游戏。相比之下，很多同学意识到大学是一个更大的历练自己的舞台，要想在这个舞台发光发亮，为自己的将来打下坚实的基础，必须付出更多的努力和艰辛。所以他们在努力学习的同时，积极参加学生会、社团等的活动，或者利用空余时间做一下兼职，努力提高自己的能力，扩张自己的人脉。通过慢慢的积累，从幼稚蜕变到成熟，从无知升华到智慧。当能力慢慢提高了，生活方式和生活内容也就会慢慢变化，理想和追求就与别人大大不同了，这时自己也会自觉或不自觉地与他人出现差异。

学习评价

项目	课堂评价标准	自我评分	小组互评
学习态度	自觉按要求完成学习任务	5 4 3 2 1	5 4 3 2 1
学习态度	上课认真，课堂互动活跃	5 4 3 2 1	5 4 3 2 1
学习态度	在小组活动中具有团队合作精神	5 4 3 2 1	5 4 3 2 1
活动表现	服从活动安排，积极参与	5 4 3 2 1	5 4 3 2 1
活动表现	大胆发表个人观点，思路清晰，表达流畅	5 4 3 2 1	5 4 3 2 1
活动表现	乐于回应同学发言，分享有用资源	5 4 3 2 1	5 4 3 2 1

续上表

项目	课堂评价标准	自我评分	小组互评
知识掌握	通过本项目的学习,你已经对自己的学习心理有了大概的了解,请问你要如何做才能提升自己的学习效果?(70分) 【答案填写】 _____ _____ _____ _____ _____ _____ _____ _____ _____ _____		
	合计得分		
	加权总分 (自我评分×50% + 小组互评×50%)		

项目六　和谐人际　幸福之源

——大学生的人际交往心理

深学践悟

真诚才能换来真心

有的人以为，精明算计才是高情商的表现。实际上，真诚才是能打开他人心门的钥匙。人与人之间的沟通，最怕的就是掩饰和伪装。对他人坦诚相待，往往更容易赢得对方的理解。

一切所谓的"高情商"技巧，都抵不过"真诚"二字。你真，别人也真；你假，别人也假。任何虚伪和圆滑，都抵不过时间的考验，只有真诚和真情，才经得起岁月的磨炼。

心诚交善友，品正遇贵人。当我们真诚地与他人交心，才能换来他人的真心。

——《人民日报·每日文摘》

学习目标

- 知识目标：了解人际交往的含义、重要性和影响因素，了解人际交往的心理效应，知道人际交往的原则、人际关系障碍的类型及调适方法，了解网络人际关系的特点和利弊。
- 技能目标：交友中能遵循人际交往的原则，人际交往遇到障碍时能够自我调适，学会建立和维护良好人际关系的方法。
- 自我认识目标：认识到人际交往的重要性，对自身的交往特点有所思考，能够运用建立和维护人际关系的方法改善、提升自己的人际关系。辩证地看待网络人际关系，实现网络交往和现实交往间的平衡。

项目六　和谐人际　幸福之源

学习导图

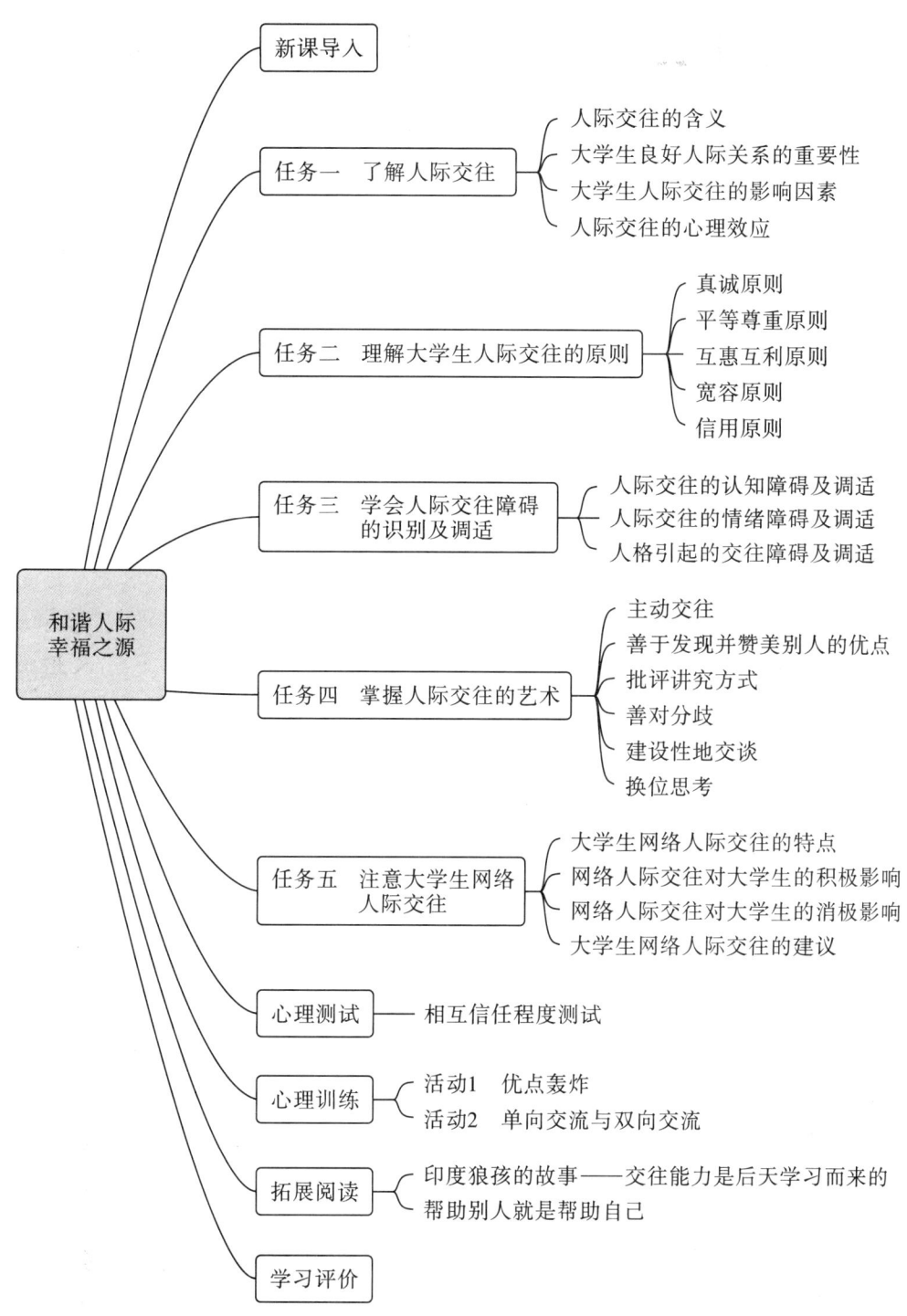

新课导入

"山河不足重,重在遇知己,相知无远近,万里尚为邻。"在人生的道路上,我们离不开与人交往。大学生正处于学习知识、了解社会、探索人生的发展阶段,学习、交友、求职等活动都离不开人际交往,良好的人际关系会帮助我们顺利度过大学阶段。因此,树立端正的交往态度、培养良好的人际交往能力,不仅是出于大学生学习、生活的需要,更是为将来更好地适应社会保驾护航。

【案例1】小美在高中时第一次住宿,和舍友相处得特别好。她的年纪最小,舍友们都像姐姐一样照顾她,让她的住校生活不仅不孤独,还感受到特别的关爱。大家相亲相爱,一起学习一起玩,好像亲姐妹一样。所以,她对大学的舍友抱有很高的期待,认为也应该像高中一样。

上了大学,小美刚一来到宿舍,就对舍友们很热情,但是舍友们表现得礼貌而客气,让她感觉受到冷落。慢慢相处起来,小美更加发现大学的人际关系和自己期待的很不一样。虽然舍友之间没有什么矛盾,大家上课坐在一起,但是下了课,舍友们各有各的生活:有的勤奋努力地去图书馆学习,有的早出晚归地参加社团活动,有的成天忙着谈恋爱,有的一回宿舍就躺在床上玩手机。只有小美,下了课一个人回到宿舍无所事事,也没有舍友陪伴,十分孤独。有时候她希望舍友帮自己打个饭、拿个快递,舍友不是没空,就是不愿意帮忙。每逢这种时候,她就特别想念高中的舍友,怀念那时宿舍的温馨氛围和快乐时光。她经常给以前的舍友打电话,诉说当下的孤独和委屈,但是她们除了安慰小美想开点、努力适应环境,也没有更好的办法。

小美很羡慕隔壁宿舍的同学,她们一起上课、下课,周末一起去河边骑单车,成天有说有笑,一群人经常在一起。小美想融入进去,但又觉得有些格格不入,觉得她们始终不是自己的舍友。小美有些不明白,究竟是自己期望太高,还是没有遇到好的舍友呢?

中学阶段的重要任务就是学习,大家目标一致,生活节奏也比较一致。大学阶段则不同,它是一个人向成年人过渡的重要时期。大学为学生提供了相对广阔的发展空间和多样化的选择,每个学生的心理需求不同,人生目标不同,在大学里追求的东西也不一样,自然会出现生活不同步、各有各忙的现象。所以,大学生需要学习尊重每个人的选择,包容人与人的差异性,学习如何在求同存异的基础上,和谐地与不同的人相处。此外,大学生还要在丰富多彩的校园生活中,努力去寻找一些和自己志同道合、兴趣相同的朋友,使自身能在人际互动中得到成长和拓展。

任务一 了解人际交往

从出生的那一天起,个体就进入了一个纷繁复杂的人际世界。如果说生存的需要使人类的祖先紧密团结在一起，那么安全感的需要和人与人之间的依赖性使今日的人类同样不能离群索居。不论是人一生的成长、发展、成功、幸福，还是人一生的愉快、烦恼、快乐、悲伤、爱恨，都离不开与人的交往。由此可见，人际交往和由此建立起来的人际关系，是生活的基础。

一、人际交往的含义

人际交往是指人与人之间通过一定方式进行接触，在心理或行为上产生相互影响的过程。人际交往的方式包括直接交往（运用口语、体语等传递信息）和间接交往（借助书面语言、传播工具等传递信息）两种。人际交往是个体最基本的心理需求，就如同生物需要空气、阳光和水分一样。培根曾经说过："人类在相互交往中寻求安慰、价值和保护。"人只要活着，都必须与其他人发生一系列的交往；如果阻断同其他人交往的可能性，人就会产生孤独和恐惧，感觉被人类世界所遗弃，会感到非常痛苦。

美国心理学家沙赫特·斯坦利曾经做过这样一个实验：他以每小时15元的酬金聘人待在一个小房间里，这个小房间与世隔绝，没有报纸，没有电话，不准写信，也不让其他人进入。实验结果是：一个人在小房间里只待了不到2个小时就出来了，另一个人待了8天。这个待了8天的人出来以后说："如果让我在里面多待一分钟，我就要发疯了。"因此，一个人若不进行必要的社交活动和信息交流，他就会感到寂寞、孤独、空虚、压抑。只有在广泛的人际交往中，人之人之间彼此产生情绪互动，人们的郁闷才能得到排遣，情感才能得到宣泄，思想才会感到充实，精神才能得到满足。

在社会生活中，人们每天都离不开与人打交道。有人估计，大学生每天除了8小时睡眠以外，其余16小时中有70%左右的时间都在进行着人际交往。被誉为"成人教育之父"的美国著名企业家、教育家和演讲口才艺术家戴尔·卡耐基在对10000个人进行分析后表明："一个人的成功只有15%靠他自己的能力，而85%取决于人际关系。"

二、大学生良好人际关系的重要性

人际关系是人们在进行广泛的物质交往和精神交往中产生和发展起来的人与人之间的一种关系。它既是一种社会关系，也是一种心理关系，反映了人与人之间的心理距离。人际关系在人们的社会生活中起着十分重要的作用，它甚至比个体自身的才能更重要，对大学生而言，人际关系对于其人生的发展有很大的影响，具体表现在以下几个方面。

（一）促进社会化进程

所谓社会化，就是一个自然人成长为一个社会人的过程。一个人在婴儿时期只会吃喝拉撒，随着与人的交往，才慢慢学会了走路和说话，学会了规范，掌握了知识和技能。一般而言，一个人的人际交往越广泛，了解的社会规范和准则就越多，适应社会的能力就越强。反之，若一个人不善于交往，则可能延缓或者难以完成社会化进程。

马克思说，人起初是以别人来反映自己的，即他人是个体的镜子。大学生通过与别人的交流、比较，获得对自己的认识，发现自己的优势和劣势，逐渐摆脱自我中心的倾向，学会了与人平等、和谐地相处，养成了遵纪守法的习惯，从而自立于社会，发展为一个成熟的人。

（二）保障身心健康

心理学家认为，人类的心理适应主要表现在对人际关系的适应；人类的心理失衡，主要源于人际关系失调。人际关系状况直接关系到大学生的身心健康。良好的人际关系能使人获得安全感、归属感和价值感，给人精神上的愉悦和满足，促进身心健康；不良的人际关系，会干扰人的情绪，使人焦虑、紧张和抑郁；严重不良的人际关系，还会使人惊恐、痛苦、憎恨或愤怒。现代医学研究表明，恶劣的情绪实际上是对身心健康的最大摧残，若是任其泛滥，即使再好的营养补品、再佳的健康锻炼，也无法达到强身健体的功效。良好的人际关系给人们提供了社会支持，有助于缓解不良的情绪。培根曾说："友谊的一大奇特的作用是，如果你把快乐告诉一个朋友，你将得到两份快乐，而如果你把忧愁向一个朋友倾吐，你将分掉一半忧愁。"因此，良好的人际关系是保障身心健康的重要因素。

（三）助力事业成功

良好的人际关系是大学生脱颖而出、通往成功的桥梁。一个人若具备了完成成功事业的真才实学和良好的道德修养，如有良好的人际关系和恰当的处世技巧，将有助于事业的成功。机遇会偏爱有良好人际关系的人。良好的人际关系之所以能为一个人事业的成功创造优良的环境，主要有以下原因。

①良好的人际关系能够促进人们团结协作、共同奋斗，充分发挥群体的效能。

据美国学者统计，在诺贝尔奖设立的第一个25年中，合作研究的获奖者占获奖总人数的41%；在第二个25年中，比例上升到65%；在第三个25年中，该比例飙升到79%。随着现代科学技术的快速发展，许多工作任务已经不能再靠个人的力量来完成，而需要众人的共同协作，有良好人际关系的人更容易获得别人的鼎力相助。

②良好的人际关系能够促进人们之间的信息交流和信息共享。

孔子曰："独学而无友，则孤陋而寡闻。"现代社会信息量激增，一个人即使学富五车，其认知也不过是沧海一粟，但通过交往，人们能快速地获取多种信息，拓展思路，丰富知识。因此，人际交往是大学生获取信息、交流思想的有效途径。

（四）提升幸福感

幸福是人们生活的终极目的。心理学家通过广泛的调查和研究发现，良好的人际关系是影响人生幸福的重要因素。人生的美好是人情的美好，人生的幸福是人际交往的丰富。人生的幸福构建在物质生活和精神生活的基础上。良好的人际关系有利于人在物质生产过程中充分发挥创造力和积极性，增加物质财富的生产，丰富人们的物质生活；也使得人与人之间的物质交往渠道畅通，互通有无，互利互惠，得到更多的物质享受。同时，良好的人际关系有利于满足人们的心理需要。按照马斯洛的需要层次理论，人有多种层次的需要。需要的满足必须依赖于人际交往。良好的人际关系能使人从中汲取力量和勇气，使人在碰到困难挫折时，及时得到别人的关心和帮助；在人与人的交往中，交流思想，相互理解、信任和支持，使人容易形成乐观、自信、积极的人生态度，提升幸福感。

三、大学生人际交往的影响因素

在人际交往中，我们会发现，有一些人是自己喜欢的，彼此合得来，有一些则是自己不喜欢的，彼此难以相处。那么是哪些因素影响着人际交往和人与人之间关系的密切程度呢？大量研究表明，人际吸引受社会、心理等许多因素的影响。概括起来，影响大学生人际交往的因素主要有以下几方面。

扫码观看"大学生人际交往中的影响因素及应用"视频

（一）外表

爱美之心，人皆有之。一个人的长相、穿着、仪表、风度等，都会影响人们彼此间的吸引，尤其是第一次见面时，由于第一印象的作用，仪表这一因素占重要地位。亚里士多德说过："美丽比一封介绍信更具有推荐力。"尽管人人都懂得"以貌取人，失之于人"的道理，但是在人们的交往过程中，外貌总是有形无形地影响着人与人之间关系的建立与发展。不过，随着交往时间的增加，外表因素的作用逐渐减弱，即随着双方交往的深入，吸引力将会从容貌、体态等外在因素转向个性、品质等内在因素。

（二）邻近性

"远亲不如近邻"，人与人之间时空上的距离是影响人际交往的一个重要因素。邻近性是指如果其他条件相同，人们在时空上越接近，双方交往和接触的机会就越多，彼此间就越容易形成密切的人际关系。

大学生由于同时入学，或年龄相当，或住在同一个寝室，或经常在同一个教室一起学习，或是同乡等原因，经常接触，相互交往的次数多，容易具有共同的经验、共同的话题、共同的体会，从而建立起较密切的人际关系。研究表明，随着时间的推移，邻近因素所发挥的作用越来越少。邻近并非一定具有吸引力。个体喜欢的人一般是邻近的人，而讨厌的人一般也是邻近的人，因为接近增加了对对方缺点的了解，也会因为经常接触而发生矛盾，产生摩擦，阻碍人际交往。

（三）相似性

随着交往的深入，人们在政治、经济、文化、个性等方面的相似性会对彼此的吸引力产生越来越大的作用，即人们喜欢那些与自己相似的人。

俗话说："物以类聚，人以群分。"人与人若对具体事物有相同或类似的态度，有共同的语言，共同的理想、信念和价值观，就容易产生共鸣、同情、理解、支持、信任、合作，从而形成密切的关系。大学中有不少同学因为觉得"我们性格相似、志趣相投，谈得拢""他有钻劲，有正义感，生活不庸俗，我们有共同语言"而彼此吸引，成为关系密切的朋友。相似性涉及的范围很广，如年龄、教育、经历、态度、价值观等，其中态度是最重要的特征。

相似性有助于交往，原因可能有三个：①各种相似的因素使人们具有较多的共同参与社会活动的机会，因而人们接触较多，容易熟悉和相悦。②相似性可使交往双方产生一种社会增强作用，能满足双方共同的需要。因为在众多的观点相异的人群中找到赞同自己的人，会令人产生认同感，肯定自己。这种认同感会使人感到安宁和愉快，是对自己的强化。③相似性可使人与人之间的意见容易沟通，由于较少有沟通障碍，可减少误会、曲解和冲突，有利于维持良好的人际关系。

（四）互补性

互补是指人的个性表面的差异，由内在的共同观点或看法来弥补。如果相似性是客观因素，那么互补性可视为主观因素，互补实际上是一种主观的需要或动机。

有时两个性格很不相同的人能相处得很好，并成为好朋友，就是双方都知道自己的长处和短处，都想通过对方的长处来弥补自己的短处，这是一种心理上的需要。基于这种需要，双方可以和睦相处。在人际交往中，倘若交往双方的某些性格呈互补关系，就会促进相互吸引。例如，一个具有支配型性格特征的人和一个顺从型的人，由于各自满足了对方的需要，就会互相喜欢。互补增强与促进相互吸引主要发生在交往后期，例如在恋爱过程和夫妻生活过程中表现出来。一个关怀性强的人和一个依赖性强的人相结合，会比同独立性强的人在一起更为融洽和幸福。在一项对广东水利电力职业技术学院等多所院校的关于"大学生中小群体成因比较"的调查中发现，随着年级的升高，邻近性吸引会下降，相似性和互补性吸引会上升；但卡方检验表明，只有邻近性吸引在三个年级间有显著差异（$x^2=14.84$，$p<0.01$），而相似性吸引和互补性吸引在三个年级间的差异不显著（$p>0.5$）（如表6-1）。

表6-1 大学生中小群体成因比较

项目		相似性吸引	邻近性吸引	互补性吸引
年级	一年级	30.6%	57.2%	12.2%
	二年级	48.7%	29.7%	21.6%
	三年级	54.5%	24.3%	21.2%
卡方检验	x^2	0.36	14.84	0.28
	p值	>0.5	<0.005	>0.5

（五）才能与专长

大学生会比较崇拜和羡慕有真才实学的人。一般来说，一个才能出众或有某方面专长的个体，他人容易对其产生钦佩感并欣赏其才能，更加愿意与其接近。

但有时候，能力出众、完美无缺的人不一定更受欢迎。社会心理学家阿伦森提出了"犯错误效应"，他的研究结果显示，一个看起来很有才华的人，如果表现出一点小小的过错，或暴露出一些个人的弱点，反而会使人们喜欢接近他；如果一个人表现得完美无缺（实际上不存在），反倒会使人感到高不可攀，望而却步。

另外，有些小缺点而才能卓越的人对两种人缺乏吸引力。一种是能力差而自尊心弱的人,他们对能力高超者有崇拜心理,并可能产生晕轮效应,即认为理想人物总是十全十美、白玉无瑕的,不应该有任何缺点;另一种是能力强而自尊心也极强的人,他们对于才能出众却连一点小缺点也不能克服的人感到失望,认为这种人不值得崇拜。在大学生当中,如果才能出众却自视清高,就难以让人喜欢,不会具有很强的吸引力。

(六) 个性品质

个性品质实际上是人格美的具体表现,是影响人际吸引的最重要的因素。外表美常常只具有暂时的吸引力,而心灵美才经久不衰。心灵美恰恰包含了个性品质。生活经验告诉人们,一个人具有美的心灵,才会受人欢迎和喜爱,比起容貌和才能,个性品质更具有无与伦比的吸引力,这种吸引力持久、稳定、深刻。有利于人际交往的个性品质有真诚、热情、乐于助人、尊重他人、有责任感、谦虚、理智、友善等,其中真诚、热情是人际交往中最重要的品质,而不利于人际交往的品质有虚伪、冷酷、自私、嫉妒、固执、高傲、自卑、贪婪等。

一个具有优秀品质的人会使得他人不由自主地想接近他。当个体拥有良好的个性品质时,他就会拥有许多朋友。也许个体给人的第一印象不尽如人意,也许个体无法具有与所有的人相似的态度、性格和价值观,这些都不是至关重要的,关键还在于个体有没有优良的个性品质。一项关于"大学生的择友标准"的调查发现,64.8%的人择友的首要标准是诚实、坦率。因此,当个体对人能做到诚实和坦率,再加上主动和热情,肯定能收获珍贵的友谊。

了解影响人际交往的因素,可以帮助个体理解人们在日常人际交往中出现的情感和行为,指导大家调整、完善自身,建立和维护良好的人际交往及人际关系。

四、人际交往的心理效应

社会心理学研究表明,在人际交往中有一些非常有趣的心理效应,它既可促进人际交往,也会阻碍人际交往。若能科学地运用好人际交往中的心理效应,则有利于人们之间的交往和良好关系的建立。

(一) 首因效应 (第一印象)

首因效应也叫第一印象,是指个体在社会认知过程中,通过最初知觉获得的信息对他人以后的认知产生强烈影响的一种心理现象,即常说的"先入为主"。由于第一印象的信息有限,它并非总是正确的,但却是最鲜明和最牢固的,并且决定着以后双方交往的过程。

首因效应告诉我们,一方面在和他人交往时不要仅凭第一印象下论断,应通过日后深入的交往和了解,不断修正对他人第一印象的不全面的认识,正所谓"路遥知马力,日久见人心";另一方面也提醒我们要向他人展示一种好的形象,给他人留下良好的第一印象,如在交友、招聘、求职等社交活动中,可以利用这种效应,为以后的交流打下良好的基础。当然,在社交活动中,这只是一种暂时的行为,更深层次的交往还需要"硬件完备"。个体需要加强在谈吐、举止、修养、礼节等各方面的素质，不然会导致出现另外一种效应的负面影响，那就是近因效应。

（二）近因效应

近因效应指的是由最近信息所形成的印象对他人的认知和交往产生影响的一种心理现象。如朋友之间因为最近闹了小矛盾不欢而散，导致良好交情一朝断送。

首因效应与近因效应并不对立，而是一个问题的两个方面。在对陌生人的认知中，首因效应比较明显，而在对熟悉的人的认知中，最近留下的印象往往是最深刻的印象。因此，在人际交往中，既要注意克服首因效应与近因效应带来的认知偏差，应用动态的、发展的、历史的、全面的眼光看待他人，也要善于运用这些认知偏差与他人建立良好的人际关系。如在与陌生人打交道时，要注意给对方留下良好的第一印象，为进一步的交往打下坚实的基础；在与老朋友打交道时，不要觉得熟悉而过于放纵，诱发负面的近因效应，影响彼此间的关系。

（三）光环效应（晕轮效应）

光环效应，也叫晕轮效应，是指在人际交往中，人们常因对方所具有的某个特性而泛化到其他有关的一系列特性上，从局部信息形成一个完整的印象，即在人际交往中，在对有关对方的信息资料掌握很少的情况下对别人做出总体判断。好似月晕把月亮的光扩大化一样，当你对某人印象好时，他就会被积极肯定的光环所笼罩，"爱屋及乌"，觉得他处处顺眼，甚至会觉得他的缺点、错误也很可爱；反之，当你对某人印象不好时，他就会被消极否定的光环所笼罩，你会觉得他怎么看都不顺眼，"憎人及物"，对其优点、成绩也视而不见，这种心理状态必然会影响到人际关系的融洽与和谐。人们常说的"情人眼里出西施""一俊遮百丑""一好百好"等都是典型的光环效应。

光环效应实际上是个人主观推断泛化的结果，往往会歪曲一个人的形象，导致不正确的评价。事实上，每个人都既有缺点也有优点，因此，在和他人的交往中要多了解对方，看问题要客观、全面，避免以偏概全、以点概面。另外，个体在交往中也可利用光环效应，给他人留下良好的印象，为进一步交流打下基础。

（四）投射效应

投射效应是指在人际交往中，认知者形成对别人的印象时总是假设他人与自己有相同的倾向，即把自己的情感、意志等心理特征投射到他人身上的一种心理现象。如"以小人之心，度君子之腹"就是一种典型的投射效应；"常常认为别人理所当然地知道自己的想法"是大学生常见的投射效应。又如，有的大学生对别人有成见，却认为是别人对自己怀有敌意，觉得对方的一举一动都是针对自己；有的大学生觉得别人都看不起自己，实际上是自己看不起自己；有的大学生暗恋某个异性，总觉得对方对自己有意，对方的一个眼神、一个动作、一个友好的表示，甚至一句玩笑话，都被其误认为是爱的信号。所以，有时候我们对他人的猜测，无形中透露的正是自己的想法。投射效应有时有利于人们相互理解，但有时也容易对他人做出错误的评价。因此，在交往中要注意客观性，加强交流和沟通，从他人的实际特点和具体情况出发认识他人。

（五）刻板印象（定势效应）

刻板印象，也叫定势效应，是认知者对某一类事物或人物的一种比较固定、概括和笼统的看法。刻板印象使人们对每一类人都有一套固定的看法，即使未曾谋面，也会根据某些信息产生一种固定的认识。如有些人认为北方人豪爽，南方人精明；脾气暴躁的人顽固，脾气好的人没主见。

刻板印象在人际交往中有利有弊。一方面，它使人们在认识他人的过程中快速地产生概括性的了解；但另一方面，由于忽视了人的个别差异，会容易形成偏见，做出错误的判断。例如，有些来自城市的学生认为来自农村的同学小农意识强、自私、孤僻、不善交往；而来自农村的学生则认为城市的同学自负、虚伪、不值得交往，这些偏见会妨碍同学之间的交往，不利于建立良好的人际关系。人如其面，各有不同，在交往中要具体问题具体分析，不能"一棍子打死一船人"。

（六）互酬效应

所谓互酬效应，意指人与人在思想、情感、行为、利益等方面的礼尚往来。在人际交往中，互酬效应包含性格互酬、感情互酬、信息互酬、兴趣互酬等方面。互酬可增强人际联系，促进人际和谐，是正确处理人际关系的要素。在中华典籍里，崇尚互酬的文字和故事比比皆是。如《礼记·曲礼上》言："往而不来，非礼也；来而不往，亦非礼也。"《朱子家训》曰："涓滴之恩，当以涌泉相报。"

人际交往是一种双向性的信息、感情传导的过程，只有双向互酬，人际关系才能在密切的互动中逐渐深化。也许有的同学会说，我投之以桃，对方没有反应，甚至扔给我一个烂柿子，或者一块砖头，那可怎么办？这样的情况不能排除，但是也不能因噎废食。一则个体行善示好是出于本性，并不是一种交易；二则情感互酬本是人际交往的普遍规律，无动于衷者毕竟是少数；三则凡事都有风险，不计风险的投资更显出投资者的风度。

（七）期待效应（皮格马利翁效应）

期待效应源自古希腊的一个神话故事。传说，古希腊有一位年轻的国王叫皮格马利翁，他擅长雕塑。有一次，他雕刻了一尊美丽少女的雕像，并把她当作有生命的人一样，和她说话，爱她。结果奇迹发生了——雕像活了！她变成了一位真正的美丽少女，并与国王结为伉俪。心理学家把这种因高期望值带来的积极性反馈，以皮格马利翁的名字命名，称为"皮格马利翁效应"。

在现实生活中，也有翻版的皮格马利翁故事。有一位男士，他的前妻总抱怨他不懂感情，又没有本事，最终与他离婚。他因不打算再"浪费"另一个女人的一生，就不想再结婚了。后来经不住朋友的热情撮合，他与一位在文化馆工作的女子结了婚。没想到婚后两人感情缱绻，而且他自己也事业有成。他告诉朋友："前妻老嫌我这也不是，那也不行，我对自己也有点失望了。既然我无法使她幸福，就让她去寻找自己的幸福吧。可现在的妻子却对我挺满意的，使我愿意为她的幸福而付出。其实我还是我呀！"后来，他与前妻偶遇，前妻幽怨地说："假如你当初就像现在这样，我也不至于……"而他则说："假如你当初就这样看我，我也不至于……"由此，大家可以这样通俗地诠释人际关系中的皮格马利翁效应：当你努力发现某人的优点和长处，并由衷地赞美他时，你就会看到他表现得越来越符合你所赞美的那种形象；若将某人视为小人或恶棍的话，那么这个人就的确会像你认为的那样来对待你。这就是为什么同一个人会被不同的群体做出各异甚至相反评价的道理。

任务二　理解大学生人际交往的原则

大学生要提高人际交往能力，建立、维系和发展良好的人际关系，须了解和遵循人际交往中的几个重要原则。

一、真诚原则

真诚是做人之本，是美好品德的体现。真诚是打开别人心灵的金钥匙，因为真诚使人产生安全感，减少自我防卫。越是好的人际关系，越需要关系的双方暴露一部分自我，也就是与人交流自己的真实想法，完全把自我包装起来就无法获得别人的信任。大学生只有以诚相待，才能建立起信任感，才能促进人与人之间的交流与合作。

二、平等尊重原则

根据马斯洛的需要层次理论，寻求尊重是人们一种较高层次的心理需要。平等尊重是个体进行交往的基本前提。大学生自我意识比较高，自尊心比较强，在交往中特别注重人格平等，希望得到别人的尊重，任何以强欺弱、盛气凌人的做法，都将严重阻碍人际交往的进行。

尊重包括自尊和尊重他人。自尊就是在各种场合都要尊重自己，不轻视自己，不自暴自弃。尊重他人就是要尊重别人的生活习惯、兴趣爱好、人格和价值。"敬人者，人恒敬之"，只有平等待人，才能得到别人的平等对待；只有尊重自己、尊重别人，才能得到别人的尊重。

自我尊严得以维护，自我价值得到承认，这是许多人最强烈的心理诉求。只有注意这一点，才能在交往中应对自如。

三、互利互惠原则

古人所云"将欲取之，必先予之""礼尚往来""己所不欲，勿施于人"，体现了人际交往中"我为人人，人人为我"的互利关系。只有交往的双方都能从交往中获得某种需要的满足，良好的人际关系才能建立和维系。若交往只想获得而不给予，只有单方获得好处的人际交往则不能长久。互利互惠性越高，交往双方的关系就越稳定和密切。反之，交往双方就越疏远。

互利互惠不能简单地理解为等价交换或物质、经济上的相互给予，而首先应该理解为人际交往中的相互支持、相互帮助、相互爱护。好的人际关系是双方受益，交往双方要讲付出和奉献，既有物质上的相互扶持，更有心理及情感上的相互慰藉和满足。

人们经常说的"黄金有价情无价""千里送鹅毛，礼轻情义重""烽火连三月，家书抵万金"等，都是说良好人际关系的维系，重在情而不在物。对大学生来说，互利互惠主要是指在精神方面的互利，如互相关心、互相爱护、互相帮助、互相理解、互相尊重等。

人际交往是建立在相互需要的基础之上的，对于人们来说，健康、成功的交往是人与人之间一种互利互补、双方受益的双赢活动。

四、宽容原则

宽容原则是指在人际交往中对于非原则性的问题、冲突、矛盾要有耐心，持包容忍让的态度，不要用"放大镜"来看对方的不足之处，而应以豁达、开阔的胸怀来容纳别人的缺点。宽容，就是在心理上能容纳各种不同特征的人。每个大学生都是独特的个体，都有各自的性格、习惯、兴趣、爱好、优点和缺点，因此，不同的个体碰撞在一起，难免会产生一些不愉快的事情，甚至产生一些矛盾冲突，但若能经常换位思考，多站在对方的角度考虑问题，多体察别人的心境，就能对他人不同的观点、见解、行为方式及错误持宽容理解的态度，相互间产生的误会、委屈也能烟消云散。宽容是良好人际关系的润滑剂，能化干戈为玉帛，有利于人们在学习、生活和工作中保持融洽的人际关系，并结交更多的朋友，有道是"胸宽能盛三江水，量大能容百万兵""退一步天高地阔，让三分心平气和"。

五、信用原则

信用指一个人诚实、不相欺、守诺言，从而取得他人的信任。孔子把诚信视为做人的根本，他提出，朋友之间要"言而有信"，还说"人而无信，不知其可也"，意思是说，人如果不讲信用，那他就不知道该怎样立身处世。守信要做到说话算数，不轻许诺言，答应别人的事要尽量做到，做不到的要讲清楚，以获得对方的理解。在人际交往中，与言而无信的人交往时，人们内心会充满焦虑和怀疑。言而无信的个性品质很难取信于人，不利于人际关系的建立和融洽；言而有信的个性品质会产生人际吸引和安全感，有利于良好人际关系的建立、维系和发展。

》任务三　学会人际交往障碍的识别及其调适《

大学校园内，许多大学生常常因为同学关系、师生关系、朋友关系等处理不当而带来很多烦恼，或者因为与职场人士的关系处理不当而失去一些工作的机会。了解大学生在人际交往中常见的问题和调适方法，有助于大学生不断完善自我，建立和维护良好的人际关系。

一、人际交往的认知障碍及调适

人际交往中的认知因素包括对自己的认知、对他人的认知和对交往本身的认知。人际交往的认知偏差，会对交往过程中人的情绪、情感、行为产生不良的影响，从而导致不良的人际关系。

（一）自卑心理及其调适

扫码观看"大学生人际交往中的认知障碍及调适"视频

【案例2】小宋是大学一年级学生，来到大学后觉得身边的同学都很厉害：有的学习能力很强，有的工作能力卓越，有的朋友成群很受欢迎，有的外表出众多才多艺。反观自己，各个方面都很普通，没有拿得出手的地方。他对专业课学得很吃力，参加了几次社团面试都失败了，更让他觉得自己一无是处，十分自卑，甚至感觉别人看不起自己。逐渐地，他沉默寡言，不愿和人打交道，至今一个朋友也没有，学习生活遇到问题也不敢向老师求助。一年下来，有好几门功课要补考，更加重了他的自卑心理，常感到内心苦闷，郁郁寡欢。

自卑心理是影响个体人际交往的重要因素。自卑是由于过低的自我评价而产生的消极情绪体验。浅层感受是别人看不起自己，而深层的理解是自己看不起自己，即缺乏自信。

在人际交往中，自卑心理的外在表现为：一方面，总认为自己样样不如别人，从而失去进取心和竞争意识，导致情绪消沉，精神萎靡，自怨自艾，怨天尤人；另一方面，总认为别人会看不起自己，行为上畏首畏尾，过于自尊、敏感，不轻易与人交往，逃避集体活动，或者时时处处给自己安装上一副盔甲，在处理人际关系时表现得像一只"刺猬"，以"刺"来维护自己容易受伤的自卑心，极强的自尊心下掩盖的往往是极度的自卑，使个体的交际圈变小。长期的自卑情绪会严重影响大学生的身心健康，同时也对大学生的学习和工作造成不良影响。因此，自卑心理需要及时进行调适，主要可以从以下两方面努力。

1. 正确认识自我，提高自我评价

自卑心理的形成主要来源于社交过程中不能正确认识和对待自己。要改变自己，必须改变原有的认识，正确地评价自己。挖掘自己的优势，敢于正视自己的不足，接纳不完美的自己与不完美的生活，悦纳自己。辩证地看待自己的优点和不足，扬长补短，不断完善自我，提升自我。

2. 改变心态，积极与他人交往

一个人的接触面越广，越能促进其对自身的了解。通过与他人交往，能多方位地认识他人和自己，通过比较，正确认识自己，由此调整自我评价，提升自信心。同时，在积极交往的过程中，能够获得友谊和集体的温暖，体验到成功的喜悦，发现自己的优势和潜力，从而增强信心，有助于战胜自己的自卑心理。另外，自卑的同学在交往中一般都具有谦虚、善于体谅人、不与人争名夺利、做事小心谨慎、稳妥细致等优点，容易取得别人的信任。所以，自卑的同学要看到自己在交往中的长处，增强自信，为消除自卑奠定心理基础。

（二）猜疑心理及其调适

【案例3】 小红是一名大一学生，住在四人间宿舍。刚开始她和舍友关系处理得很好，因为见识广，在各方面都有优势。初期大家都喜欢围绕着小红，上课吃饭也都等她一起去。但是随着时间的推移，小红感觉另外三个舍友在慢慢忽视自己，小红本来就敏感多疑，受不了舍友对自己的忽视，就疏远她们，改和其他宿舍的小伙伴一起吃饭上课了。每当小红回到宿舍，看到她们在一起说话时对自己投来不经意的一瞥，会认为她们正在说自己的坏话，算计自己，因此听到她们讲话就非常苦恼和烦躁，不想回到宿舍。面对舍友关系的紧张，小红希望尽快换宿舍。她不愿意相信任何人，觉得只有家人才可信，因为觉得没有人能无私地对待自己。小红时常因为别人的一句话或者一个行为困扰到自己，左思右想，痛苦不堪。几个月来，小红每天都神经紧绷，愁眉苦脸。

猜疑，是指人际交往中对别人不信任，如猜测、揣度、估摸、疑惑、疑心，是由主观推测而产生的一种不信任的复杂情感体验，是人际交往的一大心理障碍，表现为对他人言行敏感，总以为别人看不起自己、议论自己。往往仅凭个人的主观臆想和偏见，或将无中生有的事强加于人，或将他人的好心理解为恶意而产生敌意，容易造成人际冲突，破坏人际关系。

猜疑心理出现的主要原因是过分关心自己，常以自己的利益为中心，个性中缺乏自信，以及有错误的定式思维。猜疑者多半在人际交往中吃过亏或受过损害，于是凡事都先考虑别人是否会伤害自己。

每个人都有多疑的时候，疑心是人在社会生活中的一种自我保护反应，但过于疑心和敏感则是不正常的表现。多疑心理长期持续下去可能导致心态扭曲，产生严重的心理问题，危害个体的健康成长，对此应予重视并积极调适，主要可以从以下三方面进行。

1. **减少对人、对己的关注程度**

多疑大多与对人、对己的过度关注有关，过分关注就会想得多，容易凭想象下结论。一旦发现自己开始怀疑别人时，应提醒自己减少对人、对己的关注，并将注意力转移到学习、工作或兴趣爱好上，努力学习，勤奋工作，积极参与各种有益的活动，使自己真正充实起来。

2. **从实际出发，用事实说话**

在实际生活中，大学生的思维较为活跃，遇到事情容易急躁，主观意识较强。应加强自身修养，养成冷静、客观分析事实的习惯，不盲目臆断，不轻信他人的流言，应主动、及时与别人沟通，进行开诚布公的交谈，消除误会和隔阂。

3. **培养自信心**

多疑大多是由于缺乏自信心引起的。每个人应当客观认识自己，看到自己的长处，接纳自己的不足，与人交往做到不卑不亢，既不取悦别人，以博得好评来满足虚荣心，也不需要在别人面前显示自己，炫耀自己，以提高身价。价值在于自身，并不随别人的评价而改变。当个体充满信心地学习和生活时，就不会担心自己的行为会被别人取笑或受到别人的负面评价，而是能坦然接受，因而也就不会"小心眼"了。

（三）自我中心及其调适

【案例4】 小李是独生子，父母很宠他，使他养成了做事不考虑别人感受、以自我为中心的不良习惯。上了大学后，他把这套行为方式带到宿舍，在宿舍喜欢对别人发号施令，并经常为了小事与同学发生争执和冲突。小李不喜欢午休，而是在宿舍听音乐或者聊天，完全不顾及他人，弄得大家无法安宁。小李很邋遢，果皮、瓜子壳随地扔，轮到他值日从不打扫，同学说了他很多次，他根本不理睬。种种不良行为最终造成小李与同学关系恶劣，宿舍同学一起向辅导员提出要小李搬出宿舍。

自我中心是指考虑问题、处理事情习惯以自我为中心，将自我作为思考问题的出发点和归宿，表现为凡事从自我出发，只关心自己，从不顾及他人的需要和感受。他们往往以领袖的身份出现，颐指气使、盛气凌人，处事原则总是"我对，你们都错"，喜欢把自己的意志强加于人，因而不能赢得别人的好感和信任，人际关系紧张，做事很难得到别人的帮助，易遭挫折。要想改善人际关系，自我中心者可从以下四方面进行调适。

1. 正确评价自己

摆正自己的位置，实事求是地评价自己。既不妄自菲薄，也不夜郎自大；既不自我贬损，也不自恋；既要看到自己的长处和优点，也要找到自己的缺点和不足。

2. 走出自我小天地

自我中心者必须学会将自己与他人、自我与社会、个人利益与集体利益统筹考虑，从狭隘的小天地走出来。自我是自己的中心，而不是别人的中心。人际交往是相互的，要学会从他人角度或社会角度去思考或处理问题，有道是"大家好，才是真的好"。

3. 尊重自己，尊重别人

重视自己更应尊重别人。人际交往的一条黄金法则是"你怎样对待别人，别人就怎样对待你"，因此，只有互相尊重、互谅互让、以诚相见，才能实现良好的人际交往。

4. 主动与人交往

皮亚杰的认知发展理论和米德的社会互动理论强调，人们在角色互动中才能互相理解，才能改变以自我为中心的倾向。缺少交往的生活经验是自我中心形成的根本原因。大学生要学会积极与人交往，只有在与人交往中，才能学会理解别人、尊重别人，才能体会到别人的存在、利益和感受，有效克服自我中心倾向。

（四）孤独心理及其调适

【案例5】 来自农村的小明，从小学到高中，一路都是尖子生。对大学校园生活无限憧憬的他，到了大学里才发现，同一个宿舍的舍友就比自己优秀很多。在同宿舍的4个人中，另外3人都来自大城市，不仅学习好，而且兴趣爱好广泛，会打篮球、爱看NBA比赛、会弹吉他、会操作电脑等，而自己对计算机的认识还仅限于基本的系统操作；虽然对NBA这个词还略有印象，可对基本的篮球规则一无所知；至于吉他，在宿舍里欣赏

3个吉他手的现场演出更是他平生头一遭。虽说4个人平时在宿舍里的关系也还不错，但小明总觉得，自己和另外3人之间有着一道无形的屏障，似乎无论怎么努力都无法融入另外3人组成的"联盟"之中，他的心中不禁涌起失落感和不平之意。小明其实很想和舍友一起在宿舍里聊聊天，可是却不知道怎么才能融入他们的圈子。为了避免尴尬，小明选择在图书馆和自习室里度过自己的空余时间，或者宁愿在校园里游荡，直到快要熄灯才回宿舍。小明感到非常孤独和苦闷，甚至想到了退学。

孤独就是人们常说的"不随和，不合群"，是指一种经常独处或受到孤立，很少与人接触而产生孤单、无助的心理体验。经常可以看到，有些学生是"踏着铃声走出教室，不声不响回到寝室，埋头迷失在网络游戏室"。对于大学生来说，孤独是一种较为普遍的心理现象。大学生的自我意识逐渐成熟，需要暂时的独处，以便回味过去的言行，自我反省，确定未来的生活。同时，大学生也可以从暂时的孤独中寻找到快乐，享受这份心灵的宁静，塑造良好的人格，因而适当的孤独是有益的。但如果长期地沉溺于孤独，则会给人带来诸多负面的影响。孤独是一种主观的心理感受，主要表现为沉默寡言，缺少知心朋友，在新的生活环境中难以适应；敏感多疑，不喜欢参加集体活动，在集体中找不到自己的位置；感情脆弱，自卑感强，抗挫折能力差，不善言辞，遇事容易冲动发怒，甚至出现违法犯罪、厌世轻生等行为；孤独也会导致交往障碍，如孤芳自赏、自命清高，与人不合群，待人不随和。

孤独产生的原因很复杂，主要是源于个体的自我感觉和评价。要克服孤独所产生的危害，可从以下几方面着手。

1. 开放自我，积极主动与人交往

独自生活并不意味着与世隔绝，虽然客观上与外界交流困难，但依然可以通过某些方式达到交流的目的。如主动亲近别人，关心别人，发现、欣赏别人的优点，真诚待人；看到别人有困难时，主动伸出援助之手。助人和被助都是快乐的，还有可能赢得友情，摆脱孤独。

2. 正确评价自己，克服自卑情绪

人的自我评价与孤独存在因果关系，由于自卑而逃避与他人交往，造成孤独状态，而孤独使自卑感增强，造成恶性循环。这如同作茧自缚，自卑这层茧不冲破，就难以走出孤独。孤独者应该对自己进行一番冷静、客观、合理的分析，特别要找出自己的长处和"闪光点"，以增强自信。

3. 培养广泛的兴趣爱好

一个人活着有所爱、有追求，就不会感到寂寞和孤独。可以为自己安排丰富多彩且有意义的业余文化生活，享受生活带来的乐趣。

4. 大胆交往，不怕挫折

要善于在交往、挫折中吸取教训，总结经验，改进方法，增强交往能力。

二、人际交往的情绪障碍及调适

情绪在人际沟通中起着非常重要的信息传递和调节作用，像微笑、热情、喜悦、宽容、善意的情绪表达，会促进人际沟通和理解，而冷漠、排斥、冲动、嫉妒等情绪反应则会构成人际交往的障碍。

扫码观看"大学生人际交往中的情绪障碍及调适"视频

大学生感情丰富，情绪变化较快，有时对人对事过于敏感，很容易凭一时的好恶改变对人的看法，产生不良情绪和行为，导致人际交往障碍。人际交往中常见的情绪情感问题有冲动、社交恐惧、嫉妒等。

（一）冲动及其调适

【案例6】 大学二年级学生小成，周末在宿舍看书时，隔壁宿舍放音乐声音很大，他听了很烦躁，就怒气冲冲地到隔壁宿舍交涉，要求对方立即关掉音响，但对方不答应，结果因为话不投机，双方发生肢体冲突。小成非常恼火，情绪激动，一气之下竟拿起凳子砸向对方，导致对方头部破裂，去医院缝了十几针，而小成自己也受到了学校的纪律处分。

冲动是伴随着强烈不满，必须马上发泄出来的情绪状态。当人际交往出现冲突和矛盾时，强烈的不满很容易爆发出来，人在冲动的状态下，意识范围变小，考虑问题偏激且主观，自控力降低，容易做出不明智的举动。冲动的情绪其实是最无力的情绪，也是最具破坏性的情绪。许多人都会在情绪冲动时做出使自己后悔不已的事情来。大学生血气方刚，个性鲜明，对于身边发生的一些小事常会采取一些过激的行为，不但伤害了他人，也伤害了自己，让人际关系蒙上了阴影。因此，应该采取一些积极有效的措施来控制自己冲动的情绪，可从以下方面进行调适。

1. 认识冲动的危害

（1）破坏人际关系

容易冲动的人往往脾气比较暴躁，与他人交往容易发生矛盾。好冲动，动不动就发脾气，容易伤害对方的自尊心，有时还会引起对方发脾气，结果不但问题得不到解决，还伤了彼此的和气；或是别人"怕"了你，只好敬而远之。不尊重他人的人，不仅得不到周围同学的尊敬和理解，还会遭到他人的轻视，而且会失去真正的朋友和友谊，以致感到孤独和寂寞。

（2）有损身心健康

医学研究发现，对人不信任、心胸狭隘、情绪急躁、爱发脾气等对人的身心健康危害极大。

（3）容易造成违法犯罪

情绪冲动容易使人做出过激行为，伤害他人，做出违法犯罪的事情，付出沉重的代价，悔恨终生。

2. 增强自我控制能力

当你感到无法控制自己的冲动情绪时，可以及时采取暗示、转移注意力等方法自我放松，鼓励自己克制冲动，也可反复默念"冷静，放松""不要做冲动的牺牲品"等，或者迅速离开现场，去做别的事，或去找朋友谈谈心、散散步。学会先处理情绪，再处理问题。

3. 换位思考

在人际交往过程中，人们常认为自己是对的，对方必须接受自己的意见才行。如果能够交换角色，站在对方的立场上想一想，就能在比较中了解彼此的动机和目的，也能意识到自己的意见是否正确、对方能否接受，避免大动肝火，理性升华。

4. 加强思想品德修养

加强自我思想品德和文化知识的修养，从源头着手，让冲动难以产生。一要加强学习，分辨是非好坏；二要注重在日常生活中培养良好的行为习惯。修身养性并非一日之功，需要从一点一滴做起。正如古人所说："勿以恶小而为之，勿以善小而不为。"只有这样，才能逐步养成良好的道德意识。集体生活中，只有加强自身修养，才能得到别人的尊重和理解，建立良好的人际关系。

5. 陶冶性情

日常生活中可进行一些针对性的训练，培养自己的耐性。可以结合自己的兴趣、爱好，选择几项需要静心、细心和耐心的事情做，如练字、绘画、制作精细的手工艺品等，不仅可以陶冶性情，还可以丰富业余生活。

（二）社交恐惧及其调适

【案例7】我从小就性格内向、胆小、孤僻、听话、不善与人交往。家庭教育传统、古板，父母对我要求严厉，让我做一个规矩的女孩，不允许与男生来往。家里对我的要求只有学习好，除了学校的学习以外，还要我学钢琴、画画等，我基本上没有玩的时间，经常一个人在家，没有什么玩伴，但父母在物质及生活上都能满足我。从小学到中学，我从未参加过学校组织的任何一次郊游活动，害怕与人交往，与人讲话时不敢直视，会脸红、心慌、出汗，只想成天躲在宿舍，不想去教室、食堂等人多的地方。去年读大一时，我在课堂中回答一位专业课老师的提问时，由于自己不小心出现口误，引起同学们的哄堂大笑，老师也批评了我。此后不久，我一见人就觉得别人在注视自己，感觉紧张、发抖，不敢看别人的眼睛，现在慢慢地发展到一见到人就两眼发直，手指发麻，觉得自己在任何人面前说话都不自然，越克制，紧张感就越强烈。为此，我尽量回避出入公共场和社交场合，一到公共场合就觉得很多人都在注视自己，弄得表情很尴尬。我知道这是一种病态，但是又无力摆脱，无法正常与人交往，同学关系不和谐，又没有知心朋友，学习成绩处于中下水平，我觉得十分痛苦。我该怎么办？

在众人面前说话、与陌生人交往等场合中，感到紧张是一种正常的、普遍存在的人类体验。但是如果反应过分或不合理，并且导致了回避行为，损害了人际沟通和正常的学习、生活，同时持续了很长一段时间未能缓解，就会成为一种心理疾病。大学生社交恐惧主要表现为：害怕见生人，害怕见老师，特别是人多的场合或有异性在场的情况下，更显得紧张不安、脸红、出汗、心慌意乱、手足无措、语无伦次等。有社交恐惧的大学生往往表现出明显的焦虑和回避社交行为。青春期是社交恐惧发展的关键期，如果得不到矫正或改善，可能发展成为严重的社交恐惧障碍，并持续影响到成年期的心理健康。社交恐惧按轻重程度可分为社交敏感（又称社交紧张）和社交恐惧症两种，是当前大学生人际交往中普遍存在的一种心理现象。

要克服社交紧张心理，首先要注意调整好自己的心态，树立一些良好的观念：①悦纳自己、树立自信；②放弃追求完美的想法，不对自己要求过高；③不要太在意自己的身体反应；④勇敢地面对社交。

在有了以上认知的调整之后，结合心理学的方法技巧，付诸行动去改变。

1. 积极的自我暗示

每天睡前和早上起床时，对自己说："我接纳自己，我相信自己！"当恐惧来临时，对自己说："我只不过是集体的一分子，别人不会专门盯着我、注意我一个人的。"

2. 镜子技巧

每天早上站在镜子前，看着镜中自己的眼睛，对自己说："我相信，我今天可以比较轻松地与人交往！""我相信我一定会成功地改变！"如此反复多遍，细细体会自己内心所产生的微妙变化，感觉一下自己是否相信这些话。

3. 冥想放松训练

找一个安静的、没有人打扰的地方，舒适地坐下来，闭上眼睛，想象自己来到一个青山环绕、绿树成荫的幽静地方，心境变得平和。然后开始放松，从头部、颈部、手臂、胸部、腹部、背部、臀部、大腿、小腿到脚部，依次想象变松变软……每天至少一次，通过这样的练习，可以帮助个体控制自己的身体，有助于克服紧张的反应。

4. 系统脱敏训练

改变是一个渐进的过程，不可能一蹴而就，需要一步一步来战胜自己的紧张心理。首先，根据自己的实际情况，列出若干个自己感觉紧张的社交场合，按由易到难的顺序排列。然后，按由易到难的顺序一项一项去进行社交实践训练。当感觉前一项比较轻松自如了，便可进入下一项（具体可参考项目五关于考试焦虑的调适方法）。

5. 学习人际交往技巧

学习一些人际交往和口才技巧的知识，或者参加相关课程培训，用实用的知识来武装自己，提高社交能力。

（三）嫉妒及其调适

【案例8】小玉和小青是同班同学，又住在同一个宿舍，入学不久，两个人就成了形影不离的好朋友。小玉长得漂亮，也很活泼，对同学、班集体很热心，各科成绩都很出色。相比之下，小青逐渐觉得自己像一只丑小鸭，而小玉就像一位美丽的公主，处处都比自己强，占尽风头。小青心里很不是滋味，经常在背后对小玉说长道短。只要小玉积极主动帮助同学或为班上做好事，小青心里就觉得不舒服，说小玉爱出风头，爱表现自己;小玉在期中、期末考试取得了优异的成绩,小青就在背后议论她事先知道了题目或"瞎猫碰上了死耗子";小玉因学业优秀获得奖学金,小青便背地里四处散播"听说小玉考试夹带纸条"等谣言,最终致使两人关系破裂。

"铁生锈则坏,人生妒则败。"嫉妒是个体在人际交往中发现自己的才能、名誉、地位和境遇等方面不如对方而产生自惭、怨恨、恼怒等的一种复杂情感。就大学生而言,嫉妒心理主要表现在对他人的成绩和长处不服气,甚至报以嫉恨。看到别人优秀就不甘心、不服气,总希望别人比自己落后;看到别人处于劣势则感到莫大安慰等。有嫉妒心理的人还有一个重要特点,就是没有竞争的勇气,往往是讽刺、挖苦、挑拨,甚至采取不合法、不正当的行为,对他人和集体造成种种危害。

嫉妒是一种情绪障碍,它扭曲人的心灵,妨碍人与人之间真诚的交往。嫉妒心强的人不仅人际关系不好,而且自己内心也很痛苦,长期处于自惭、怨恨、愤怒的情绪中,有损身心健康发展。观察研究表明,嫉妒心强的人易患心脏病,而且死亡率也高;而嫉妒心较弱的人群,心脏病的发病率和死亡率均明显低于其他人,只有前者的 $1/3\sim1/2$。此外,如头痛、胃痛、高血压等症状,也易发生在嫉妒心强的人身上,而且药物治疗效果也较差。克服嫉妒心理可以参考以下方法。

1. 认清嫉妒的危害

嫉妒既打击别人,也伤害、贻误自己。嫉妒别人的人由于整天沉溺在对别人的嫉妒当中,没有充沛的精力去思考如何提高自己,不能专心地去做自己的事情,贻误了自己的前途,也影响自己的身心健康。

2. 克服自私心理

嫉妒是自我膨胀的具体表现,怕别人比自己强,对自己不利。因此,要克服嫉妒心理,首先要根除嫉妒心理的"营养基"——自私。只有驱除私心杂念,拓宽自己的心胸,才能正确看待别人,悦纳自己,真正做到"心底无私天地宽"。

3. 客观地评价自己和别人

别人的成功并不等于自己的失败,有时候也可以在竞争中做到共同成长与进步,达到双赢。强烈的进取心是获得成功的巨大动力,但冠军只有一个,不要太执着于所谓的"最厉害"。尺有所短,寸有所长,争强好胜不一定就能超越别人。一个人只要客观地认识自己的优势和劣势,现实地衡量自己,为自己找到一个恰当的位置,就可以避免嫉妒心理的产生。

4. 树立目标,积极上进

树立目标的同时制订计划,化嫉妒心为追求上进的力量,并通过自己的积极努力,以正当的手段赶上或超过对方,即使不如别人,心理也是积极健康的。为了实现自己的人生计划、目标,努力充实自己、完善自己,就会如培根所说:"每一个埋头沉入自己事业的人,是没有工夫去嫉妒别人的。"

5. 开阔心胸,完善个性

凡是嫉妒心理极强的人,往往是心胸狭窄、多疑多虑、自卑、交往时以自我为中心、情绪不稳定、易受外界影响、心理素质不良的人。因此，要努力完善自己的个性因素，提高自己的心理素质。作为新时代的大学生，应该树立达观的人生态度和正确的竞争观念，开阔心胸，扩大视野，懂得"天外有天，人外有人""强中自有强中手"的客观规律，学习并欣赏他人的优点、长处，平静、客观地面对现实。同时，正确评价自己和他人，既要看到自己的长处，又要正视自己的不足，"见贤思齐"，取人之长，补己之短，化嫉妒心理为心理动力，把别人的成功变成激励自己的机制，从而增强协作精神，在良好的人际互动中不断完善个性。

三、人格引起的交往障碍及调适

【案例9】小强是一名大二的男生，性格固执、多疑、情绪不稳、心胸狭窄，自我评价高，不愿接受不同意见。在日常生活和学习过程中，遇到挫折总是责备别的同学，做了错事常把责任推给别人。常常把同学提出的中性的甚至是友好的意见看作敌视或蔑视行为，常与人发生摩擦，与舍友几乎都吵过架。对任何人都抱有一种提防心理，包括班主任和同学，甚至对自己的父母亲都抱着怀疑态度。他常常对别人存在戒心，总是猜疑别人对自己不怀好意，说老师和同学不信任自己，别人常对其敬而远之。期末考试前一周，小强的一本复习资料丢失，认为是舍友联合起来对付他，想让他考试不及格，因此与宿舍长及其他同学多次发生争吵，并要求辅导员调换宿舍。由于小强性格多疑敏感，同学间人际关系紧张，其他宿舍的同学也都不愿接纳他。

人格因素是人际关系中的重要因素。千人千面，人格各异。人格不健全的人或因为偏执而难以与人平等沟通，或因为反社会人格而充满敌意和自私自利由此令人反感，或因为脾气暴躁、性格孤僻而冷漠无情等，这些都会影响人与人之间的正常交往。

大学生可能有异常人格的某些特征，但是大学生的人格问题一般不属于典型的人格障碍，可称为人格偏差或性格偏差。大学生多数是18～25岁，出现人格偏差是发展过程中的问题，其人格尚未完全定型，可塑性较强，可以纠正。

完善人格是改善人际关系的重要内在因素。大学生应不断克服自身弱点，在实践中完善自己的人格，努力培养有助于人际交往的人格特征，如尊重人、理解人、关心人、富有同情心、宽容、真诚等，逐步形成健全、完善的人格，为建立良好的人际关系打下基础。

》任务四　掌握人际交往的艺术《

在人际交往过程中，有的人能如鱼得水，左右逢源，而有的人却屡屡碰壁受挫。掌握一定的人际交往艺术，可以帮助人们在交往活动中增进彼此的沟通和了解，缩短心理距离，建立和维护良好的人际关系。

一、主动交往

心理学家研究发现，多数人的交往意愿很强烈，但是能够主动发起交往活动的人却不多，很多人不是主动去接纳别人，而是在等待别人来接纳自己，于是导致错过很多机会。许多交际成功的人往往是主动交往的人，而非被动地等别人来结交自己。要想交到朋友，就必须主动接纳别人，如主动与人打招呼，主动关心、帮助他人，主动化解人际冲突等。

扫码观看"大学生人际交往中的艺术"视频

热情是最能打动人和吸引人的特质之一。一个充满热情的人很容易用自己的良性情绪感染别人，主动和人打招呼、微笑，让人感受到被尊重、被接纳的愉悦和轻松，从而喜欢和他交往。

主动关心、帮助他人，可建立良好的第一印象，缩短彼此的心理距离，快速建立起密切的关系。这种关心、帮助并非简单指金钱、物质方面的帮助，更重要的是出于真心的情感上的交流、精神上的慰藉，以及对痛苦的分担和对困难的解决。因此，日常生活中的"雪中送炭""患难之交"往往能使人们建立起深厚的友谊。而当遇到人际冲突或矛盾时，主动交往的人常常能首先伸出橄榄枝，积极地想办法化解矛盾，及时消除隔阂，使人际关系得以维护和发展。

二、善于发现并赞美别人的优点

美国著名心理学家威廉·詹姆斯曾说过："人性中最深切的禀质，就是被人赏识的渴望。"渴望别人的赞扬和肯定是人的一种自然天性。当个体满足他人被欣赏的需要时，自身同时也能收获好的人缘。人们通常喜欢"喜欢自己的人"。赞美他人既能带给别人快乐，也能带给自己快乐，正所谓"赠人玫瑰，手有余香"。当然，赞美也须讲究一定的方式，才能达到"良言一句三冬暖"的效果。

1. 赞美要真诚、适度

在与同学相处的过程中，运用恰当的机会给别人以赞美，如"你真能体谅人""你的组织协调能力的确很强""这种发型使你显得更加美丽""你真能干"等话语，别人听了，即使嘴上没说，心里也会很高兴和感激。赞美是一种既激励别人又激励自己的人际协调技术。相处中因赞美而使大家自信、充满快乐，因赞美而化解了心中的积怨与矛盾，因赞美而使陌生人成为挚友，使朋友成为知己。不论关系的亲疏程度如何，适当的赞美都必不可少。

不过，需要注意的是，赞美不是夸大事实、胡吹乱侃，而是要真诚、适度。如果不分时间、地点、场合，随意地赞美别人，或夸奖的内容是对方所不具备的，则会令人感觉言不由衷、不真诚，反而会影响彼此之间的交往。

2. 赞扬他人身上并非显而易见的特点、优点

赞美最好在意料之外，又在情理之中。若一个人的优点已经是公认的事实，此时再多说不免显得俗套。如果能设法赞美连他本人都未意识到的优点，这份独特的重视就足

以打动他。当然，一定要在情理之中。只要用心感受，留意寻找，你就能发现每个人都有其特点和优点。

三、批评讲究方式

"对朋友在得意忘形时的劝告，同对他在悲痛失望时的鼓励一样可贵。"尽管人都不喜欢受到批评和指责，但批评又是一剂帮助成长的良药。要使批评有效，必须注意以下几点。

1. 注意场合

批评尽量在只有双方在场的情况下进行。当着他人的面批评别人，对方很可能首先意识到自己的形象和自尊受损，而不是自己所犯的错误，使得批评只会增加对方的反感和抵触。

2. 从赞扬和诚心的感谢入手

赞扬和感谢可以提高对方的自信和自尊，从而在感情上产生接纳。在这种背景下，个体诚恳地提出批评，对方往往更容易接受。

3. 对事不对人

不要将事情和对方的人格、能力牵扯到一起。因为人格、能力比具体的事情更重要。在肯定对方人品、能力的前提下，以提出希望的形式间接让对方知道应该改进的缺点。

4. 不翻旧账，理性批评

在批评别人的时候，有的人爱翻旧账，像"你怎么总是……"之类的批评形式，实际上等于贬低对方人品，令人无法心平气和地接受。理性批评应该针对现在、此情此景、就事论事，公正合理地提出对方的优点和缺点，方能使被批评的人接受。

5. 批评前先提出自己的错误

被批评者在批评面前会有一种错觉，似乎批评者在用批评显示他的优越。如果批评者先提到自己的不足，可以明显弱化人们的这种意识，使个体更容易接受批评。

6. 间接提醒他人注意自己的错误

个体不能轻易承认自己不足的根本心理障碍是对自我遭到否定的恐惧。如果批评者不直接批评，而是间接地暗示，比如用"我想""假如""或许"等字眼，则可以使人避免自我否定的恐惧，使人顺利地接受批评。

7. 批评他人前，先反思自己

人们往往容易原谅自己的缺点，而对他人苛刻。个体不妨先反思对别人的不满之处，自己做得如何。不要试图去改变他人，而是先改变自己，自己首先做好，可促使对方意识到自己的问题而自我改进。在人际交往中，总体原则应该是多赞扬、少批评。批评要有建设性，最好能以讨论问题的方式展开，这样既能解决问题，又对双方的发展有利。

四、善对分歧

讨论问题是有益的，然而，纠缠不清的争论绝对没有好处。争论和讨论有什么差别呢？争论是试图强行改变别人的观点，结果总有一方"赢"，一方"输"。讨论是交流思想，目的在于找出对彼此有效的解决办法，结果可能创造一个双赢的局面。

在遇到自己的观点与别人的观点存在分歧的情况时，可遵循以下几条指导原则来解决分歧，同时又能处理好双方关系。

1. **对分歧持欢迎的态度**

别人向你指出你没有想到的情况，你应该表示感谢。也许分歧正是你纠正自己的观点、避免犯大错误的机会。应抱着"有则改之，无则加勉"的态度对待分歧。

2. **不要急于为自己辩护**

人们遇到分歧时，第一反应是为自己辩护。需要注意的是，每当你立即为自己找理由辩护时，过后往往难以改变立场，也会使自己无法从对方的观点中受益，要保持冷静，注意不要第一时间为自己辩护。

3. **控制自己的情绪**

发怒使思想交流更难，而不是更易。愤怒情绪发生的特点在于短暂，"气头"过后，矛盾就较为容易解决。当别人的想法你不能苟同，而一时又觉得自己很难说服对方时，闭口倾听，会使对方意识到，听话的人对他的观点感兴趣，这样不仅压住了自己的"气头"，同时有利于削弱和避开对方的"气头"。

4. **先听对方的意见**

英国著名政治家、历史学家帕金森和英国知名管理学家拉斯托姆吉，在合著的《知人善任》一书中谈道："如果发生了争吵，切记免开尊口。先听听别人的意见，让别人把话说完，要尽量做到虚心诚恳，通情达理。靠争吵绝对难以赢得人心，立竿见影的办法是彼此交心。"先给对方发表意见的机会，并且不要抗拒，不要为自己辩护，也不要辩论，这些只会成为思想交流的障碍。要努力架起理解之桥，而不是误解之障。

5. **寻找共同点**

听对方讲完之后，先仔细想想自己与对方的相同点。这样做能使双方保持良好的关系，为找到对双方有利的解决办法打下基础。态度尽可能和蔼，在原则问题上坚守立场，在枝节问题上灵活处理。

6. **要诚实和敢于认错**

看看有什么地方是自己弄错了，如有就向对方承认，请他原谅。这样做会使他卸下武装，使他不再步步为营，还可以让你洒脱地继续向你的最终目标前进，找到对双方都有利的解决办法。敢于承认错误是大智慧，但不可强求别人认错。

7. **仔细研究对方的观点**

当你说要考虑对方的观点时，要说到做到，对方也许是对的。如果你不理会对方的意见，讨论将毫无结果。

8. **真诚地感谢对方对问题表现出兴趣**

把对方设想成一个真心实意要帮助你的人，感谢对方对这个问题感兴趣，那么通常对方会愿意花时间表达不同意见，最后还会成为你的好朋友。

9. 暂缓行动，给双方时间思考

建议当天迟些或第二天再碰头一次，以便将全部情况都考虑清楚。同理心对沟通起着最重要的作用。如果人人都对他人抱有强烈的爱心，都尽力设身处地地去理解而不是去指责别人，这个世界就会减少许多争论和失败的沟通。记住你的目标不是独赢，而是双赢。

五、建设性地交谈

交谈是沟通信息与情感的主要方式。在交谈过程中，只有双方的兴趣和关注焦点汇聚在一起时，交谈才成为双方同等积极卷入的过程，才能真正起到有效沟通信息和增进友情的作用。所以谈话内容不是只集中在自己的需要上，而是符合别人的兴趣，鼓励对方谈论自己，而且要避免过早、过多地评论。

语言交谈不仅要谈，而且要学会听。倾听不仅是一种技巧，更体现一种个人修养，表现出一个人的综合素质。交流时需要耐心地倾听，一边听一边细细品味，感受对方的情绪和心理变化，同时要做出适当的反应，集中精神，表情自然，保持与对方的目光交流，适当地、嘉许地点头，或是用微笑来表示你很乐意倾听，真诚地与对方进行情感交流，这样对方才会更有兴致地继续说下去。如果需要表达自己的见解，则应该在对方谈话中有所停顿的时候礼貌地插话；如有疑问，也可以提出一些富有启发性的问题，这样对方会感到你对他的话很重视而乐意和你交谈。善于倾听的人，是善于沟通并赢得人心的人。

六、换位思考

卡内基梅隆大学的商学教授罗伯特·凯利，在加利福尼亚州某电脑公司遇到一位程序设计员和他的上司就某一软件的价值问题发生争执，凯利建议他们互相站在对方的立场来争辩，结果五分钟后，双方便认清了彼此的表现有多么可笑，大家都笑了起来，很快便找到了解决问题的办法。

扫码观看"宿舍关系"视频（精品微课）

换位思考对沟通起着非常重要的作用。经常站在对方的角度去理解和处理问题，一切就会变得简单许多。一般而言，善于交往的人，往往善于发现他人的价值，懂得尊重他人，愿意信任他人，对人宽容，能容忍他人有不同的观点和行为，不斤斤计较他人的过失，在可能的范围内帮助他人而不是指责他人，因为他懂得"你要别人怎样对待你，你就得怎样对待别人"，懂得"己所不欲，勿施于人"，懂得"得到朋友的最好办法是使自己成为别人的朋友"，懂得"别人是别人而不是自己"，因而与人相处时应求大同、存小异。

和人相处的黄金规则，就是"像你希望别人如何对待你那样去对待别人"。在大学生活中，人际关系的新特点还表现在不能仅以自己的标准要求别人，还应认识到自己的行为和生活方式也可能是别人所不能接受和喜欢的。因而，当彼此间发生冲突或不协调时，要逐渐学会设身处地为别人着想，做到相互谅解和彼此适应。

大学生只要勇于在社交中锻炼，将人际交往艺术运用于实践中，个人交际能力就能不断得到提高，从而建立友好的人际关系，在人与人和睦的相处中获得更多的快乐。

》任务五　注意大学生的网络人际交往《

2024年3月22日，中国互联网络信息中心（CNNIC）已完成第53次《中国互联网络发展状况统计报告》，报告中详细分析了中国网民规模情况，截至2023年12月，我国网民规模达10.92亿人，较2022年12月新增网民2480万人，互联网普及率达77.5%。手机网民规模达10.1亿人，较2022年12月增长2562万人，网民使用手机上网的比例为99.9%。互联网使人们的人际交往方式发生了极大变化，尤其在大学生群体中，微信、微博、QQ等社交平台成为重要的交友途径，占据了大学生人际交往的大量时间，也给人际交往方式带来新变化。

一、大学生网络人际交往的特点

（一）网络交流的自主性和广泛性

随着互联网信息技术的飞速发展，各种各样的社交平台与网络聊天工具层出不穷，使用非常便捷，很快为大学生所接受，这极大突破了以往人际交流中的时空限制，使得大学生可以在各种虚拟空间中与他人进行频繁互动，互动范围也在进一步扩大，大学生已经形成了相当规模的交际朋友圈。

（二）网络人际交往更加凸显平等性和随意性

在网络人际交往中，人们可以基于共同的兴趣、爱好、需要，自由地选择交往对象，现实生活中的身份和地位在网络交往中的影响较少，网友之间的关系相对平等。在这样的背景下，人们会暂时放下传统文化中的等级观念，以相对轻松、自由的状态沟通交流，由心而发地交换感受，从而获得与现实生活不同的交友体验。

（三）网络人际交往中的匿名性和虚拟性

在网络虚拟社会中，网络交往的匿名性和虚拟性更好地隐藏了个人身份信息，弱化了社会角色和责任。大学生可以根据需要"DIY"各种身份、角色，出现在不同的交往场合中，随心所欲地选择交往对象，在一定范围内畅所欲言，这就使得他们的表达相对随意、轻松。

二、网络人际交往对大学生的积极影响

（一）网络人际交往降低了大学生的交往成本，使交往空间更广阔

传统的人际交往是通过会面、书信、电话等多种不同形式来完成交流的，但是在网

络环境之下，人们可以通过微信、QQ、微博等多种不同社交平台进行交流，人际交往跨越了空间和地域限制，极大地降低了交流成本，提高了人际交往效率。一方面，无论是在家乡的父母亲戚，还是在异国他乡的朋友知己，只要通过一部手机就可以随时随地联系，及时发送信息和沟通感情。另一方面，互联网上广阔的资源和海量的信息也使得大学生可以认识很多新朋友。大学生群体接受新事物的能力很强，他们时刻保持对社会的好奇心，非常渴望结识志同道合的伙伴来充实自己的社交生活。借助网络社交工具能够帮助大学生结交新朋友，因此他们很乐于在网络上建立新的人际关系，拓宽朋友圈范围，还有可能收获纯真的友情与爱情。

（二）网络人际交往有利于情感交流，激发大学生交往中的主动性和积极性

正是由于网络在人际交往中存在平等性及匿名性等特征，不像现实生活中的交往需要顾及很多因素，大学生可以不受外在条件的限制，可以隐藏自己的真实身份，选择自己喜欢的交流方式和交往对象，交往过程中双方的地位是平等的，没有利益关系甚至素未谋面，这就使得交往主体能够放平心态、敞开心扉，轻松愉悦地进行自我展示与自我表达，此时情感沟通更加真实自然。网络平台的交流方式也相对丰富多样，有时候一个字、一个表情包、一堆字母符号就可以轻松表达自己的感受和想法，双方在会心一笑的同时，充分地感受到被理解、被接受的满足感，这种满足感可以更好地激发大学生的交往积极性。

（三）网络人际交往是大学生获得社会支持的途径之一

社会支持通常是指来自社会各方面，包括父母、亲戚、朋友等给予个体的精神或物质上的帮助和支持的系统。大学阶段，个体的自我意识逐渐稳定，但是应对问题的能力不足，较容易产生挫折感和情绪问题。社会支持在大学生处于逆境中时是十分重要的，大学生们在与人交往的过程中虽具有强烈的交往需求，但由于自身性格、交往技巧等问题，无法交到更多的朋友，在遇到困难之时也无法向他人诉说，这就导致大学生压力较大，内心苦闷。而由于网络自身独有的特点，大学生可以在网上结交网友，获得网友的理解支持。有研究发现，频繁使用网络社交平台的大学生会感觉自己内心的孤独感明显减少。社交平台在一定程度上能够缓解使用者内心的孤独与烦恼，大学生可以通过与网友聊天、在社交网站分享自己的喜怒哀乐等形式来获取心灵的慰藉。有些具有情绪障碍的大学生，如抑郁症患者，不愿将痛苦向家人或同学诉说，或者不能被身边的人理解，而选择在网络上倾诉，反而获得更多人的理解和支持；有些人会上网寻找同类的群体，病友之间互诉衷肠、相互鼓励，从而得到积极的力量，帮助他们勇敢地面对困境。对于一些现实生活中缺乏社会支持的大学生来说，网络人际关系不失为一种好的补充。

三、网络人际交往对大学生的消极影响

（一）网络人际交往影响到大学生的现实交往

【案例10】小夏是大二学生，普通长相，性格内向，家境一般，他一直觉得自己是一个不起眼的人，所以在班级和宿舍里都很少说话，没什么朋友。但是在网络世界里，

他是截然不同的一个人。他喜欢打游戏，通过游戏认识了很多朋友，他们在游戏中并肩作战，相互支持，好像患难与共的战友，在网友面前他显得聪明、果敢、自信。有时候大家还会闲聊调侃、交流感受，和他们在一起感觉很轻松，好像这些人才是他真正的朋友。跟现实生活比起来，小夏更愿意和网上的朋友交流。

网络世界本身就是虚拟世界，大学生终究需要回归到现实生活之中，一些大学生过于热衷在网上发展人际关系，使自己完全沉迷于网络精神世界。一些大学生非常善于使用微信、QQ等不同网络聊天软件与他人进行交流，但是却无法顺畅地与他人面对面地进行沟通，以至于他们在现实生活中几乎没有朋友，长此以往可能会丧失基本的社交能力。一旦步入现实生活中，就可能遇到各种各样的人际交往障碍，导致他们更加倾向于在网络中找到精神寄托。

（二）网络人际交往可能导致大学生出现角色混乱现象

【案例11】小林等三个同学一起找到辅导员，反映对舍友安娜的不满。安娜一直跟她们说自己父亲是开公司的，家里很富有，她有一个富二代男朋友，还有很多追求者，经常给她寄礼物，她经常在朋友圈、微博上晒她收到的鲜花、礼物，还经常晒各种旅游、高消费的生活照片，让同学们羡慕不已。后来一次偶然的机会，安娜的妈妈加了小林的微信，通过深入的了解，小林她们才知道，安娜的父亲早逝，母亲独自辛苦抚养安娜成长，家境并不富裕，她也没有男朋友。小林就此质问安娜，安娜才坦言她之前说的富裕男友和追求者都是假的，平时收到的礼物和鲜花都是她自己买的，谎称是别人送的。朋友圈发的旅游、高消费的照片也是从网上搜索的，并不是自己的生活。她这么做，只是希望别人能羡慕自己，看得起自己，谎话说得多了，她都有点分不清哪个才是真正的自己了。

在现实生活中，人们扮演着各种不同的角色，通过印象管理来塑造自己的角色，巩固自身的人际关系，比如大学生通过言行规范、勤奋好学塑造好学生的角色。在网络社会中，一个人也可以塑造多个不同的角色，甚至是虚构的角色。有些大学生在网上和他人交往时，常常以和自己真实身份相差非常悬殊的虚拟身份进行，与现实中的自己存在反差。可能一些学生在现实生活中内心非常狭隘，但是在网上又显得宽宏大量；也有一些学生在实际生活中饱经艰难，在网上却塑造成人生赢家。当多重角色存在冲突之时，就可能使人出现心理问题，甚至会导致精神疾病。

（三）网络人际交往弱化了学生责任感

【案例12】2017年2月3日，微信公众号"校园司令"发布了一条信息，称大连某高校一名大四学生王某，大年初六到青岛洽谈业务，在青岛机场打出租车时被歹徒绑架，并勒索钱财1万元。其间三次拨打110，但是青岛警方却以"涉案金额太少，不够立案"为由敷衍。该信息详细叙述了王某被绑架、勒索和报警过程，并附有微信截屏，随后被多家网站转发。

该文章被多方转发后，青岛警方立即展开调查，调查民警经过多方努力，终于在2月8日将藏匿在大连的王某找到。王某向警方交代了编造虚假信息的情况：2016年12

月,青岛的王某川和他的一个学弟通过百度"高考吧"找到自己,请其帮"状元笔记吧"做宣传推广。王某川的学弟还用支付宝给其转了1.1万元,并定于2017年1月底到青岛谈贴吧合作事宜。见面后,王某川斥责王某为他虚假增粉,两人发生纠纷。为解决与王某川的纠纷,王某让其姐姐通过支付宝还给王某川1万元并离开。当晚回到了家中,越想越气愤的王某,在自己所在的一个微信群里说了该事,并撒了谎,称自己在青岛被人绑架,并且拨打110,但是警察不管。稍后有一个自称是"校园司令"编辑部的人联系王某,说要把该事编辑并发表出去。正在气头上的王某胡编乱造了一通,于是便有了《大学生白天遭绑架,多次报警均被敷衍 警方:金额太少,不能立案》的文章在互联网上流传,并造成恶劣影响。

2月10日,经过警方的多方努力,2月3日公众号的谣言终于调查清楚。这是一则虚构事实、蓄意编造的网络谣言。违法行为人王某(女,22岁,大连市瓦房店人)违反《中华人民共和国治安管理处罚法》第二十五条规定,构成散布谣言故意扰乱公共秩序罪,城阳公安分局依法对其处以行政拘留10日并罚款500元。发布虚假信息的网站已通报属地公安机关依规处理。

由于网络交往的匿名性特点,一些人以为不必为自身的言论承担责任,便利用网络来散布谣言,或是发布各种暴力信息。这种行为一方面会导致不良信息的传播,可能会误导他人,从而导致人际关系失衡;另一方面,这种网络上的行为模式会迁移到现实生活中,容易形成偏听偏信、言行不负责任的表现,不利于大学生健康人格的形成。

(四)网络社交易导致大学生现实人际关系的信任危机

【案例13】小倩在某社交软件上认识了一位男网友,两人一见如故,交谈甚欢,后来两人相约见了面,小倩更加信任他,引以为知己。过了不久,小倩遇到网络电信诈骗,无奈之下向男网友求助。听完小倩的遭遇后,该男子一边假装安慰小倩,一边声称自己"认识公安局的人",可以帮她追回损失。小倩信以为真,在接下来的几天时间里,该男子一人扮演多种身份,用多个账号与小倩聊天,最终诱骗小倩说出自己的支付宝账号密码。获得密码后,该男子在自己手机上登录购物网站并进行网购。"买了一堆东西,还买了一台空调,要不自己用,要不当作礼物送人了。"办案民警说。该男子还用小倩的支付宝账号租赁了一辆汽车,而小倩直到收到购物分期以及租车没有归还的短信后,才意识到被骗。随后小倩报案,经查明,该男子提供给小倩的姓名、工作单位和住址全是虚假信息。

一项有关网络人际关系信任度的调查显示了大学生进行网络社交时个人信息的公开状况,其中,23.65%的大学生不愿意公开自己的任何真实信息,在网络中保持着很强的戒备心理,43.98%的大学生会填写无关紧要的信息,21.99%的大学生会如实填写自己的大部分信息,仅有10.38%的大学生完全公开自己的信息。该数据表明,大学生在进行网络社交过程中大多做了一定的保密工作,他们采取各种方式掩盖自己的真实身份与他人交流。网络身份的隐匿性使人际交往双方充满神秘色彩,或许你交往对象的身份、经历、性格甚至性别都是虚假的。部分大学生在网络和现实中呈现出的是两种完全不同的人,但现实生活中的道德和法律规范严格约束着我们的言行,不允许弄虚作假。如果把网络虚拟角色体现在现实生活当中,就容易导致人与人之间最基本的诚信缺失。

四、大学生网络人际交往的建议

(一)理性看待网络交往与现实交往

不可否认,网络世界具有极强的诱惑力与吸引力,但我们要清醒地认识到,网络交友不能代替现实的人际关系,因此要珍惜身边的亲人和朋友,诚以待人,注重跟他们的沟通交流,不要让网络占据自己的主要时间,而忽略了与身边人的交往。认清虚拟的网络和现实生活的差别,切勿沉浸在网络的虚假信息中,如有些人喜欢在微博、朋友圈上立"人设",以获得别人关注,这些都需要我们掌握一定的判断能力,鉴别信息真伪。

(二)加强自律,避免形成网络社交依赖

网络交往是现实交往的延伸,而不能取代自己在现实生活中的各种交往,因此在工作学习之余,应尽量控制自己使用网络交友平台的时间,避免对网络社交的过度依赖。可以通过制订计划等方式控制上网时间,将精力投入到现实生活中,积极参加校内活动和社会实践,扩大人际交往圈。学习人际交往技巧,主动与身边的朋友进行沟通。当现实生活中建立起正常的社交圈,对网络交往的依赖就会减少。

(三)提高警惕,预防网络交友被骗

由于网络隐匿性比较高,法律监管存在一定困难,网络诈骗层出不穷。大学生社会经验少,容易相信别人,上网时要注意安全,对网络扑面而来的信息要有理性判断能力,不要轻信网上认识的"朋友",注意个人信息的保密。广州从化地区警方曾接到多起大学生被网络诈骗的报案,经查明,一名大学生利用社团干部的身份,通过网络渠道认识其他高校的学生,以各种名义借用受害学生的身份证在网络借贷平台借款,承诺按时还款并给予对方一定报酬。由于都是大学生,受害学生对诈骗者放松警惕,为了几百元的报酬,替其借贷几千元甚至上万元。当诈骗者突然销声匿迹,被害学生就要背负巨额债务,造成巨大的财产损失。互联网的发达极大地扩大了我们的交际圈,很多人微信上有几百个联系人,但我们要清醒地认识到,网络交友需要谨慎。

相互信任程度测试

信任量表用于测量关系密切者的相互信任程度,共有 18 个项目,涉及信任的三种内涵,分别为可预测性、可依靠性和可信赖性。可预测性指我们能否预见到同伴的特定行为,包括受我们欢迎的行为和不受我们欢迎的行为。量表作者雷佩尔和霍尔姆斯认为,凡行为能被预测者,其行为均具有连贯性(无论是一贯地好还是一贯地坏);而行为不可预测者,则不能赢得人们的信任。可依靠性是信任的最核心成分。而可信赖性则"使人们能毫无保留地确信同伴将继续负起责任并关心自己"。

阅读表6-2中的陈述并判断其是否符合你与同伴之间的关系，从下面挑选恰当的数值，表明你对该陈述同意或不同意的程度。

1＝完全不同意；2＝部分不同意；3＝略微不同意；4＝中性；5＝略微同意；6＝部分同意；7＝完全同意。表中P为可预测性，包括项目1、3、8、11、13、18；D为可依靠性，包括项目2、5、7、9、15、17；F为可信赖性，包括项目4、6、10、12、14、16。

表6-2 信任量表

序号	项目	完全不同意	部分不同意	略微不同意	中性	略微同意	部分同意	完全同意
1	我知道同伴将怎样做，他/她的行事总是不出我所料（P）	1	2	3	4	5	6	7
2	我发现同伴是一个完全可以依靠的人，尤其在遇到重大事件时（D）	1	2	3	4	5	6	7
3*	我同伴的行为变化莫测，我总是无法预料下一次他/她又会做出什么令我吃惊的事（P）	7	6	5	4	3	2	1
4	尽管时间在不停地流逝，未来谁也无法确定，但我相信无论发生什么事，我的同伴都会给我力量（F）	1	2	3	4	5	6	7
5*	根据过去的经验，我无法完全信赖同伴对我的承诺（D）	7	6	5	4	3	2	1
6*	有时我很难绝对肯定同伴会一直照顾我，未来太不确定了，随着时间的流逝，我们的关系会发生很大的变化（F）	7	6	5	4	3	2	1
7	我的同伴是一个十分诚实的人，即便他/她说出令人无法相信的话，别人也会相信他/她说的是事实（D）	1	2	3	4	5	6	7
8*	我的同伴让人不易捉摸，人们有时无法确定他/她将如何行事（P）	7	6	5	4	3	2	1
9	我的同伴已被证明是一个可以信赖的人，无论他/她与谁结婚，都绝不会做出不忠的事（即使有绝对的把握不被抓住）（D）	1	2	3	4	5	6	7
10	我从不认为无法预测的冲突和严重的紧张会损害我们之间的关系，因为我们的关系能经受任何暴风骤雨的考验（F）	1	2	3	4	5	6	7
11	我对同伴的行为方式十分熟悉，他/她做事总会有一定的规矩可循（P）	1	2	3	4	5	6	7
12*	如果以前我从未与同伴共同面临某一特殊问题，我也许会担心他/她可能不会顾及我的感情（F）	7	6	5	4	3	2	1

续上表

序号	项目	完全不同意	部分不同意	略微不同意	中性	略微同意	部分同意	完全同意
13*	即使在熟悉的场合，我也不能完全肯定同伴会重复上一次的行为方式（P）	7	6	5	4	3	2	1
14	面临未知的新环境时我感到十分安全，因为我知道同伴是绝不会让我吃亏的（F）	1	2	3	4	5	6	7
15*	我的同伴并不一定是可以让人信赖的人，我能想起他/她有好几次不可信赖的行为（D）	7	6	5	4	3	2	1
16*	一想到我在两人关系上的感情投资，我偶尔会感到不舒服，因为我很难对未来完全放心（F）	7	6	5	4	3	2	1
17*	事实证明我的同伴过去并非总是值得信任，有几次我曾犹豫是否让其参加容易暴露我弱点的活动（D）	7	6	5	4	3	2	1
18	我同伴的行为具有连贯性（P）	1	2	3	4	5	6	7

【计分方法与结果分析】

（1）项目1、2、4、7、9、10、11、14、18按得分进行记录。

（2）注＊号项目3、5、6、8、12、13、15、16和17按反序计分，如选"完全不同意"计7分，选"完全同意"则计1分。

（3）各项目得分累加即得量表总分。

（4）得分越高，表明信任度越高。

心理训练

【温馨提示】在本项目心理训练活动中，请注意以下4点：

（1）鼓励尊重和谨慎，在讨论敏感话题时注意自我暴露的"度"，并保护彼此的个人隐私；

（2）鼓励开放、尊重和包容，对组员不做批判和评价；

（3）鼓励互助，提倡组员相互支持和分享彼此的经验；

（4）在讨论过程中，如感觉不适可及时向老师提出，有需要可到心理咨询中心求助。

活动1　优点轰炸

一、活动目的

学习观察和发现别人的优点，并且直接表达对他人的欣赏，增强人际良性互动；同时，学习接纳他人的欣赏，体验被表扬的愉悦感，增强自信心。

二、活动要求

（1）5～10人为一个小组，围圈坐。

（2）每人发数张可制成帽子的彩纸。

（3）每位成员轮流站或坐在团体中间。

（4）组中每人轮流给中间的人找一个优点或令人欣赏之处，写在纸上，并制成帽子送给中间的人，请中间的人将优点大声地读出来，然后戴到头上。

（5）必须说优点，态度要诚恳，努力去发现他人的长处，不能毫无根据地吹捧。

（6）参加者要用心体验：被人称赞时的感受如何？怎样用心去发现别人的优点和长处？怎样做一个乐于欣赏他人的人？

（7）最后轮流谈活动感受，并由主持人做活动总结。

三、活动分享

日常交往中，听到别人对自己的赞扬时肯定是高兴的。"人性中最深切的禀质，就是被人赏识的渴望。"适时、恰当的赞美，是人际关系的润滑剂。欣赏别人是一种视角和胸怀，也是一种能力。学会欣赏，并且不要吝惜表达你的赞美。

活动2 单向交流与双向交流

一、活动目的

体会单方面交流和被迫接受信息的困难，从而强化采用互动的沟通方式进行交流。

二、活动要求

（1）请一位同学背向大家，口头描述一张事先准备好的图，不能有任何手势或动作。

（2）其他同学按照描述画图，其间不能提问，一切听从指挥。

（3）游戏完毕后将图展示给大家看，让大家核对所画的图是否准确。

（4）请另一位同学上台做这个游戏，但这次允许大家双向交流，看结果怎样。

（5）讨论：

①当我们只能被迫单向交流时，是否感到不顺畅、焦虑和困难？为什么？

②即使是双向交流，也会有人出错，这是为什么？

③读图者有哪些有效的表达？有哪些有待改进之处？

三、活动分享

单向交流常常使人得不到及时、准确的信息。有问题不能问，出了错也不能及时知道，就会让人无所适从，从而错误丛生。单向交流可以说是无效的沟通，有点像父母训孩子、老师满堂灌的味道，最简单的理由是没有回馈，听者对说者表达的内容必有或多或少的误解。因此，在人际沟通时注意双方的互动与回馈。表达者要正面表达自己的意思，减少扭曲、伪装、防卫，体会对方的感受；倾听者要确实"听到""听懂""听完"，同时，在互动过程中，要澄清自己所听到的、所了解的与对方所表达的是否一致，及时、恰当地给对方回应。只有彼此之间随时保持双向交流，才能使大家的意见都得到重视，才算是成功的沟通。

印度狼孩的故事——交往能力是后天学习得来的

1920年，在印度加尔各答发现两个狼孩：8岁的卡玛拉和2岁的阿玛拉（后者体弱，不久死亡）。由于她们自幼在狼窝里长大，脱离人类社会，所以不会说话，只会如狼般嚎叫，昼伏夜行，四肢爬行，吞食生肉。在印度人辛格的耐心抚育下，卡玛拉2年才学会站立，4年学会6个单词，6年才会走路，在她17岁临死时，只具有4岁儿童的智力水平。正是由于缺乏人际交往，得不到社会环境的熏陶，印度狼孩失去了人的心智和本性。

交往能力是后天学习得来的，如果一个人长期被剥夺与人交往的机会，缺乏社会交往的环境，就无法拥有正常人的心理，因而难以适应社会，难以在社会上独立生存和发展。

帮助别人就是帮助自己

有一名商人在漆黑的路上小心翼翼地走着，心里懊悔自己出门时为什么不带上照明的工具。忽然，前面出现了一点灯光，并渐渐地靠近他。灯光照亮了附近的路，商人走起路来也畅顺了一些。待到他靠近光源时，才发现那个提着灯笼走路的人竟然是一位盲人。

商人十分奇怪地问那位盲人："你双目失明，灯笼对你一点用处也没有，你为什么要提灯笼呢？不怕浪费灯油吗？"

盲人听了他的问话后，慢条斯理地回答道："在黑暗中行走时，别人往往看不见我，很容易撞到我。而我提着灯笼走路，灯光虽然不能让我看清前面的路，却能让别人看见我。这样，我就不会被别人撞到了。"

生活中很多时候，帮助别人其实是帮助自己。心与心之间架起一座桥，让对方先行，自己也能行得顺畅。"分享的喜悦是加倍的，分担的痛苦是减半的。"当我们手捧鲜花送给别人时，首先闻到花香的是我们自己；当我们抓起泥巴想抛向别人时，首先弄脏的也是我们自己的双手。帮助别人，总有一种快乐盈满心间，因此我们收获快乐的利息；帮助别人，总有一种感恩寄存在别人的心间，因此我们将收获感恩的利息；帮助别人，总有一种善念以循环的形式出现，让别人再去帮助别人，因此我们将收获回报的利息。在人生的漫漫旅途中，搬开别人脚下的石头，有时恰恰是为自己铺路。帮助别人其实就是帮助自己。

学习评价

项目	课堂评价标准	自我评分					小组互评				
学习态度	自觉按要求完成学习任务	5	4	3	2	1	5	4	3	2	1
	上课认真，课堂互动活跃	5	4	3	2	1	5	4	3	2	1
	在小组活动中具有团队合作精神	5	4	3	2	1	5	4	3	2	1
活动表现	服从活动安排，积极参与	5	4	3	2	1	5	4	3	2	1
	大胆发表个人观点，思路清晰，表达流畅	5	4	3	2	1	5	4	3	2	1
	乐于回应同学发言，分享有用资源	5	4	3	2	1	5	4	3	2	1
知识掌握	通过本项目的学习，你发现自己存在什么问题？你计划如何提高？（70分） 【答案填写】										
合计得分											
加权总分（自我评分×50% + 小组互评×50%）											

项目七　谈性说爱　成长成熟

——大学生性心理及恋爱心理

深学践悟

中国科学院心理研究所教授陈祉妍认为，当双方处于一段健康良好的恋爱关系中时，二人能为彼此带来更多的情绪支持，愿意努力去理解对方，互相扶持，同时在这一过程中能更深层地认识自己……关于追寻健康良好的恋爱关系，陈祉妍建议学校应加强恋爱心理健康教育，根据不同学生的发展特点，有针对性地设立相关课程，帮助大学生树立正确的婚恋观。

——李丹萍《为什么那么多的大学生不想"脱单"了》，《中国青年报》2023年4月12日

学习目标

• 知识目标：了解性心理健康相关知识，认识大学生恋爱心理的特点。

• 技能目标：了解大学生在性心理和恋爱心理方面存在的问题，掌握有效的沟通和交往技能。

• 自我认识目标：识别自己的性心理状态和恋爱中的行为模式，形成对性心理和恋爱心理的正确认识。

学习导图

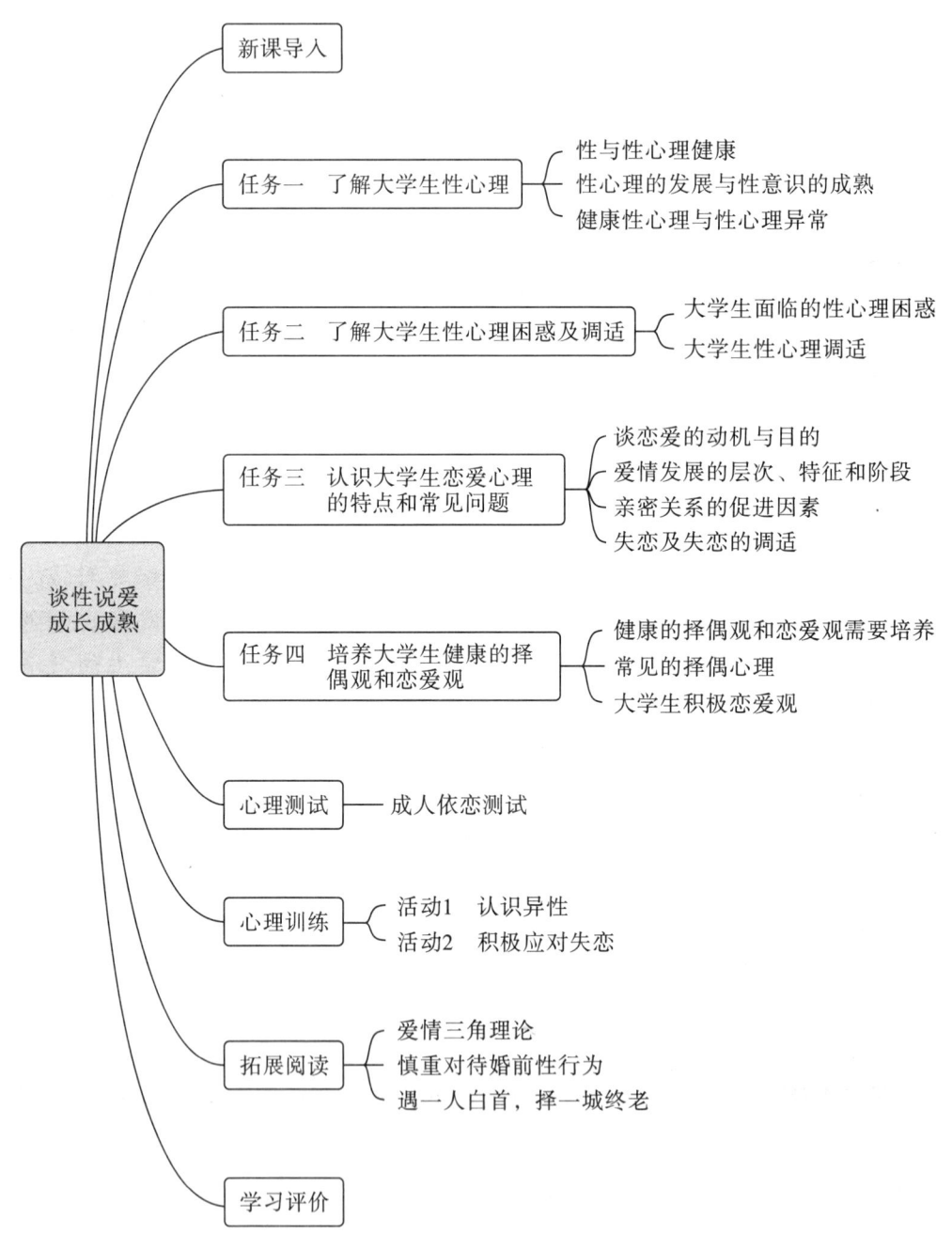

爱情配对实验

研究人员找来100位正值青春年华的大学生开展爱情配对实验，男女各半。然后制作了100张卡片，卡片上写了从1到100的数字。单数的50张卡片给男生，双数的50张卡片给女生。他们能够看到别人背后的数字，但不知道自己背后的数字。在这个实验中，要求这些男女生去找一位异性配对，两人背后的数字相加结果越大，获得的奖金就越多（奖金金额为编号总和的10倍）。实验人员提醒大家可以说任何话，但不能将对方背后的数字告诉她/他。

实验开始时由于大家都不知道自己背后的数字，只能观察别人，很快分数高的男生和女生就被大家找出来了。例如，99号男生和100号女生。这两人身边围了一大群人，大家都想说服他们和自己配成一对，但实验规定一个人不能和多个人配对。因此被邀请配对的人虽然不知道自己的分数具体是多少，但他们知道一定比其他人要高，从这些追求者殷切的眼神中就能看出来。

那些碰壁的追求者迫于无奈只能退而求其次，原本给自己定的目标是一定要找90号以上的人配对，慢慢地发现80多号也可以了，甚至70多号或者60多号也凑合。但那些数字太小的人只能到处碰壁，到处被拒，被嫌弃。实验结果显示，绝大多数人的配对对象其背后的数字都非常接近自己的数字，换言之，中国古人说的"门当户对"其实很有道理。比如55号男生，他的配对对象有80%的可能性是50～60号之间的女生，两人数字相差20以上的情况非常罕见。

这场心理学实验实则是人类恋爱行为的实验简化版。每个人在遇到异性时，出于本能会开始评价对方的价值。但人类的价值非常难评估，没有谁会把数字贴在自己的背后，而且人们往往还会故意夸大自己的价值。

这个小实验对你以及你向往的爱情生活有什么启发吗？如果你去谈恋爱，你会选择门当户对的对象吗？

任务一 了解大学生性心理

一、性与性心理健康

孔子说："饮食男女，人之大欲存焉！"性是成年男女一个亘古不变的话题。从广义上来讲，性包含一切与两性互动、对立有关的议题，包括性、性别和性别角色。例如，"相夫教子"是古代对传统女性的性别角色定位，而"女汉子"则是当前社会对女性观念和态度变化的一个反映。从狭义上来看，"性"更多地意指男女双方亲密的情感交流和身体行为接触。

身体是心理产生和发展的物质基础，个体在身体生长发育成熟的过程中，也伴随着心理的发展过程。性心理是指在性生理的基础上，与性征、性欲、性行为有关的心理状态和心理过程，也包括了与异性交往和婚恋的心理状态。性心理健康作为身心健康的一部分，与人的身体构造、生理功能、心理素质以及社会适应密切相关。

世界卫生组织对性心理健康所下的定义是：通过丰富和完善人格、人际交往和爱情方式，达到性行为在肉体、感情、理智和社会诸方面的圆满和协调。性心理健康是人类健康不容忽视的重要组成部分，因此在大学校园开展性教育非常必要。

二、性心理的发展和性意识的成熟

随着青春期第二性征的发展以及相应的身体变化，大学生逐渐将异性作为性能量投注的有效对象。这一时期的男女青年试着参与到异性朋友的生活中去，开始关心异性的身体变化和穿着打扮。同时，也会关心和在意异性朋友对自己各方面的评价。异性的生理变化在一定程度上激发了大学生的好奇心和自尊感，他（她）们试着将自己与异性父母的交往模式迁移过来，以帮助自己顺利地融入校园生活。他（她）们开始精心组织自己的语言，总结自己的交往模式，试图更好地理解异性，融入异性的生活。

青春期是儿童向成人过渡的中间阶段，是"人生历程的十字路口"，处于这一时期的青年人在身体结构上与儿童有别，又在心智水平上与成人不同。第二性征的发育和完成贯穿整个青春期。在此阶段，男女青年在心理方面的变化也反映在性心理领域：他们对性的意识，由不自觉到自觉；对活动对象的选择，由同性转为异性；对性的兴趣，由反感到爱慕到恋爱。但由于在整个青春期中，青年人的情绪浮躁摇摆，易感易变，如果不及时引导，他们常常会因为过度好奇、热情、幻想、冲动以及性欲的驱使而不能自制。若再受社会上某些不良现象的影响，会使某些青年滋长不健康的性心理，以致早恋早婚、荒废学业，甚至触犯法律，走上犯罪的道路。因此，不论青年本人、家长或老师，均应该对青春期的性心理变化有一定了解，要依据发展规律培养和引导青年人的性行为，做到有的放矢。

青春期内性意识的发展一般可以分为四个时期。

1. **性抵触期**

性抵触期指在青春发育之初一段较短的时期，青少年总想远远地避开异性，以少女表现得尤为明显，这主要与生理因素有关。由于第二性征的生理变化，使青少年对自身所发生的剧变感到惘然与害羞，本能地产生对异性的疏远和反感。这个时期持续1年左右。

2. **仰慕长者期**

在青春发育中期，男女青年常对周围环境中某些在体育、文艺、学识以及外貌上特别出众者（多是同性或异性的年长者），在精神上引发共鸣，仰慕爱戴、心向往之，而且尽量模仿长者的言谈举动，甚至入迷。

3. 向往异性期

青春发育后期，随着性发育的渐趋成熟，青年人对与自己年龄相当的异性产生兴趣，他们常常在外形上充当急先锋，试图通过制造新奇或玄幻来引人注目，并希望在接触过程中吸引异性关注自己不同于他人的方面。但由于青少年情绪不稳定，自我意识强，自尊敏感，在与异性接触的过程中，容易引起言语理解上的冲突，常因琐碎小事而争吵甚至绝交，可能会频繁地更换交往对象。

4. 恋爱期

这一时期青春发育完成，已达成年阶段，青年把情感集中寄予自己钟情的异性身上，彼此常在一起，情投意合，在学习、工作中互相支持和帮助，生活中互相体贴照顾，常常憧憬婚后的美满生活，并开始为未来组建家庭做准备。这时的青年男女对周围环境的注意减少，女青年常充满浪漫的幻想，向往被爱，易于多愁善感；男青年则有强烈爱别人的欲望，得到独立感的满足，他们的心情往往较兴奋。

三、健康性心理与性心理异常

健康的性心理有如下 5 条标准。

①具有科学的性知识：男性和女性生殖器官以及性别特征的差异，性的安全知识。

②认同与悦纳自己的生理性别，即男性应具有男性意识，女性应具有女性意识，无性别认同紊乱。

③伴随性器官和生理的成熟，有与年龄变化相一致的性欲和性反应，并能进行有理智的情感实现与控制。

④能正确认识和处理自己的性行为带来的后果，并具备社会道德责任感。

⑤能与同性和异性自然、和谐相处；在婚姻前提下的性生活符合男女平等、科学、卫生的原则。

性欲的满足是不同年龄阶段的个体都需要施展的行为，不同的个体满足的形式不同，多数人能正常发育为对异性的爱恋。健康性心理是指成年后将性爱指向异性，并能与异性和睦相处，伴随自身性器官和生理的成熟，有与年龄变化相一致的性欲和性反应，而且能通过正确途径满足性欲，疏导情感，度过幸福人生。同时，个体成年后能正确认识和处理自己的性能量，通过合理、卫生、健康的手段升华欲望，对自己的性行为负责，逐步承担自身角色要求的社会责任。

大学生对性的认识还停留在好奇、探索阶段，比较片面和肤浅，大学生也并不具备相应的情感经历以应对性行为所产生的生理和心理困惑，因此，多数学校并不鼓励大学生的婚前性行为。但是，由于青年学生性生理已经成熟，积聚在体内的性本能需要发泄，部分大学生家庭性教育不及时，且受其他负面影响，使得大学生也会表现出异常性心理行为。

在探讨了性心理与大学生活的基本理论，特别是性心理健康、性心理发展与成熟以及性心理健康与异常之后，下面将进入大学生性心理问题及调适的学习，专注于大学生在性心理发展中可能遭遇的具体困惑和挑战，以及如何有效地进行心理调适。

任务二　了解大学生性心理困惑及调适

一、大学生面临的性心理困惑

人到青春期，便进入了一生的黄金年华，性的成熟会促使青年追求异性，组建家庭，但同时也会给他们带来许多心理问题和令人困扰的事情。伴随着人性的全面解放，对人类性行为的认识受到普遍的重视和关心。怎样才能增进性爱和谐，如何去建立一个有利于个体健康的性心理，自然成为许多人的中心议题。人人都希望能获得美满的性生活，但这样的生活并不是在偶然交际中就能获取，也不是一种自然而然的现象，而是必须要借助对人类性心理的认识和了解，尤其是对自身和异性性心理的认识。

扫码观看"大学生的性安全与自我保护"视频

对于大一新生而言，他们刚刚度过高中紧张的学习生活，在步入大学校园后，身心迎来了全面的"解放"，他们自己掌控经济、时间等资源，自己调节情感，自由选择恋爱对象，但是，由于缺乏相应的心理训练和准备，大学生面临着许多性心理方面的困惑，主要有以下几方面。

（一）性器官、性生理的发展与性心理尚未成熟的矛盾

大学生已经完成了性生理方面的发展，第二性征在身体上出现了明显的性别差异。但是，由于缺乏与同龄人相处的经历，他们的性心理依旧停留在与异性长辈相处的阶段，缺乏明显的目标定向。他们卷入"爱情"的行为和节奏迅速，但是没有相应的心理资源支持，只顾情感的发泄和肉体快感的获得，短暂的恋爱同居可能为将来的婚姻挫折留下阴影。近些年，受一些影视作品"性解放""性泛滥"的影响，部分大学生没有相应的知识经验，大学期间怀孕、流产等事件时有发生，更有甚者，将孩子生在厕所、水房等地方。她们一方面担心父母知晓，另一方面又担心同学、老师发现，心理负担较重，所受的创伤也较大。

（二）对恋爱的热望与对异性心理了解不深的矛盾

情感的发展是学生在大学阶段的重要任务，学生在大学期间发展和固化道德感、理智感和美感，形成稳定的人生观和道德观。而恋爱观恰恰是上述各种观点和情感的集中体现。由于脱离家庭，学生对恋爱表现出强烈的好奇心，他们渴望恋爱，追求异性，试图通过建立单一定向的关系来获得身心满足，摆脱孤独感和寂寞感，憧憬美好的"双人"生活。但是，他们对异性心理的了解较少，常常表现出强烈的自我中心倾向，比较缺乏同理心，无法成熟地进行观点采择。恋爱动机单纯，择偶理想化，多以心目中对异性的期望来要求异性，遭遇挫折的可能性较大。

（三）性的身心需要与社会规范、道德责任之间的矛盾

性作为一种本能，表现为强烈的"肉体欲求"。由于性生理成熟，大学生表现出对性的身体和心理的需求，他们期待形成稳定的恋爱关系，能够有一个"知心爱人"，在自己遇到挫折、遭受痛苦时安慰自己、支持自己；在取得奖励、获得荣誉时和自己一起分享。但是，社会责任、道德规范又对大学生有所要求，大学是学习专业知识的重要阶段，也是多数学生结束自己在学校接受"系统教育"的最后阶段，学习任务重，一般情况下，学校和家长并不鼓励学生的恋爱行为。同时，由于对由恋爱而引发的道德问题缺乏相对成熟的认识，部分学生频繁地更换"伴侣"，造成自身和对他人的伤害，而自己并没有意识到由此引发的道德责任。

（四）情感依赖较重，心理承受能力薄弱

有的大学生希望延续在家庭生活中父母对自身的爱护和支持，试图通过恋爱寻求一种情感上的"照顾"和依恋，因此情感依赖较重，情感分化不完善，对挫折的应对能力还远远没有得到完善，秉承着"好心必有好报"的理念卷入情感生活，对个体差异的认识不到位，无法理解"一人之佳肴，他人之毒药"。过分理想化的关系认知导致他们常常将"争论"上升为挫折来应对，放大自己遭遇到的"伤害"，常常感叹"没人能理解我"。

（五）开放的性观念和表现上文饰性的矛盾

影视和文学作品对性及恋爱的描述影响了大学生的性观念，一些年轻人常常将爱情的初级阶段——性爱作为"你爱不爱我"的最后考验，以此来将"爱"等同于"性"，将爱情的内涵窄化和对象化，希望通过发生性行为来升华自己坚贞不渝的"爱情"。另一方面，面对爱情，多数学生又表现出"忸怩""羞涩"的"做作"。不知该如何谈恋爱，谈恋爱该做些什么，一起读书，还是一起逛街，抑或一起看电影？他们希望可以和自己的恋人共同完成很多事情，但是常常不知从哪里开始，最终发现有时候两个人在一起也很"无聊"。

（六）注重恋爱过程，未考虑恋爱结果

大学生普遍着眼于眼前的生活，对未来缺乏详细的规划，也没有强烈的"社会人"的责任感，考虑问题还不周全，对问题认识不足，缺乏恋爱行为的道德责任感。多数时候，大学生活的结束也是许多年轻人恋爱关系的结束。因为对于恋爱结果考虑较少，甚至没有考虑，大学生"不求天长地久，只求当下拥有"的心态较为普遍。

二、大学生性心理调适

性能量的发泄是大学生在大学生活中必须面对的一项长期而艰难的任务。毫不夸张地说，学生如何处理和调解自己遇到的性能量压抑，如何应对日益纷繁变化的发泄途径，并从中选择有效、有益、有用的路径是帮助他们过好大学生活的重要内容，具有切实有效的实践意义。通常，学生可以自行开展的活动包括以下内容。

（一）善于利用体育锻炼

体育锻炼是人的基本需要。通过体育活动和竞赛，学生可以正面、积极地将有限的能量释放在体育场上，既锻炼了身体，又增强了班级和团队凝聚力。适度、有效、鼓励团队合作的体育活动是大学生认识新朋友、加深同学间感情、保持心情愉快的有效途径。

（二）利用社团艺术活动升华情操

无论是音乐、美术，还是武术、文学，都是人类能量压抑后的升华。所以，大学生正确地将能量投射或将情感转移到相关领域，既可激发志向，升华情操，又能让自己在相应领域取得更好的成绩，提升自我效能和自尊水平。

（三）学会与异性的交往

无论是学生工作，还是社团活动，多数学生都喜欢男女同学搭配开展活动，通过与不同异性的接触和交流，可以逐步认识和欣赏异性，减少因想象而产生的羞涩和不理解，进而正确地评估自己与异性之间的互动方式，把握好相应的人际交往尺度和距离。同时，适当地参加诸如舞会、团体心理活动等，通过和异性进行身体接触达到系统脱敏效果，可以使得大学生互相之间的不熟悉和强烈渴望变得普通和自然。

（四）升华学习目标

通过高中阶段的学习，大学生活一个显著的变化是学生有时间、精力和经济能力来支持自己的性能量的发泄途径，部分学生经常感觉课程无聊而开始打游戏、通宵上网聊天，甚至还有部分学生在宿舍养宠物以打发时间，也有一部分同学通过旅游、泡吧等娱乐行为来排解空虚感。多数时候，学生没有将精力放在学习上的主要原因在于，他们无法发现有效的目标和切实可行的计划。大学生内心急于求成，不愿意通过艰苦的努力来实现较为长远的目标，而更愿意马上看到改变。依据心理发展规律和特点，不同年级的大学生应制定不同的奋斗目标，切实可行地去执行目标是发泄能量的有效途径。

任务三　认识大学生恋爱心理的特点和常见问题

一、谈恋爱的动机与目的

恩格斯认为，恋爱是人们彼此间以互相倾慕为基础的关系。霭理士在《性心理学》中指出，恋爱是一种吸引的情绪与自我屈服的感觉之和，其动机出于一种需要，而其目的在于获得可以满足需要的一个对象。因此，恋爱是人的自然性欲社会化的过程，最终目的是培养男女双方的爱情，满足个体的心理需要，是情感资源的社会互动过程。即个体将对某一异性的喜欢发展为爱情，并将其过程导向恋爱的轨道。

爱情指成年男女对异性的爱慕和念恋，具有排他性、守一性和对象性，是人类社会情感的高级形式。阿伦等认为，爱情的精髓体现为两个自我互相联系、互相倾诉、互相认同；两个自我保持其个性，但又共享很多活动，为彼此的相同之处感到愉悦并且互相支持，形成关系的交叠——我中有你，你中有我。另外，爱情通常以正常生理和异性感情为基础，具有强烈的互相吸引力和愉悦程度，是人的自然属性和社会属性的统一。爱情是个体自我意识和性心理发展到相对成熟时自然而然产生的社会感情，受到法律和道德的制约。男女双方彼此尊重是爱情的基础，忠诚和信任是爱情的保证，专一性或排他性是爱情的核心。

那么个体为什么要谈恋爱呢？首先是强烈的归属与爱的需要。在基本的生理需要获得满足之后，与异性建立持续而亲密的关系成为大学生较为普遍的情感需要。如果有一个能提供精神支持、可互相信赖的伴侣，个体就会感到被接纳和被赞许；坠入情网，人们会体会到抑制不住的愉悦。正是因为人们渴望被接纳和被爱，才会在恋爱方面投入时间、精力和情感。其次是从众心理。一部分同学的个人行为会成为另一部分同学产生同样行为的触发器。恋爱所激发的关系变化、情感卷入以及话题转移都会对未谈恋爱的同学造成较大的压力，获得话语权在单纯单调的大学生活中非常重要，部分同学的恋爱动机恰恰如此。最后是个体自我意识的变化。随着社会主义市场经济的深化，个体意识逐渐从国家责任和家庭义务转移到自身生活，大学生开始淡化政治意识、规避社会责任，学习动力不足，生活枯燥、乏味、了然无趣，恋爱行为就成为缓解闭锁、压抑精神状态的安慰剂。

二、爱情发展的层次、特征和阶段

卢家楣研究指出，爱情有三个层次和三个主要特征。三个层次从低到高依次是以性爱为主的层次、以情爱为主的层次、性爱和情爱的和谐统一。层次越高的爱情越牢固，越具有生命力。三个主要特征是排他与守一的统一、冲动与韧性的统一、自私与无私的统一。

爱情的心理发展阶段包括心动阶段、钟情阶段和成熟阶段。

扫码观看"逐爱旅程，步步为营"视频（精品微课）

（一）心动阶段

心动往往是恋爱的前奏，二者并没有建立具体的联系。当遇到的人恰恰是自己喜欢的类型，抑或有许多共同的兴趣爱好，能谈得来，又或者仅仅是因为对方的气质或某些特征，个体就会产生心动的感觉。心动来得迅速，诱发的因素众多，因此也并没有情感的深度卷入，仅仅是因为有"眼缘""来电感"——对方的外表或行为、言语打动了你。

（二）钟情阶段

由最初的感觉上升为情感的全面卷入，就步入了钟情阶段。钟情意味着和对方有情感上的互相支持和包容，表现在行为层面就是常常希望和对方在一起，感觉到在心理上需要对方，有强烈的情感共鸣，对许多事物诱发的情感体验趋向一致，比如喜欢某一种食物、讨厌某一个人等。

（三）成熟阶段

当情感上具有了强烈的归属感后，认知开始重新评估恋爱双方亲密关系的本质。爱情不仅仅是感觉和情感的卷入，还包括对对方生活中一切方面的全面认可，客观地评价对方的优缺点，在理智层面接受对方的缺点，在情感层面也不产生厌恶感。由对个体的"盲目"爱慕发展为成熟稳定的认知、情感卷入。在人生观、价值观方面取得较多一致，在理智感、道德感、美感方面能互相促进、互相影响，逐步形成你中有我、我中有你的和谐局面。

三、亲密关系的促进因素

亲密关系的发展不能一蹴而就，它需要一些可靠的心理基础和行为技巧。当然，任何技巧的过度使用都会对亲密关系产生阻碍，但是，恰当的技巧就像润滑剂一样，会促进亲密关系的健康发展。

（一）安全型依恋

爱情不仅仅是一种选择的体验，更是一种生物性的驱使，其目的在于满足个体归属和爱的需要。爱情中的依恋指双方的理解，提供和接受支持，重视并享受和相爱的人在一起，如身体上的亲昵、排他性的期待、对爱人的迷恋。在依恋类型中，安全型依恋是亲密关系展开的心理基础，它经常表现为尊重、理解和宽容。研究表明，敏感的、反应型的母亲会让孩子对于世界的可靠性形成一种基本的信任感，她们一般会培养出安全型依恋的孩子。在童年期曾经受到过悉心养育的人往往会和他们日后的伴侣发展出温馨而具有支持性的感情。

扫码观看"大学生爱的能力"视频

（二）公平

伴侣从感情中所得到的应该和双方各自投入的多少成正比。如果两个人的所得相同，贡献也应该相同；如果两个人都觉得自己的所得和付出成正比，公平感油然而生，否则其中一方会体验到不公平。在持续时间较长的人际关系中，比如室友或爱人之间，公平感极其重要，一个长期体验到不公平感的个体是不会主动去维护一段令人难受的关系的。当然，公平感的获得并不是追求完全相同的交换，而是更随意地通过一些不同利益的交换来达到。不斤斤计较是产生公平感的基础。在婚姻中，如果双方明确要求对方该如何做时，可能并不会起到良好的效果。而当对方自愿做出某种正向的行为时，爱情才真正发生。研究表明，乐意在恋爱关系中做贡献的人所建立的恋爱关系的质量比回避奉献的人要好，而且有更高的个人幸福感。公平常常意味着分享和承担。Haas 和 Stafford（1998）指出，通过分享任务和活动来保持与对方的接近是维持长久爱情关系最常使用的策略。

另外，长期公平原则还可以解释为什么婚姻双方的"资源"往往需要相对等，比如外表吸引力、社会地位等方面往往是匹配的。不公平感体验会导致婚姻紧张，而婚姻紧张又进一步加强不公平感。处于公平关系中的人们往往满意度更高，那些认为其关系不平等的人会觉得不舒服，被占便宜的一方感到愤怒，占了便宜的一方觉得内疚。但是，多数时候，占了便宜的一方对于不公平较为不敏感。例如，大部分的丈夫会觉得他们自己做的家务比妻子认为的要多得多，即使他们仅仅是擦擦地板。

（三）自我表露

深厚的伴侣关系是亲密无间的。这种关系使人们能真实地展现自己，并且可以从中知道自己被他人接受的程度。信任取代了焦虑，使人们更容易展现自己，而不需要担心失去他人的友情或爱情。随着互相关系的深入和发展，自我表露的伴侣会越来越多地向对方展现自我，他们彼此的了解也越发深入。人们不仅喜欢那些敞开胸怀的人，而且会向自己喜欢的人敞开心扉。在进行自我表露之后，人们会增加互信和喜爱感。

四、失恋及失恋的调适

（一）失恋

失恋是指恋爱关系中双方由于各种原因放弃与对方保持亲密关系的现象。失恋是大学生恋爱中最为常见的负性事件，在大学生寻求的心理咨询中所占的比例较高，为37.68%。李瑜（2019）在对460名高等职业技术学院在校学生的调查中发现，在进入大学前，近七成"00后"大一新生有过恋爱经历，其中恋爱经历在2次以上（含2次）的占30%。在进入大学后3个月的时间里，感情发生变化的大一新生占23%，其中经历分手变化的占三分之二。大学生失恋的原因主要包含主观和客观两方面。主观上，性格不合、志趣不投、价值观不同、消费观有差异、对异性缺乏应有的了解和尊重、沟通模式单一、情感分享失败等均会造成大学生失恋。客观上，父母反对、异地相恋、毕业、第三者介入等也是失恋的重要原因。同时，随着个性化的彰显，部分大学生恋爱动机不纯，觉得恋爱是为了解决自己的孤独感、寂寞感，甚至是改善物质生活条件等，这些也多以失恋告终。

失恋所造成的一刀两断会产生一系列可以预料的结果，最初是对失去的伴侣不能释怀，之后是深深的悲伤，最后开始了情感上的分离并回到正常生活中。分离是一种心理过程，而不仅仅是一个事件。情侣之间关系越是亲密、长久，可选择的其他对象越少，分手时就越痛苦。失恋引发的消极心理常常包括心理失衡、心理困惑、心理渺茫，充满虚无感、失落感、憎恶感和厌烦，内心烦恼无法排解、偏激、轻生、反复报复、自甘沉沦。当然，失恋也会导致大学生的心理健康水平下降，内在强烈的心理不适导致对学习无兴趣，消极低沉，甚至酗酒、暴饮暴食，并产生一定的强迫症状。

有趣的是，失恋双方所体会的痛苦程度取决于谁做出了那个决定。鲍麦斯特和沃特曼指出，在数月或数年之后，拒绝别人的爱比自己的爱被拒绝能够唤起人们更多的痛苦。人们的痛苦主要来自对伤害他人所感到的内疚，来自心碎爱人的执着所引起的不安，也来自不知该如何做出反应。丁兆叶（2020）的研究表明，大学生对待失恋态度各异，绝大多数大学生会采取比较理性的办法度过心理阴暗期，如25.1%的人选择"不成恋人，成朋友"，18.9%的人通过投身学习、运动等转移情绪，7.3%的人通过向朋友倾诉抚平创伤，21.8%的人会反省自己、提高完善自己等。失恋可以让大学生改变一些不切实际的恋爱动机，使单纯的恋爱精神追求转为恋爱的现实思考，促使大学生重新思考两性的关系，避免盲目行为和偏激思想。

（二）失恋的调适

多数大学生对恋爱这一美好事件缺乏负性思想准备，尤其是在自己信心满满和充满理想与憧憬的时候。当遭遇失恋时，他（她）们会感觉人生竟如此灰暗和无常，因此，失恋是青年学生遭遇的严重情感挫折之一。失恋常常带来强烈的耻辱感、情感混乱、内心沮丧、愤怒、抑郁等。失恋的大学生有时会选择伤害自己的身体以减轻精神层面的痛苦，也有少数极端个体通过骚扰前恋人来表达对失恋的不满，更有甚者，偏执到要伤害对方的身体才能发泄痛苦。所有这些行为都是对失恋的反应。颜笑等（2018）研究表明，失恋的哀伤阶段分为初分手时情绪、行为反应强烈，情绪低落、行为减少或转移注意痴迷其他事情，寻找与分手者的连接，放下感情、适应和准备开始新的生活4个阶段；在分手初期的男、女在反应方式上有所不同，且恋爱主动分手者在此阶段存在轻松、愧疚等情绪反应；如果分手后对方找到新的男/女朋友易再次引发较强烈的情感反应；因客观原因分手者，其哀伤反应中对未来有明显的期待。

总之，失恋是对一种亲密关系的解离，仿佛双方的触角、手足伸向对方，试图将两者紧紧绑定，但是因种种原因被利刃斩断，那样的痛楚常常令人无法释怀并患得患失。理智地面对这一切对许多人来说很艰难，有时候人们可能需要一些提醒，下面的问题或许会帮到你。

（1）失恋之后失去的到底是什么？

失去的是一个人、一种生活、一种希望，还是自己的信心、尊严？多数个体首先体会到尊严的丧失，之后才是生活方式的改变。爱一个人会付出许多，当进入爱一种生活阶段时，失恋常常较为痛苦和难舍。

（2）失恋之后没有失去的是什么？

悲痛的时候，人们更容易想到的是自己曾经失去的和被剥夺的，很少会想到可能仍然拥有的和没有失去的，即"损失厌恶"，而往往没有失去的东西才是更宝贵和重要的。例如，你摆脱了一个并不适合和你一起生活的人。

（3）我在失恋中获得了什么？

连自己失去什么都很少去考虑，就更不会去考虑自己可能在失恋中获得什么了，而这些其实更为关键，更能够让人产生积极的想法。至少你应该从积极的层面进行细致的思考，而感情的开始和终结终究会留下很多积极的经历或其他东西。

（4）除了失恋外，我们还容易在失恋后失去什么？

失去对未来恋爱的信心，或者是缺乏爱的能力，即"不能爱了"。但其实，多数时候，失恋仅仅代表了对方不适合你，没有更多的泛化意义。

（5）应对失恋的最好的办法是什么？

目前看来，远离前恋人，避免言语和情感刺激，以及等待时间冲刷记忆和自身情感经验的成熟都是最佳选择。时间和空间的隔离造成了感官刺激的减退，从而仅仅表现为精神层面的思想活动。缺乏感官刺激常常可以使人从失恋的漩涡中摆脱出来。经历过时间的洗礼和感官、思想的减退，一切都将恢复平静，若干年后，对于曾经的伤痛，人们常常一笑了之。

》任务四　培养大学生健康的择偶观和恋爱观《

一、健康的择偶观和恋爱观需要培养

当前社会正处于一个传统与现代交织更替转型的时期，人们强烈地感受到在性、爱情等方面出现的剧烈变化。价值判断的多元性和行为观念的多元化在一定程度上冲击着以往那种爱情价值评判体系和恋爱行为的相对稳定性。爱情和婚恋是大学阶段比较现实而又普遍的问题，当代大学生在爱情婚恋观上，越来越采取了比较开放、自我和随意的态度，呈现出婚恋观的价值多元化和情爱关系形式的多样化。具体表现为：①恋爱动机呈现多元化趋势；②择偶更注意个体内在素质，注意爱情等精神需要；③秉持注重双方忠诚的同时，对婚前性行为更为包容的爱情道德观。

扫码观看"大学生的爱情幸福预报"视频

但是，由于大学生自身道德理性的不成熟、主体角色的不明确以及客观上社会环境的影响，以至于恋爱行为表现出种种矛盾。因此，大学生形成良好、健康的择偶观和恋爱观至关重要。成熟的爱情意味着对对方差异和缺点的承认和接纳，在内心决定去爱一个人并对其做出长相厮守的承诺。爱情是可以经营的，它需要相爱的人共同去培育。因此，大学生应逐步培养健康、积极、成熟、独立的爱情观，意识到恋爱需要一定的妥协和接受，爱情需要经营。

二、常见的择偶心理

大量的材料和研究表明，无规则和无差异地选择配偶的社会不具有现实性，所有社会都存在关于谁同谁结婚的规范体系和具体规则。黑格尔认为，爱情对象的选择既具有心血来潮的偶然性，又带有主体方面的特殊癖性的必然性。择偶过程不是受潜意识左右，就是受经济规律或生物进化规律的支配。魏晓娟（2020）在对大学生婚恋观现状的调查分析中发现，大学生的婚恋观在一定程度上反映出对传统道德观念的承继，但同时又表现出了鲜明的时代特点：择偶标准不受家庭门第、物质条件的影响；重视个体素质和能力；存在放大婚姻的工具性价值倾向；对婚前性行为态度宽容，甚至部分大学生把爱情和婚姻分离开来；大学生婚恋观呈现出传统与现代并存、择偶理想与婚姻期望相矛盾的特点。

常见的择偶心理有以下几种。

（一）父母偶像理论

弗洛伊德认为，恋父和恋母情结对个体的恋爱、婚姻产生了长足的影响。个体选择和自己异性长辈性格、气质和生活方式相似的个体作为恋爱对象，是早期情结的延续。波盖特·维林对此理论进行补充后指出，大多数人容易爱上幼年时和自己亲近的父母一方或与父母相似的人。

从认知加工的角度而言，选择和自己异性长辈相似的个体，可以减少家庭中认知冲突的产生，继续延续家庭已经形成的较为成熟的生活风格和决策方式。另外，还可以在家庭事务力量对比上保持均衡，避免多对一的不良局面。

（二）同类匹配理论

人们在选择朋友，尤其是选择终身伴侣的时候，通常倾向于选择那些不仅在智力上，而且在外表上能够与自己匹配的人，即人们总是倾向于选择与自己的年龄、居住地、受教育程度、种族、宗教、社会阶级以及价值观等相近或类似的异性为配偶。

美国社会学家古德认为，"人们确实可以相信两个家庭所接受的联姻条件，往往是双方在经济上或社会上门当户对""一切择偶制度都倾向于'同类匹配'，即阶级地位大致相当的人才可结婚，这是讨价还价的产物""如果不考虑选择具有类似社会背景的人做配偶，婚姻就缺乏坚实的基础"。匹配涉及长远的公平问题，所以，门当户对依然具有很大的价值。所谓"门当户对"，是指男女在择偶时要相互考虑对方家庭财产的多寡和门第的高低与自己是否相当，以及社会地位、社会声望是否适合等。

实际上，匹配现象源于心理学中的相似性吸引，即当某个人拥有与自己相同的价值观等内容时，会自然而然地产生吸引力。

（三）资源交换理论或互补需要理论

资源交换理论认为，人们为某一特定的异性所吸引，是由其所能提供的资源决定的，假如某一资源不足，可以提供另一种资源作为补偿，如在包办婚姻中，劳动力、彩礼和异性所拥有的资源是最常见的交换。容颜姣好、长相英俊也可以被用来交换诸如社会经济地位、爱和关心以及自我牺牲等其他资源。

温奇的互补需要理论认为，虽然择偶同诸多因素有关，如年龄、种族、血统、住宅的邻近、社会经济地位、教育或先前的婚姻地位等相一致，但是当择偶表现为心理需求和个人动机时，它势必互补而非同一。它强调在择偶时人们的主要考虑是各种需要的相辅相成，例如支配欲强的个体往往选择依赖性强的异性为偶。

事实上，相似引发喜欢，不相似导致不喜欢，个体有一种偏好（错误的一致性偏好），倾向于认为别人与自己拥有同样的态度。当个体发现某人与自己的态度不一致时，他就会不喜欢某人。人与人在具体内容上能够互相满足，会产生强烈的人际间相互吸引，这就是互补定律。研究表明，任何一个团体，若全都是性格相近的人，很容易造成内部的不和谐，发生争执。性格相近的人需求类似，同时对一个事物产生需求的时候，就会产生利益冲突。

三、大学生积极的恋爱观

(一) 健康

妥善地对待自己和他人的感情,避免盲目的爱或者恨,更要妥善地对待自己的身体,不盲目地被一夜情的思想裹挟。负责任地选择自己的朋友——寻找自己的真爱,而不是人云亦云。在经营爱情的时候也要经营友情。

爱情只是生活的一部分,失恋是另外一种情感的表达方式,虽然令人痛苦,但也是人生的体验。

(二) 积极

爱情是互相扶持、互相鼓励,不断在学习上、工作上给予个体正能量的情感互动。大学生活中,学习是第一要务。没有成绩,爱情的物质基础无以为继。恋爱是以崇高的目标为导向的,单纯停留在性爱阶段的生活很容易让人厌倦,从而产生离弃行为。多数时候尽量放松自己,展现真实的自我,哪怕你有一些不好的想法,也要善于自我表露。努力培养共同的兴趣爱好,在做出决定的时候,你要清楚地意识到,你不孤单。

(三) 自立

自己是自己的主人——如果你能很好地控制自己的话,要避免盲目地干涉对方,以及在情感上依赖对方。专一的爱情会带来长久的幸福,省却了很多麻烦(如失恋、恋爱、再失恋、再恋爱),在整个过程中,你常常体会到恋爱的甜蜜滋味。但要避免过分地沉溺于恋爱关系,个体寻找一个伴侣,建立一种生活模式,这才是有归属的恋爱。

成人依恋测试

请阅读表7-1中的语句,并衡量你对情感关系的感受程度。请考虑你的所有关系(过去的和现在的),并选出与你的感受一致的选项,在相应数字上打"√"。如果你从来没有卷入情感关系中,请按你所认为的情感来回答。

请在量表每题之后的选项里选择与你的感受相一致的数字(1~5)。1代表"完全不符合",计1分;2代表"较不符合",计2分;3代表"不能确定",计3分;4代表"较符合",计4分;5代表"完全符合",计5分。其中,2、7、8、13、16、17、18题为反向计分条目,在评分时需进行反向计分转换,即5代表"完全不符合",计5分;4代表"较不符合",计4分;3代表"不能确定",计3分;2代表"较符合",计2分;1代表"完全符合",计1分。

表7-1 成人依恋量表测试题（修订版）

序号	题目	完全不符合	较不符合	不能确定	较符合	完全符合
1	我发现与人亲近比较容易	1	2	3	4	5
2*	我发现要我去依赖别人很困难	5	4	3	2	1
3	我时常担心伴侣并不是真心爱我	1	2	3	4	5
4	我发现别人并不愿像我希望的那样亲近我	1	2	3	4	5
5	能依赖别人让我感到很舒服	1	2	3	4	5
6	我不在乎别人太亲近我	1	2	3	4	5
7*	我发现当我需要别人帮助时，没人会帮我	5	4	3	2	1
8*	和别人亲近使我感到有些不舒服	5	4	3	2	1
9	我时常担心伴侣不想和我在一起	1	2	3	4	5
10	当我对别人表达我的情感时，我害怕他们与我的感觉会不一样	1	2	3	4	5
11	我时常怀疑伴侣是否真正关心我	1	2	3	4	5
12	我对别人所建立亲密的关系感到很舒服	1	2	3	4	5
13*	当有人在情感上太亲近我时，我感到不舒服	5	4	3	2	1
14	我知道当我需要别人帮助时，总有人会帮我	1	2	3	4	5
15	我想与人亲近，但担心自己会受到伤害	1	2	3	4	5
16*	我发现我很难完全信赖别人	5	4	3	2	1
17*	伴侣想要我在情感上更亲近一些，这常使我感到不舒服	5	4	3	2	1
18*	我不能肯定，在我需要时，总找得到可以依赖的人	5	4	3	2	1

【计分方法】

本量表包括3个分量表，分别是亲近、依赖和焦虑分量表，每个分量表由6个条目组成，共18个条目。其中，题目1、6、8、12、13、17为亲近分量表条目；题目2、5、7、14、16、18属于依赖分量表条目；题目3、4、9、10、11、15属于焦虑分量表条目。

先计算3个分量表的平均分数，再将亲近和依赖合并，产生1个亲近依赖复合维度。亲近依赖复合维度的计算方法为：亲近依赖均分 =（亲近分量表总分 + 依赖分量表总分）÷12。

【结果分析】

★安全型：亲近依赖均分>3，且焦虑均分<3。

★先占型：亲近依赖均分>3，且焦虑均分>3。

★拒绝型：亲近依赖均分<3，且焦虑均分<3。

★恐惧型：亲近依赖均分<3，且焦虑均分>3。

活动1 认识异性

一、活动目标

通过两性之间的集体探讨，认识两性心理和行为的差异，增进互相之间的了解，学习两性沟通的技巧，为将来的恋爱和家庭组建提供理论支持。

二、活动的理论依据

荣格认为集体无意识中包含阿尼玛（男性身体中的女性基质）和阿尼姆斯（女性身体中的男性基质）。不同的个体，其集体无意识中包含的异性基质不同，在与异性相处的过程中就会存在不同的理解和交往模式。例如极端胆汁质的男性完全不认同女性的哭哭啼啼，觉得她们烦人、经常小题大做，也并不在情感上尊重女性；而具有黏液质特征的男性则非常能够像女性一样关注细节，不断通过自身体验来理解女性，认同女性的行为模式和工作方式。因此，有必要通过集体探讨使得男性能够意识到他们认同的女性形象有什么不一致的地方，谁与女性的交往模式更具有效应。对于女性而言，道理同样如此。

三、活动的内容与方式

1. 热身破冰环节

通过小组分队的方式开始热身活动。常见的热身活动可以采取组合钱币或者介绍小组成员等方式来使大家熟络起来。之后，要求大家介绍自己小组的成员并作为考核。

2. 认识同性性别角色的差异和联系

将男生和女生分成两组，分别发给大家纸和笔，请大家写出自己对同性描述的5个词。之后，先在各自小组内讨论出现频率最高的10个词，在组内进行分享，认同的组员和不认同的组员分别阐述理由。然后将两个小组混合在一起，由对方对描述的词语进行评论，并说出自己的道理。评论要具体且不涉及对对方人格的评判，仅仅是一种思想层面的交锋。

3. 认识异性性别角色和差异

按照同样的操作过程，请大家写出自己对异性描述的5个词。之后，先在各自小组内讨论出现频率最高的10个词，在组内进行分享，认同的组员和不认同的组员分别阐述理由。然后将两个小组混合在一起，由对方对描述的词语进行评论，并说出自己的道理。

4. 两性特征再认识之心理剧

通过前面的人格特质书写，使学生意识到男女两性的差异，接下来用对不同性别的失恋的朋友进行劝导的心理剧表演来对刚刚探讨过的内容进行练习。第一，请男生劝导失恋的同性和异性朋友；第二，请女生劝导失恋的同性和异性朋友。教师通过对劝导语言的分析以及被劝导者的切身体会来帮助大学生了解男女两性的交往模式。

【注意事项】建议人数在20人以内，方便不同意见的及时表达，同时，建议每一位参与者都要发言，互相反馈内心的真实想法；鼓励针对问题进行辩论和讨论。教师要及时引导负面情绪的影响。

活动2　积极应对失恋

一、活动目标

通过心理剧的方式，让大学生体会到失恋对人的伤害，正确认识恋爱行为这一重要事件对个体的意义和价值。

二、活动的理论依据

心理剧是一种舞台剧的形式，它通过让受治疗者扮演剧中的某一角色，并体会角色的情感和思想，从而改变自己以前的行为习惯，完成内心感情的宣泄，获得解决内心问题的方法。完整的心理剧包括脚本、导演、主角、配角、观众以及舞台与道具六要素。五个阶段分别为暖身、排练、演出、分享和点评。

班杜拉的社会学习理论认为，个体的社会化过程可以不需要亲身体验和强化，观察学习和替代性强化也会塑造个人的行为，改变个人的思想，能够从根本上改变个体。他认为人的复杂行为主要是后天习得的。行为的习得既受遗传因素和生理因素的制约，又受后天经验环境的影响。班杜拉认为行为习得有两种不同的过程：一种是通过直接经验获得行为反应模式的过程，班杜拉把这种行为习得过程称为"通过反应的结果所进行的学习"，即直接经验的学习；另一种是通过观察示范者的行为而习得行为的过程，即间接经验的学习。

在观察学习的过程中，人们获得了示范活动的象征性表象，并引导适当的操作。观察学习的全过程由注意、保持、再现、动机等四个阶段（或四个子过程）构成。第一阶段是观察学习的起始环节，在注意过程中，示范者行动本身的特征、观察者本人的认知特征以及观察者和示范者之间的关系等诸多因素影响着学习的效果。第二阶段是保持阶段，示范者虽然不再出现，但他的行为仍给观察者以影响。要使示范行为在记忆中保持，需要把示范行为以符号的形式表象化。通过符号媒介，短暂的榜样示范就能够被保持在长时记忆中。第三阶段是把记忆中的符号和表象转换成适当的行为，即再现以前所观察到的示范行为。这一过程涉及运动再生的认知组织和根据信息反馈对行为的调整等一系列认知和行为的操作。再现示范行为之后是第四阶段，观察者（或模仿者）是否能够经常表现出示范行为要受到行为结果因素的影响。行为结果包括外部强化、自我强化和替代性强化。班杜拉把三种强化作用看成观察者再现示范行为的动机力量。

三、活动的内容和方式

1. 热身破冰环节

通过小组分队的形式开始热身活动。经常采用的形式可以是体育活动之前的热身运动，诸如扩胸运动等。接着进行小组内成员的互相介绍认识，通过考核的方式使所有个体必须去熟悉组内的同学。

2. 撰写心理剧剧本

教师可以依据日常心理咨询的案例重写大学生失恋分手剧本。运用心理学的原理将角色进行心理化的展示，让演员和观众能够深切地体会到角色行为所要付出的情感努力。通过教师指导和学生排演，形成完整的心理剧，并组织在校学生观看，写观后感。通过对失恋事件的分享达到对失恋行为的脱敏，在学生真正遭遇失恋事件时，能够回忆或者触发自身曾观察学习的案例,帮助自己渡过难关。

【**注意事项**】注意心理剧排演过程中学生演员演出所展示的心理冲突是自然的、可调解的;其运用的处理方法是积极向上的,避免适得其反。

爱情三角理论

美国耶鲁大学社会心理学家罗伯特·斯滕伯格提出爱情三角理论(triangular theory of love),认为爱情由三个基本成分组成:激情、亲密和承诺。激情是爱情中的情欲成分,是情绪上的着迷;亲密是指在爱情关系中能够引起的温暖体验;承诺指分享维持关系的决定期许或担保。激情、亲密和承诺三大元素组成了七种不同类型的爱情(图7-1)。

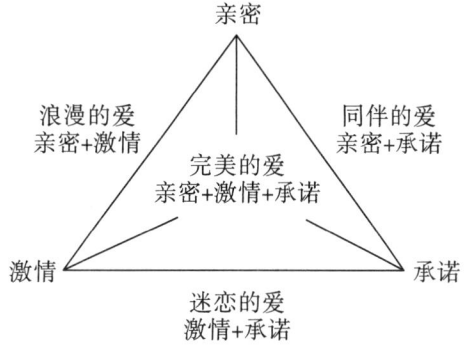

图7-1 爱情三角理论

第一种是喜欢式爱情,只有亲密,没有激情和承诺,如友情。很明显,友情并不是爱情,喜欢不等于爱。不过友谊还是有可能发展成爱情的,尽管有人因为恋爱不成,连友谊都丢了。

第二种是迷恋式爱情,只有激情,没有亲密和承诺,如初恋。第一次的恋爱总是充满了激情,却少了成熟和稳重,是一种受到本能牵引和导向的青涩活动。

第三种是空洞式爱情,只有承诺,缺乏亲密和激情,如纯粹为了结婚的爱情。此类"爱情"虽然看上去丰满,却缺少必要的内容,金玉其外,败絮其中。

第四种是浪漫式爱情,只有激情和亲密,没有承诺,这种"爱情"崇尚过程,不在乎结果。

第五种是伴侣式爱情,只有亲密和承诺,没有激情,跟空洞式爱情差不多。这里指的是四平八稳的婚姻,只有权利和义务而没有活力和感觉。

第六种是愚蠢式爱情,只有激情和承诺,没有亲密。没有亲密的激情顶多是生理上的冲动,而没有亲密的承诺不过是空头支票。

第七种是完美式爱情,包含激情、承诺和亲密。只有在这一类型中,我们才能看到爱情的庐山真面目。

慎重对待婚前性行为

婚前性行为是指没有配偶的异性之间在未履行结婚登记手续的情况下发生的非单方面性行为,即男女双方在恋爱期间发生的性交行为。其特点是双方自愿进行,不存在暴力逼迫;没有法律保证,不存在夫妻之间应有的义务和责任;容易产生一些纠纷和严重后果。

婚前性行为使男女青年在性欲和其他动机方面都获得了一定满足，但"禁果"就像一个带刺的仙人球，匆匆忙忙采摘，也许会带给你满手的伤刺。婚前性行为给当事者，特别是直接给女大学生所带来的不良后果是毋庸置疑的。

妇科教授：不仅是身体受伤

现在到医院来做人流的女大学生确实不少，她们来的时候大都虚报年龄、名字。曾经有个女大学生怀孕后到我们这里做手术，后来她被男朋友抛弃，想找到当时的病历去向男朋友讨个说法，可是她来了后自己都想不起来当时用的是什么名字。大学生在身体条件上已经成熟，因此除了流产会产生并发症如不孕症等之外，婚前性行为的危害主要还表现在心理、伦理方面。

社会学家：可理解但不可取

大学生在年龄、生理上都已成熟，不能再单纯地说"婚前性行为"的对错。主要问题不在于这个行为是否发生，而在于应该以一个正确的态度来看待这个问题。以感情好为理由而发生婚前性行为，可以理解但不可取。对于在校学生来说，婚姻本身是不可预期的，而且作为学生，主要任务还是学习。如果事情已经发生了，男女生都更应该严肃地看待这个问题，至少应该考虑这个事情在今后的幸福生活中会造成什么后果。

遇一人白首，择一城终老

他，出生于广西的一个书香世家，自幼好学，成绩优异。25岁时，他到香港谋职，做了《新晚报》的副刊编辑。

她，小他6岁，名门大户的千金小姐，是一名公务员，拿着高他2倍的优厚工资。

他32岁时还是孑然一身，一心忙于创作。报社的副主编赏识他的才华，决定把太太的侄女介绍给他。他推脱不过，于是就有了他和她的第一次相见。

见面时，他刚好患了鼻窦炎，不停地吸着鼻涕，颇有些邋遢。他只是个穷酸书生，对方却是名门小姐，身份的悬殊加上此刻自己的狼狈不堪，他只想早点告辞。她却对他挺满意，微笑着递过手帕让他擦拭鼻涕，让他的心中多了几丝暖意。缘于那份暖意，他和她开始交往，大方善良、热情活泼的她让他动了心。几个月后，他做了切除鼻息肉的手术，她一直在医院守护他，照顾他的起居饮食，细心地为他擦拭伤口。出院后，他单膝跪地，深情而诚恳地对她说："虽然我很穷，但我会努力地写稿赚钱，嫁给我吧。"她扶起他，红着脸点了点头。

于是，在相识不到9个月后，他们步入了婚姻的殿堂。婚后，她发现丈夫除了有满腹才华外，其实是个"生活白痴"。他有着文人的迂腐劲儿，对人情世故难得在意。她通透练达，处处弥补他的过失；他不修边幅，上街时穿着一黑一白的袜子，见重要人物时穿着旧西服、破皮鞋，她需要不时提点他的衣着；他丢三落四，两个人一起旅行，他的护照、钱包甚至行李总会不翼而飞，她要分心照顾他，游玩也不能尽兴；他记性差，请人吃饭不带钱，连自家的门牌号码都记不住，怕他迷路找不到家，她会在他下班时跑到阳台上张望，看到他的身影便叫住他；他嗜肉如命，她担心他的健康，不肯让他多吃，他在家里乖乖不吃了，却常常在外面"偷嘴"，她像监工一般去查他的岗，让他成了同事眼中的"妻管严"，但被人提到畏妻一事，他的眉梢眼角都是幸福的笑意……

他完全像个不能照顾自己的孩童，处处不能让她省心。她只好辞了令人羡慕的公务员工作，专心照顾他。在多年相伴的岁月里，她成了他的秘书、保姆、护士、管家……她生下3个孩子，并悉心教导、培育成才。他则潜心创作，写了35部小说，成为名满香江的大才子。

63岁时，他的名声和事业如日中天，却突然宣布"封笔"，移民澳大利亚。在这之前，他的身体已有些不适了，她不想让他积劳成疾，而澳大利亚有对他有益的医疗技术。后来的20多年里，他相继患上了糖尿病、心脏病、癌症。他本将生死看得透彻，但始终舍不下她，所以在心里祈祷：努力活着，要走在她的后头，不能让她孤独在世。偶尔，她会靠在他的肩上，他也会握着她的手。在与病魔抗争的日子里，他们共同回忆着往昔岁月，既如新婚燕尔般甜蜜，又如纯真的孩童，嬉嬉闹闹。

在他85岁那一年，他终究还是先她而去了。他因病去世的消息从悉尼传回了国内，令无数人痛惜。

他叫陈文统，她叫林萃如。他还有一个更响亮的名字——梁羽生，新派武侠小说的开山鼻祖。他的《七剑下天山》《萍踪侠影录》《白发魔女传》至今还不断地被搬上荧幕。他笔下的美人不计其数，而她是相貌平平的普通女子。但他曾说过，小说中女性人物的优点都来自她。他小说里的爱情，缠绵悱恻、悲喜交加，而他现实生活里的爱情，却是简单的执子之手、与子偕老。

他闭上眼的那一天，3个孩子哭得痛彻心扉，她平静地说："嘘，不要哭，你们的父亲走得很安详。"

她握着他的手，像他在世时一样。在她眼里，他何曾远去，他像一个孩童，只是玩累了，睡着了而已。他一定做了一个长长的美梦：那是初见时，他一脸邂逅，而她微笑着递过一方手帕；那时无论风雨天晴，只要她在阳台上喊他一声，他便能找到回家的路……在定格的画面里，一定有他牵着她的手，她靠着他的肩，在落日的余晖里，她盈盈立在他的身旁。

——摘自《哲思》

学习评价

项目	课堂评价标准	自我评分					小组互评				
学习态度	自觉按要求完成学习任务	5	4	3	2	1	5	4	3	2	1
	上课认真，课堂互动活跃	5	4	3	2	1	5	4	3	2	1
	在小组活动中具有团队合作精神	5	4	3	2	1	5	4	3	2	1
活动表现	服从活动安排，积极参与	5	4	3	2	1	5	4	3	2	1
	大胆发表个人观点，思路清晰，表达流畅	5	4	3	2	1	5	4	3	2	1
	乐于回应同学发言，分享有用资源	5	4	3	2	1	5	4	3	2	1

续上表

项目	课堂评价标准	自我评分	小组互评
知识掌握	大学生在面对恋爱关系和性心理健康问题时，应如何结合自我认知、交往技能和性心理知识，来有效管理自己的情感生活和人际关系？（70分） 【答案填写】		
	合计得分		
	加权总分 （自我评分×50% + 小组互评×50%）		

项目八 调节情绪 快乐生活
——大学生情绪管理

深学践悟

内核稳定的人，懂得如何管理自己的情绪。他们知道情绪是一把双刃剑，既能推动我们前进，也能让我们陷入困境。他们会努力控制自己的情绪，不让负面情绪影响自己的判断和行为。他们懂得如何在适当的时候释放情绪，也懂得如何在关键时刻保持冷静和理智。这种情绪管理的能力，让他们在与他人相处时更加和谐融洽，也让他们在面对挑战时更加从容不迫。

——人民日报《内核稳定，是一种了不起的能力》

学习目标

● 知识目标：了解情绪的概念、分类、表现形式，大学生情绪发展的特征以及健康的情绪培养的方法和步骤。

● 技能目标：了解不良情绪的表现，掌握增强积极情绪的方法，学会培养健康积极的情绪情感。

● 自我认识目标：认识积极情绪和消极情绪的区别、联系和价值，学会合理表达情绪。

学习导图

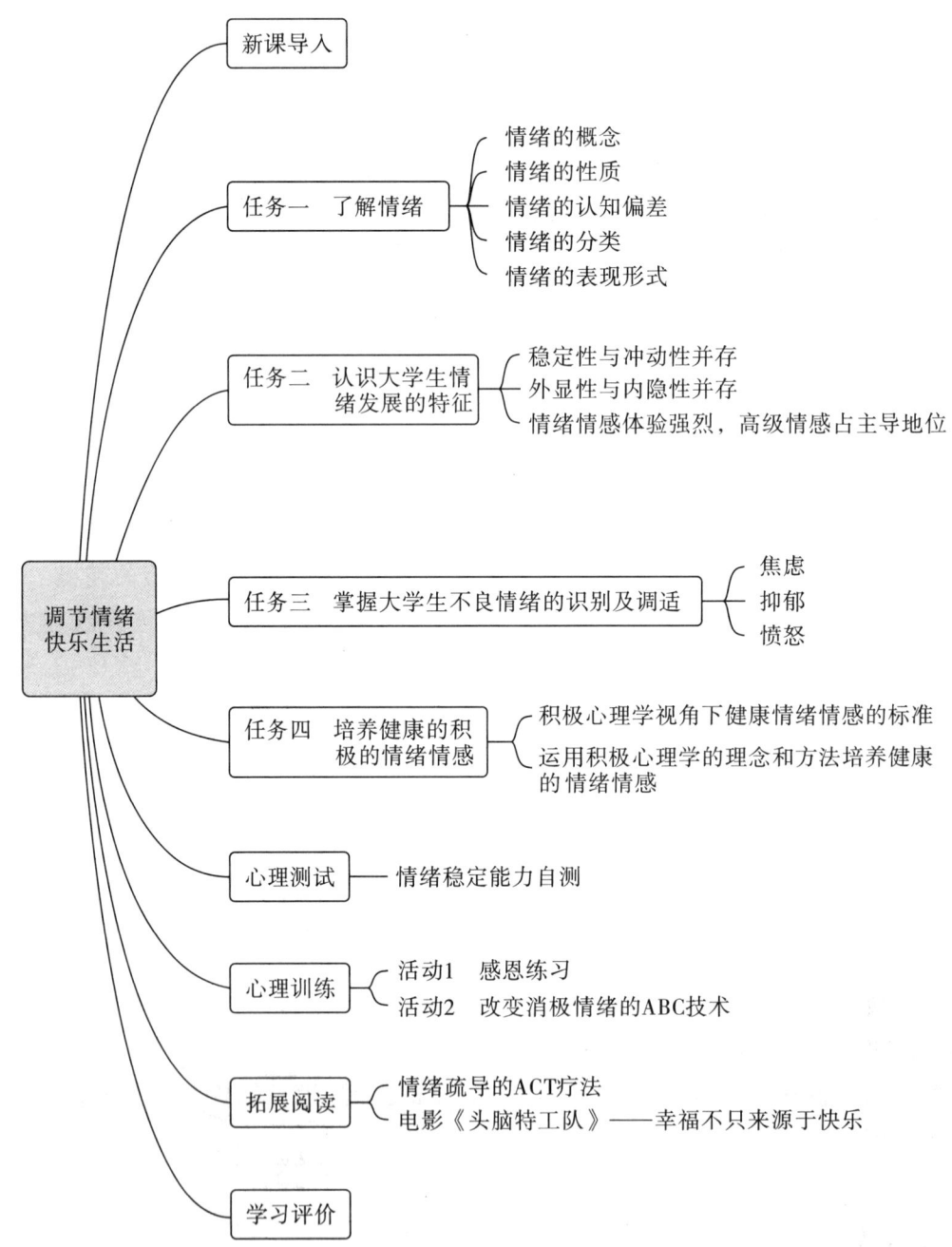

咖啡店事件

据报道，2024 年 6 月 17 日，某知名咖啡品牌的一家店内，一女店员往顾客脸上泼咖啡粉，并不断嘶喊：“你投诉呀！你投诉呀！”该画面出自店内监控，画面显示，店员情绪失控，一直对着一女性顾客咆哮。这一事件不仅引发了对服务行业员工情绪管理的讨论，也让大众重新审视情绪的稳定性对自己和对他人的重要性。

处于青春期的大学生，有着丰富的情绪体验，情绪波动幅度大，两极分化明显——爱憎分明，但是也容易受负性事件影响，陷入情绪漩涡，产生更加冲突的情绪体验。因此学习情绪、认识情绪，继而学会调节情绪，是大学阶段的必修课，也是需要不断提升的能力之一。

》任务一　了解情绪《

一、情绪的概念

情绪，广义上包括情感，是人对客观事物的态度体验；狭义上是指有机体受到生活环境中的各类刺激时，由生物和社会需要而产生的暂时的、较激烈的态度及其体验。俗话说："人非草木，孰能无情？"人若无情，面对五光十色的大千世界也会觉得平淡无奇，面对千变万化的社会生活也会觉得索然无味。人生在世，有生、老、病、死，有荣、辱、得、失，就有与之相应的喜、怒、哀、惧，喜怒哀惧是人类情感的不同表现形式。受社会生活影响，各类复合情绪随之分化产生并伴随人的一生，如百感交集、悲喜交加等。

情绪情感由客观事物引起。引起情绪情感的客观事物多种多样，有外部的，也有内部的。例如，春光明媚、空气清新使人感到振奋、舒畅，这是由自然现象引起的情绪情感；美好的事物令人爱慕，丑恶的现象使人憎恶，这是由社会现象引起的情绪情感；个体为事业的成功而高兴，为工作中的失误而懊悔，这是由人的行为本身所引起的情绪情感；疾病缠身，久治不愈，会使人心情不畅、情绪抑郁，这是由机体内部因素所引起的情绪情感。

二、情绪的性质

情绪情感的性质是以客观事物能否满足人的需要为中介的。虽然情绪情感是由客观事物引起的，但并非由客观事物本身决定。决定个体情绪情感性质的是客观事物与个体需要之间的关系。凡能满足人的需要，符合人的愿望的客观事物，就能使人产生满意、愉快、喜悦等积极的内心体验，称之为积极情绪；凡不能满足人的需要或违背人的主观愿望的客观事物，就会使人产生忧伤、不满、厌恶等消极的内心体验，称之为消极情绪；与个体的需要没有什么关系的事物，则不会引起情绪体验。因此，情绪情感是人脑对客观事物的反映，但它反映的不是客观事物本身，而是个体对客观事物的主观感受。

三、情绪的认知偏差

常见的有关情绪的认知偏差有以下两种。

1. 情绪有好坏之分，积极情绪是好的，消极情绪是不好的

人们在生活中常常有这些疑问：出现消极情绪怎么办？怎么消除这些消极情绪？比如常见的消极情绪有焦虑、悲伤、害怕等。从这些问题中，我们不难看出，人们对消极情绪往往采取否定的态度，认为它们是不好的，是应该被消除掉的。其实这是人们有关情绪认知的一个非常典型的偏差。这个偏差常常让我们不允许消极情绪的出现，然而越是不允许，它们就越是频繁出现。正因为如此，长期以来心理学都以研究人类负面心理或者消极情绪为主，之所以主要关注消极情绪，不是因为它们很重要，而是因为人们更多地关注到它们所产生的负面影响，对它们唯恐避之而不及。看到消极情绪的正面价值，正是因为积极心理学相信人类的潜能，相信消极情绪其实是一个重要的信号，提醒我们有哪些内在的需要是没有被满足的。我们需要做的不是消灭消极情绪，而是想办法去满足这些情绪背后的需要。当消极情绪被看到，其背后的需要被满足，自身的优势和潜能被激发，人们便会看到更多的希望，生活会更加幸福。由此可见，情绪没有好坏对错之分，它只是人们的需要是否得到满足以及满足程度如何的一种主观体验。

2. 生活中要减少消极情绪而不是增加积极情绪

一直以来，人们认为积极情绪和消极情绪的关系是对立的，二者差异显著，水火不容。人们试图做的是减少消极情绪，正如上文提到的，因为它带给人们的都是负面的影响。而积极心理学的创始人塞利格曼得出的结论是：弗洛伊德的治疗和药物并不能阻止抑郁症的流行，它们可能会暂时缓解痛苦，但都不能让患者重获新生。他开始反思，并且相信人类积极心理的能力，培养自身的优势和美德。因此，如果不断增加积极情绪，是不是消极情绪就相应地减少了呢？与其不遗余力地消灭痛苦，不如想方设法让人们更多地体验积极情绪。克里斯托弗·彼得森在早期的研究中指出，当我们感受到消极情绪时，我们的反应选择会变得狭窄，我们会匆忙地躲避危险。而积极情绪代表着安全，我们对积极情绪采取的内在反应不是限制了我们的选择范围，而是扩大了选择范围。积极情绪所起到的决定性作用，不是表现在当前，而是表现在未来。

四、情绪的分类

（一）人类的基本情绪

在生活中，情绪可以分为喜、怒、忧、思、悲、恐、惊等多种，人类的情绪种类多种多样，尽管表现形式各有不同，但是一些基本的情绪是共有的，包括快乐、愤怒、恐

惧和悲哀四种。如果按照积极情绪和消极情绪来分类的话，快乐毫无疑问属于积极情绪，而愤怒、恐惧和悲哀属于消极情绪。

1. 快乐——精神的满足

客观事物满足人的需要后产生的情绪体验就是快乐。快乐是一种追求并达到目的所产生的愉悦体验。它是具有正性享乐色彩的情绪，使人产生自在感、自由感和接纳感。快乐的强度与达到目的的容易程度有关。一个目标越难达到，实现后获得的快乐体验就越强烈。中医认为，喜悦可以使气血流通、肌肉放松，有益于消除疲劳。

2. 愤怒——情感的爆炸

愤怒是与快乐相反的一种消极的情绪体验，是人的需要得不到满足或者个体的目标不能实现甚至严重受阻时所产生的一种情绪体验。中医认为，愤怒会引起肝阳上亢、肢体拘急、握持失常，是诱发高血压、冠心病、胃溃疡的重要原因。

3. 恐惧——心理的黑洞

恐惧是个体企图摆脱、逃避某种情境或事件而又无能为力时所产生的情绪体验。如人在遇到地震、海啸、空难时所产生的情绪体验，引起恐惧的根本原因是缺乏对可怕事件的处理能力。中医认为，过度或突然的惊恐会使人肾气不固、提心吊胆、神气涣散、意志不定等，继而出现耳鸣、耳聋、头眩等。

4. 悲哀——心灵的痛楚

悲哀是个体在得不到期望的、追求的东西或结果时所产生的情绪体验，如失去亲人所带来的悲伤。一般把悲哀的程度分为遗憾、失望、难过、悲伤、悲痛。中医认为，人在强烈悲哀时，会耗散肺气，意志消沉，引发干咳、声哑、消化功能紊乱等。

在以上四种基本情绪的基础上，可以派生出众多复杂情绪，如厌恶、沮丧、羞耻、悔恨、嫉妒、喜欢、同情等。

（二）情绪状态的分类

一般来讲，人的一切心理活动都带有情绪色彩，而且以不同的心情、激动程度和紧张状态表现出来。情绪状态是指在某种事件或情境影响下，人在一定时间里表现出的情绪反应。按照情绪发生的强度、持续时间和紧张程度，心理学家将情绪分为心境、激情和应激反应三类。

1. 心境

心境是一种微弱的、平静的、持续时间很长的情绪状态。心境即日常所说的"心情"。心境往往容易蒙上情绪色彩，也容易被渲染。心情舒畅的时候，个体会觉得身边的一切都非常美好，就连下雨也是细雨蒙蒙，诗意满腹。而当个体心情烦躁时，又会觉得诸事不顺，生活处处都是"坑"，心情自然不会好。心境会对个体的思维方式、理想以及人生观、价值观和世界观产生影响。同样的外部环境会造成不同的心境反应。有的人在恶劣的环境中依然保持乐观向上的心态，而有的人在艰苦的环境中常常自暴自弃，认为自己命途不顺，上天对其不公。

2. 激情

激情是迅速而短暂的、强有力的情绪活动。人们常说的勃然大怒、大惊失色、欣喜若狂都是激情所致。很多情况下激情的发生是受生活中的某些事情所影响，而这些刺激性事件往往是突发的，个体无法控制和预测。它时常是被矛盾激化的，是在原发性的基础上发展起来的，是夸张表现的结果。处于激情状态时，个体的认识活动范围缩小，控制能力减弱，对自己的行为后果不能做出正确的评价，如过激伤人等。但是激情也有积极的一面，如即兴演讲、艺术创作等常常需要激情的催化。

3. 应激反应

应激反应是出乎意料的紧急情况所引起的急速而高度紧张的情绪状态。现代社会中，由于个体卷入社会生活的程度较深，小到车祸发生、疾病产生，大到地震、火灾、新型传染性病毒的广泛传播等，都会对个体形成较大的压力。人们在生活中应对紧急情况所产生的情绪体验就是应激反应。在平静的状态下，人们情绪变化的差异不明显，而当应激反应出现时，人们的情绪差异立刻显现出来。同时，应激反应的程度差别不仅限于机体和生理，在表现方式和表现结果上也具有很大差异。性格、态度和生理素质水平决定了在特定情况下个体的应对能力以及处理结果的差异。但如果个体长期处于应激状态，身心持久紧张，就会出现一系列问题。1974年加拿大生理学家塞里（G. Selye）的研究表明：长期处于应激状态会使人内部的生化防御系统发生紊乱和瓦解，导致身体的抵抗力低下，免疫力下降，更容易患病。所以个体不可能长期处于高度紧张的应激反应中。中医也认为，突然、强烈或长期持久的情绪刺激，超出了个体的正常生理范围，常常会造成功能紊乱，气机丧失，疾病丛生。

五、情绪的表现形式

（一）生理变化

情绪首先会引起生理系统的变化。关于生理系统变化和情绪变化谁先谁后的问题，在情绪心理学领域一直以来都有争论。生理反应最敏感的表现是血液循环系统、呼吸系统、消化系统和内分泌系统的变化，最终引发人体的一系列变化。

情绪的生理反应往往表现为交感神经系统的兴奋。例如，愉快的情绪可以使个体激动，内脏和皮肤血管扩张，导致脸红、潮热等；相反，恐惧和愤怒时，人的呼吸频率是正常呼吸的两倍以上，即呼吸急促；如果突遇惊恐，还可能造成呼吸中断和停止，紧张和突发的情绪还会带来身体的痉挛。当处于悲伤和焦虑情绪时，肠胃功能减退，会导致食欲不佳、厌食等。当情绪紧张、惊慌、愤怒时，唾液停止分泌，口干舌燥，气息紊乱，呼吸急促，个体会感觉手脚出汗、发冷，嘴唇变白或发青等。

（二）表情变化

表情是人类情绪变化的反应器，也是情绪表达的效应器。当人的情绪发生变化时，表情也会发生相应的变化。面部表情作为人类情绪的窗口，通过眼睛、额眉、鼻颊、口唇等肌肉的变化所表现出来的各种情绪，是情绪表达的最重要的方式。一般来讲，个体在不同情绪状态下,脸上各个部位的变化特点各不相同。例如,愉快时眼睛眯小、两眼闪光、额眉舒展、鼻孔扩张、嘴角上翘;悲哀时两眼无光、额眉紧缩、嘴角下拉;恐惧时两眼呆滞、鼻孔收缩、张口结舌;愤怒时两眼圆睁、双眉倒竖、咬牙切齿;厌恶时双目斜视、鼻子竖起、嘴角微撇。

(三)体态变化

人类的不同情绪还体现在体态语言上,即平时所说的肢体语言。日常生活中,我们常常会发现一些人不苟言笑,无法判断他们的情绪状态,但他们的体态语言提供了辨识情绪的信号。肢体语言是通过身体的动作来传达情绪的信息,主要是通过手和脚。例如,在高兴和兴奋时,个体会手舞足蹈;狂喜时会捧腹大笑;悔恨时捶胸顿足;惆怅时仰天长叹;紧张时手足无措;尊敬、虔诚时则肃立低头;气愤、激动时摩拳擦掌等。人类使用的肢体语言极其丰富,学会从他人的肢体语言中识别情绪状态,是人类的一项重要技能(如图8-1)。然而,仅仅通过体态的变化去揣测他人的情绪也是非常不客观的,容易引起误会,因为同一种行为背后很可能是由不同的情绪激发而表现出来的。因此最准确也是最合适的表达情绪的方式是用语言说明,告诉对方你的情绪是哪一种,这称为表达情绪,仅仅用体态表达则称为情绪化的表达。情绪化的表达非但不利于对方理解自己,反而会加深双方的误解和矛盾。

图8-1 丰富多彩的体态语言

(四)语言变化

语言是人类交流思想的工具,同时,语音的高低、强弱、抑扬顿挫等也是表达说话者情绪的手段。例如,一个人高兴或紧张、激动时,讲话语调高昂、节奏轻快;而悲伤时,讲话语调低沉、节奏缓慢;气愤时声音较大,音调也较高,发音清晰短促。

一般而言,人们只要观察对方的各种表情,就可以了解其主观感受和思想意图。但是,由于人类的情绪具有一定的社会性,个体可以有意识地调节或控制自己的表情,有时甚至会掩盖或隐藏真情实感。所以,在识别他人情绪时,应把生理、表情、体态和语言的变化联系起来。

任务二 认识大学生情绪发展的特征

大学生正处于青春期的中后期，具有青年人共有的情绪和情感特点，如热情、活泼、思维敏捷、易于接受新事物、自我意识强烈等。同时，由于大学生这一群体独特的社会地位、知识水平、心理成熟度和生理发育状况，他们的情绪情感又具有鲜明的特点，总体表现为矛盾的情绪反应和强烈的情感体验，具体特点如下。

扫码观看"拒绝情绪化，做情绪稳定的大人"视频（精品微课）

一、稳定性与冲动性并存

大学生的情绪系统日趋稳定，对于事、物、行为的情绪情感反应能持续较长时间；对他人的情绪情感依赖和联结具有一定倾向性和专一性，互相之间以此确立身份并获得心理认同和共识，如同学、恋人等。但与成年人相比，大学生的情绪情感仍不成熟，变化频率快且幅度大。考试成绩好坏、人际关系亲疏、恋爱行为成败都会使他们的情绪情感处于波动之中，在情绪的两极之间来回游走。同时，由于大学生的心理、生理和社会需求处于不平衡的发展状态，他们有时也会产生一些莫名其妙的情绪情感波动、交替，如成功后恃才傲物、失败后怨天尤人等。脑科学研究发现，大学生的杏仁核（负责情绪体验）已成熟，但大脑前额叶（负责情绪调节）需要到25岁才发育成熟。所以大学生出现情绪的稳定性与冲动性并存，是有生理原因的。

生活中，也常常可能发生这样的时刻。个体突然有种情绪失控的冲动，与平时自己的表现有很大的不同。但是过了一些时候，自身又会通过各种方法恢复到稳定的状态。恢复平静的方法有深呼吸、默数数字、远离现场、跑步、洗澡等。

二、外显性与内隐性并存

处于青春期的大学生，遇事反应强烈，对外界的刺激反应敏感、迅速，情绪情感写在脸上、言在嘴上、表现在行为中。喜怒哀乐、爱恨情仇的表现都很具体、真实，但有时大学生情绪情感的外部表现会与内在体验不一致，甚至相反，表现为情绪情感的文饰现象。

生活中，有的时候个体希望别人通过自己的面部表情、言语动作得知自己的情绪，但是人们对表情和动作的理解往往可能会产生偏差。比如，有人在宿舍拍桌子可能仅仅只是厌恶桌子上的一只蚂蚁，但是可能会被理解为乱发脾气。所以为了更有利于沟通，通过语言直接告诉对方你的情绪和感受是最高效的，相反，闷在心里不说出来，又或者通过一些表情或者动作让对方来猜测，则容易引起误会。

三、情绪情感体验强烈，高级情感占主导地位

大学生思维敏捷，感情细腻，需求强烈，内心经历着强烈的情绪情感体验，成功了

兴高采烈，失败了痛苦不堪，悲伤时潸然泪下，生气时怒发冲冠。伴随着社会化进程的深入，大学生的社会需求和精神需要日趋强烈，情感，尤其是高级情感，在大学生心中逐步占据主导地位。道德感、理智感、美感逐渐成为他们日常生活的主流。

有些学生在觉察到消极情绪出现较多的时候，会选择去当志愿者或者义工。在帮助别人的过程中体会到的价值感和归属感就属于宝贵的高级情感。所以，生活中不妨给自己一些空间和时间，去参与不同的社会实践，服务社会、服务他人，不断感受到更多的美好，培养更加深沉、稳定的高级情感。

》任务三 掌握大学生不良情绪的识别及其调适《

大学生常见的不良情绪有很多，下面主要介绍出现频率最高的焦虑、抑郁和愤怒这三种。不良情绪在这里主要是指日常出现的轻微的情绪反应，而不是特指的情绪障碍。如果发展到焦虑症、抑郁症等情绪障碍，需要及时就医，寻求专业的精神科医生的帮助。

扫码观看"掌中大脑与情绪调节"视频（精品微课）

一、焦虑

焦虑其实是一种常见的情绪，我们每个人都经历过，这是我们感知到身边有威胁时的一种本能反应，比如看到一条蛇时担心蛇会咬人，面临考试时担心考试会失败，等等。焦虑情绪是我们生活中非常重要的工具性情绪，它可以帮助我们把注意力集中在现实的问题上，进一步推动我们去思考及产生一系列清晰、具体的行为，从而解决现实生活中所面临的问题，比如积极地躲避蛇的攻击，积极地去学习、采取充分的行动为考试做好准备。这种情况下的焦虑就是正常的，或者说是健康的焦虑情绪，是对我们的生活有帮助的。

有些时候我们的焦虑程度过高，与客观事件或处境不相称，比如一个孩子总是担忧父母外出上班会遭遇生命危险，其已经无法正常上学并且要求父母在家不能出门。还有些时候我们的焦虑持续时间过久过长，长期、持续紧张不安，没有充分现实依据但感到即将要遇到威胁或大难临头，同时伴有明显的心慌、出汗、胸闷、肌肉紧张等躯体焦虑症状，如一个中年人总是担忧自己心脏病发作，反复前往急救中心检查心脏都没有问题，但还是不相信自己是健康的。这些情况下的焦虑就是不正常的，或者说是病理性焦虑情绪，又被称为焦虑障碍。

扫码观看"与焦虑做朋友"视频

我们需要觉察并且区分自己属于哪种情况，对于普通的焦虑情绪，接受它是非常正常的表现，了解焦虑的背后是什么需要没有满足，并且采取积极的应对方式，从而缓解一部分焦虑情绪。如果是考试焦虑，那么在接纳焦虑情绪的同时，可以从行为层面积极应对考试。但是如果发展到焦虑症，那就需要前往专业的机构寻求帮助，相信在专业人士的帮助下会很快发生好转。

二、抑郁

当我们感到无法面对外界压力时，常常会产生"emo"的消极情绪。在这里我们需要区分抑郁情绪与抑郁症。我们每一个人在人生的某一个阶段都有可能经历过抑郁情绪，也许是因为刚进入大学难以适应环境，也许是正在经历学习上的挫折，也许正不幸经历生离死别，这些都会让我们感到痛苦、悲伤、郁郁寡欢，体验到抑郁情绪。通常情况下，抑郁情绪是一种正常的生理过程，它持续时间短，并且会随时间流逝而自愈。

如果一个人的抑郁情绪持续时间太长，且不能随时间流逝而改善，那么他可能已经患上了抑郁症。抑郁症也称为抑郁障碍，情绪低落的症状常常很重，患上抑郁症的人不仅感到心情不好、高兴不起来，还会觉得脑袋变笨了、迟钝了，思考问题也变得没有生病前那么灵活，对外界的兴趣也下降了，既不愿意与人打交道，也不愿意做事，很多病人还伴随一些失眠和食欲下降的问题。抑郁症患者常常会感到自己是无用、无望、无助的，严重者常常会自责、觉得自己有罪，甚至有自杀的想法及行为。如果抑郁症状持续时间很久，超过2周都不能缓解，这个时候就需要更为积极地进行医学及心理学处理。

三、愤怒

大学生正处于精力充沛的青年时期，内分泌系统处于空前活跃状态，自制力较差，容易冲动。易怒是大学生常见的一种消极情绪，有些人会因此产生大起大落、大喜大怒的极端情绪起伏。有时候这种"一点就炸"的情绪，不仅让自己深受困扰，还容易在无意间伤害到我们身边的人。媒体常常报道大学生宿舍矛盾导致的冲动事件，这不能不引起同学们的高度重视。愤怒是一种非常有力量的情绪，当自己受到了冒犯，产生愤怒情绪是非常正常的。但是如果在表达愤怒的时候，极其冲动且不加以控制的话，会产生严重的后果。

所以，我们既要允许愤怒情绪的产生，接纳它，同时又要对其加以控制，使得情绪在理智的主导下，不至于做出伤害自己、伤害他人的事情。

任务四　培养健康的、积极的情绪情感

一、积极心理学视角下健康情绪情感的标准

（一）目标上：强调预防性与发展性目标共存

健康的情绪情感，首先从追求的目标来看，既包含了积极情绪，也包含了消极情绪，既包含了预防性的目标，也包含了发展性的目

扫码观看"情绪ABC理论"视频（精品微课）

标。也就是说，对于任何个体而言，健康的情绪情感本身就不可避免地包含了积极和消极两个方面，积极的情绪情感不是指消除了消极的情绪情感后的部分，正是因为消极情绪情感的存在，人们才倍感珍惜积极情绪情感。也正因为人们对于积极情绪情感的储备、养成，才让人们有力量去预防消极情绪情感的发生。正所谓发展更多的积极情绪情感，就可以减少消极情绪情感的负面影响。

（二）内容上：强调积极思维、积极情绪与性格优势的合力

积极思维、积极情绪和性格优势要形成合力才能帮助个体更好地形成健康的情绪情感，这也是乐观的来源。因此，健康的情绪情感应该是包含了积极思维，并且个体是具备激发性格优势的意识和能力的，否则积极情绪就缺乏了形成持续性发展的动力。一方面，积极思维和性格优势的发展会促进积极情绪的发展，另一方面积极情绪的发展反过来又会促进积极思维和性格优势的发展。我们常常可以看到，情绪稳定并且具有乐观精神的大学生，同时在思维方面也更加客观，在性格方面也更容易激发出优势来。

（三）方法上：积极情绪的培养，不能走向单一的积极、过度的积极

积极情绪的培养，不代表追求单一的积极、过度的积极，否则会妨碍心理成长，尤其是当我们只允许自己有积极情绪，而不允许消极情绪出现的时候。一旦出现了消极情绪，个体就会变得很焦虑。这个认知偏差我们在前文已经讨论过，这里不作赘述。健康的情绪情感允许适度负面情绪的出现，并且要求倾听负面情绪背后的声音。

二、运用积极心理学的理念和方法培养健康的情绪情感

（一）积极的自我暗示

自我暗示，就是个体通过语言、想象等方式，对自身施加影响的心理过程。这个概念最初由法国医师库埃于 1920 年提出，他的名言是"我每天在各方面都变得越来越好"。自我暗示分消极自我暗示与积极自我暗示。积极自我暗示在不知不觉中对自己的意志、心理以至生理状态产生影响，令个体保持良好的状态、乐观的情绪和自信心，调动人的内在因素，发挥主观能动性。而消极的自我暗示则会强化人们个性中的弱点，唤醒潜藏在心灵深处的自卑、怯懦、嫉妒等，从而影响情绪。

与此同时，个体可以利用语言的指导和暗示作用，来调适和放松心理的紧张状态，使不良情绪得到缓解。心理学的实验表明，当个体静坐时，默默地说"勃然大怒""暴跳如雷""气死我了"等语句时心跳会加剧，呼吸会加快，仿佛真的发起怒来。相反，如果默念"喜笑颜开""兴高采烈""把人乐坏了"之类的语句，那么他的心里也会产生一种乐滋滋的体验。言语活动既能唤起人们愉快的体验，也能唤起不愉快的体验；既能引起某种情绪反应，也能抑制某种情绪反应。因此，在生活中遇到情绪问题时，个体应当充分利用口头语言或书面语言对自身进行暗示，缓解不良情绪，保持心理平衡。比如默想或用笔在纸上写出"冷静""三思而后行""息怒""镇定"等词语。实践证明，语言暗示对人的不良情绪和行为有奇妙的影响和调控作用，既可以松弛过分紧张的情绪，又可用来激励自己。

（二）积极情绪养成的刻意练习

国内积极心理学倡导者赵昱鲲在《无行动，不幸福》一书里提到刻意练习的重要性。刻意练习不仅适用于行为习惯或专业技能的养成，同样也适用于积极情绪的养成。问题常常不是我们如何想，而是我们如何做；问题不是我们如何做，而是我们在如何做了以后给予正向的反馈。那么该如何进行积极情绪的刻意养成练习呢？首先我们要认可刻意练习不是重复练习。它是启动了人脑高级心理表征的一种复杂的过程，具体做法如下。

1. 表达积极情绪 vs 积极地表达情绪

如果你很开心、愉悦，你会向身边的人表达自己的积极情绪吗？如果你很生气、愤怒、伤心或者沮丧，你会向身边的人表达自己的消极情绪吗？无论你表达的是哪一种情绪，觉察到自身的情绪本身，就是将平时不那么敏感的感受向着敏感的感受积极发展的过程，这就是一种觉察带给人的力量。如果我们比较迟钝，还不容易觉察到自己的情绪变化，则需要刻意练习。你可以试着感受一下自己，当然这点不需要勉强，一切当以顺其自然的状态去觉察。有的人可能在这方面不那么敏感，其实也挺好，换个角度想，这在一定程度上也很好地保护了自己。只要不是麻木不仁，对情绪和情感不是冷漠的，就无须担忧。

刻意练习的过程是这样的，当自己的情绪出现的时候，在内心深处慢慢停下来，告诉自己它是什么。如果不清楚的话，可以在家里的墙壁贴上一些情绪脸谱，对照情绪脸谱去找到接近的那种情绪，并且命名。无论出现的是哪一种情绪，第二步就是去接纳它，告诉自己，情绪没有好坏对错之分，它们只是我们的需要是否满足的一种主观体验，来了就让它们来吧。第三步可以概括为行动，用语言尽可能地准确表达自己的情绪是大学生这一年龄段最有效、最直接的行动了，告诉对方我们的情绪是什么，是开心、愉悦还是生气、愤怒。到这里就是在积极地表达情绪，而不是仅仅表达积极情绪了。当我们不确定积极地表达情绪后对方是否理解的时候，就要主动寻求反馈，对方会根据我们的请求予以反馈，于是一个完整的刻意练习就完成了。塞利格曼在《真实的幸福》一书中指出，表达积极情绪是维持所有亲情、爱情和友情的关键。所以，如果自然地表达有困难，那么刻意练习去表达是非常有必要的，而且在积极心理学的理念里，一切都是可以习得的。

2. 学习感恩和宽恕，增加过去的积极情绪

塞利格曼曾说，过去的事不能决定你的未来，不要把自己桎梏在过去。童年的不幸不能决定你长大后会出现什么样的问题，你没有任何理由将自己的抑郁、焦虑、婚姻不美满、吸毒、性问题、失业、攻击性、酗酒或暴怒，都怪罪到童年的事件上去。所谓的童年决定论，又或者"原生家庭都是罪"的说法，是需要提高警惕的，它往往将个体理应承担的成长的责任都推到了过去的早期经验，又或者推给了别人。

积极心理学的研究发现，最易愤怒的人得心脏病的概率是最不易愤怒者的五倍。研究结果显示，当人们把愤怒压抑下去时，他们的血压会下降，当他们把愤怒表达出来时，血压会上升。对过往的美好时光不能心存感激和欣赏，对过去的不幸夸大其词、念念不

忘,是我们得不到平静、满足和满意的罪魁祸首。感恩和宽恕能改变你的记忆,感恩能增加美好记忆的强度,而宽恕则将痛苦记忆的保险丝拆掉,使它不能再引爆,这样你会更幸福。做到感恩和宽恕是非常不容易的事情,尤其是宽恕那些曾经给你带来严重创伤的人。塞利格曼及其同事采用REACH宽恕五步法,通过回忆、移情、利他、承诺、保持五步,做到了帮助当事人实现极其艰难但是又卓有成效的宽恕。研究结果表明,愤怒与紧张越少,乐观和健康就越多,你越能做到宽恕,宽恕的良好效果就越明显,宽恕让人们最终获得了自由。

3. 利用反驳学会乐观,增加未来的积极情绪

费斯汀格法则认为,生活中的10%是由发生在你身上的事情组成的,而另外的90%则由你对所发生的事情如何反应决定。换言之,生活中有10%的事情是我们无法掌控的,而另外的90%则是我们能掌控的。乐观的人往往将好事归因于自己的人格特质或能力,所以好事是永久的,而且乐观的人会因此认为自己各方面都很棒,将不好的事情归因于暂时的、个别的而不是普遍性的,这样就很好地掌控了90%的部分。而悲观的人常常将好事认为是暂时的,而且这方面好不代表其他方面也好,把不好的事情归结于永久的和普遍的,于是他们就常常处于失控状态。乐观者在遇到挫折的时候,很快就会重新振作起来,成功时会继续努力,失败时也不气馁,所以积极的情绪出现较多。但是悲观者遇到挫折就会被压垮,获得成功时也不会乘胜追击,最终产生的常常是消极的情绪。对于想增加未来的积极情绪的个体,要学会采用反驳和争辩的方法,对具有永久性和普遍性的负面的观点进行驳斥。

反驳一个消极、悲观的想法,最有力的方法便是提出证据,用证据说明这个想法是不对的。比如,假如你觉得自己很糟糕,并且认为自己是"最糟糕"的,你就要去问问自己,你所谓的糟糕指的是什么,是学习、人际交往还是长相、身高?如果你认为是学习,那么你确定你每个科目的成绩都比你的同学低吗?你的同学能够代替所有人吗?……经过诸如此类的辩论后,你就会发现自己原来的认知中存在的概括化、极端化、糟糕至极的特征是多么明显也多么荒谬。

4. 改掉习惯化的陋习,通过品味、正念,增加现在的积极情绪

如何增加现在的积极情绪?积极心理学的研究认为要学会避免习惯化,虽然好的习惯可以起到积极的作用,但是就怕有些陋习一旦习惯了就很难改变。因为人人都有自己的舒适区,并且希望待在舒适区,缺乏改变的意识,所以让自己时刻保持对新鲜事物的热情,经常给自己惊喜,会增加现在的积极情绪,体验到愉悦感和满足感。

品味和正念同样也可以帮你增加生活中的愉悦体验。比如放慢匆忙的脚步,时不时地品味我们身边的人和事物,并且试着与别人分享你的愉悦,增强我们的感知觉的敏锐度,试着祝贺自己,专注地聆听鸟鸣,品味美食带给我们的愉悦以及阅读带给我们的满足感等,用心去感受生活,用新的角度去观察世界,都是增加现在的积极情绪的做法。在这里我们也要留意一下由米哈里·契克森米哈赖博士提出来的"心流"的概念。比如有些同学喜欢打游戏,游戏带给我们的可能更多的是愉悦感,但是却无法带给我们满意感。因为打游戏这件事缺乏目标,也没有发挥我们的优势和美德,所以很多沉迷于游戏

的人在游戏结束后常常感受到的是空虚和漫无目的,对生活的掌控感也并没有增强,反而有种失控感。因此我们需要挖掘的是如何进一步增强满意感,而不是仅仅停留在愉悦感的层面。

情绪稳定能力自测

你是否经常无法控制你的情绪,对身边的人容易生气或者发怒呢?来测试一下,看你是不是一个情绪稳定的人。表 8-1 的测试题中,每个问题都有 3 种答案可供选择,请你从中选出与自己实际情况最接近的一种答案。

表 8-1 情绪稳定能力自测表

序号	项目	是	不一定	否
1	觉得自己有能力克服各种困难	2	1	0
2	即使是关在铁笼里的猛兽,你见了也会惴惴不安	0	1	2
3	如果能到一个新环境生活,你会如何做	2(把生活安排得和以前一样)	1(不一定)	0(和以前相反)
4	在一生中,你一直觉得你能达到预期的目标	2	1	0
5	在小学时敬佩的老师,到现在仍令你敬佩	2	1	0
6	不知为什么,有些人总是回避你或对你冷淡	0	1	2
7	你虽善意待人,却常常得不到好报	0	1	2
8	在大街上,你常常避开你所不愿意打招呼的人	0	1	2
9	当你聚精会神地欣赏音乐时,假设有人在旁边高谈阔论,你还能专心听音乐吗	2(仍能专心听音乐)	1(不一定能专心)	0(不能专心且感到愤怒)
10	不论到什么地方,你都能清楚地辨别方向	2	1	0
11	你热爱所学的专业和所从事的工作	2	1	0
12	生动的梦境常常干扰你的睡眠	0	1	2
13	季节气候的变化一般不影响你的情绪	2	1	0

【计分方法与结果分析】

把选项对应分数相加即为总分。

★17~26 分:情绪稳定。性格成熟,能面对现实。通常能够以沉着的态度应对现实中出现的各种问题,行为充满魅力,能振作精神,能维护团结的愿望和能力。有时,也可能由于不能彻底解决生活的一些难题而自我安慰。

★13~16 分:情绪基本稳定。情绪有变化,但不大,能沉着应对现实中出现的一般性问题。然而在大事面前,有时会急躁不安,难免受环境支配。

★0~12分:情绪激动。易生烦恼,通常不容易应对生活中遇到的各种阻挠和挫折,容易受环境支配而心神动摇;不能面对现实,常常急躁不安、身心疲乏甚至失眠等。要注意控制和调节自己的心境,使自己的情绪保持稳定。

活动1　感恩练习

一、活动目的

帮助学生了解感恩,学习感恩,以及表达感谢,从而增强积极情绪。

二、活动时间

约45分钟。

三、活动准备

(1) 分组:5~8人/组。

(2) 道具:要表达感恩的人的相片。

四、场地要求

安静的室内。

五、活动步骤

(1) 选一个给你生命带来重要影响的人,并准备这个人的一张独照,或者和自己合影的相片。你可能从来没有机会好好跟这个人道谢(他不是你刚结识的朋友或是未来对你有帮助的人)。

(2) 写一篇感恩的文章,一定要写够几页纸,这需要花些时间,写好之后,面对面地向对方表达,而不是写封信或打个电话。慢慢地、大声地将你写的文章念出来,眼睛要看着对方,念的时候要有表情,要给对方足够的反应时间。

(3) 念完以后,两人一起回忆让你觉得这个人对你如此重要的那件事。

(4) 以上步骤完成后,在教室里分组分享自己的感受和想法。

六、分享与升华

(1) 请愿意分享的同学在小组内分享感恩文章,并且介绍感恩对象的相片。

(2) 请每个小组选出代表,发表对此次感恩练习的感受。

(3) 教师对活动进行总结和点评:看到对方的好,并且表达给对方,不仅会增加听者的幸福感,也能够增加说者的幸福感,这是更加高级的积极情绪,也是个体的优势和美德。不是我们不会表达,而是我们还没有习惯这样的表达方式,谢意表达出来后,会激发出更多的善意和美好。

活动2　改变消极情绪的ABC技术

一、活动目的

运用"寻找、辨析、解决"三个部分组成的训练方法,学会用新的视野和积极的观点来面对各种消极事件，建立积极心态。

二、活动时间

10~20分钟。

三、活动准备

(1) 准备一张打印好的ABC三栏目表和一支黑笔。

(2) 介绍合理情绪疗法——ABC理论。

ABC理论：A是指诱发性事件；B是指个体在遇到诱发性事件之后相应而生的信念，即他对这一事件的看法、解释和评价；C是指特定情景下，个体的情绪及行为结果。通常人们认为，人的情绪和行为反应是直接由诱发性事件A引起的，即A引起了C。

ABC理论指出，诱发性事件A只是引起情绪和行为反应的间接原因，而人们对诱发性事件所持的信念、看法、理解B才是引起人的情绪和行为反应的更直接的原因。人们的情绪和行为反应与人们对事物的想法、看法有关。合理的信念会引起人们对事物的适当的、适度的情绪反应；而不合理的信念则相反，会导致不适当的情绪和行为反应。当人们坚持某些不合理的信念，长期处于不良的情绪状态之中时，最终将会导致情绪障碍的产生。

四、场地要求

安静的室内或室外。

五、活动步骤

(1) 请同学们拿出一张"ABC三栏目表"（如表8-2）。

表8-2 ABC三栏目表

A. 情绪事件：当时发生了什么事？	B. 认知：我是如何看待此事的？	C. 当时的反应：我的情绪怎样？我做了些什么？
	不合理：	不合理：
	合理：	合理：

(2) 请你把最近生活中发生的消极事件及当时的想法和情绪体验记录在表格中。

(3) 进行小组讨论，与其他同学讨论你遇到的消极事件以及你对事件的看法，描述你当时的情绪体验。

(4) 小组讨论结束后，请从第二栏中找出哪些是合理的想法，哪些是不合理的想法；针对这些想法思考，你合理的反应应该是怎样的，你当时的反应又是怎样的。

六、分享与升华

(1) 请学生代表分享自己的活动感受。

(2) 教师对活动进行总结和点评，帮助学生学会运用ABC三栏目表处理生活中出现的消极事件。

情绪疏导的 ACT 疗法

ACT 疗法即接受和委托疗法，是心理治疗中的代表性疗法之一，其核心的观点是"消极的想法与情绪贯穿人的生命始终，与其挑战它，不如坦然接受它，并集中精力追求自己所重视的人生价值"。ACT 疗法的主要步骤包括：

第一，接受你的情绪。"我感到痛苦，我罪有应得""我真是愚蠢，怎么会这么做"……每个个体都会有不良情绪，因为我们首先是一个凡人，所以你也需要接受你的不良情绪，允许它的存在。

第二，直面情绪。压抑和逃避不能解决问题，只会让个体陷入情绪的泥沼，难以自拔。例如，亲人去世时，允许自己悲伤哭泣；自己受到伤害时，允许自己愤怒。

第三，体验情绪。情绪会在个体的身体里产生不同程度的能量阻塞点。人们需要直接去感受自己的情绪。活在当下，体验当下，即感受此时此刻的情绪，你感觉到了什么？它有多强烈？

第四，认同情绪。感知情绪的最终目标是认同情绪。认同情绪是在接受情绪的基础上进一步识别情绪和容忍情绪。你的朋友激怒了你，你可能会说："我好愚蠢，为这种人而失望、生气。"你可能会更加苦恼。如果你认同这种情绪，并认为情绪产生是有原因的，你可能会说："我当然会失望和愤怒，但是我们是好朋友，我会找出究竟他说了什么、做了什么，让我如此愤怒。"感到失望、生气时，什么也不要做。此刻的任务就是了解和感知自己的情绪，进而认同自己的情绪体验。

电影《头脑特工队》——幸福不只来源于快乐

《头脑特工队》这部电影深度探讨了情绪的本质——这并非巧合，该片的科学顾问正是由美国至善科学研究中心的创始人、心理学家达彻尔·凯尔特纳（Dacher Keltner）担任，这让影片在自由发挥创造力的同时保持内容的科学性。

影片中，快乐的情绪"乐乐"像一个狂热躁动的小精灵，由演员艾米·波勒（Amy Poehler）配音。电影开场时，"乐乐"掌控着莱莉的主要情绪。她的首要目标是确保莱莉总是快乐的。但到电影结尾时，"乐乐"（同莱莉一样）和观众们都意识到，快乐和幸福并不意味着时刻保持积极的状态。事实上，影片最后，当"乐乐"将情绪控制权移交给她的同伴尤其是"忧忧"时，莱莉获得了更深层次的幸福感。

其实，这一结论反映出很多杰出情感研究者看待幸福的方式。就如畅销书《如何获得幸福》的作者索尼娅·柳博米尔斯基（Sonja Lyubomirsky）将幸福定义为"对快乐、满足或积极幸福的体验，以及体验到生活是美好的、有意义的且有价值的"。因此，诸如喜悦之类的积极情绪绝对是幸福秘诀的一部分，但却不是全部。

例如，在电影关键的一幕中，莱莉一想到离家出走的计划，她允许自己除了感到害怕和愤怒外，还可以感到失落和悲伤，最后她放弃了这个计划。尽管感到悲伤和恐惧，但是和家人重新建立连接，从父母那里获得的安慰带给她更深层次的幸福感和满足感。

为此，影片的主创人员包括导演彼特·道格特（Peter Docter）巧妙地将波勒配音的角色命名为"乐乐"（快乐）而不是"福福"（幸福）。

说到底，快乐只是构成幸福的一个元素，却不是幸福的全部。幸福也可以由其他情绪带来，甚至包括悲伤。

——清华大学积极心理学研究中心《与孩子们探讨从电影〈头脑特工队〉里学到的四堂课》

学习评价

项目	课堂评价标准	自我评分					小组互评				
学习态度	自觉按要求完成学习任务	5	4	3	2	1	5	4	3	2	1
	上课认真，课堂互动活跃	5	4	3	2	1	5	4	3	2	1
	在小组活动中具有团队合作精神	5	4	3	2	1	5	4	3	2	1
活动表现	服从活动安排，积极参与	5	4	3	2	1	5	4	3	2	1
	大胆发表个人观点，思路清晰，表达流畅	5	4	3	2	1	5	4	3	2	1
	乐于回应同学发言，分享有用资源	5	4	3	2	1	5	4	3	2	1
知识掌握	通过本项目的学习，请你谈谈对健康情绪情感的理解。你打算如何培养自己健康的情绪情感？(70分) 【答案填写】										
	合计得分										
	加权总分 （自我评分×50% + 小组互评×50%）										

项目九 管理压力 笑对挫折

——大学生压力管理与挫折应对

深学践悟

奋斗不只是响亮的口号，而是要在做好每一件小事、完成每一项任务、履行每一项职责中见精神。奋斗的道路不会一帆风顺，往往荆棘丛生、充满坎坷。强者，总是从挫折中不断奋起、永不气馁。

——2019年4月30日习近平总书记在纪念五四运动100周年大会上的讲话

学习目标

- 知识目标：了解大学生压力及挫折的主要来源，了解压力与挫折对人生的意义。
- 技能目标：掌握常用的压力管理和挫折应对的方法。
- 自我认识目标：了解自身压力的来源及压力应对方式，探索适合自己的心理调适方法。

学习导图

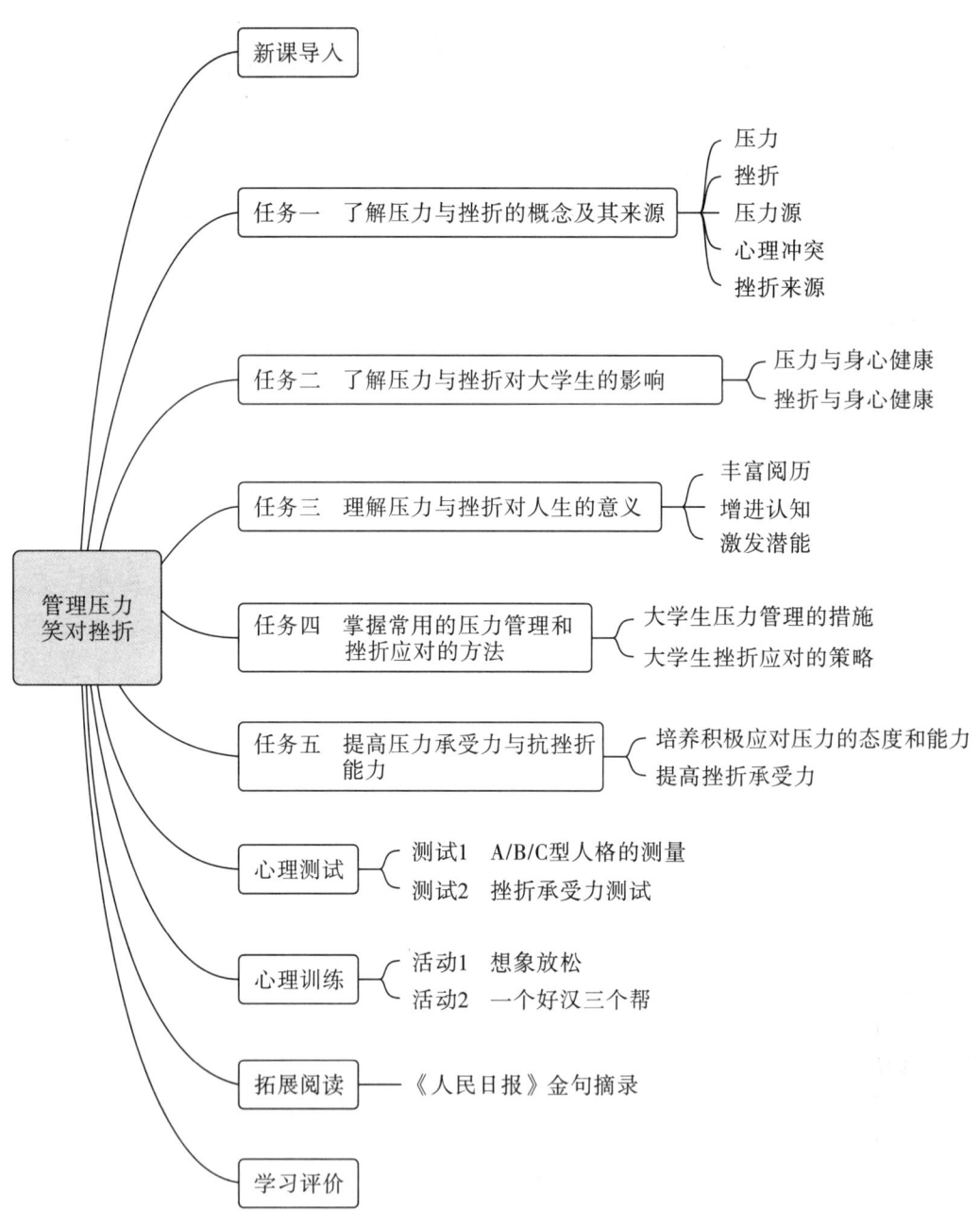

新课导入

【案例1】 小冯是一名大学二年级女生,她主诉期末事情都堆在一起,例如过两天要考试的科目自己不擅长,还没有准备好,担心会挂科;一门重修科目的作业还没做,截止时间即将来临;之前约好的驾照考试也即将来临,没有空去练车,教练整天催促她;实训课老师管理很严格,但是有的组员"摆烂",她担心任务完成不了,等等。她觉得压力实在太大,有时被压得喘不过气来,马上就要崩溃了。

大学生活是精彩纷呈的,但同时也不得不面对很多压力,例如案例1中的小冯,同时面临多重压力的情况时有发生。"人生不如意事十之八九。"习近平总书记曾说,人无压力轻飘飘,井无压力不出油。在压力之下,可以把"坏事"转化为"好事";没有这个压力,说不定"好事"就没有这么好。司马迁认为,文王拘于囚室而推演《周易》,仲尼困厄之时著作《春秋》,屈原放逐才赋有《离骚》,左丘失明乃作《国语》,孙膑遭膑脚之刑后修兵法,吕不韦被贬属地才有《吕氏春秋》传世,韩非被囚秦国而作《说难》和《孤愤》,《诗》三百篇大概都是贤士圣人发泄愤懑而作。而他自身受宫刑却不自卑、无怯色,完成史家巨著《史记》,被誉为"中国历史上最伟大的史学家"。对大学生来说,把压力转化为动力,可以提高学习的质量。但压力过大,超过承受程度,也会影响情绪,走向反面。

通过本项目,我们一起来学习压力和挫折,学会正确管理压力和应对挫折。

任务一　了解压力与挫折的概念及其来源

一、压力

压力(stress)又称应激,是由压力源和压力反应共同构成的一种认知和行为体验。它是个体在生活适应过程中体验到的一种身心紧张状态,也指个体面对有威胁的情境或事件时做出的保护性的反应措施。

压力体现了环境与心理需求之间、个体需求和能力与期待之间的张力。当个体对当前的生活状态较为满意,自身能力能够自如地应对多变的社会环境,需求、欲望和愿景均能逐步实现,常常体会到平衡感时,那么他体验到的压力就在可控范围内。但是,有时候,压力常常会超出个体可控的范围,使得个体产生应激反应,长期处于应激反应无形中会损害个体的身体并打击个体的自我效能感,致使个体对生活事件产生无力感。

个体体会到的压力大小,并无精确的客观标准。每个个体在面对不同的压力性事件时,所体验到的压力依赖于个体的主观感受。例如,同样是恋爱失败,不同的人会形成不同的反应。即便是同一个人,在不同的身心状态下也会有不同的感受。

二、挫折

挫折是个体在从事有目的的活动时，由于遇到阻碍或受到干扰，愿望不能得到满足时产生的一种消极的情绪状态。例如，想准时赴约却遇上塞车；想顺利升学却考试失败；希望事事顺心却发现总是事与愿违。在现实生活中，挫折总是伴随着个人的成长和发展。在一定意义上，挫折促进了人的成长、成熟。一个理性的成年人，通常会将挫折控制在一定的范围内。例如，为了避免迟到，个体会依据目的地的交通状况以及所乘坐的交通工具对出发时间提前作出预判。同时，为了避免失败，个体会选择回避那些自己并不擅长的工作领域和不熟悉的工作挑战。

挫折的概念包含三重含义：①挫折情境或挫折事件，即导致目标不能达成的事件或情境，如人际关系失败、工作被炒鱿鱼等；②挫折认知，即个体对挫折情境或事件的态度、评价和解释；③挫折情绪或行为，即伴随挫折认知而产生的情绪变化和行为反应。上述三者中，挫折认知是核心内容，任何挫折事件或挫折情境都需要经过挫折认知的加工。同样的情境或事件，不同的认知会引起不同的情绪反应和行为反应。例如，同样是考试失败，有些学生会自怨自艾，觉得自己不够聪明，努力也无法解决问题。而有些学生则将考试失败作为一种动力，选择更加努力地投入到学习生活中，避免再次失败。

三、压力源

（一）压力源概述

压力源指任何能够被个体知觉并产生正性或负性压力反应的事件或内外环境的刺激。从不同的角度可以对其进行多种分类。

1. 从效价进行分类

压力源可分为正性压力、中性压力和负性压力。正性压力又称为积极压力，产生于个体被激发和鼓舞的情境中，如体育运动比赛、文艺表演等，给个体以力量并能提高其识别和作业的能力。例如，大学生认知到自身知识储备有限，从而对学习产生兴趣，用以消除自身的"无知"状态。中性压力不会引发后续效应，无所谓好坏。负性压力又称为消极压力，个体会消耗能量储备，以维护和防卫的形式增加机体系统的负担，产生负面感受和消极信念。例如，学习不努力的学生担心考试挂科、重修、不能顺利毕业、找不到工作、养不活自己。负性压力又可分为急性压力和慢性压力。急性压力来势汹汹，但消退迅速，犹如在路上开车突然发生一起追尾事故一样；慢性压力像"温水煮青蛙"，持续时间长，如几小时、几天、几周甚至几个月。

2. 从性质进行分类

压力源可分为生物性压力源、精神性压力源以及社会环境性压力源。生物性压力源直接阻碍和破坏个体生存与种族延续的事件，包括身体创伤与疾病、饥饿、睡眠剥夺、感染、噪声等。这些因素直接关系到个体的生理存在和健康。有研究表明，一些人工合成的食物添加剂可能会引起体内多种压力激素的释放。精神性压力源直接阻碍和破坏个体正常精神需求的内在和外在事件,包括错误的认知结构、个体不良经验、道德冲突以及长期生活经历造成的不良个性心理特点,如易受暗示、多疑、嫉妒、处责、悔恨、怨恨等。这些因素影响个体的心理状态和情感健康。社会环境性压力源直接阻碍和破坏个体社会需求的事件,包括社会性的(重大社会变革、重要人际关系破裂等)和由自身状况造成人际适应问题(如社会不良交往)。这些因素直接关系到个体的社会需求和人际交往,对个体的社会适应能力构成挑战。

3. 从强度进行分类

压力源可分为一般单一性压力、叠加性压力、破坏性压力。一般单一性压力通常指的是生活中单一、短暂且相对容易应对的压力事件。比如,一次重要的考试、一次工作面试。这类压力虽然可能让人在短时间内感到紧张或不安,但通常不会造成长期的心理或生理影响,且一旦事件过去,压力感也会逐渐消失。叠加性压力是指两种或两种以上的压力源同时或相继出现,分为同时性叠加压力和继时性叠加压力,前者如"十面埋伏""四面受敌";后者如"屋漏偏逢连夜雨""祸不单行"。个体需要同时应对多个压力源,而这些压力源之间还可能产生相互作用,产生累积性的压力影响。破坏性压力是最为严重的一种压力类型,它通常指那些极端、灾难性的事件,如自然灾害、战争、严重事故或亲人突然去世等。这类事件对个体的心理和生理都会造成巨大的冲击和破坏,甚至可能导致长期的心理创伤和应激障碍。破坏性压力不仅影响个体本身,还可能对其家庭、学校乃至社会产生深远的影响。

通常,只有当个体认知到情境或压力源具有威胁时,内心才会体验到压力。压力感受到熟悉性、可控制性和可预测性等因素的影响。如果情境是熟悉、可控的,同时危险可以预测,则个体体验到的压力相对较小;而如果前往陌生环境,所从事的活动自身并不熟练,还具有一定的危险性,个体就会体验到较大的压力。如表9-1所示,不同的生活改变事件会带来不同程度的压力感(LCU),该量表最初由霍姆斯和雷赫在1967年编制,共有43个项目。请同学们算一算自己在一年之内遭受的压力值。霍姆斯等提出,若一年内LCU累计不超过150,次年可能是平安的;LCU累计为150~300,则次年患病的可能性达50%;LCU累计超过300,次年患病的可能性达70%。因此,通常情况下,个体为了避免较大的压力体验,会选择较为熟悉、可控的情境开展相应的活动。

表9-1 生活改变事件与压力感量表

生活改变事件	压力感(LCU)	生活改变事件	压力感(LCU)
1. 配偶亡故	100	23. 子女成年离家	29
2. 离婚	73	24. 涉讼	29
3. 夫妻分居	65	25. 个人有杰出成就	28
4. 牢狱之灾	63	26. 妻子新就业或刚离职	26
5. 家庭亲人亡故	63	27. 初入学或毕业	26
6. 个人患病或受伤	53	28. 改变生活条件	25
7. 新婚	50	29. 改变个人习惯	24

续上表

生活改变事件	压力感（LCU）	生活改变事件	压力感（LCU）
8. 失业	47	30. 与上司不和睦	23
9. 分居夫妻恢复同居	45	31. 改变上班时间或环境	20
10. 退休	45	32. 搬家	20
11. 家庭成员中有人生病	44	33. 转学	20
12. 怀孕	40	34. 改变休闲方式	19
13. 性生活不协调	39	35. 改变宗教活动	19
14. 家庭添人口	39	36. 改变社会活动	18
15. 事业重新整顿	39	37. 少量抵押或借款	17
16. 财务状况改变	38	38. 改变睡眠习惯	16
17. 密友亡故	37	39. 家庭成员团聚	15
18. 改变行业	36	40. 改变饮食习惯	15
19. 夫妻争吵加剧	35	41. 度假	13
20. 借贷大笔款项	31	42. 过重大节日	12
21. 负债未还，抵押被没收	30	43. 轻度违法	11
22. 改变工作职位	29		

（二）大学生的主要压力源

一项关于大学生当前面临的压力的开放性讨论中，600多名大学生参与了讨论，排在前三位的是学业压力、经济压力和就业压力。

1. 学业压力

学习压力源主要有学习的特征与过程、学习环境与人际关系、学习要求与专业特点等三类。张月娟等发现，学习负担重、就业（升学）压力大、长期远离家人不能团聚、恋爱不顺利或失恋、考试失败等均会造成大学生较大的压力体验。据研究，若个体长期进行高心理负荷的学习，就会表现出对学习的冷漠、不满、厌恶和回避。同时，厌烦的学习态度又会引起恶性循环，使得本来就较高的学习压力显得更高，效率更低。例如，医学和工程科学等学科的学生，学习时间长、任务重、难度大，常常体会到较大的学习压力。

扫码观看"大学生压力管理与应对"视频（精品微课）

2. 经济压力

大学生面临经济压力是一个普遍存在的问题，许多学生因为经济条件不佳面临巨大的心理压力。一是生活上的窘迫感，有的同学在吃穿用度上都要紧着花。二是交往中的自卑感。三是对家人的内疚感，有的同学父母老、弱、多病，甚至失去了父亲或母亲，他们不想让家人替自己背上沉重的经济包袱，可又无能为力。

3. 就业压力

当前经济增速减缓，社会竞争激烈，人工智能的发展导致未来就业市场需求难以预测。大学生就业率低、海归大学生工资低、名校毕业生送外卖等信息屡见不鲜，就业预期低给大学生带来很大压力。尤其是部分家庭背景较差的学生，为自己的前途感到焦虑、迷茫，感叹社会的不公，甚至产生怨恨以及某些过激行为。

另外，如何协调学习与其他活动的时间、学习与恋爱、人际关系等都是大学生常面临的压力性事件。需要注意的是，一般来讲，单一事件并不会对个体造成压力威胁，但是，若许多压力事件叠加性地发生，将会对个体产生较大的压力。如贫困生遭遇家庭变故，丧失主要的经济来源，又面临毕业就业压力等；学习困难学生遭遇恋爱失败事件等。

大学生活是社会生活的预演，所经历的一切都是为了更好地参与到社会生活中，因此，在保证学习时间的情况下，大学生可以多参与一些具有挑战性的活动，以增强压力抵抗能力，提高挫折应对水平，同时学习如何管理自己的压力。

四、心理冲突

心理冲突是造成挫折和心理压力的重要原因。心理冲突（动机冲突）指由于人们在采取行动时可能面临多重目标，目标的属性在性质方面常常互相矛盾，使得个体内心难以取舍，行为犹豫不决，从而形成心理冲突。美国心理学家库尔特·勒温按趋避行为将常见的心理冲突分为四大基本类型。

扫码观看"心理冲突及其调节"视频（精品微课）

（一）双趋冲突

双趋冲突又称接近—接近型冲突，是当追求的两个目标具有同等的吸引力，使得个体无法在两者之间进行取舍时形成的心理冲突，即"既想要……又想要……"。例如有些大学生既想和心仪的对象谈恋爱，又想听从父母的安排好好学习，不涉足恋爱，常常使得内心比较焦躁，无所适从。

（二）双避冲突

双避冲突又称回避—回避型冲突，是当追求的两个目标对个体产生影响甚至威胁，同时又无法避开所形成的左右为难的心理冲突，即"既不想要……又不想要……"。例如有的学生生病之后，既不想吃药也不想打针。

（三）趋避冲突

趋避冲突又称接近—回避型冲突。同一事物同时具有趋近与回避的目标，以至于个体在趋向时常常体验痛苦类的负面情绪，即"既想要……又不想要……"。例如有些大学生喜欢打游戏，但是内心又时常自省——打游戏耗费精力和金钱，耽误学习，从而形成了"痛并快乐着"的尴尬局面。

（四）多重趋避冲突

在日常生活中，个体的趋避冲突常常表现为一种更复杂的形式。即当个体面对两种或两种以上的目标时，每种目标都同时具有吸引力和排斥力两种性质相反的作用而产生的心理冲突。如大学生在对毕业后继续深造还是工作进行取舍时，既考虑到深造需要刻苦努力而找工作相对轻松自由，又考虑到深造可能意味着更高的收入和更好的发展平台，而当前学历、工资、待遇以及成长性相对较差，由此形成双重进退两难的局面。双重或多重趋避冲突在日常生活中更加常见，譬如"既要……又要……还要……"的多种欲望造成的心理和精神压力比较大。

冲突是一种心理困境。冲突常常是个体、集体和社会各种评价相互胶着的过程，需要耗费较多的时间和心理资本。通常情况下，人们会反复衡量每个目标的优劣和轻重，同时会考虑做出抉择所面临的得失等。在现实生活中，个体的生活往往牵涉较广，有家庭层面的，有事业层面的，也有社会层面的。心理冲突可能来自同一层面，也可能是不同层面之间的冲突，如恋爱和学习有时不能兼顾。无论是哪一层面的心理冲突，如果不能很好地处理，就会产生强烈的消极情绪，精神痛苦，无力感泛滥。另外，长期的心理冲突会造成个体不平衡、不协调的心理状态，严重的或者持续时间较长的心理冲突均会引发个体的心理障碍。

五、挫折来源

（一）大学生常见的挫折

挫折从不同角度可进行不同的分类。从挫折的性质来分，可分为需要挫折、行为挫折、目标挫折和丧失挫折。从障碍的性质来分，可分为外部挫折和内部挫折。外部挫折包括缺乏、损失和障碍，其中障碍指由于外界干扰，个体的目的无法实现，需要得不到满足。内部挫折包括缺陷、损伤和抑制，其中抑制是指个体从心底里禁止需要的满足。例如，由于生活早期得不到某些东西就开始不喜欢这些东西。

大学生常见的挫折主要有适应型挫折、交往型挫折、学习型挫折、恋爱型挫折、择业型挫折。

1. **适应型挫折**

大学较之中学时代，无论是生活环境还是学习方法，无论是学习任务还是人际关系，无论是个人目标还是社会期望，都发生了很大变化。每个大学新生都要适应新的挑战，尤其是对现实社会和未来抱有过高期望的以及过于理想化的学生，更加容易受挫。

2. **交往型挫折**

大学生天南海北聚到一起，每个人在成长经历、行为习惯、价值标准、个性特征等方面都不同，常常难以相互适应、相互包容。有些大学生因自我评价不当，或自命不凡或畏缩不前，无法与他人和谐相处；有些大学生因自身素质不足或是性格内向、缺乏特长而在众人面前感到自卑，不敢与人交往；有些大学生在交往过程中常出现嫉妒、猜疑等消极情绪，甚至因误会导致朋友断交，而又苦于找不到知心朋友。

3. **学习型挫折**

最常见的学习型挫折表现在成绩非常好与成绩不好的两类学生上。有的学生过去非常优秀，可到了大学，接受不了自己的平凡表现，甚至挂科、重修，产生强烈的挫败感。此类大学生因为一点点失败而走上绝路的例子不在少数。还有的学生则由于缺乏学习动机、学习方法不当、时间安排不合理、专业不满意、上课听不懂等因素，产生学习困难的挫折感。

4. 恋爱型挫折

处于青年中期的大学生，生理发育日渐成熟，并且随着性意识的觉醒，开始向往美好的爱情。但由于多种因素的制约，他们在追求爱情的过程中，或多或少会遇到各种波折。大学生的恋爱型挫折通常表现在以下几个方面：因失恋而痛苦不堪，因迷恋而不能自拔，因想爱不敢爱而矛盾挣扎，因求爱不成而无地自容，因恋爱关系处理不好而烦恼不安。大学生心理尚未完全成熟，遭遇恋爱型挫折后容易陷入消极情绪中，影响学习生活，甚至出现行为极端化的现象。

5. 择业型挫折

大学是开启职业生涯历程的重要阶段，在择业过程中，有的学生担心自己专业冷门，将来选择工作的余地少；有的学生因自身素质不足，缺乏自信心，担心在就业时受到不公正的待遇；还有的学生害怕将来走上工作岗位后不能适应社会需要，对就业心生恐惧。

（二）大学生挫折产生的原因

挫折从可能变为现实需要三个条件：①个体所追求的目标比较迫切和重要，所体验到的压力较为强烈；②个体坚信目标原本可以达成；③在达成目标的过程中，遇到了未曾预料到的、难以克服的障碍。

挫折产生的具体原因包含客观因素和主观因素。

1. 客观因素

客观因素分为自然因素和社会因素。自然因素指各种非人为因素所导致的时空限制、自然灾害、意外事故和生老病死等。社会因素指个体生存的社会环境所引发的干扰或障碍。社会环境包括政治体制、社会文化发展水平，以及个体生活的环境，如家庭、单位、学校、社区等。如父母要求苛刻，孩子可能常常体验挫折感。

2. 主观因素

主观因素即内在因素，是个体自身存在的一些因素，分为生理因素和心理因素。生理因素指个体的生理属性和疾病造成的限制；心理因素指个体的心理特点和心理水平带来的影响。例如，一个完美主义者发现即使自己非常努力，很多事情的结果也并不尽如人意，常常体验到挫折感。一般来说，学习能力差的人容易在学习、工作中受挫；内向的、自卑感强的个体容易在人际交往中受挫，而且，由于归因方式的缘故，内向的个体体验到的挫折感更加强烈，他们投注的对象是自己，挫折感常常伴随着人际发展的瓶颈而出现。

》任务二　了解压力与挫折对大学生的影响《

一、压力与身心健康

个体面对压力事件时通常会出现情绪和身体两方面的反应，即个体身心处于应激状态。应激的产生是一种典型的由心理转向生理的过程。先是由于紧张情绪的出现，使得大脑的情绪中枢处于兴奋状态，随即向内分泌系统发出指令，使肾上腺分泌出大量肾上腺素，受体血压升高、心跳加快，使肝脏释放出大量的糖供给血液，提高血糖水平，给大脑和肌肉输送更多的能量，使反应更加机敏、更有力量。由于在应激状态下，个体能够在很短的时间内充分调动自身的全部潜能，所以常常会表现出一种超乎寻常的力量，提升学习效果和工作绩效。但是超常表现仅仅是力量的短暂集中，不能持久。

研究表明，在最佳水平处的与压力有关的激素可以帮助提高身体的功能和信息处理能力，如注意力等，使人更加警觉；离开最佳水平后，各方面的效能都开始下降。适中的压力有益健康和学习效果，压力过大或过小对身心健康和工作绩效都不好（如图9-1）。若个体长期处于应激状态，导致身心常超负荷运行，引发身心疾病的风险就会增加，给身心造成多个层面的影响。在生理上，可能会导致植物性神经系统紊乱、失眠、过敏、疼痛、肠胃不适、三高、不孕不育、免疫力下降等，甚至会出现血管系统的疾病和癌症；在心理上，可能会引起不良情绪，导致抑郁、焦虑、适应困难等应激性心理障碍，重者诱发精神病；在认知上，可能会使思考认知功能下降，注意力不集中；在行为上，可能会导致破坏、攻击、酗酒、滥用精神活性物质、家庭暴力等，重者导致轻生。因此，个体需要避免长时间或频繁地进入应激情境。

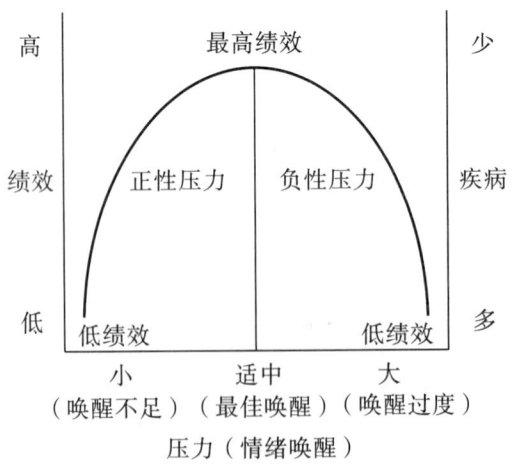

图9-1　压力与绩效、疾病关系图

弗兰茨·亚历山大的"冲突特异理论"认为，由心理冲突引发生理疾病出现的因素有三个：①植物神经系统的过度活动：心理冲突可能导致植物神经系统功能失调，进而影响身体的正常生理功能。②身体器官的脆弱易感倾向：某些器官可能因为遗传或其他原因，对某些类型的生理疾病具有较高的易感性，心理冲突可能加剧这些器官的脆弱性。③未解决的心理冲突：长期未解决的心理冲突可能导致持续的心理压力，这种压力可能会影响身体的健康状态，从而引发或加重生理疾病。该理论为理解和处理心理与生理健康之间的关系提供了新的视角，尤其是在由压力和心理状态引起的健康问题方面。

（一）免疫系统的中介作用

压力通过改变个体的免疫系统对健康产生影响。压力过高会使个体提高警觉，使生理功能兴奋，使免疫功能紊乱。心理学研究表明，大学生在期末大考的一周内，免疫系统的功能较平时大为降低。但是降低的程度却因人而异：个性开放且朋友众多的学生，免疫系统的功能降低较少；个性孤独而缺少朋友的学生，免疫系统的功能下降较多。

虽然压力降低了免疫系统的功能，但是下降的效应却具有延后性。处于压力下的个体免疫系统功能降低，但是并不因此患病，常常表现为压力缓解后一段时间才会生病。日常生活中，个体常常有这样的经历，鼓足劲干好一件棘手的事情，或者度过一段难熬的日子，而后在身心放松期间罹患疾病。

（二）心理倾向性的中介作用

研究表明，压力可以通过心理倾向性来影响个体的身心健康。

1. A型人格与B型人格

20世纪50年代末期，美国心脏病学家迈耶·弗雷德曼等的研究发现，罹患心脏病的个体性格常常较为急躁。由此，他们区分了A型人格和B型人格。A型人格指个性急躁、求成心切、不断进取、争强好胜的一种性格。典型的行为模式是一个人陷入在极短的时间里做大量的事情。他们自信心强，富于挑战性和侵略性，成就动机强，雄心勃勃，神经质，易紧张，敏感，缺乏耐心，有时间的紧迫感和竞争的敌意感，凡事希望尽快完成，饮食不规律，伴随抽烟、酗酒、吃辣等生活癖好。实际上，A型人格的行为特点本身并不带有价值上的判断，只是该类型的个体更容易罹患脑血管和心血管疾病。B型人格的个体个性随和，生活较为悠闲，对工作要求宽松，成败观念淡薄，与世无争。统计显示，85%的心血管疾病都与A型人格有关，在心脏病患者中，98%都是A型人格。A型人格罹患冠心病的概率是B型人格的5倍。

2. C型人格与D型人格

随后有研究者提出了C型人格。C型人格的行为模式的主要特点是：①过分压抑负面情绪。他们不善于表达和宣泄愤怒、焦虑、绝望等情绪，经常通过自身努力来遏制负性情绪的发泄。②行为退缩，害怕冲突。他们过分屈从，自我克制，原谅不该原谅的行为，对别人过分忍耐，姑息迁就，尽量回避各种冲突，因此，常常合作性强、回避矛盾、迁就、忍让、依赖，为取悦他人而放弃自我需要。③无力应对生活压力，感觉无助、无望。生活和工作没有主意和目标，不确定性多。由于对自我的过分压抑，C型人格的个体罹患癌症的风险高出正常人3倍以上。

C型人格和B型人格的区别在于，B型人格在认知上摆脱了挫折的纠缠，他们并不认为受到了他人的伤害，也不会作出回应，无须压抑。而C型人格则不然，他们表面平静似水，内心却愤怒如火，只是不表现在行为上，而是故意掩盖自己的不满和愤懑，这种掩盖行为又在更深的层面压制了个体的愤懑情绪，使得个体怀疑自己的能力，产生更为强烈的对自己和社会的不满。

另外，荷兰学者Denollet在1996年提出D型人格，即忧伤人格。其行为模式包括消极情感和社交压抑。消极情感主要表现为紧张、不愉快、过分担忧、悲观、易恼怒、积极情绪缺失，更关注生活事件中的负性刺激，体验到更多的压力，这种倾向不受时间和情境的影响，表现出稳定性。社交压抑主要表现为常常压抑情感，表面上保持平静，但是内心深处极力控制着自我表达，言谈举止不自信，常常感到不自在、紧张和不安全。尽量回避社会交往，与人保持着心理距离，交往迟滞。消极情感和社交压抑使得个体无法适应应激事件，从而导致长期的应激状态，影响心血管系统正常的功能发挥。D型人格是预测冠心病死亡和非致死性心肌梗死的独立危险因素之一。在发生死亡的冠心病患者中，73%是D型人格，D型人格的病人死于心脏性疾病的风险增加了6倍。

二、挫折与身心健康

由于个体自身因素的影响，不同个体的挫折反应和行为表现具有不同的特点。在认知上，有人认为挫折是对自身的考验，凡成大事者，"必先苦其心志，劳其筋骨，饿其体肤，空乏其身，行拂乱其所为"，从而提高了挫折的耐受力和心理弹性，越挫越勇；而有人却认为是自己命不好、运气不好，事事不顺利，生不逢时，"既生瑜，何生亮"。在情绪上表现出消极、愤懑、悲观甚至绝望，在身体上，不同个体会表现出血压升高、心跳加速、胃酸分泌减少、出现各种形式的溃疡等症状，在行为上也会有不同的表现。

（一）挫折的行为表现

1. 攻击行为

挫折—攻击假说认为，任何挫折都必然导致攻击行为。实际上，两者之间并不存在必然的因果联系，攻击只是挫折反应的一种。攻击通常包括两种类型：①直接攻击，将引发挫折的人或物作为攻击对象。②转向攻击，即无法直接攻击引发挫折的对象时，转而寻求"替罪羊"施以打击。日常生活中，父母可能会将在工作岗位遭遇的挫折转向对孩子的言语攻击或者体罚，而孩子则会转向对同学或者家庭作业的"攻击"，例如故意不完成作业。

2. 退化行为

退化是个体防御机制的一种，指人们在受到挫折时所表现出的与自己年龄或身份不相称的幼稚行为，主要包括盲目轻信、固执和逆反。

3. 妥协行为

妥协是对挫折的折中反应，用来消除心理上的不平衡感，主要包括以下几种方式：

①自我安慰。个体遭遇挫折后，找出种种理由进行自我辩解，包括"酸葡萄"心理和"甜柠檬"心理两种方式。前者指自己得不到的或是没有的东西就是不好的，是不值得关注和争取的，以此来冲淡内心的欲望和不安；而后者则强调，凡是自己拥有的东西都是好的。心理学中，这两种心理都是合理化心理防御机制的典型表现。②自我整饰。个体在遭遇挫折后，不将内心的焦虑、烦恼表现于外，而是将挫折心态深藏不露。③成因推诿。把挫折的原因归于外部，以减低自身体验到的心理压力。

4. 积极行为

挫折的经历将有助于个体对挫折的应对，有时消极待毙并不符合个体的发展要求，因此，对挫折的应对还包括理智性反应，主要有以下几种：①升华。将痛苦转化为动力，通过不断努力来应对挫折。②补偿。一个目标受挫，就选择另一个目标作为努力的方向。③改变。当发现目标难以实现后，主动降低目标和抱负水平，或重新选择达到目标的方法。

（二）挫折反应的影响因素

不同的人面对同样的挫折，反应可能不尽相同，受多种因素的影响，例如以下三种。

1. **个体的抱负水平**

抱负水平指个体对自己要求达到的目标所规定的标准。个体的抱负水平来自内在的成就动机。成就动机强的个体对未来的期待很高，可以直面挫折，忍受挫折带来的痛苦，在经历挫折后采取积极行为的可能性比较大。

2. **个体的挫折经历**

个体的挫折经历增加了挫折耐受力，对同等强度的挫折反应产生影响。一个遭受过挫折的个体，会在认知和行为上降低同等挫折的伤害水平。

3. **个体的挫折耐受力**

意志品质强的个体往往对挫折的耐受力较高，有时，他们会通过主动引入挫折来提升自己对挫折的耐受力，如越王勾践卧薪尝胆。

》任务三　理解压力与挫折对人生的意义《

大学阶段是人生的重要时期，有着学生与成人两种重要的身份。但由于大学生缺少实际生活锻炼，总会过度地把各种事情理想化，眼高手低，所以经常会在学业、恋爱、兼职等方面遭受一些压力与困难挫折。在如今社会"内卷"化、竞争加剧的情况下，这种现象越来越严重。作家杨绛曾说："不要碰到一点压力，就把自己变成不堪重负的样子；不要碰到一点不确定性，就觉得自己前途黯淡无光；不要碰到一点挫折，就搞得自己一蹶不振。"从自然生态、精神心理、社会环境等层面来看，从古至今，压力现象是伴随人类的生存而来的，压力给人类带来恐惧和焦虑情绪的同时也促进了人类的发明与创造、科学与文明的发展。挫折是成长的机会，压力是进步的动力。适度的压力与挫折对大学生的发展有积极意义。

一、丰富阅历

压力和挫折虽然会给我们带来痛苦和困扰，但却是人生中不可或缺的一部分。不经风雨难成人，未经磨砺总天真。把一切的发生看作是"如其所是""一切都是最好的安排"。把压力和挫折看作是为了遇到更好的自己之前所做的准备，看作是人生的财富、力量的源泉。通过压力和挫折，增长阅历见识，汲取经验教训，使个体更沉稳豁达。挫折不是终点，而是新的起点。接受挫折，勇敢前行，迎接人生的挑战。

二、增进认知

压力和挫折像一面镜子，照见了自己的处境、心理需求、能力期待，照见了自己的坚韧与脆弱、优势与劣势，使自己对自己、对他人、对处境有更好的认知，培养积极思维，提高分析问题和解决问题的能力。同时，对自己进行及时的反思和修正，对目标和行动计划进行衡量和更详尽的优化，使之更贴近现实、可行性更强。

三、激发潜能

在面对压力和挫折时，个体可能会感到迷茫和无助，但也许正是这种困境，才能激发个体内心深处的潜能和力量。譬如王阳明经历了少年丧母、屡试不第、仕途不顺、棍棒受辱、被人追杀等多重苦难后，被流放到贵州龙场那个荒凉偏僻、瘴气丛生、毒虫遍布、语言不通、交通不便、生活极其艰苦的地方，对于一直生活在繁华京城的王阳明来说，这无疑是人生的绝望。但正是这种孤独与绝望，成了他思想觉醒的转折点，他最终悟出"心即理"的心学思想，实现了精神的重生。挫折是一种考验，正如钢铁经过火的炼烧才能更坚固一样，经历压力和挫折，个体才能更大限度地激发自己的潜能来应对困境，才能成长和更加成熟。

》任务四　掌握常用的压力管理和挫折应对的方法《

压力和挫折无处不在，随时发生。随着物质主义成为生活的"主流"，个体常常在现实生活中感觉不快乐、郁闷、焦躁、彷徨、怀疑或轻视自己，降低自己存在的价值，反复思考生命的意义。一个整天被压力和挫折倾轧的个体，通常无法体验到主观幸福感。然而，要想消灭压力和挫折是不可能的。认知心理学上有一句话："问题不是问题，看待问题的方式才是问题。"压力和挫折对个体来说可以是积极的，也可以是消极的，关键是个体如何看待和应对。

一、大学生压力管理的措施

大学生正处于身心走向成熟的阶段,其内在的压力体验较为强烈,对于将来的生活较为期盼,而对于道路的选择则毫无头绪。这一方面源于教育目的的异化,另一方面也源于学生自身的不成熟。当面对压力时,采取措施的基本原则是遵循"3R 减压法",即放松(relaxation)、退缩(reduction)、重整(reorientation)。3R 减压法的核心是尽量避免遭遇压力源,放松自己的情绪,适时调整目标或期望值。对已经存在的正面压力、自发压力或过度的压力要正确看待,不盲目抱怨,力求找到一个平衡点。大学生进行压力管理可以采用以下三种措施。

扫码观看"与'压'共舞,借'力'前行"视频(精品微课)

(一)宣泄与放松

宣泄是最为常用的一种压力释放方式。如图 9-2 所示,高压锅如果排气口堵塞,锅内的压力不能通过释放达到平衡,就可能导致爆炸。人也一样,没有宣泄的途径,压力越积越大,可能会导致崩溃。宣泄可采取多种办法,例如剧烈运动、唱歌跳舞等,而徒步旅游、正念训练、瑜伽等也是比较有效的放松方式。有研究表明,体育运动、自己动手收拾房间以及做饭等家务活对减轻压力非常有益。"做有意义的事"比玩游戏、看短视频、追剧有更好的减压效果。

图 9-2 宣泄的重要性

(二)倾诉与咨询

可以向专业的心理咨询人员或亲朋好友倾诉自己心中的郁闷或紧张情绪。无论被倾诉对象能否为自己排忧解难,倾诉本身就是一种很好的缓解压力的方法。多数高校配备有大学生心理健康教育中心,在遭遇挫折、需要缓解压力时,大学生可以选择心理咨询。心理咨询可以帮助大学生重新认识和应对压力,关注自己在压力状态下感觉、情绪等的变化,解决其出现的心理问题,调整心态,从而使他们能够正确面对和处理压力,保持身心健康,提高学习效率和生活质量。

(三)引导与调整

引导是指辅导员或他人帮助学生改变其心态和行为方式,使大学生能正确对待压力,诸如重新确定发展目标、培养多种兴趣爱好等。大学生通过接受引导,重新调整自己的状态、目标与行动计划,使自己通过自身努力可以达到此目标,相关压力自然会消失。而学生如果能参与丰富多彩的兴趣爱好活动,当其遇到压力时可以很容易转移注意力,投入到兴趣爱好中,陶冶情操、保护身心健康,压力自然也能减轻甚至消失。

二、大学生挫折应对的策略

任何一个人都不希望遭遇挫折，但是在日常生活中却不可避免。挫折对个体的身心可能会有很大的负面效应，但是挫折本身不是引起负面效应的真正原因，如何认知和应对挫折才是。因此，大学生需从认知、情绪和行为三个层面学会如何应对挫折，增强适应社会的能力。

（一）认知层面

从认知层面来说，首先，我们要知道挫折是社会生活中的正常现象，几乎每个人都无法逃避，它不是针对某个人而来。其次，挫折并不可怕。可怕的是个体面对挫折时的反应。遭受一次挫折就认为自己一无是处，那么个体必定无法面对纷繁复杂的社会生活。如果能认识到这一点，一旦遇到挫折，思想就会有所准备，不致惊慌失措。再次，挫折并不完全是坏事。"自古英雄多磨难"，培根说过："奇迹多是在厄运中出现的。"挫折和失败往往是成才者的摇篮。因为挫折可以磨砺人的意志，提高扭转逆境、克服困难、适应社会生活的能力。

（二）情绪层面

从情绪层面来说，挫折带给人不满足感和挫败感。面临挫折时，沮丧、紧张、无助都是正常的情绪反应，个体需要学会接受这些消极情绪，但不能陷入情绪风暴中无法自拔，导致自己停滞不前。只有在情绪上不为挫折所打击，个体才不会丧失自我肯定。遭到挫折后，应将不良的情绪和精力转移到有益的活动中去，从另一个新的角度来看待这件事，使情绪稳定下来，并努力学习提升自我，将挫折变成动力。

（三）行为层面

从行为层面来说，挫折须积极应对。首先，适当休息，放松心情；其次，分析失败的原因，找到问题所在；再次，吸取经验教训，适当调整计划，并做好预案；最后，按需寻求帮助。遇见自身难以化解的挫折时不妨向具有更为成熟人格的人求助，朋友同学、师兄师姐、父母、心理老师、辅导员等都是求助的对象，或许他们的帮助能让你有所启发，帮你摆脱困境。

任务五　提高压力承受力与抗挫折能力

一、培养积极应对压力的态度和能力

虽然学生在面临压力时都有自己惯常的解决方法，例如宣泄、倾诉等，但是，在具体的学习生活中，选择何种应对方式会影响他们将来对社会的适应。个体的应对方式是指在压力情境下所采取的认知和行为的手段与策略，决定个体的应激结局。通常，应对压力的方式主要有三种，即控制式、支持式、回避式。

（一）控制式应对方式

控制式应对方式以问题为中心，指积极主动地针对不同压力作出反应，如进行有效的时间管理等，是最优的压力应对方式。这种应对方式主要通过改变人的行为或改善周围环境，进而调整自己的情绪状态与个人、环境的关系，表现出自律性。

（二）支持式应对方式

支持式应对方式一般利用个人或社会的资源支持来对压力作出反应，如寻求压力的释放或进行压力的宣泄等。支持式的应对行为主要有借助兴趣及消遣，比如运动、画画、散步、旅行、健身等；向理解自己的亲人或朋友倾诉等。这种应对方式的不足之处是过于依赖环境和资源，一旦提供支持的资源匮乏，就会导致压力适应系统的紊乱。

（三）回避式应对方式

回避式应对是一种以情绪为中心的应对，它并不改变人与环境的客观关系，而是调节由压力引起的情感上的不适。它最基本的策略就是转移注意的焦点，避免思考引起压力的原因。常见的回避式应对行为主要有：不去考虑它；否认问题的真实性；搁置问题；降低对问题重要性的评价；避开麻烦；不再强求自己；想想有些人状况还不如自己，心里会舒服一些；顺其自然等。这种应对方式消极地忽略或回避压力，甚至否认压力的存在，当压力慢慢累积超过一定界限后，就会造成个体的突然崩溃。

研究表明，当面对就业危机时，部分毕业生常常采取回避式应对方式，他们躲在宿舍，不参加面试或者面试故意迟到等。同时，性格内向的大学生在幻想、合理化、自责等几个不成熟的应对方式方面得分显著较高，农村大学生更多地采取消极应对方式。值得关注的是，当大学生较多采取消极应对方式时，其手机成瘾倾向明显。显然，消极应对方式不是消解紧张，而是逃避压力，那么，压力的累积效应也就越强。

大学生应自觉培养积极的应对问题的态度和能力。应对压力时主要采用控制式应对方式，适度采用支持式应对方式，尽量少用或不用回避式应对方式。任何时候，直面问题的本质才是解决问题的最优方式。当然，直面问题常常需要更大的勇气和心理资本。大学生在应对压力时，可以尝试采用客观、理智的方法处理事情；有效地分配时间；预先做好计划；有选择性地把精力集中在某些具体问题上；将问题按轻重缓急排列并依次处理；尝试从旁观者的角度考虑事情等。同时，正确认识和对待压力，意识到压力是成功必备的条件。研究发现，个体的社会支持系统与积极应对方式呈显著正相关，当个体越能够意识到任何困难都不是自己一个人的事情时，他更加愿意采用积极的控制式应对方式。

二、提高挫折承受力

挫折承受力是指个体遇到挫折时能够摆脱困扰以避免心理与行为失常的能力。挫折承受力是一种心理素质。那些身体强壮、心胸开阔、常处逆境、有理想、有抱负、有修养的个体，对挫折的耐受力强；相反，体弱多病、心胸狭窄、娇生惯养、感情脆弱、缺乏雄心壮志的个体，对挫折的耐受力则低。挫折承受力主要从以下方面进行提高。

（一）树立正确的人生观

人生不可能一帆风顺，挫折是成长的一部分。只有树立正确的人生观，才能更好地应对挫折。

（二）提高认知能力

"塞翁失马，焉知非福。"个体的思维方式影响人们对周围环境信息的加工。日常生活中，如果个体能辩证、客观地看待挫折，既能看到挫折的消极意义，也能看到挫折的积极意义，就能增强自己的挫折承受力。

（三）培养坚韧个性和乐观心态

个性心理倾向性和稳定性对挫折承受力有很大影响。那些意志坚强、开朗、自信、乐观、积极向上的个体更能承受较大的挫折。一项跨文化的研究结果表明，乐观者更"务实"，常使用问题关注和适应的应对策略，如利用社会支持、主动求助来解决问题，较少使用回避型应对策略；而悲观者则更倾向于采取情绪取向的应对策略，仅仅试图减少一些痛苦的情绪，倾向于逃避。多血质比抑郁质的个体更能承受挫折。

（四）建立良好的社会支持系统

当个体的社会支持系统完善时，一切挫折都是"纸老虎"。当挫折来临时，个体意识到自己会有帮手，有人会关心自己，会帮忙解决自己的燃眉之急，会无条件地支持和鼓励自己，他们就会增强抵御挫折的信心，提高挫折承受力。因此，要与家人、老师和同学建立良好的关系，以便在遇到挫折时能够得到支持和帮助。同时，我们也要学会倾听和理解他人，给予他人支持和鼓励。

心理测试

【温馨提示】以下心理测试结果只供参考，不作为诊断结果。如有需要，请到相关医院做专业诊断。

测试1　A/B/C型人格的测量

心理学家用大量的研究证明，性格特点与疾病之间有着紧密的联系。心理学家根据是否容易患某种疾病，把性格类型分为 A 型人格、B 型人格和 C 型人格，具体心理特征见前文所述。

表 9-2 中有 25 个项目，是用以诊断 A/B 型人格的问卷。请你认真阅读并选择"是"或"否"。

表9-2 A/B型人格问卷

序号	项目	是	否
1	你说话时会刻意加重关键字的语气吗		
2	你吃饭和走路时都很急促吗		
3	你认为孩子自幼就该养成与人竞争的习惯吗		
4	当别人慢条斯理做事时你会感到不耐烦吗		
5	当别人向你解说事情时你会催他赶快说完吗		
6	在路上堵车或餐馆排队时你会被激怒吗		
7	聆听别人谈话时你会一直想你自己的问题吗		
8	你会一边吃饭一边写笔记或一边开车一边刮胡子吗		
9	你会在休假之前赶完预定的一切工作吗		
10	与别人闲谈时你总是提到自己关心的事吗		
11	让你停下工作休息一会儿时你会觉得浪费了时间吗		
12	你是否觉得自己全心投入工作而无暇欣赏周围的美景		
13	你是否觉得自己宁可务实而不愿从事创新或改革的事		
14	你是否尝试在有限的时间内做更多的事		
15	与别人有约时你是否绝对守时		
16	表达意见时你是否握紧拳头以加强语气		
17	你是否有信心再提升你的工作绩效		
18	你是否觉得有些事等着你立刻去完成		
19	你是否对自己的工作效率一直不满意		
20	你是否觉得与人竞争时非赢不可		
21	你是否经常打断别人的话		
22	看见别人迟到时你是否会生气		
23	用餐时你是否一吃完就立刻离席		
24	你是否经常有匆匆忙忙的感觉		
25	你是否对自己近来的表现不满意		

【计分说明】

如果你有一半以上的题目回答"是",那么你可能是 A 型人格,希望你改变习惯,放慢自己的生活节奏。答案为"是"的题目越多,倾向越明显,反之则是 B 型人格。

表9-3 中有 7 个项目,是用以诊断 C 型人格的问卷。请你认真阅读并选择"是"或"否"。

表9-3 C型人格问卷

序号	项目	是	否
1	你感到很强的愤怒时,是否能把它表达出来		
2	你是否不管出了什么事都尽可能把事情做好,连怨言也没有		
3	你是否认为自己是个很可爱的、很好的人		
4	你是否在很多时候都觉得自己没有什么价值?是否常常感到孤独,被别人排斥和孤立		
5	你是不是正在全力做你想做的事?你满意你的社交关系吗		
6	如果现在有人告诉你,你只能活6个月,你会不会把正在做的事情继续下去		
7	如果有人告诉你,你的病已到了晚期,你是否有某种解脱感		

【计分说明】

如果你的答案有两个以上与下面的答案相反,说明你具有C型人格的特征。

答案:1. 是;2. 否;3. 是;4. 否;5. 是;6. 是;7. 否。

(摘自张春兴《现代心理学》)

测试2 挫折承受力测试

表9-4中有38个项目,请你认真阅读,并根据自己的情况选择"是"或"否"。

表9-4 挫折承受力测试量表

序号	项目	是	否
1	胜利就是一切		
2	我基本上算是个幸运儿		
3	白天工作不顺利,会影响我整个晚上的心情		
4	一个连续两年都排名最后的球队,应该退出比赛		
5	我喜欢雨天,因为雨后空气清新,阳光普照		
6	如果某人擅自动我的东西,我会很生气		
7	汽车经过时溅了我一身泥水,我气一会儿就算了		
8	只要我继续努力,我就会得到回报		
9	如果有流感,我常常会被感染		
10	如果不是因为几次霉运,我一定比现在好得多		
11	失败并不可耻		
12	我是很有自信的人		
13	落在最后,常叫人提不起劲儿		
14	我喜欢冒险		
15	假期过后,我常常不能马上进入工作状态		

续上表

序号	项目	是	否
16	遭遇到的每一次否定都会使我更接近肯定		
17	我想我一定受不了被解雇的羞辱		
18	如果向我所爱的人求婚被拒绝，我一定会崩溃		
19	过去的错误，我总是难以忘怀		
20	在我的生活中，常常有些令人沮丧、气馁的日子		
21	负债累累，让我心焦		
22	我觉得要建立新的人际关系非常容易		
23	我星期一很难专心工作		
24	在我的生命中已经有过失败的教训		
25	我对别人的轻视很敏感		
26	如果应聘失败，我会继续尝试		
27	丢了东西，我会整个星期不安		
28	我已经达到能够不再介意大多数事情的境界		
29	想到可能无法按时完成某项重要任务，会让我寝食难安		
30	我很少为昨天发生的事情而烦恼		
31	我很少心灰意冷		
32	必须要有50%以上的把握，我才会做某件事情		
33	命运对我不公平		
34	我对他人的恨意会持续很久		
35	聪明的人知道什么时候该放弃		
36	偶尔做个失败者，我也能接受		
37	新闻报道中的大灾难会让我心神不宁		
38	任何否定和阻碍都会让我生出报复之心		

【计分方法与结果分析】

凡是奇数项题目选"是"计0分，选"否"计1分；偶数项题目正好相反。得分越高，表明挫折承受力越强。

★0~18分，说明你需要好好加强挫折承受力。

★19~29分，说明你具备了一定的挫折承受力，但尚不足以应对大的挫折打击，所以还要加油。

★超过30分，说明你已经做好面对挫折的准备了。

心理训练

【温馨提示】在开展本项目心理训练活动过程中，请注意以下四点：

（1）鼓励尊重和谨慎，在讨论敏感话题时注意自我暴露的"度"，并保护彼此的个人隐私；

（2）鼓励开放、尊重和包容，对组员不作批判和评价；

（3）鼓励互助，提倡组员相互支持和分享彼此的经验；

（4）在讨论过程中，如感觉不适可及时向老师提出，有需要可到心理咨询中心求助。

活动1　想象放松

想象放松是放松训练的一种方法，它主要是通过对宁静、令人心旷神怡的画面或场景的想象，以达到放松身心的目的。经常进行放松训练可以使个体增强记忆、稳定情绪、提高学习效率，长期坚持训练还可以改善人的性格，消除不健康的行为，对焦虑症、强迫症、恐惧症等神经症有良好的治疗效果，甚至对一些身心疾病也有广泛的治疗作用，对于缓解紧张的心理压力更是效果显著。

一、活动目的

通过放松训练，让大学生掌握压力放松的方法。

二、活动时间

约15分钟。

三、场地要求

安静的室内或室外。

四、放松训练

【指导语】找到一张舒服的椅子或沙发坐好，条件允许的话，也可以躺下，尽可能使自己舒适。轻轻地闭上眼睛，慢慢地静下心来，抛开一切思想杂念。把注意力放在轻柔的呼吸上，感受呼吸时胸腔的起伏，让你的身体慢慢地、全面地放松下来。你内心平静自然，心无杂念。

此时此刻，你的心灵慢慢升起，离开你的躯体，来到一片风景优美的草地上。这是一个初夏的午后，你迎着轻轻吹拂的微风，缓缓地走在这一望无际的绿油油的草地上，草地上点缀的星星点点的小花随着风微微地点着头。你来到不远处的小湖边，湖心一片连绵的荷叶浮在清澈的水面上，含苞待放的荷花婀娜地立在其间，偶有几只蜻蜓点水飞过，湖面便荡起圈圈涟漪。此时，你看着眼前的美景，感觉你的身心豁然开朗，有一种非常舒适的感觉在你的身体里蔓延开来。

你席地而坐，慢慢地躺在柔软的草地上。你闭上眼睛，享受着美妙的时刻。你深深地吸了一口气，略带花草香味的清新空气一直渗入到你的心里，渗入到你身上的每一个细胞，你整个身心都慢慢地、慢慢地融入美丽的大自然。暖暖的阳光温柔地照在你的身上，微风轻轻地拂过你的脸庞，此时你的一切烦恼、忧愁、恐惧、沮丧，在这阳光的笼罩和微风的吹拂下都一去不复返了，你感到自己的身心非常放松，非常安逸，非常舒适。

湛蓝的天空中飘着几朵白云，轻盈得如棉絮般，你感觉你坐在了一片白云上，随着它慢慢飘移，你感到绵软而踏实、自由自在、无拘无束，你的内心充满了宁静祥和，一种舒适安全的感觉慢慢地聚集到你的心里，你感觉到自己的身心非常安逸，非常放松，非常舒适，非常平安，请你慢慢体验一下这种放松后愉悦的感觉……

现在，你的心灵随着白云渐渐地飘移到你的躯体，慢慢地与你的身体合二为一，你觉得浑身都充满了力量，心情特别地愉快，你的头脑开始渐渐地清醒，思维越来越敏捷，反应也更加灵活，眼睛也非常有神气，你特别想下来走走，散散步，听听音乐。准备好了吗？好，请你慢慢地睁开眼睛，你觉得自己头脑清醒，思维敏捷，浑身都充满了力量。

活动2 一个好汉三个帮

一、活动目的

让学生学会分析自己的心理压力，改进应对压力的防御方式和提高抗压的能力。

二、活动时间

10～15分钟。

三、活动准备

（1）分组：4人一组。

（2）道具：A4彩纸和笔，可备1顶"焦点人物"帽子和2顶"智多星"帽子。

四、场地要求

安静的室内。

五、活动步骤

第一个环节：个体生活事件回顾与压力测试

参与成员各自在事先准备好的彩纸上写出以下内容：①目前自己面临的最大压力是什么？②为什么这个压力会出现？③我已经做了哪些努力？④如果有效，是什么原因？⑤如果无效，问题出在哪里？

纸条上不必署名。写完后将彩纸以你喜欢的方式折叠，放进箱子内，每一位大学生前往抽取一张不同于自己的彩纸，打开纸条，针对纸条上的内容，结合教学内容和自己的经验为当事人作出压力分析和提出解决问题的建议。注意所提出的建议要具体、可操作、可行。

第二个环节：如何应对成长压力的角色扮演

4人小组中有一位为"焦点人物"，一位是记录员，另外两位是"智多星"。4个人可以轮流扮演不同的角色。

"焦点人物"汇报自己抽取到的压力问题及自己对问题的分析和建议；"智多星"对"焦点人物"的汇报进行提问，做出点评分析和建议补充；记录员对问答和点评做好记录。

六、分享与升华

（1）小组讨论和经验分享，可继续完善问题答案；

（2）把彩纸按原来的方式折叠好放回箱子里，由原彩纸主人认领回去；

（3）请学生代表分享活动感受；

（4）教师对活动进行总结和点评。

七、注意事项

无论小组成员习惯以何种行为表现来应对压力，团队都应给予共情、温暖和积极关注，帮助其分析这种应对方式的得失利弊，绝对不能出现讽刺、挖苦等有损自尊的现象。

拓展阅读

《人民日报》金句摘录

正能量的人热爱生活，能把普通平凡的日子过得津津有味；他们勇于担当，从不推卸和逃避责任；他们积极进取，生活给了一个酸柠檬，他们也能榨出可口的柠檬水。

"与善人居，如入芝兰之室，久而不闻其香，既与之化矣；与不善人居，如入鲍鱼之肆，久而不闻其臭，亦与之化矣。"和正能量的人在一起，满身都会浸染阳光般的温暖。他们会驱散你心中的失落与阴霾，会给予你重新振作的力量，会帮助你提升自己，会教会你宽容和爱。遇见这样的人，靠近这样的人，也成为这样的人，点亮自己的心，也照亮别人的路。

——《和正能量的人在一起》

迷茫时，泰戈尔会告诉我们：最好的事情总在不经意的时候出现，所以不必慌张赶路，按自己的节奏，步履不停地走过每个今天。没有人规定一朵花必须长成向日葵或者玫瑰，花是自由的，人也是自由的。人跟人的生活节奏是不一样的，同样是一顿饭，有的人用三分钟来泡面，而有的人会用三小时来煲汤。生活从来都是泥沙俱下，鲜花与荆棘并存，千万别让烦躁和焦虑毁了本就不多的热情和定力，要按自己的生活节奏，不慌不忙，不紧不慢，不骄不躁，走好自己的路，过好自己想过的生活。

——《保持自己的节奏》

人生，没有一蹴而就，没有谁生下来就是赢家。漫长的岁月中，我们需要沉得住气，足够耐心，并不断提升自己的能力。想要伯乐识人，先要做好千里马。有些事退一步，你的眼界就会宽广；有些人退一步，你的内心就轻松了。人最痛苦的，莫过于把生活过成一团乱麻。而究其原因，就是自己瞎琢磨。扩宽自己的格局，改变自己的思维，增强自己的行动力，你终究会变得越来越好。

——《改变自己永远都不晚》

人这一辈子会遇到很多的人和事，但却不是所有的遇见都能恰逢其时、得偿所愿。强扭的瓜不甜，强求的事不顺。凡事过于强求，于人于己都是负累。想要的东西，要尽全力去追寻，也要本着一颗平常心来面对结果。真正的顺其自然，应该是竭尽所能之后的不强求。人生本就没有完美，既然无法强求，不如随遇而安，坦然面对种种得失。

——《事不强求，人不强留》

毕淑敏在她的《星光下的灵魂》里写道：凡是自然的东西都是缓慢的。太阳一点点升起，一点点落下；花一朵朵开，一瓣瓣落下；稻谷成熟，都慢得很。任何事情都有它固有的节奏，你只需要顺应着节奏的变化，做好自己该做的事情。不要让外界的声音打乱你的人生节奏，踏踏实实走好每一步，该来的自然会来的。缓慢是一个过程，等待是一种时机。人生需要储备，需要忍辱负重，不能操之过急，迫不及待。人生这碗汤，细火慢熬，才能香气扑鼻。

——《慢生活》

当你想做一件事，要在5分钟内开始行动，否则，这件事你可能就会拖延很久，甚至不去做。5分钟是个泛指,强调的无非是"立刻去做"的重要性。其实每个人都或多或少地受拖延的困扰,把需要做的事情不断推后,直到拖不下去为止。拖延和懒惰,让我们丧失信心和斗志,而只有立即行动起来,才能得到自己想要的人生。

——《五分钟定律》

学习评价

项目	课堂评价标准	自我评分					小组互评				
学习态度	自觉按要求完成学习任务	5	4	3	2	1	5	4	3	2	1
	上课认真,课堂互动活跃	5	4	3	2	1	5	4	3	2	1
	在小组活动中具有团队合作精神	5	4	3	2	1	5	4	3	2	1
活动表现	服从活动安排,积极参与	5	4	3	2	1	5	4	3	2	1
	大胆发表个人观点,思路清晰,表达流畅	5	4	3	2	1	5	4	3	2	1
	乐于回应同学发言,分享有用资源	5	4	3	2	1	5	4	3	2	1
知识掌握	你如何看待生活中常常遭遇的压力和挫折?通过本项目的学习,你准备如何提高自己的压力承受能力和挫折耐受力?(70分) 【答案填写】										
	合计得分										
	加权总分 (自我评分×50% + 小组互评×50%)										

项目十　网络心境　智慧驾驭

——探索大学生的网络心理

深学践悟

习近平总书记在向2023年世界互联网大会乌镇峰会开幕式发表的视频致辞中强调，信息革命时代潮流浩荡前行，网络空间承载着人类对美好未来的无限憧憬。让我们携手努力，构建网络空间命运共同体，让互联网更好造福世界各国人民，共同创造人类更加美好的未来！

——新华社

学习目标

- 知识目标：了解网络心理的相关知识、大学生网络心理特点、常见的网络心理问题及如何维护网络心理健康。
- 技能目标：掌握维护大学生网络心理健康的方法，学会自我调适。
- 自我认识目标：了解自身网络心理状态，探求适合自己的维护网络心理的方法，树立正确的上网观念。

项目十 网络心境 智慧驾驭

学习导图

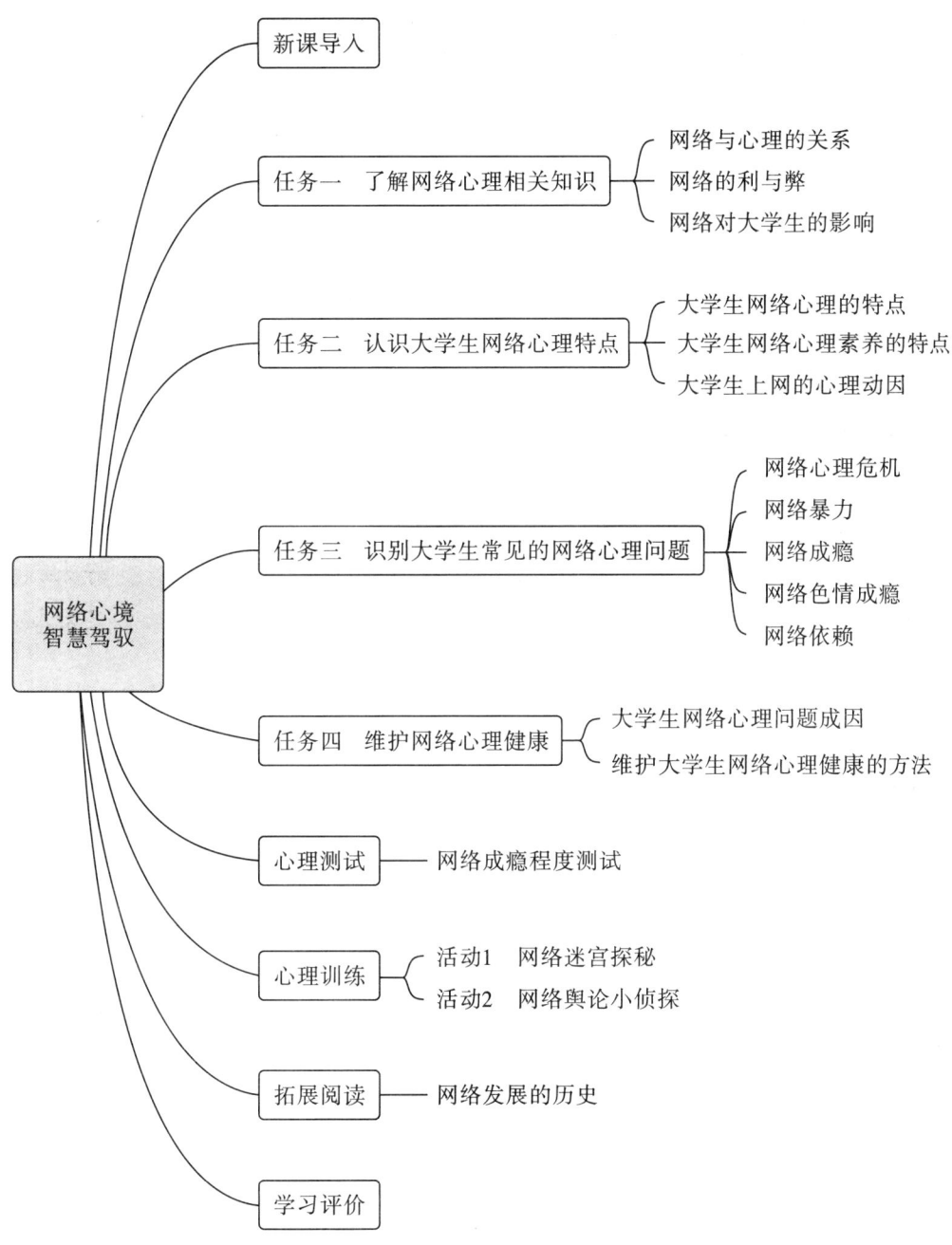

- 新课导入
- 任务一 了解网络心理相关知识
  - 网络与心理的关系
  - 网络的利与弊
  - 网络对大学生的影响
- 任务二 认识大学生网络心理特点
  - 大学生网络心理的特点
  - 大学生网络心理素养的特点
  - 大学生上网的心理动因
- 任务三 识别大学生常见的网络心理问题
  - 网络心理危机
  - 网络暴力
  - 网络成瘾
  - 网络色情成瘾
  - 网络依赖
- 任务四 维护网络心理健康
  - 大学生网络心理问题成因
  - 维护大学生网络心理健康的方法
- 心理测试——网络成瘾程度测试
- 心理训练
  - 活动1 网络迷宫探秘
  - 活动2 网络舆论小侦探
- 拓展阅读——网络发展的历史
- 学习评价

233

新课导入

同学们，随着科技的飞速发展，我们每天都与网络密不可分。网络不仅改变了我们的生活方式，也深刻影响着我们的心理状态。在这个信息爆炸的时代，我们应如何正确地面对网络世界，保持健康的心理状态呢？今天，我们就一起来探讨"网络心理"这个话题。

1. 电影《网络迷踪》赏析

在这部影片中，我们将看到一位父亲在女儿失踪后，通过网络世界寻找线索的故事。他深入女儿的社交媒体、网络聊天记录，甚至在线游戏等虚拟空间，试图找到关于女儿下落的蛛丝马迹。这个过程不仅展示了网络作为现代信息工具的强大功能，更深刻揭示了网络对人们心理状态的影响。

看完影片，我们思考以下几点：

（1）主角的心理变化：观察主角在寻找女儿的过程中，心理状态是如何变化的。从最初的焦虑、无助，到逐渐通过网络发现线索时的希望，再到面对网络谣言和误导时的困惑和愤怒，这些心理变化都反映了网络对人们情感的深刻影响。

（2）网络世界的特征：思考网络世界与现实世界的区别和联系。在影片中，网络世界成为一个充满信息和可能性的空间，但同时也充满了不确定性和风险。这种特征使得人们在网络世界中更容易产生各种心理反应。

（3）网络行为的动机：分析主角为何选择通过网络寻找女儿。这种行为背后反映了人们在面对困境时，如何利用网络资源进行应对的心理动机。

2. 头脑风暴

你认为网络对你的心理状态有哪些正面和负面的影响？请结合自己的生活经历，举例说明。

3. 教师点评并引出相关内容

通过大家的分享，我们可以看出网络心理对我们的影响是复杂而深远的。它既给我们带来了便利和快乐，也带来了挑战和困扰。那么，我们如何才能在享受网络带来的便利的同时，保持健康的心理状态呢？

接下来，我们将进行一项相关任务——网络心理调研。请大家分组进行，每个小组选择一个与网络心理相关的主题（如网络成瘾、网络欺凌、社交媒体焦虑等），通过查阅资料、问卷调查等方式，深入了解该主题的现状、原因和对策。最后，各组将整理好的成果进行分享。

》任务一　了解网络心理相关知识《

一、网络与心理的关系

随着科技的飞速发展，网络已深入我们生活的方方面面，不仅改变了我们获取信息的方式和社交习惯，更在无形中塑造着我们的心理状态。

一方面，网络为我们带来了前所未有的便利，信息获取的便捷性极大地拓宽了我们的视野，社交的拓展性让我们能够跨越地域和时间的限制，与世界各地的人建立联系，增强了社交能力和归属感。同时，网络也为心理健康提供了支持，通过在线心理咨询服务和自助资源，人们可以更方便地了解和处理自己的心理问题。

另一方面，网络也带来了潜在的风险。海量的信息常常使我们陷入信息过载的困境，且一些信息让人难以分辨真伪，引发焦虑与不安。过度依赖网络社交可能导致现实社交能力的下降，甚至产生社交焦虑和孤独感。此外，过度沉迷于网络游戏和社交媒体等网络活动可能引发网络成瘾，严重影响人们的日常生活、学习和工作。

面对网络对心理的双刃剑效应，我们需要培养信息素养，提高信息筛选和判断能力，避免被虚假信息误导，并学会合理规划和利用时间，避免信息过载。同时，我们也不能忽视现实社交的重要性，应尽量与亲朋好友面对面交流，增强人际关系，保持心理健康。关注自己的心理健康状况，及时发现并处理心理问题，寻求专业心理咨询或参加心理健康活动，提高心理素质。最重要的是，我们需要学会合理使用网络，制订网络使用计划，避免过度沉迷，并学会控制自己的情绪，避免在网络上发泄负面情绪。

网络与心理之间的关系错综复杂，只有正确看待网络的影响，合理使用网络资源，保持心理健康，我们才能在网络时代中健康、快乐地生活。

二、网络的利与弊

在当今社会，网络已经成为我们生活的重要组成部分，它为我们带来了许多便利和好处，但也存在一些潜在的问题和负面影响。

（一）网络的利处

①开阔视野，获取信息：网络使我们能够及时了解时事新闻，获取各种最新的知识和信息。无论是学术研究、职业发展还是日常生活，网络都为我们提供了丰富的资源。

②加强对外交流：网络打破了地域和时间的限制，使得人们可以与全球各地的网友进行交流和互动。这有助于我们拓宽社交圈子，减轻课业负担，缓解压力，并促进不同文化之间的理解和交流。

③促进个性化发展：网络为我们提供了一个展示自我、表达观点的平台。我们可以提高自己某项业余爱好的水平，开设个人网站或账号，与大家分享自己的经验和见解。

④拓展受教育的空间：在线教育为我们提供了更多的学习机会。通过在线课程、远程教育和数字资源，我们可以随时随地学习新知识，提升自己的能力。

⑤资源共享：网络使得各种资源得以共享，包括软件资源、硬件资源以及存储在公共数据库中的各类数据资源。这大大提高了资源的利用率，降低了成本。

⑥快速传输信息：网络可以实时、高速地传递各种信息，使得人们之间的联系更加紧密。这有助于加快信息传递速度，提高工作效率。

（二）网络的弊端

①网络欺凌和虐待：网络空间中的匿名性和距离感使得一些人容易对他人进行欺凌

和虐待。这会对受害者的心理健康造成负面影响。

②个人信息泄露：在网络中，黑客可能会通过各种方式窃取用户的个人信息，如姓名、地址、电话号码等。这可能导致身份盗窃、诈骗等风险。

③垃圾邮件和广告：互联网上的垃圾邮件和广告泛滥成灾，给用户带来了不必要的困扰和麻烦。

④色情和暴力内容：网络上存在大量色情和暴力内容，这些内容可能对大学生的身心健康产生不良影响。

⑤工作与生活失衡：互联网使得人们可以随时随地工作，但这也可能导致工作与生活失衡，影响人们的身心健康。

⑥健康问题：长时间使用电脑和手机等电子设备可能导致健康问题，如视力下降、颈椎病、肥胖等。此外，长时间坐着也可能导致血液循环不畅等问题。

⑦网络安全问题：网络中存在各种安全威胁，如病毒、木马、钓鱼网站等。这可能导致用户数据丢失、系统崩溃等问题。

综上所述，网络既有利处也有弊端。我们应该充分利用网络带来的便利和好处，同时也要注意防范网络风险和各种问题，确保自己的安全和健康。

三、网络对大学生的影响

进入21世纪，信息技术的飞速发展如同一场无法阻挡的风暴，再次席卷全球，彻底改变了人们的生活方式。在这场技术革命的浪潮中，大数据、云计算、物联网等前沿技术如同璀璨的星辰，引领着新兴产业与传统行业的深度融合，深刻影响着世界的每一个角落。而在这一过程中，大学校园作为知识的殿堂和创新的摇篮，更是成了互联网用户最密集的区域，其中最为活跃、最具代表性的群体无疑是那些充满朝气和活力的青年大学生。

网络，这个曾经被视为遥不可及的虚拟世界，如今已经深深扎根于大学生的日常生活中。它如同一个巨大的磁场，吸引着大学生的目光，影响着他们的心理和行为。然而，网络的影响并非单一，它既有积极的一面，也有消极的一面。有些人认为网络是减轻学生压力的良药，但同时也可能带来诸多麻烦；而另一些人则坚信，尽管网络带来了一些问题，但大多数学生仍然能够保持心理健康，并具备自我监督与调控的能力。

事实上，网络对大学生的影响是复杂而深远的。在网络世界中，大学生可以轻松地获取各种信息，进行网络社交、游戏娱乐、查找资料等活动。然而，这些看似丰富多彩的网络行为，却也隐藏着诸多隐患。大学生往往缺乏足够的辨识能力和自控能力，容易受到不良信息的侵害，导致网络成瘾、网络孤独、网络暴力等心理问题的产生。

网络成瘾是大学生面临的一个严重问题。许多大学生沉迷于网络游戏、网络社交等虚拟世界无法自拔，他们长时间坐在电脑前，甚至"废寝忘食"，对现实生活失去了兴趣。这不仅影响他们的学习和生活，更对他们的身心健康造成了严重损害。网络孤独则是另一个不容忽视的问题。在虚拟世界中，大学生可能会感到孤独和无助，因为他们失去了与现实世界的联系和互动。这种孤独感会让他们更加沉迷于网络世界，形成恶性循环。此外，网络暴力也是一个令人担忧的问题。在网络世界中，有些人可能会因为观点不同或者其他原因而遭受欺凌和威胁。这种暴力行为不仅会对受害者的心理造成创伤，还会影响他们的社交和人际关系。

面对这些挑战和问题，我们必须积极应对。首先，我们需要认识到网络对大学生的影响是复杂而深远的，必须对其足够重视。其次，我们需要加强对大学生的网络素养教育，提高他们的辨识能力和自控能力。再次，我们还需要为大学生营造一个健康、安全、和谐的网络环境，让他们能够在网络中健康地成长和发展。

在全球网络化新时代，大学生的知、情、意、行的发展都离不开网络的参与。因此，我们必须积极引导大学生正确使用网络，培养他们的抗网络侵扰免疫力。这不仅是大学生自身发展的需要，也是社会进步和发展的需要。

》任务二　认识大学生网络心理特点《

一、大学生网络心理的特点

2024年3月22日，中国互联网络信息中心（CNNIC）在北京发布第53次《中国互联网络发展状况统计报告》。数据显示，截至2023年12月，我国网民规模已达10.92亿人，互联网普及率达77.5%，其中青年群体约占总体网民半数（如图10-1）。

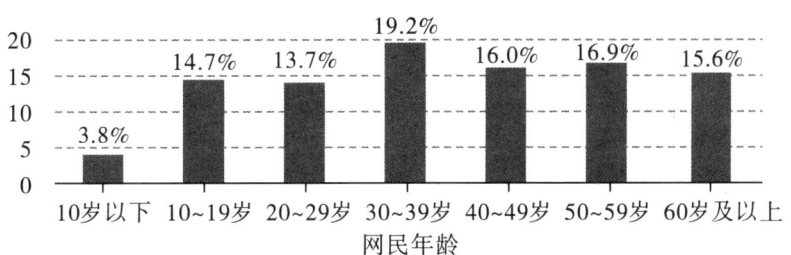

来源：CNNIC 中国互联网络发展状况统计调查

图10-1　网民年龄结构

随着网络科技的进步，社交媒介的出现为大学生提供了更广阔的文化创造空间，也产生了属于大学生独有的网络心理特点。

（一）数字化社交与自我认同

在数字化时代，社交媒体平台如雨后春笋般涌现，成为大学生日常生活中不可或缺的一部分。这些平台不仅为他们提供了一个全新的社交空间，更深刻地改变了他们的社交行为和自我认同方式。

大学生们热衷于在社交媒体上分享自己的日常生活，从早晨的晨跑照片，到晚上的自习心得；从与朋友们的聚会合照，到对热门话题的见解分享。他们通过更新发布状态、点赞和评论，不断塑造和更新自己的网络形象。这种数字化的社交方式，成为他们展示自我、与他人建立联系的重要渠道。在这个过程中，大学生的个人兴趣、价值观和生活方式得到了充分的体现。他们选择分享的内容、使用的语言和表达方式，都反映了他们的个性和内心世界。同时，他们也在不断地从他人的反馈中寻求认同和肯定，这种认同感和自尊心在数字化社交中得到了极大的满足。

然而，数字化社交对大学生的自我认同也带来了一定的挑战。在网络空间中，人们往往更容易受到他人的评价和看法的影响。一些大学生可能会因为过于在意他人的评价而失去自我，甚至产生焦虑和压力。因此，如何在数字化社交中保持自我，坚持自己的价值观和信念，成了大学生需要面对的重要问题。

（二）信息过载与注意力分散

在这个信息爆炸的时代，信息如同洪流般涌来，从新闻推送、社交媒体更新到学术资料、娱乐八卦，无不充斥着大学生的日常生活。他们每天都需要面对海量的信息输入，这些信息来自世界各个角落，内容庞杂且更新迅速。

对于大学生而言，信息过载不仅意味着他们需要花费更多的时间和精力去筛选与处理信息，还对他们的注意力分配和专注力提出了更高的要求。在信息的海洋中，他们必须学会辨别信息的真伪、价值和重要性，以便从中筛选出对自己有用的信息。然而，这种筛选过程本身就需要消耗大量的注意力和精力，容易导致他们在面对重要任务时难以保持专注。

此外，信息过载还容易导致大学生的注意力分散。当大量信息同时涌来，他们的注意力往往会被不同的信息源所吸引，难以集中在某一个任务上。这种注意力分散不仅会影响他们的学习效率和工作质量，还可能导致他们在处理复杂问题时缺乏深度和广度。

（三）网络依赖与心理健康

随着网络的日益普及和深入人们的生活，大学生群体也逐渐成为网络使用的主体。然而，网络使用的增加，使得越来越多的大学生开始表现出对网络的过度依赖，这种依赖不仅对他们的日常生活和学习产生了影响，更对他们的心理健康造成了潜在的威胁。

产生网络依赖的大学生常常花费大量时间在网络上，无论是浏览社交媒体、观看视频，还是沉迷于网络游戏，他们似乎无法控制自己的上网时间，对网络的依赖程度甚至已经影响到了他们的日常生活和学习。这种过度的网络使用会导致他们忽视现实生活中的社交活动、学习任务和个人发展，进而可能导致学业成绩下降、社交能力减弱等后果。

网络依赖对大学生的心理健康也产生了负面影响。首先，长时间使用网络可能导致他们出现睡眠不足、生物钟紊乱等生理问题，进而影响他们的精神状态和情绪稳定性。其次，过度依赖网络可能导致他们产生焦虑、抑郁等心理问题。他们可能会因为无法控制自己的上网行为而感到沮丧和自责，甚至会对现实生活失去兴趣和动力。此外，网络上的负面信息和言论也可能对他们的心理健康造成不良影响，导致他们产生消极情绪和态度。

（四）网络舆论与价值观形成

网络空间的开放性和多元性使得各种信息和观点得以迅速传播，大学生可以轻松地接触到来自不同文化背景、政治立场和利益集团的声音。

首先，网络舆论的多元性为大学生提供了丰富的信息来源和多元的观点视角。他们可以通过浏览新闻网站、社交媒体等途径，了解到不同领域、不同群体的观点和看法。这种信息的多样性有助于拓宽大学生的视野，增强他们的批判性思维能力。

然而，网络舆论的复杂性也给大学生的价值观形成带来了挑战。网络空间中的信息往往良莠不齐，其中不乏虚假信息、极端言论和偏见观点。大学生在接触这些信息时，如果没有足够的辨识能力和批判性思维，很容易被误导或产生困惑。这种信息的不确定性和模糊性可能导致他们价值观的混乱和迷茫。

此外，网络舆论的互动性也对大学生的价值观形成产生了影响。在网络空间中，大学生可以通过发表评论、参与讨论等方式表达自己的观点和看法，并与其他网友进行互动和交流。这种互动性使得大学生的价值观形成过程更加复杂和动态化。他们不仅受到网络舆论的影响，还通过自己的言论和行为影响着他人，从而形成一个相互塑造的价值观体系。

二、大学生网络心理素养的特点

大学生网络心理素养是指大学生在互联网使用过程中所展现出的心理特质和能力，这些特质和能力不仅影响着他们的网络行为，还直接关系到他们的心理健康和全面发展。大学生网络心理素养有以下特点。

扫码观看"大学生网络心理"视频（精品微课）

（一）多元文化思想形成独特的价值观

当代大学生成长于家庭经济普遍得到改善的环境中，沐浴在长辈的关爱与保护之下。他们从小便深切地体验到了市场经济所带来的物质富足和效益至上的现实，这使得他们的价值观深深烙印上了务实与现实的色彩。相较于前辈，他们对社会的认知更加理性和客观，处理社会竞争和人际关系时展现出更为现实和直接的态度。他们更倾向于关注具体的事务和可能实现的成果，而对抽象的概念和理念则兴趣寥寥。

步入大学校园后，大学生往往展现出活跃的思维、积极的进取心和对新颖事物的追求。他们几乎将电脑和网络视为生活中不可或缺的一部分，无论是日常购物、人际交往还是休闲娱乐，都习惯性地借助网络平台进行。然而，在这种对网络的依赖中，他们的行为也时常透露出功利性，社会主义核心价值观的相对缺失成了一个值得关注的问题。许多学生更多地追求个人附加价值，而对爱国主义、集体主义和社会主义的信仰则逐渐退居次要地位。各种价值观体系正在深刻影响着这一代大学生，塑造着他们独特的价值观念和人生态度。

（二）个体独立意识加强

当代大学生具有鲜明的自我意识，他们不仅珍视个人所有物，更极度关注自身是否得到外界的认同与尊重。在这个信息爆炸的时代，他们熟练地通过网络汲取海量信息，这些信息纷繁复杂，需要他们自行筛选和消化，从而培养出一种跳跃、灵活的思维方式。他们有着独立的价值评判标准，不愿被动地接受他人的观点，而是渴望真正的独立和认同，期待与老师、长辈平等交流，并勇于提出自己的想法。

然而，这种强烈的自我意识在集体生活中也带来了不少挑战。他们往往倾向于以自我为中心，这在很大程度上导致了他们在团队合作中产生摩擦和冲突。他们善于自我表达，但在团队协作中却显得不够得心应手，难以适应那些需要集体智慧与力量共同完成的任务。

（三）开放包容心态显著

网络时代中，大学生遭受了来自各种价值观、思维方式的广泛冲击，其成长历程深深烙印着多元文化的交融与碰撞。他们眼中的世界，是一个愈发宽广和融合的整体。因此，这一群体对新兴事物和非主流观念展现出极强的包容性，能够欣然接纳不同的思想和理念，对外部世界保持着一种开放而宽容的接纳态度。他们认同"存在即合理"的哲学，即便面对许多不符合社会主流价值观的现象，也倾向于默许和接受。

由于大学生对各种事物持有高度的接纳度，他们不再过分关注这些事物是否违背了某种道德准则，而是更多地关注这些事物是否与自己有所关联，以及会对自己产生何种影响。对于某些与传统道德观念相悖的行为或现象，许多大学生倾向于从自我主义的角度出发，认为这些行为或现象是可以理解的，甚至是基于本性的，因此无须进行道德谴责。这种趋势导致了多元化道德标准的浮现，同时也在一定程度上削弱了大学生对传统道德观念的认同和尊重。

三、大学生上网的心理动因

大学生选择上网的原因复杂多样，主要包括网络自身的独特性质、大学生个人的主观动机以及周围环境的影响。以下从大学生的心理特征入手，系统分析他们上网的心理驱动因素。

（一）追求求知欲的满足

大学生思维敏捷、学习能力强，对新鲜事物怀揣着强烈的好奇心，乐于接纳新知识和经验。他们对信息有着高度的敏感度和好奇心。网络世界拥有海量的信息，内容覆盖广泛，且更新迅速、实时性强，能够迅速满足大学生对知识的渴求。不仅如此，网络信息的传递还具有交互性，使得大学生不仅能被动接收信息，还能积极回复、转发和发布信息，这种互动性极大地促进了他们在网络世界中的参与度和活跃度。

（二）寻找现实生活中解决问题的便捷方式

网络已经渗透到生活中的各个领域，极大地便利了人们的生活，显著提高了人类活动的效率。它不仅影响着人们的衣食住行等日常生活的各个方面,还深刻改变了人类的生产和工作模式。对于追求时尚、前卫生活方式的大学生群体而言,网络已成为他们日常生活中不可或缺的一部分。无论是在学习、工作还是生活中,网购、网上求职、网上学习、网上办事、网上娱乐等活动在大学生的生活中已变得司空见惯。因此,网络在大学生的现实生活中发挥着至关重要的作用,满足了他们多样化的现实需求。

(三)追求心理体验

随着网络技术的飞速发展,人机交互的体验也在不断升级,网络使用正日益满足用户的多样化需求。网络中呈现出的绚丽画面、悦耳声音以及逼真的动画,共同构建了一个充满奇幻与精彩的虚拟世界,极大地丰富了用户的视听享受。与此同时,网络中的人际交往与现实中的社交方式相比,呈现出独特的特点。在网络中,人际关系的边界变得更为模糊,交流更加开放、自由,并且跨越了时空的限制,使得交流范围更为广泛。这种网络特性极大地满足了大学生的心理需求,激发了他们的兴趣和热情。

(四)暂时逃避现实

随着大学招生规模的不断扩大和就业市场的日益严峻,大学生的社会价值和自我定位正经历着显著的变化。他们面临着越来越多的现实挑战和困难,这无疑给他们的心理带来了一定的压力。当这些困难无法被有效克服时,他们可能会感受到挫败感。

与此同时,大学环境具有其独特性,大学生拥有更多的自主性和选择权,需要根据自己的条件和需求来规划自己的成长道路。然而,如果学校和家庭未能给予他们充分的指导和支持,他们在面对困难和选择时可能会感到无助和迷茫。

网络世界以其丰富多彩的内容和相对较少的规则与约束,为大学生提供了一个自由随意的空间。他们的网络行为往往比现实行为更加自由,具有虚幻性。因此,当大学生在现实世界中遇到无法有效解决的困难时,便很容易沉迷于网络的虚幻世界中,以寻求逃避和慰藉。

(五)寻找自我价值感

大学生在生理上已趋于成熟,心理上也在经历着剧烈的变化。他们自我意识强烈,个性鲜明,追求独立,渴望通过自我主导和影响他人来实现自我价值。然而,在经济地位、人际关系以及社会角色等方面,他们往往受到各种限制,难以实现真正的独立自主。这种心理上的自我价值感与现实中的角色地位之间产生了明显的矛盾冲突。

当大学生无法正确理解和接受这种矛盾冲突时,他们可能会感到挫败和沮丧。而在网络虚拟世界中,个人的角色限制大大减少,大学生能够在这里更自由地展现自己,通过网络平台努力达成自己所期望的成就。通过这种方式,大学生能够在一定程度上满足自己的价值感,弥补他们在现实中无法实现独立和自由的遗憾。

任务三　识别大学生常见的网络心理问题

一、网络心理危机

（一）概念

因网络本身携带的突发性事件或现实中具有心理问题、心理危机的人将自身已有的心理危机现象通过网络来传播而引起的心理危机，称为网络心理危机。简言之，因网络事件而引发个体产生的心理危机，便为网络心理危机。

（二）网络心理危机的特征

1. 普遍性与特殊性相依

网络心理危机的普遍性表明所有接触网络的个体都可能面临潜在的心理风险。这种危机源于两方面：一是个体成长过程中所遇到的问题和困惑，由于经验限制，并非所有问题都能顺利解决，从而导致心理危机；二是互联网发展看似带来更多心理放松和宣泄渠道，但这些方式往往脱离实际，无法有效调整心理行为，从而增加网络心理危机风险。网络心理危机虽属心理危机范畴，但具有独特性，其形成与网络和网上心理危机刺激物的增多密切相关，干预模式除传统认知外，还包括线上线下结合的方式。

2. 复杂性与时代性交融

网络心理危机的复杂性体现在它可以是发展性危机，即个体信念与网上内容冲突导致的异常反应，也可以是情景性危机，即因罕见或超常网络事件导致的无法预测和控制的危机。其复杂性还在于心理危机的发生与网络密切相关，导致诱发因素增多，解决困难。

网络心理危机的时代性体现在两方面：一是社会转型期的产物，个体应对变化的心理准备不足，导致产生多种心理危机；二是互联网发展的产物，网络改变了人们的生活方式，但也带来了交际的盲目性、迷惑性和欺骗性，可能导致个体在现实交往中更加迷茫、空虚和痛苦。

3. 危险性与机遇性并存

网络心理危机包含危险与机遇两方面。其危险性在于，若网络心理危机过重，超过个体承受能力，可能导致应激障碍、心理社会功能下降，甚至精神崩溃或自杀倾向。然而，与一般心理危机相似，网络心理危机的本质取决于个体对事件的认识、个体的既往经历及应对能力。适时干预和处理得当，不仅能增强个体能力，还能健全人格，为未来发展做好准备。

扫码观看"大学生常见的网络心理问题"视频（精品微课）

二、网络暴力

（一）概念

目前学界对网络暴力有着三种概念定义方式，第一种观点是从暴力与网络暴力的关系出发，即暴力的伤害性、呈现的意志压迫性、情绪激烈状态，以及改变了人与人之间的关系等特点延伸到了网络当中。第二种观点是从个体权利角度出发，认为网络暴力触犯了人们的名誉权等个人权利。第三种观点则从社会行为角度出发，认为网络暴力触犯了社会行为规范。总而言之，学界对网络暴力的诠释都离不开网络暴力有着对人进行攻击和产生侵权的特性，都凸显了它的暴力色彩，同时描述了网络暴力是一种对人的心理有着较大伤害程度的网络攻击行为（如图10-2）。

图10-2　网络暴力

（二）网络暴力的类型

1. 文字表意式

文字是网络中主要的交流媒介，网民常使用语言进行人格攻击和精神伤害。网络中的语言暴力，如同现实社会中的恐吓、挖苦、嘲笑，虽无语气，但带有侮辱和歧视性，对他人尊严造成侵犯，产生内心伤害。网络主体的不同性格使网络暴力呈现出不同形式，既有直接辱骂，也有较隐蔽的讽刺。例如，"祖安人"的调侃反映了网络游戏中两种典型的辱骂方式："豪放派"直接粗鲁攻击，"婉约派"则通过隐性嘲讽等方式间接攻击。这些都是网络暴力语言攻击的典型表现。

2. 影音图像式

随着信息产业发展，移动互联网的普及使网络生活触手可及。网络素材制作成本降低，侮辱性图片、视频等被迅速制作并传播，成为网络暴力工具。视频软件的发展虽使分享变得方便快捷，但同时也被滥用于网络暴力。视频类攻击有两种方式，一种是直接攻击受害人，具有明显攻击性；另一种则更为隐蔽，通过二次编辑影像、混剪内容造成信息混乱，以隐晦内容发动网络暴力。

三、网络成瘾

（一）概念

网络成瘾是一种没有受到任何摄入物质影响而形成的一种心理依赖，主要是指个体无节制地使用网络，出现影响生活、学习、工作以及损害身心健康等情况。网络成瘾是一种病症，而网络心理依赖指轻度网络沉溺行为，上网者并没有表现出典型的成瘾症状。如果网络心理依赖程度持续上升，就会出现网络成瘾，从而成为一种病症。一旦发展成为病症，不仅严重影响个体身心健康，而且严重影响整个社会健康发展。

（二）网络成瘾的影响因素

1. 生理因素

网络成瘾的神经生物学基础尚不明确，但分子遗传学研究发现单胺神经递质相关基因与行为成瘾有关。神经影像学研究揭示了行为成瘾者大脑中特定神经通路活动的异常，包括奖励、线索加工和冲动控制方面。网络成瘾障碍患者在白质通路和部分脑区（如丘脑和左后扣带皮层）表现出白质结构异常，且这些异常可能与成瘾程度相关。青少年网络成瘾者被发现左侧海

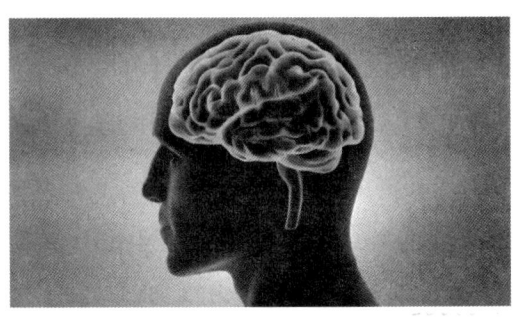

图10-3 网络成瘾生理因素

马旁下托体积减小，可能与成瘾相关。另一项研究指出，青少年早期开始过度玩网络游戏的年轻男性成年人在与执行控制有关的任务中，大脑区域（如前扣带皮层和辅助运动区）表现出较小的灰质体积，且与冲动性和互联网游戏使用负相关。前额叶皮层的改变与长期过度的网络游戏有关（如图10-3）。

2. 精神心理因素

精神症状，包括网络成瘾、酒精和药物使用、问题行为倾向、抑郁、自杀意念、注意缺陷与多动障碍（ADHD）、社交恐惧症、焦虑、精神分裂症、强迫症等，均存在共病或相关。网络成瘾与强迫症之间的关系尤为密切，多项研究显示二者显著相关，且强迫症状是网络成瘾量表评分的唯一预测因子。强迫信念，即与强迫症相关的认知易感因素，在强迫症患者中存在，但在行为成瘾中的研究较少。

3. 环境因素

学校环境中，积极的同伴关系对大学生发展至关重要，有助于控制网络使用频率，降低网络成瘾风险。而不良的同伴关系则易导致网络沉迷。研究发现，在家庭环境方面，家庭功能不佳与网络成瘾呈正相关。网络成瘾者家庭在问题解决、交流、角色、情感反应等方面表现不佳。家庭亲密度低与网络成瘾呈负相关，网络成瘾者家庭关系易受损。缺乏家庭温暖和关爱促使个体转向网络寻求满足。可见，良好的家庭氛围可促进身心健康，而不良环境则会增加网络成瘾风险。

四、网络色情成瘾

（一）概念

目前为止，研究者们对网络色情成瘾的概念和诊断还没有达成共识。通常认为，网络色情成瘾是指网络色情行为成为个体生活中最重要的活动，尽管其已对个体的社会功能、职业功能、休闲生活造成侵害，但个体仍无法克制自己卷入网络色情活动的冲动，

并且需要越来越多的网络色情行为才能摆脱消极情绪，一旦停止或减少网络色情行为便会产生生理和心理上的严重不适。

（二）网络色情成瘾成因

1. 认知功能受损

负性情绪会干扰个体的抑制控制过程，而抑制控制是监控和调节自身行为，特别是不当行为的重要心理机制。当个体的抑制控制功能受到干扰时，他们可能更难以控制自己的网络色情行为，导致更容易沉迷于网络色情内容，进而发展为网络色情成瘾。

2. 逃避负性情绪的动机

个体在面对负性情绪时，会寻求各种方式来逃避或减轻这种不愉快的感受。网络色情行为提供了一种暂时性的逃避途径，它能在一定程度上帮助个体减轻负性情绪，撤销或减弱消极刺激。这种负强化作用使得个体更倾向于重复这种行为，进而逐渐固化为一种成瘾模式。

五、网络依赖

（一）概念

网络成瘾是一种病症，而网络依赖并不等同于网络成瘾、互联网成瘾障碍或病理性使用互联网，而是指轻度网络沉溺行为，上网者并没有表现出典型的成瘾症状，只是心理上对网络有依赖，是介于正常上网和网络成瘾之间的状态。

（二）网络依赖的主要形态

1. 沟通型心理依赖

沟通作为人类的生存需求，基于马斯洛需要层次理论，体现为人际交往的需要。人际沟通通过语言、文字等形式传递情感、思想和价值观，以达成理解和共同目标。网络心理依赖，尤其是人际沟通型，表现为对微信、QQ 等网络工具的持续关注和需求，这种依赖源于个体存在感的心理显现。根据欧文·戈夫曼的拟剧论，人们在网络舞台上展现自我，追求被关注、尊重和自我实现。现代网络形态如微博、微信等成为个体表达观点、参与社会讨论的便捷通道，个体通过积极参与网络表达来验证和凸显自我存在感。简而言之，沟通型心理依赖反映了人们在网络世界中追求和验证自我存在感的强烈需求。

2. 信息型心理依赖

在信息爆炸的社会中，海量信息常导致网民信息焦虑，即数据与个体知识间存在鸿沟。沃尔曼认为信息焦虑源于个体对未知信息的渴望、信息访问受限的焦虑，以及社会期望的信息了解程度。网民担心信息不足会失去地位或错过机会，从而表现出对信息的迫切关注。这种焦虑推动人们成为"手机控"，形成信息型心理依赖。

3. 娱乐型心理依赖

新媒体时代，移动互联网娱乐成为主流，人们可通过移动终端随时随地观看文化娱乐节目或使用 App。网络直播等形态加剧了人们对移动互联网的娱乐依赖，反映了大众对娱乐体验的渴望。尽管未达泛娱乐主义沉迷，但人们越来越依赖移动终端来满足娱乐需求，对文化持"无深度"态度。互联网上自制、自传播的内容有时价值观混乱，甚至低俗，易引发文化低俗现象和"恶搞"心态。这种娱乐至上的网络环境可能诱导更多网民产生娱乐型心理依赖。

4. 阅读型心理依赖

数字阅读以其便捷性改变了人们的阅读习惯和心理，导致移动端阅读逐渐取代 PC 端和纸媒阅读。中国移动阅读市场规模的不断增长，反映了大众阅读向"快餐化"和"碎片化"转变，缺乏深度阅读经典著作的耐性。这种浅尝辄止的网络阅读导致人们知识获取浅薄，人们更倾向于在智能手机等移动设备上浏览多媒体融合的信息。一旦形成网络依赖心理，深度阅读将变得稀缺，移动端阅读心理依赖成为网民的心理定势。

5. 无聊型心理依赖

海德格尔区分了三种无聊情绪，其中无聊型网络心理依赖表现为：用手机上网打发无聊时光（如候车时）；主动安排的活动后却感到无聊（如饭局后）；网络上的低价值信息或行为让他人感到无聊。前两种属于"非本真状态下的无聊"。移动互联网使碎片时间易通过网络连接而被消耗，导致大多数人形成网络依赖心理，以打发无聊时间，或寻求信息、娱乐缓解无聊情绪。

任务四　维护网络心理健康

一、大学生网络心理问题成因

心理问题的根源往往可以追溯到压力，而大学生在网络空间中所表现出的心理问题亦是如此。这些压力源自他们在学习、人际交往等日常生活中遭遇的，来自生理、心理以及社会等多个层面、不同性质和强度的刺激。压力是生活中不可避免的一部分，因为每个人的生活环境都是独一无二的，他们所感受到的压力源也因此而异。

（一）生理快速变化带来的困惑

大学生处于身心发展的关键期，生理与心理发展不平衡，导致心理矛盾普遍存在。生理变化如身高增长、性征发育等常带来困惑和不安，影响情感、思维和行为，表现出以自我为中心、矛盾、冲动等特点。大学生渴望独立和成人感，需得到家庭、学校和社会的信任、理解和尊重。然而，这种成人感不代表成熟，他们仍需持续学习和成长。家长、老师和社会应提供支持和理解，引导大学生健康、稳定地成长。

（二）心理发展中出现的矛盾

艾里克森的心理社会发展阶段理论将人格发展分为八个阶段，其中大学生涵盖第五和第六阶段。第五阶段（12～19岁）关注自我同一与角色混淆，个体开始探索身份、价值观、兴趣和职业，尝试不同的社会角色，可能面临自我认同的迷茫和焦虑。第六阶段（19～25岁）着重亲密与孤立，个体建立亲密关系，如友谊、恋爱和婚姻，面临建立健康关系、处理冲突和平衡需求的挑战，若问题未得到妥善解决，可能感到孤立和失落。

（三）社会环境的复杂多变

大学生常受家庭、学校和社会环境等问题的困扰。例如，家庭中的过分干涉、严厉惩罚和拒绝否定，学校中的学业压力和同伴关系，社会环境中的挑战、压力和文化氛围，都会给大学生带来较大影响，可能导致他们迷茫、困惑，甚至逃避。

二、维护大学生网络心理健康的方法

（一）国家角度

1. 强化网络信息净化机制

为了净化网络信息，政府及相关机构须加强源头过滤、监管和控制，并公布多样化举报方式，如网站、电话、App、微博、微信公众号和邮箱等。对积极举报违法和不良信息的网民给予现金奖励，鼓励参与网络综合治理，共同营造清朗网络空间。举报内容重点包括淫秽色情、诈骗、网络谣言等。

2. 强化网络法规建设

加强网络法规建设，引导健康网络表达，提升网络环境质量。现有法律如《网络安全法》《电子签名法》等已较完善，但仍须国家互联网信息办公室加强信息内容管理，完善行政法规如《信息网络传播权保护条例》等，并强化部门规章制度，如信息内容管理执法程序规定，以规范互联网信息服务市场秩序。

3. 强化法律法规的贯彻执行力度

政府应强化互联网新闻信息传播秩序的监管，加大查处力度，关闭传播违法信息的网站和账号，包括淫秽色情、谣言、暴恐等内容。同时，依法依规严惩相关部门及责任人，确保整改取得实效。

（二）学校角度

1. 强化学校网络平台的构建与发展

学校党委宣传部应强化官方网站和社交媒体建设，构建校园新媒体联盟，形成多元化传播格局，并统筹校园主流媒体发展。校团委和学生工作处等部门负责网络平台的运营，以全面覆盖校园文化育人。

2. 优化学校网络内容构建与管理

强化学校网络内容建设，应重点关注网络舆情分析、热点专题网评、名家讲座、文化产品、文化素质课程以及心理健康服务等方面。借鉴大数据和协同创新理念，结合人文社科资源，组织专家对国内外舆论热点和校园事件进行多维度微传播。同时，利用互动社交平台如网站、微博等进行舆情监管和预警，有效引导舆论。通过校园社团打造微电影、微动漫、微心理话剧等特色网络文化产品，利用校园课程建设平台丰富网络心理问题解答和网络行为微课、慕课等内容，营造积极健康的校园网络环境，强化网络文化建设，提升大学生的文化素养、心理素质以及增强文明上网、防范网络犯罪和社会责任意识。

3. 优化学校网络服务体系建设

网络时代下，学校文化服务水平影响育人效果及大学生文明上网能力。应强化网络文化育人功能，探索多样化服务方式，如网络文明教育、校园媒体报道等，以适应新兴网络文化。教务处须强化网络文化工作考查，学生工作部和校团委应组织网络文化主题活动。同时，应提供智慧校园服务，更新相关咨询栏目，建立互联网互动交流机制，并关注大学生的网络互动行为，以预防网络过激文化。

4. 实施精准心理疏导服务

可以通过以下方式进行心理疏导：

（1）开展心理谈话

通过对话识别过激认知和情绪，指导大学生克服网络心理问题，并根据不同原因提供个性化建议，如增强社交、规划时间、指导生活压力排解等。

（2）实施心理咨询

对于敏感、逃避现实的大学生，建议他们寻求专业心理咨询。通过心理测验和诊断，找出问题症结，并采取必要的心理干预措施，协助他们制订行为改变计划。

（3）提供心理治疗

采用多种心理治疗方法，如"红绿灯"训练、艺术疗法（绘画、音乐、游戏疗法等）、心理剧，以及认知行为改变技术（理性情绪疗法、认知疗法等），帮助大学生调适情绪、缓解紧张、重建认知，从而改善网络过激行为。

（三）个人角度

1. 培养健康的网络使用习惯

为了维护个体的身心健康，我们有必要设定合理的上网时长和时间段，以确保网络使用的平衡性。首先，每天上网的时长应当有一个明确的限制，避免长时间连续上网导致的疲劳和沉迷。我们可以根据自己的实际情况，设定一个合理的上网时间上限，如每天不超过两小时或四小时。此外，还应该尽量避免在晚上临睡前过度上网，以保证充足的睡眠。在上网过程中，保持良好的姿势和用眼习惯同样重要。我们应当保持正确的坐姿，使脊椎和颈部处于自然状态，避免长时间低头或扭曲身体。同时，用眼距离也要适中，避免眼睛过度疲劳。可以通过调整电脑屏幕的高度和角度，以及使用防蓝光眼镜等方式来保护眼睛。除了控制上网时长和保持正确的姿势外，我们还需要警惕对网络的过度依赖。社交媒体和游戏等网络应用虽然能带来乐趣和便利，但过度使用可能会导致沉迷和社交障碍。因此，我们要学会识别并避免过度依赖网络的行为。在达到设定的合理使用时间后，主动退出网络应用，参与一些其他活动，如户外运动、阅读、与朋友聚会等，以丰富自己的生活内容。

2. 培养自我控制能力

在当今信息爆炸的时代，学会辨别网络信息的真伪和价值显得尤为重要。网络上的信息繁杂多样，既有有价值的资讯，也有大量不实信息和极端言论。为了避免被这些不良信息所误导或影响，我们需要培养批判性思维，审慎地筛选和判断网络信息的真伪。在浏览网页、社交媒体或论坛时，我们应当注意信息来源的可靠性，选择权威、可信赖的媒体和机构发布的信息，避免盲目相信和传播未经证实的消息。

此外，在面对网络上的各种诱惑时，我们也要保持冷静的头脑。网购、游戏充值等看似诱人的活动，往往隐藏着冲动消费的陷阱。在决定进行网络消费之前，我们应该先思考自己的实际需求和经济能力，避免因为一时冲动而做出不理智的决策。同时，我们也要学会抵制网络游戏等虚拟世界的诱惑，合理安排自己的时间，保持现实生活的平衡和丰富。为了更好地培养自我控制能力，我们还可以制定个人目标和计划。设定明确的学习、工作、锻炼等目标，并制订相应的计划，可以帮助我们更有目的地使用网络，避免过度沉迷于虚拟世界。同时，我们也可以寻找一些积极的学习和活动来替代过度的网络使用，如阅读书籍、参加兴趣小组、进行户外运动等。这些活动不仅有助于丰富我们的生活内容，还可以促进身心健康发展。

3. 保持现实生活的丰富多样

积极参与校园活动和社团组织，是大学生活中不可或缺的一部分。这不仅能够帮助我们培养兴趣爱好，还能拓展我们的社交圈子，增强与同龄人的交流和互动。通过参加各类活动，我们有机会结识来自不同背景、不同专业的同学，共同探索兴趣爱好，分享彼此的经验和见解。这不仅有助于我们丰富自己的知识体系，还能拓宽我们的视野，培养团队协作能力和领导力。

此外，定期进行体育锻炼对于保持身体健康和精力充沛至关重要。大学生活中，我们可能会面临各种压力和挑战，而体育锻炼是一种有效的应对方式。通过运动，我们可以释放压力，缓解焦虑，增强身体素质。无论是选择参加学校的体育俱乐部，还是自行安排时间进行锻炼，都能让我们保持健康的体魄，还能以更好的状态投入到学习和生活中。与家人和朋友保持联系也是非常重要的。大学生活虽然丰富多彩，但我们也不能忽视与家人的情感联系。通过电话、视频聊天等方式，我们可以分享生活中的喜怒哀乐，让家人了解我们的近况。同时，与朋友交流也是我们获得情感支持的重要来源，可以和朋友一起探讨问题、分享经验、互相鼓励，共同成长。这种现实生活中的情感联系能够让我们更加珍惜身边的人，增强我们的归属感和幸福感。

4. 学会应对网络压力

在现代社会中，网络已经成为我们生活中不可或缺的一部分。然而，随着网络交流的日益频繁，我们也必须面对网络中的负面评价和言论。这些负面评价和言论可能是出于误解、偏见或是恶意攻击，但重要的是我们要认识到它们的普遍性，并学会以平和的心态面对。当我们遭遇到网络上的负面评价或言论时，不必过分在意，不要让这些言语伤害我们的心灵。网络世界是虚拟的，很多时候，这些言论并不能代表真实的我们。我们需要学会过滤掉这些噪声，保持内心的平静和自信。然而，当网络欺凌或骚扰真正发生时，我们不能坐视不理。这些行为可能会对我们的心理造成严重的伤害，甚至影响到我们的现实生活。因此，我们要学会采取适当的措施来保护自己。首先，我们可以选择屏蔽或删除那些恶意的言论，避免自己再次受到伤害。其次，我们可以向网络平台或相关机构举报这些行为，让他们采取适当的处理措施。此外，当我们感到无法应对网络压力时，寻求专业心理辅导或支持是非常重要的。专业的心理咨询师可以帮助我们识别和处理内心的困扰，提供有效的应对策略。他们可以帮助我们建立积极的心态，提高自我认知和自我调节能力，从而更好地应对网络中的挑战。

5. 培养批判性思维

在浏览网络信息和参与网络讨论时，我们时常会遇到各种观点和信息，这些信息往往纷繁复杂，真伪难辨。因此，保持独立思考和培养批判性思维就变得尤为重要。这意味着我们需要有自己的思考和判断能力，不轻易被网络上的言论所左右，要有自己的立场和观点。为了做到这一点，我们首先要学会分析信息来源和可信度。网络上的信息来源多种多样，有些是权威机构发布的，有些则是个人或匿名用户发布的。我们需要通过对比、验证和查证等方式，判断信息的真实性和可靠性。对于那些没有明确来源或来源不可靠的信息，我们应该保持警惕，避免盲目跟风或传播不实信息。同时，我们也要培养自己的价值观和判断力。每个人的价值观都是独特的，我们应该根据自己的价值观和社会道德标准来评估网络上的信息。在面对多元观点时，我们应该保持开放和包容的态度，尊重他人的观点，但也要有自己的判断，学会独立思考，不轻易被他人的观点所左右。此外，我们还要提升自己的信息素养。信息素养是指人们获取、评估、利用和交流信息的能力。在网络时代，信息素养已经成为我们必备的一项技能。我们需要通过学习和实践，提升自己的信息素养，以便更好地应对网络信息的挑战。

6. 提高网络安全意识

在数字化日益普及的今天，了解网络安全知识和潜在风险已成为每个人必须完成的重要任务。网络世界充满了各种未知的风险，如网络诈骗和隐私泄露，这可能会给我们带来财产损失，甚至危及个人安全。因此，提高网络安全意识并采取相应的防范措施至关重要。首先，我们需要深入了解网络安全知识，包括各种网络诈骗的手段和方式。网络诈骗者常常利用人们的贪婪心理或好奇心，通过虚假广告、钓鱼网站等手段诱骗人们点击恶意链接，从而获取个人信息或银行卡信息，进而实施诈骗。此外，隐私泄露也是一个不容忽视的问题。我们的个人信息，如姓名、地址、电话号码等，一旦被不法分子获取，就可能被用于各种非法活动。为了防范这些风险，我们可以采取一些具体的措施。首先，设置复杂的密码是保护个人账号安全的重要手段。密码应该包含大小写字母、数字和特殊字符，长度最好为8位以上。同时，不要使用容易被猜测的密码，如生日、电话号码等。此外，定期更换密码也可以降低账号密码被破解的风险。其次，避免使用公共Wi-Fi进行敏感操作也是非常重要的。公共Wi-Fi网络往往存在安全隐患，黑客可能会利用这些网络窃取用户的个人信息。因此，在进行网银交易、登录重要账号等敏感操作时，最好使用自己的移动网络或安全的Wi-Fi网络。最后，注意保护个人信息和隐私也是防范网络风险的关键。我们应该谨慎分享个人信息和照片,避免在社交媒体上公开过多的个人信息。同时,对于陌生人的请求和询问要保持警惕,不要轻易提供个人信息。此外,我们还可以使用一些安全软件来保护我们的设备和数据,如杀毒软件、防火墙等。

7. 积极寻求帮助和支持

在现代社会,随着网络技术的迅猛发展,人们越来越频繁地接触和使用网络。然而,网络世界并非总是充满阳光和积极的一面,它也可能带来一些心理健康问题。当我们在网络环境中遇到心理困扰时,要勇于面对,而不是害羞或逃避。

首先,我们要明确认识到网络心理健康问题同样需要被重视和关注。当我们感到焦虑、抑郁、孤独或过度依赖网络时,这些都是心理健康问题的信号。不要轻视这些困扰,也不要因为担心他人的看法而羞于寻求帮助。其次,与同学、朋友或家人沟通自己的困扰和感受是非常重要的一步。他们是我们身边最亲近的人,他们的理解和支持能够为我们带来莫大的安慰和力量。我们可以选择一个适当的时机和方式,向他们倾诉自己的感受和需要,让他们了解我们面临的困境。通过沟通,我们可以获得他们的支持和建议,同时也可以从他们的角度看到问题的不同方面。然而,有时候我们可能觉得与身边的人沟通并不够,或者我们需要更为专业和深入的帮助。这时,寻求专业心理咨询或治疗服务就显得尤为重要。心理咨询师或心理治疗师具备专业的知识和技能,能够为我们提供个性化的帮助和指导。他们可以帮助我们找到问题的根源,探索解决问题的方法,并提供有效的应对策略。通过专业心理咨询或治疗,我们可以更好地了解自己,增强自我认知和调节能力,从而更好地应对网络心理健康问题。

网络成瘾程度测试

网络成瘾量表(internet addiction test,IAT)是由美国心理学家金·杨(Kimberly Young)于1998年开发的,用于评估个体对互联网成瘾程度。这个量表主要关注个体对互联网的控制能力、依赖程度以及使用频率等方面。

这个量表(表10-1)由20个项目组成,每个项目都有5个选项,代表不同的频率或程度,从"几乎没有"到"总是"。在符合你情况的选项下面画"√"。

表10-1 网络成瘾量表

序号	项目	几乎没有 (1分)	偶尔 (2分)	有时 (3分)	经常 (4分)	总是 (5分)
1	你觉得上网的时间比你预期的要长吗					
2	你会因为上网忽略自己要做的事情吗					
3	你更愿意上网而不是和亲密的朋友待在一起吗					
4	你经常在网上结交新朋友吗					

续上表

序号	项目	几乎没有 (1分)	偶尔 (2分)	有时 (3分)	经常 (4分)	总是 (5分)
5	生活中朋友、家人会抱怨你上网时间太长吗					
6	你因为上网影响你的学业或工作了吗					
7	你是否会不顾身边需要解决的一些问题而上网查看邮件或看留言					
8	上网影响到你的日常生活了吗					
9	你是否担心网上的隐私被人知道					
10	你会因为心情不好去上网吗					
11	你会因为上网而减少和家人的互动吗					
12	你是否尝试过减少上网时间但却失败了					
13	你会因为上网而熬夜吗					
14	当你尝试减少或停止上网时,你是否会感到不安或易怒					
15	你会因为上网而错过吃饭或睡觉吗					
16	你会因为上网而花费过多的金钱吗					
17	你是否感觉上网能帮助你逃避问题或缓解不愉快的感觉					
18	你是否觉得在网上比在现实生活中更快乐或满足					
19	你会想办法减少上网时间而最终失败吗					
20	你会因为不能上网变得烦躁不安、喜怒无常,而一旦能上网就不会这样吗					

【计分方法与结果分析】

将每题的得分相加即可得出总分。根据总分来判断网络成瘾的程度。

★40～60分:轻度网络成瘾。

★60～80分:中度网络成瘾。

★80～100分:重度网络成瘾。

心理训练

【温馨提示】在本项目心理训练活动中,请注意以下4点:

(1) 鼓励尊重和谨慎,在讨论敏感话题时注意自我暴露的"度",并保护彼此的个人隐私;

(2) 鼓励开放、尊重和包容,对组员不作批判和评价;

(3) 鼓励互助,提倡组员相互支持和分享彼此的经验;

(4) 在讨论过程中，如感觉不适可及时向老师提出，有需要可到心理咨询中心求助。

活动1　网络迷宫探秘

一、活动目的

(1) 增强玩家对网络心理健康问题的认识。

(2) 向玩家传授应对网络心理问题的策略和技巧。

(3) 提升玩家的自我调节能力和网络素养。

二、活动时间

15~20分钟。

三、活动准备

(1) 分组：8~10人一组。

(2) 道具：纸和笔。

四、场地要求

安静的室内。

五、活动步骤

(1) 玩家进入游戏后，将置身于一个充满网络元素的迷宫中。

(2) 迷宫由多个关卡组成，每个关卡对应一种网络心理问题，如网络成瘾、网络社交焦虑等。

(3) 玩家需要解决每个关卡中的谜题和挑战，以获取前进的线索和钥匙。

关卡一：网络成瘾迷宫

谜题：解开与时间管理相关的谜题，请按照你们使用网络的习惯，将一天24个小时分配到以下几个部分里：睡眠、吃饭、和家人朋友交流、学习、娱乐、上网。

关卡二：网络暴力迷宫

谜题：了解网络社交规则和礼仪，请大家在一分钟之内尽可能多地在纸上写出你们认为关于网络暴力的词语。

关卡三：网络安全迷宫

谜题：识别网络诈骗、保护个人隐私等网络安全问题，请每个小组总结防诈骗小技巧。

六、分享与升华

(1) 请每个小组选出代表对本小组的活动情况进行全班分享；

(2) 请同学代表分享活动感受；

(3) 教师对活动进行总结和点评，注意引导学生避免网络成瘾、抵抗网络暴力以及维护个人隐私。

活动2　网络舆论小侦探

一、活动目的

(1) 提高学生对网络心理健康问题的认识。

(2) 教给学生识别网络"舆论"的方法。

(3) 培养学生积极应对网络问题的能力和态度。

二、活动时间

15~20分钟。

三、活动准备

(1) 分组：8~10人一组。

(2) 道具：纸、笔和投影仪。

四、场地要求

安静的室内。

五、活动步骤

1. 游戏开始

老师通过投影仪展示一个图片的一角，提出问题："请你们猜一猜，这是一张什么图片？"学生们分组讨论，并将答案写在纸上。每组派一名代表分享答案，老师进行简要点评和补充。

2. 继续探索

老师继续展示一个网络案例，并提出问题："大家觉得这个案例当中谁是错误的一方？"学生们继续分组讨论并分享答案。

3. 最终探索

老师展现上一个案例的反转面，并提问："大家看到反转以后有什么感受？"学生讨论并分享答案。

六、分享与升华

教师对活动进行总结和反思，引导学生思考网络舆论的真与假，以及面对网络事件时应该如何去做。

网络发展的历史

网络发展的历史是一部充满创新与变革的壮丽篇章，网络从最初的军事用途到如今渗透到社会生活的方方面面，其发展历程可以概括为以下几个关键阶段。

一、起源与初期阶段（20世纪60年代末至20世纪80年代）

(1) ARPANET的诞生：1969年，美国国防部资助了ARPANET项目，将多个大学和研究机构的计算机连接起来，实现了信息共享和通信，这标志着互联网的诞生。

(2) TCP/IP协议的发展：20世纪70年代末和20世纪80年代初，TCP/IP协议被正式提出并广泛应用，成为互联网通信的标准协议，极大地促进了互联网的发展和扩展。

(3) 商业互联网服务的出现：20世纪80年代后期，商业互联网服务商开始出现，向公众提供互联网接入服务，加速了互联网的商业化进程。

二、基础设施建设与商业化应用初期（20世纪90年代至21世纪初）

（1）万维网的诞生：1990年，蒂姆·伯纳斯·李发明了万维网（World Wide Web），推动了图形用户界面（GUI）的普及，为互联网的大规模商业化和普及奠定了基础。

（2）浏览器的出现：1993年，Mosaic浏览器的诞生极大地改变了互联网的使用体验，它成为第一个流行的图形化网络浏览器。

（3）互联网泡沫：20世纪90年代末，互联网泡沫的出现虽然最终破裂，但促进了互联网技术和商业模式的创新。

（4）基础设施建设：美国提出"信息高速公路"计划，全球多国纷纷跟进，互联网基础设施得到大规模建设。

三、移动互联网的兴起与繁荣（2000年至今）

（1）移动通信技术的发展：从2G到5G，移动通信技术的不断迭代升级极大地提升了网络速率，推动了移动互联网的快速发展。

（2）智能手机的普及：智能手机的出现使得人们可以随时随地上网，移动互联网应用如雨后春笋般涌现。

（3）社交媒体与在线服务：Facebook、Twitter、微博等社交媒体平台的兴起改变了人们的社交方式和信息传播模式。同时，电子商务、在线教育、在线医疗等在线服务也蓬勃发展。

（4）大数据与人工智能：2010年以后，大数据和云计算技术的快速发展为互联网应用带来了更大的数据处理能力和存储空间。人工智能技术的兴起则进一步推动了互联网的智能化和个性化发展。

随着技术的不断进步和创新，互联网将继续发挥重要作用，引领人类社会向更加智慧、便利的方向发展。未来，我们可以期待6G、量子通信、类脑智能、脑机交互等新技术带来的革命性变化，以及这些技术如何进一步推动互联网的发展和社会进步。

学习评价

项目	课堂评价标准	自我评分					小组互评				
学习态度	自觉按要求完成学习任务	5	4	3	2	1	5	4	3	2	1
	上课认真，课堂互动活跃	5	4	3	2	1	5	4	3	2	1
	在小组活动中具有团队合作精神	5	4	3	2	1	5	4	3	2	1
活动表现	服从活动安排，积极参与	5	4	3	2	1	5	4	3	2	1
	大胆发表个人观点，思路清晰，表达流畅	5	4	3	2	1	5	4	3	2	1
	乐于回应同学发言，分享有用资源	5	4	3	2	1	5	4	3	2	1

续上表

项目	课堂评价标准	自我评分	小组互评
知识掌握	通过本项目的学习,你已经对网络心理有了大概的了解,你打算如何利用网络?如何在网络中维护自己的心理健康?(70分) 【答案填写】 _____		
	合计得分		
	加权总分 (自我评分×50% + 小组互评×50%)		

项目十一　职业规划　从容就业
——大学生职业生涯规划与就业心理

深学践悟

做让自己增值的事

每个人一天的时间，都是二十四小时。你如何利用自己的时间，决定了你能走多远、飞多高。那些让人越变越好的习惯，往往是日复一日微小的积累。闲暇时，不如让自己通过学习和实践不断提升与增值。唯有懂得自我增值、持续学习、终身成长的人，才能成为更好的自己。当你让自己的时间变得有意义，你的人生也就更有意义。

也许，把时间用在提升自我上，会让你感到辛苦。可是，你却在日复一日的努力和精进中，变成了那个越来越好的自己。只要你愿意，再遥远的愿望，也会变得触手可及。

——《人民日报·每日文摘》

学习目标

• 知识目标：了解职业生涯规划的含义、作用、原则，了解常见的就业择业的心理误区，了解受欢迎的大学生的特点。

• 技能目标：掌握职业生涯规划的具体步骤，能够自我调适就业择业中出现的心理误区，提升自身综合就业能力，掌握求职技巧。

• 自我认识目标：结合自身兴趣、能力、特长、性格等因素，综合分析自身的职业倾向、职业爱好，根据现实确定职业目标。树立端正的职业观，积极解决就业择业过程中的问题。

学习导图

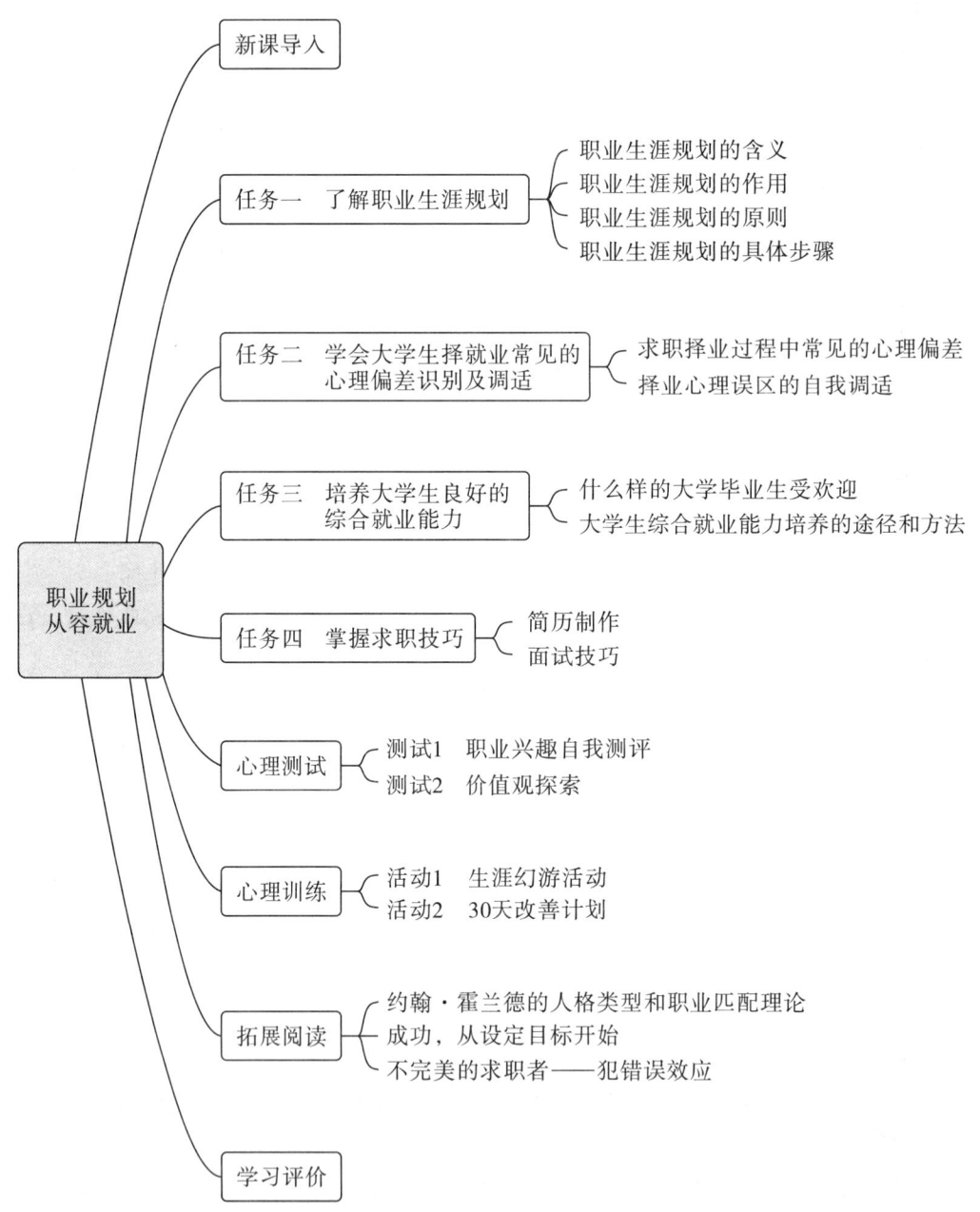

新课导入

现代成功生涯研究表明，成功是有方法的，而且方法没有太多特别之处，只在于成功的人总能为自己制定更具体的目标，寻找更正确的路径，采取更坚定的行动。首先我们一起来看两个案例。

【案例1】小文是从农村考出来的大学生，他说："上大学之前我对生涯没什么概念。我家住农村，信息闭塞，十几年来唯一的心愿，就是从父母那里遗传下来的对繁华大都市的期盼。我努力地学习，想用知识改变命运，我相信我会有一个美好的未来，但未来具体是什么样却从来没想过。现在考上了大学，却越走越迷茫。我好像没有了奋斗的目标、前进的动力。每天按时上课，不上课就待在宿舍睡懒觉，偶尔去图书馆做点作业、看看闲书。我发现像我这样的同学很多，现在我也不知道自己的未来会在哪里，也不知道将来能不能找到工作。"

【案例2】小杰学的是营销专业，自从大一第二学期学习了专业课程之后，他发现自己深深地爱上了这个有趣并充满挑战性的专业，同时也确定了自己未来的职业发展方向。因此，性格较内向的他从大一开始就有选择性地参加社团活动来锻炼自己的组织能力和人际交往能力，并扎扎实实地学习专业基础知识，提高自己的专业技能。在大一时就跟着师兄师姐跑招聘会，向前辈们请教找工作的经验。大二时，他与同学在老师的指导下参加"挑战杯"广东大学生创业计划竞赛并取得了优异成绩，同时，在有经验的师兄师姐的指导下，开始投递简历，寻找实习机会。小杰抱着学习的心态去谋求职位，他总是在投简历无果后，千方百计向招聘单位问清失败的原因，然后有针对性地学习和完善自己。他利用寒暑假到公司做兼职，由此既能在实践中得到锻炼，获得工作经验，也能了解到相关行业对员工素质和能力的要求，看自己是否具备或欠缺，从而扬长补短，不断提高自己的综合素质和能力。

在大二即将结束时，一个著名企业来校宣讲招聘，小杰获知后也赶来面试。虽然该企业招聘的是检测和制造岗位的工作人员，不招营销人员，但小杰很想进入该企业，该企业发展非常成熟，各个工作环节都非常规范。对于一个大学生来说，能到该企业工作无疑有利于个人成长；再者，能从制造、检测岗位做起，了解生产环节，今后无论是从事营销还是管理工作都会有很大帮助。因此，小杰决定先去应聘该企业的检测和制造岗位。尽管小杰并非对口专业，但面试官对小杰的学业成绩、实践经验、做事的态度、谈吐等方面都很满意，最终小杰在众多竞争者中脱颖而出，顺利进入该公司顶岗实习。

小杰和几位同学一起被分到制造岗位。刚到新岗位时，大家对一切都感到新鲜好奇。可随着日复一日的重复劳动，不少同学产生了厌烦情绪，想转岗或辞职；但小杰鼓励自己沉下心来，尽量将每天的工作做好做细。无论公司交代做什么事情，包括临时加班、帮加班员工订饭等一些琐碎的事情，小杰都积极、认真地完成。小杰在工作中留心观察，遇到问题虚心求教，每日总结反省。半年下来，小杰的操作技能已经非常娴熟了，他的工作能力和态度得到了公司的肯定，觉得这个小伙子勤奋、努力、认真、好学、友善、学习能力强,是棵好苗子。顶岗实习结束时,小杰顺利地和公司签下就业协议书,正式成为该公司员工,并如愿去了公司的销售部。

从以上两个案例可以看出,小文面对新的大学生活,对于职业选择和发展非常模糊和被动,而小杰对于未来的职业发展很明确,并且从一开始就非常积极主动地投入到大学生活中,为将来的职业发展奠定扎实的基础。小杰求职的成功在于对自己未来的职业发展做了早规划、早准备。首先在学校学习的过程中发现了自己对专业的兴趣,并且能够根据专业知识收集职业信息。当他积累了一定的职业信息后,又积极为自己争取实践机会。在实践中不断总结,积累经验,同时找出自己的不足,通过自我学习不断提高自身综合素质和能力,这些都是很好的职业预备。有了充分的准备,他才能够在应聘的时候打动面试官。在如愿进入公司实习后,尽管没有获得期待中的岗位,但是他也很愿意在现有的岗位上去了解职位信息,提升自己的技能。加上他勤思考,善观察,经常对自己的工作内容和方式进行反思,这些都给他日后换岗打下了基础。

机会总是留给有准备的人。越早去了解自己,确定职业理想,积累职业知识,规划职业发展,对未来的蓝图就越清晰,更能够放手拥抱未来。

任务一　了解职业生涯规划

一、职业生涯规划的含义

职业生涯规划,又称为职业生涯设计,指的是一个人主动地、自觉地对其一生中所承担的职务及其发展历程所作的预期和计划。具体而言,是指个人与组织相结合,在对一个人职业生涯的主客观条件进行测定、分析、总结的基础上,对自己的兴趣、爱好、能力、特点进行综合分析与权衡,结合时代特点,根据自己的职业倾向,确定最佳的职业奋斗目标,并为实现这一目标做出行之有效的安排。职业生涯规划是经由知己、知彼、抉择及行动等步骤,对自己的一生作系统且具体的规划。

扫码观看"做好规划,从容就业"视频(精品微课)

二、职业生涯规划的作用

职业生涯活动将伴随个体大半生的时间甚至更长,职业生涯的发展状况直接影响到个体一生的发展及其心理健康状况。大学生要认识到职业生涯规划对自身发展的作用和意义。

(一)职业生涯规划有助于大学生找到长远且具体的奋斗目标

职业生涯规划能帮助大学生更好地认识自己、了解自己,明确自己的优势和劣势,合理设定具体的人生目标。明确的奋斗目标能起到内在激励的作用，使大学生化被动为主动，化消极为积极，产生主动参与学习和实践的动力，不断为实现各阶段目标和终极目标而努力奋进，不再犹豫彷徨、迷失自我、消极颓废。

（二）职业生涯规划有助于大学生正确选择适合自己的发展道路

职业生涯规划能在帮助大学生了解自己的同时，对外部环境有更充分的认识，在兼顾个人、社会、家庭等多方情况下制订适合自己的发展道路和行动计划，在职业探索和发展中少走弯路，避免盲目性。

（三）职业生涯规划有助于增强大学生自我发展的计划性

职业生涯规划有助于大学生增强自我发展的计划性，按轻重缓急安排好日常的生活、学习和工作，抓住重点，使学习、工作变得高效，生活充实，避免浑浑噩噩、随波逐流。

（四）职业生涯规划有助于提高大学生的综合素质和能力

职业生涯规划能够引导大学生正确认识自己的个性特质、自身当前所拥有的和潜在的资源优势，重新对自身的价值进行定位并使其持续增值，对自己的综合优势与劣势进行对比分析，采取可行的步骤与措施，发掘自我潜能，逐步提升自己的综合素质和职业能力，不断增强个人实力，为实现职业目标与理想打下坚实基础。

（五）职业生涯规划有助于大学生认识就业形势，提升成功的概率

当今社会处在变革的时代，到处充满着激烈的竞争。要想在激烈的竞争中脱颖而出并能实现自己的理想，必须设计好自己的职业生涯规划。职业生涯规划有助于大学生了解职业、了解劳动力市场以及了解当前的就业形势，对自己所处的环境有一个清醒的认识，保持积极的心态，为将来的职业前途做好充分准备，做到心中有数，这样才能提升成功的概率。

三、职业生涯规划的原则

职业生涯规划既要贴近自己，又要贴近社会，符合社会所需，才能获得职业的成功。所以，大学生职业生涯规划应遵循以下"四择"原则。

（一）择己所爱

从事一项你所喜欢的工作，工作本身就能给你满足感、成就感，你的职业生涯也会变得妙趣横生。兴趣是最好的老师，与成功概率有着明显的正相关性。只有对所从事的职业产生了兴趣，才能将兴趣激发为敬业精神，并产生强烈的愿望和求知欲，进而有所创造，有所成就。在选择职业时，注意在考虑社会需求的前提下，在自己能够胜任的职业中，兼顾自己的兴趣爱好，珍惜自己的兴趣，择己所爱，选择自己所喜欢的职业。

（二）择己所长

任何职业都要求从业者掌握一定的技能，具备一定的能力条件。而一个人一生中不能将所有技能全部掌握，同时每个人的能力特长也有所差异，根据不同的能力特长选择

不同的职业，是充分发挥个人优势的最佳体现。正所谓"骏马能历险，犁田不如牛；坚车能载重，渡河不如舟"，要根据自己的能力专长选择职业，扬长避短，保证既可胜任工作，又能发挥个人的最大潜力进行创造性劳动，这样有利于取得职业成就。所以在进行职业选择时要注意择己所长，充分发挥自身优势。

（三）择世所需

社会的需求不断演化，新的职业也不断产生，热门的职业也可能变成冷门。在设计自己的职业生涯时，一定要分析社会需求，目光要长远，格局要宏伟，选择未来行业或者职业，其社会需求不是短期的，而应是长久的。择世所需，就是将个人意愿和社会需要结合起来，更可能实现自己的职业理想。

（四）择己所利

职业不仅是谋生的手段，同时也是发展自我、服务社会、实现人生价值、获得幸福感的载体。发展是一个过程，任何事物总是由初级向高级，由单一向全面发展，绝不能一蹴而就。在选择职业时，既不要期望值过高，也不要急于求成，要结合自身条件和现实，合理定位。择己所利，做到不囿于眼前利益，着眼于职业未来的发展和提升，实现自己美好的愿望。

四、职业生涯规划的具体步骤

据调查，面对职业生涯发展，不少同学感到非常迷茫，主要原因包括：一是对自身要从事什么工作不明确，不清楚自己能干什么，喜欢干什么，适合干什么；二是对社会不了解，不了解所学专业未来的发展前景如何，有哪些单位与自己的专业对口，专业就业状况如何，有哪些岗位适合自己。前路漫漫，不知路在何方。

《孙子兵法》说："知己知彼，百战不殆；不知彼而知己，一胜一负；不知彼不知己，每战必败。"因此，要想获得择业就业的成功，首先必须要了解自身的特点、优点和劣势，其次还要考虑外部工作环境，如就业形势、行业发展的需求趋势及对劳动者的素质要求等。

（一）知己——正确认识自己

苏格拉底曾说："认识你的内心，认识你自己。"大量事实证明，个性与职业成功有密切关系。选择与自己个性相匹配的职业，有利于发挥自己的天赋特长，有助于在职业中取得成功。在选择职业时，要全面了解自己的兴趣爱好、天赋能力、性格、动机、需求以及价值观等个性特征。

1. 兴趣

一份来自哈佛大学的研究报告表明，在1960—1980年间，哈佛商学院对1500名毕业生进行研究，根据个人的发展愿望，将其分成两组：第一组，计划先赚钱，然后做自己想做的事，共1245人，占83%；第二组，先追求自己真正的兴趣，以后财源自然会滚滚而来，共255人，占17%。20年后，两组共诞生101位百万富翁，其中，第一组只有

1个人，第二组有100个人。可见，将自己的兴趣与事业结合在一起的人，其事业更容易获得成功。如果一个人对所从事的工作有浓厚的兴趣，就能克服很多难以想象的困难，长时间保持高效率而不疲劳，并能发挥其才能的80%~90%；相反，对工作没有兴趣的人，面对困难很容易放弃，并且只能发挥其全部才能的20%~30%，也容易感到筋疲力尽。

兴趣是一种强大的精神力量，能推动人主动地学习、思考和探索，挖掘自身潜力，创造性地开展工作。一位知名学者在工作中发现，做同一份工作，往往业务能力强的人不如喜欢工作的人，喜欢工作的人比不上陶醉于工作的人。工作做得好的人，不一定是业务能力最强的人，而往往是陶醉于工作的人。2011年诺贝尔化学奖得主丹尼尔·舍特曼在一次和中国青少年的交流中曾说过："如果你们中有人想要成功而不知道怎么去做，就在任何感兴趣的领域多下功夫吧。"

稳定的兴趣对职业成就有重大影响。按兴趣选择职业，兴趣会成为巨大的推动力，促使人在困境中仍然能迎难而上，不仅乐在其中，还能获得很大的成就感，并最终获得事业的成功。但是如果兴趣多变，缺乏稳定性和持久性，对一种职业产生兴趣不久又被另一种职业吸引，见异思迁，不断变化兴趣和职业，则会使自己总是处于职业初级阶段，影响进一步的发展。

但现实中，有时不是自己喜欢从事什么工作就能从事什么工作。因此，大学生要积极面对现实，可以先就业后择业，先生存后发展，在工作实践中发现兴趣、培养兴趣。有些时候，不喜欢是源于不了解，一旦了解熟悉，掌握了工作内容，有可能会发现这正是自己的兴趣所在。如果在工作实践中始终无法适应，就积极寻找与自己兴趣相契合的工作。

2. 能力特长

能力是人们表现出来的解决问题可能性的个性心理特征，是完成任务、达到目标的必备条件。能力的强弱直接影响到人们的工作效率。能力是个体职业选择和职业成功的基础。任何一种职业，都会要求从业者必须具备相应的能力。

能力不同于专业知识和专业技能，专业知识是人类进行各种专业活动的经验总结，而专业技能则是人们在长期的学习工作中逐步形成的熟练的操作规程方式。一般来说，两者都是后天获得的。而能力则含有某些先天因素，具有天赋性。心理学把人的能力分为一般能力和特殊能力两大类：一般能力也就是通常所说的智力，是指人们顺利完成各项任务都必须具备的一些基本能力，如观察力、记忆力、注意力、思考力、想象力等；特殊能力是指从事各项专业活动的能力，也可称特长，如计算能力、音乐能力、动作协调能力、语言表达能力、空间判断能力等。

要想顺利完成某项工作，除了要具有一般能力外，还要具有该项工作所要求的特殊能力，如从事教育工作需要有阅读能力和表达能力；从事数学研究需要有计算能力、空间想象力和逻辑思维能力；而从事法官工作应该具有很强的逻辑推理能力，却不一定要有很强的动手能力；从事建筑工作则应有一定的空间判断能力，却不一定要有良好的语言表达能力。因此，大学生在择业时，必须考虑自身能力与职业的吻合问题。下面列出了几种能力及其适合的职业。

①语言表达能力：节目主持人、记者、编辑、销售、律师、法官等。
②逻辑思维能力：会计人员、投资理财师、财务管理人员、统计人员等。
③空间判断能力：陆海空驾驶员、地理测绘员、室内设计师、服装设计师、美术工作者等。
④肢体动觉能力：手工艺人（木工、模型制作、雕刻、缝纫、编织）、体育老师、运动员等。
⑤音乐能力：歌手、演奏家、调音师、DJ、节目制作人等。
⑥人际关系能力：政治家、企业家、外交家、人事主管、销售、公关、导游、中介等。
⑦自然观察能力：动植物学家、园艺家、自然探险者、科技从业人员等。

了解自己的能力倾向及不同职业的能力要求，有助于合理选择职业和发展事业。如著名赛车手舒马赫是一位空间判断能力极强的天才，在赛车道上，他能够驾驶时速为300千米的法拉利赛车灵活地在其他赛车之间穿行，是F1方程式赛车历史上首位7次夺取世界冠军的著名赛车手；而著名运动员刘翔，则被教练发现具有爆发力强、协调性好且节奏感突出的特点，符合跨栏要求，于是将其由区体校选拔至市体校，由跳高项目改练110米跨栏项目，最终脱颖而出，成为"亚洲飞人"。

每个人都具有一个由多种能力组成的能力系统。在这个系统中，各方面能力的发展通常是不均衡的，常常是某方面的能力占优势，而另一些能力则不太突出。如果选择的职业是自己能力方面的弱势，就会造成虽然很努力但收效甚微的局面。古人云"自知者明，自强者胜"，所以，要认清自己的长处与短处，扬长避短，学会"聚焦"成才，也就是要明确自己所长，并把个人的成才目标牢牢建立在自己的长处之上，同时紧追个人成才目标，发奋努力、持之以恒。

3. 性格

性格是指一个人在生活中形成的对客观现实稳定的态度和与之相适应的习惯化的行为方式。这是职业个性心理品质中最核心的部分，广泛影响着人的职业态度、人际关系以及职业成就。一个人事业成功与否的关键不在于受教育程度的高低，也不在于工作经验的多寡。在外部条件已定的前提下，一个人成功的关键在于能否准确识别并全力发挥自身的性格优势与天赋。只有识别和接受自身的性格和天赋，寻找到适合发挥自身性格和天赋的职业，持续地使用它们，才有可能获得成功。

职业心理学的研究表明，人的性格与职业的适应性有着密切的联系，不同的职业有不同的性格要求，比如医生需要具备耐心、细心、极大的责任心、谨慎、果敢等性格；从事教师工作需要热忱关怀、耐心细致、胸怀宽广、客观公正等性格。同理，不同性格特征的人适宜从事的职业也不同，例如，具有外倾性格的大学生在择业时更适合于从事对内、对外交往性强的工作，如教育、公关、营销、管理性的工作等；具有内倾性格的大学生在择业时，更适合于比较深沉、细致的工作，如财会、医生、技术性工作等。

一个人的性格会影响职业的适宜度。如果性格与职业不相适应，从业者会感到被动、缺乏兴趣、倦怠、力不从心、精神紧张，不能发挥自己的专长，会阻碍工作的成效和职业的发展；而从事的职业与性格相符合，则可激发从业者高度的责任心和承诺，发挥潜能，在工作中得心应手，更能胜任工作，容易取得职业成就，并充分享受职业与工作带来的快乐，获得更大的成就感。

4. **价值观**

价值观是一个人认为世界上什么是好的，什么值得追求，什么值得珍惜，什么值得奉献，而什么可以放弃，什么不必认真对待。个体的价值观能够左右其生活，影响其对工作的投入，以及自身体验到的满意度、成就感和幸福感。

从价值观的角度来说，职业发展是成功还是失败的判别标准，就是个体是否得到了自己想要的生活，职业所带来的生活方式是否符合自己的价值观。如果一个人选择的职业违背了自己的价值观，他就会缺乏工作激情，不愿心甘情愿地付出时间和精力，也就难有好的工作成效。哪怕你拿着看起来很高的年薪，却感觉很痛苦；只有当你的职业选择符合你的价值观时，你才有可能珍惜它、重视它，视工作为乐趣和享受，有成就感，即使收入会相对低一些，也会感觉很快乐。

职业价值观指每种职业都有各自的特性，不同的人对职业意义有不同的认识，对职业的好坏有不同的评价和取向。职业价值观决定了个体的职业期望，影响着个体对职业方向和职业目标的选择，决定着个体就业后的工作态度和劳动绩效水平，并决定了个体的职业发展状况。所以，大学生在进行职业生涯规划时，一定要清楚和明确自己的价值观和职业价值观。

（二）知彼——全面认识工作世界

除了充分认识自我外，还要详细地了解工作环境，知道社会、企业需要怎样的人才和素质，清楚外部的机会与威胁，结合自身愿望和优势，以长远的目光来选择最适合自己发展的方向，制定适合自己发展的道路。

1. **了解就业形势**

一方面，随着我国高等教育大众化和普及化，几乎每个想上大学的人都有了上大学的机会。毕业生数量剧增，而大学生的就业期望与社会实际需求之间的不平衡，导致某些职业岗位竞争过于激烈。另一方面，高校专业设置、培养目标与社会需求发展之间的不相适应，导致毕业生相对过剩，而不少用人单位又找不到满意的人才。另外，用人单位对劳动者综合能力和动手能力的要求越来越高，由于职业教育加强了动手实践能力环节，高职毕业生就业往往比本科生更具优势的情况时有出现，在2014年"全国50强就业单位"里出现不少高职院校就是很好的佐证。因此，大学生只有提前了解就业环境和就业形势，主动、及时调整自己知识结构的搭建和能力的培养，才能在将来更好地就业。

2. **了解社会需求**

为了让大学生了解这一点，大部分高校每年都会举办一系列就业教育活动，如邀请用人单位的领导、人事经理、专业技术能手、专家、往届校友、家长到学校，有针对性地以现实的案例对学生进行生动的教育、交流；部分高校还会邀请专业岗位上的能手给学生讲授专业知识。学生可通过积极参加这些活动来了解市场需求、所学专业与现代化生产和市场的关联、用人标准、用人趋势、本专业对应行业所需人才的标准和劳动就业方向、岗位需求、企业的工作流程与工作方式、管理模式等情况，明确社会、企业对所需人才自身素质和能力的要求、行业的现状和发展前景、拟就业企业所在行业的位置、企业的生产和经营等状况；还可通过和老师交流，借助互联网，参加人才交流会、招聘会、兼职工作、社会实践活动等方式，获得社会和企业的相关信息，加深对社会、企业的了解和体验。

机会总是留给有准备的人。大学生要主动地向内认识自己和向外认识工作环境，然后通过有目的地、全面地进行自我设计、自我塑造来提高自身的职业素质和职业能力，构建自己的核心竞争力，抓住时代的机遇。

（三）确立目标

通过分析自我，了解自己，认识外部环境，整合各种因素，评估其可行性之后，确立职业目标。一个人事业的成败，很大程度上取决于有无正确适当的目标。没有目标就如同驶入大海的孤舟，要么随波逐流，要么盲目"前进"。而方向一旦错了，所有的努力都可能使你离理想的彼岸更遥远。爱迪生曾经说过：成功 = 99% 的汗水 + 1% 的天赋。从小，老师就用这个公式教育我们要努力学习。现在看来，成功 = 1% 的方向 + 99% 的行动，似乎更加合理。只有明确的方向才能指引你专注前进，指引你避开险礁暗石，指引你走向成功人生。所以，在进行职业生涯设计的时候，一定要制定明确的目标。

分解目标，分小步走，逐渐达成。目标可分为短期目标与长期目标，按照自己的职业生涯规划，短期目标一般为 1~3 年，也可以灵活安排，如一个月、一个季度、半年等；长期目标可以是 3~5 年，也可以更长。

（四）制订行动计划

俄罗斯作家、世界著名寓言家伊凡·安德列耶维奇·克雷洛夫有句名言："现实是此岸，理想是彼岸，中间隔着湍急的河流，行动则是架在河上的桥梁。"个体在以上步骤中已经了解了"此岸"，明确了"彼岸"，为了到达"彼岸"，就要先设计"河上的桥梁"——制订具体的行动计划。比如利用多长时间学习哪些知识、掌握哪些技能、构建哪些人际关系网等。成功与收获总是光顾有了成功的方法并且付诸行动的人。职业生涯设计如果只注重目标的规划，而不付诸行动，也只是一纸空谈。

（五）反复评估调整

英国有句谚语："目标写在水泥上，计划写在沙滩上。"目标应该明确，但朝着目标走的路应该随实际情况改变。职业规划是一个动态的、长久的过程，不可能一蹴而就，应根据自身行动探索的结果对自己的规划进行适当修正及完善。修正的内容包括人生目标的修正、职业的重新选择、实施措施与计划的变更等。只有根据自身及外部因素不断调整的规划才合理、可行、有价值。成功的职业生涯设计需要不断地调整，不断地通过再次评估来进行修正，以配合自己前进的步伐。

"21世纪，没有危机感就是最大的危机。"哈佛商学院教授理查德·帕斯卡尔的这句名言提醒我们，每个人的内心都需要适度的危机感，使自己保持进取的斗志，保持人生开放的胆量。在职业生涯的道路上，应对危机的最好办法就是未雨绸缪，早做准备，积极行动，提前构建自己的核心竞争力和危机防火墙，这样才能在职场上勇立潮头。

任务二 学会大学生择就业常见的心理偏差识别及调适

由于大学生社会阅历和经验不足,且对社会和自我的认知比较片面,同时有可能受家庭、社会等外界一些负面因素的影响,他们在面对择业这一人生重大问题时,出现择业理想与社会现实脱节、自我能力与社会需求脱节、个人价值与社会价值相矛盾、急于求成与脚踏实地相矛盾、渴望竞争与缺乏勇气相矛盾,同时缺乏面对挫折的耐受力,导致了一些心理矛盾和心理问题的产生,部分学生存在明显的心理偏差,给求职择业带来了负面影响。

一、求职择业过程中常见的心理偏差

(一) 自卑心理

【案例3】小玉一直以来都被自卑情绪困扰着,觉得自己成绩一般,没优点,没特长,外表又很一般,平常在学校也极少参与集体活动。如今面对择业,她更加自卑,担心自己缺乏竞争力,找不到工作,于是陷入了深深的苦恼中。每次去应聘她都如履薄冰,见到面试官,手脚不知往哪儿放,头不敢抬,眼睛也不看人,本来平时能回答上来的问题,这时脑子却一片空白,还出现答非所问的现象。每次应聘回来后,她都很懊丧,自惭形秽,愈加自卑,导致严重影响下次面试的心态,形成恶性循环,最后完全失去了信心。

有些大学生因为自己存在某种生理、心理方面的欠缺而产生轻视自己的心理,或以为自己某个方面、某些能力不如他人而自惭形秽,尤其在高职院校,部分学生认为专科学历太低而过低地评价自己,对择业缺乏自信心,过于怯懦,缺乏勇气,不敢竞争,在求职面试中表现为手足无措、畏首畏尾、犹豫不决,直接影响到用人单位的取舍。特别是在遭受挫折之后更易产生强烈的自卑心理,悲观失望,阻碍了自身聪明才智的发挥,形成恶性循环。

(二) 自负心理

【案例4】毕业生小李口才不错,在与用人单位代表面谈时自我感觉良好。一番高谈阔论以后,当对方问他能够做什么样的工作时,他洋洋得意地回答:"一个车间300人我都能够管理。"结果被用人单位毫不犹豫地拒之门外。

部分大学生在择业过程中产生了自我评价过高的心理倾向,自我感觉良好、自我评价偏高,择业期望脱离客观实际,好高骛远、自命不凡、骄傲自大,面试时夸夸其谈、高谈阔论,常常挑剔攀比,提出过分的要求,给用人单位留下浮躁、不踏实的印象,使用人单位难以接受。择业失败时,又缺乏自知之明,不进行自我批评,总认为自己是对

的，全是用人单位的错。在自负心理的支配下，择业定位过高，使择业目标和现实之间产生极大反差，结果高不成低不就，迟迟不能落实单位，因预期目标无法实现而产生强烈的挫折感，滋生失落、烦躁等心理现象。当看到其他同学都签约落实了单位，常常牢骚满腹、怨天尤人。

（三）焦虑心理

【案例5】大学生小丽将于明年毕业。学药学专业的她参加了一次人才招聘会，投了十几份简历，回到家后很担忧，反复想：有没有单位录取自己？万一没有工作怎么办？内心烦乱，导致整晚失眠，第二天感觉头疼、心慌、胸闷，这种状态持续了一周，小丽终于忍不住大哭起来。父母怕小丽承受不住心理压力，于是带着她去找心理医生。

焦虑是由于个人应对环境时毫无把握并且感受到某种威胁时的一种情绪反应。一般来说，程度适中的焦虑可调动人的积极性，变压力为动力，对工作、学习、生活均有一定的促进作用，但过度的焦虑则会对人的身心健康和工作、学习产生不良影响。大学生的择业性焦虑表现为面对就业前景无把握的一种内心不安的状态。引起大学毕业生过度焦虑的主要原因有：认为就业形势严峻，担心自己不能找到一个既适合自己专业特长、待遇又好的单位；担心用人单位没有选中自己；担心自己性格内向、成绩不佳影响就业；担心自己不能胜任工作岗位等。这些顾虑都会使毕业生背上沉重的思想包袱，久而久之便陷入过度焦虑之中，主要表现为恐惧、不安、忧虑，甚至出现某些生理反应，如失眠、心悸、胸痛等。过度焦虑的情况若长时间不能化解，则有可能导致心理障碍或心理疾病，还会严重影响大学生主观能动性的发挥，甚至会埋没潜能，给就业带来阻碍。

（四）患得患失心理

【案例6】小袁是一所高校生物医学工程专业的毕业生，离毕业还有半年，就有不少企业来学校招人。小袁参加了好几家企业的招聘面试，由于综合能力较强，小袁陆续接到了几家企业的聘书，一时间成为同学们羡慕的对象。但是小袁却在此时犹豫不决起来，这家公司待遇高，那家公司前景好，另一家公司有很好的培训机会，可能还有更好的企业来招人……小袁开始患得患失，直到毕业典礼结束，他也没找到一个符合自己预期的单位。

由于不清楚自己的职业方向，不明确到底应该走哪一条路，面对择业，部分学生会产生患得患失的心理。左顾右盼，当断不断，患得患失，这山望着那山高，让一次又一次的机会与自己擦肩而过，最终导致自己求职失败。就像寓言故事所描绘的：一头饥饿的毛驴在干枯的草原上找到两堆草。可是，毛驴不知道先吃哪一堆，竟然在长时间的选择和徘徊中饿死了。很多时候，个体能得到很多很多，可是因为不知道该如何选择，最终失去了所有。而对职业的选择往往也是对机遇的一种把握。

（五）依赖心理

【案例7】小王大学毕业快半年了，但是他没有去参加招聘会，而是在家里等，让父母去找门路、求关系。每当父母去为他奔波时，他都满怀希望地等待，一旦看到父母失望的神情，他就会一头扎进自己房间里。毕业以来，他走出房间的时间越来越少，整天垂头丧气，情绪越来越差。"现在人这么多，没有关系到哪儿找工作！"小王总是这样对父母说，弄得一家人都跟着他发愁。

择业依赖心理是指在择业中缺乏独立意识和自主承担责任的意识，往往表现为不主动出击，消极逃避就业市场，试图依赖家人通过社会关系，或寄望于老师、学校为自己找工作，以致错过不少就业机会。如果个人依赖性过强，那么即使在别人的帮助下一时能找到工作，也难以适应今后的竞争。

（六）从众心理

【案例8】看见不少同班同学去参加A企业的面试，小华也跟着一起去，A企业正在扩张，需要招一批大学毕业生，小华和几位同学顺利通过了面试，在通过面试的两周后，小华和A企业签订了入职合约。可是不久后，B企业来校招聘，听同宿舍的女生说B企业好，她们都准备去面试，于是小华也跟着去面试，这次小华和舍友都被B企业录取了，看到舍友们都选择去B企业，小华也跟着选择B企业，而与A企业毁约。在B企业工作一段时间后，小华发现自己并不喜欢这份工作，觉得这份工作不适合自己，此时又听A企业的同学说在那边工作如何如何好，如何如何有发展，小华懊悔不已。

所谓从众心理，是指在求职过程中不考虑自己的兴趣、专业等特点，盲目听从或跟随别人的意见以及盲目寻求热门职业的心理倾向。由于受到人生经历和社会阅历的限制，大学生中的从众心理较为常见，尤其是在求职择业的关键时期。很多大学生在择业时会盲目选择热门职业，只愿意到大城市、大单位去工作，这是典型的"随大流"行为。做出这种选择的原因不是这些职位、区域适合自己或有利于自己的成长，而是这些职位"热"、区域"火"，很多人都去。这些同学没有深入了解社会、了解各种职业，没有认真考虑自身主客观条件适合从事什么样的职业，对将来职业的发展也没有一个准确的定位。抱有这种心理的毕业生容易受社会思潮和社会观念的影响，缺乏个人主见，往往脱离自己的实际状况，表现得盲目从众，而全然不顾自己的能力和现状，不知道扬长避短。所以在择业过程中，他们可能因此而延误或丧失根据自己实际情况有很大把握获得的就业机会；或是即便暂时顺利谋到了一份工作，但在以后的工作中很有可能遇到职业发展瓶颈。

西方有句俗语："一个人的美餐，可能是另一个人的毒药。"明智的职业选择应基于个人对职业的充分认识和对自身的理性认知。如果这两方面的认识不够全面，则可能导致在职业生涯中"搭错车"，造成对生命资源的浪费。千里之行，始于足下。大学生应了解自己的职业兴趣、确定职业目标，迈出成功的第一步。

二、择业心理误区的自我调适

大学生在求职择业过程中有时陷入心理误区是比较正常的现象，可以通过自我调适来排除心理干扰，回归到正常、理性的状态。具体而言，可从以下三方面进行调适。

（一）积极面对现实

就业市场仍然存在供需矛盾，社会提供的工作岗位不可能使人人都满意。许多大学生对"市场"认识不足，对就业市场、就业形势的客观实际了解不够，就业期望普遍偏高，甚至有些不切实际。学生要正确认识当前形势，承认和接受当前所面临的现实，根据自己的实际情况和就业形势调整就业期望值，在择业时不能只考虑工作的收入、条件、地点等因素，更要考虑职业对自我发展的影响与作用，应看重职业能否帮助实现自我价值，同时充分认识、了解自己，分析个人的优势与不足，对自己作出客观的评价，合理定位自己，科学地确定择业的方向和期望值。树立注重自我职业发展、才能发挥、事业成功的职业价值观，树立正确的就业目标，理性择业，不攀比，不盲从，适合自己的职业就是好职业。大学毕业生选择职业，只有将个人的主观愿望和社会需求有机结合，才能顺利就业，实现职业理想。

（二）保持良好心态

择业过程也是供需双方互相选择的过程，保持平和的就业心态很重要。最好避免"势在必得"的想法，切忌盲目乐观、理想化，要有从最坏处着想、向最好处努力的心理准备；培养对自己负责的独立意识，自信、自强，勇于竞争，克服自卑、胆怯的心理。自卑是走向成功的大敌，没有应有的自信，就不可能有竞争的勇气，从而失去择业竞争的主动权。增强自信、战胜自卑是大学生自我发掘潜能的关键。面对人才市场，要积极主动，勇于竞争，抓住机遇，实现顺利就业。

择业就业的过程就是大学生认识社会和适应社会的过程，求职过程也许会很顺利，也许会遇到很多困难、挫折，面对择业要持有对社会理解、对自己宽容，胜不骄、败不馁的心态，把挫折看成锻炼意志、增强能力、完善自我的机会。积极心态能使人保持乐观，勇于尝试，不断努力。2010年诺贝尔化学奖获得者理查德·赫克正是持有这种"将克服困难作为生活的乐趣之一"的积极心态，使自己不受困难挫折的干扰而专注于化学世界，并享受其中，最终取得成功。

遇到挫折，不要消极退缩，也不要怨天尤人、牢骚满腹，而是要善于思考、反省，认真分析失败的原因：是主观努力不够，还是客观要求太高；是主观条件不具备，还是客观条件太苛刻？具体问题具体分析，然后采取针对性的措施，积极行动。通向成功的道路不会是平坦的，只有百折不挠、顽强拼搏，才能达到目标。

（三）及时调整情绪

遇到各种矛盾冲突时，产生不良情绪非常正常，但应及时进行调整或适度宣泄，以缓解或改善负性情绪，保持心理稳定。例如，通过体育锻炼、听音乐、郊游等积极的宣泄方式转移注意力，排解心中烦闷，放松心情，同时运用积极的自我心理暗示，鼓励自己、相信自己，帮助自己渡过难关，也可以向朋友、老师倾诉，必要时可以寻求心理医生和专家的帮助，以获得更多的情感支持和理解，获得认识和解决问题的新思路，增强克服困难的信心，以饱满的精神和积极向上、乐观豁达的心态迎接生活的挑战。

任务三 培养大学生良好的综合就业能力

一、什么样的大学毕业生受欢迎

21世纪企业的竞争归根结底是人才的竞争,人才竞争力是构成企业竞争力的最核心部分,因而人力资源成为企业最宝贵的资源。那么对于大学毕业生,企业有何期望?什么样的大学生最受企业欢迎?实践反复证明,社会需要的不仅是专业特长突出、操作技能出色的学生,同时也必须是综合素质较高的学生。据了解,企业最注重的实习生素质和能力有:①敬业精神,②协作精神,③创新能力,④专业技术能力,⑤解决问题的能力,⑥善于学习的能力,⑦沟通协调合作能力。

除了具备过硬的素质和能力之外,求职单位还要求求职者拥有健康的身心、良好的思想道德,特别是职业道德,如强烈的事业心和责任感、踏实肯干和吃苦耐劳的精神等。因此,大学生应着重培养以下能力和素质。

(一)积极的工作态度

一个人的工作态度是决定其能否胜任今后工作的主要因素。因此,企业非常注重大学毕业生是否具有爱岗、敬业、务实等积极的工作态度,具体表现为:在工作中认真、细致、负责、勤奋努力、虚心好学,积极主动地面对工作中的挑战、对工作有激情、肯吃苦、愿意从基层踏踏实实做起等。据了解,用人单位喜欢的工作态度具体有准时、诚实、可靠、稳定、主动、合作、学习、幽默、乐于助人等;而不喜欢的工作态度有懒散、迟到、缺席、不忠实、不诚实、太少或太多野心、被动、不合作、没礼貌、不守规则、不尽责、适应能力差、虚假报告、精神不集中等。大学生要清楚地意识到工作态度对企业和自身发展的影响。一个人做事的态度,决定了他日后成就的高度。如本项目开头的"新课导入"案例2里的小杰,虽然专业不对口,也没有过硬的专业技能,但是因为他有积极的工作态度,单位愿意给他一个机会,他自己也紧紧抓住机会接受各种锻炼,最后获得了他想要的职位。不管在什么岗位上,积极的工作态度都会给你带来好运。

(二)扎实的知识基础

在现代生产中,社会对复合型技术人员的需求增加,要求其既熟练掌握或精通专业技能、有扎实的专业知识基础,同时也具备相关专业或其他专业方面的知识。一方面,这样的大学毕业生能很快地适应环境,发挥作用;另一方面,专业之间的结合往往是创新的源泉,这就是企业的竞争力。因此,大学生不仅要把自己的专业读精读深,而且要跨领域、跨专业学习,考虑本专业和其他专业结合的机会。对自己专业不喜欢的同学也要思考,不能改变的专业和喜欢的专业有没有结合的可能,这样不仅可以增加学习的兴趣,还可能是一个非常好的契机。只有善于学习、不断学习,才能紧跟社会时代的脚步,适应社会不断发展的要求。

（三）较强的学习能力

不管你在学校的知识基础有多扎实，到新的工作岗位上几乎都要接受培训，接触新的知识和技巧，这是大学生快速成长和适应工作的最佳途径。只有具备较强的学习能力，才能在工作中触类旁通，遇到问题能及时看到症结所在，并能及时调动自己的知识和能力，迅速释放自己的潜能，制定出可操作的方案。因此，在大学期间养成良好的学习习惯，培养较强的学习能力，不仅是大学生在学校教育阶段顺利完成学业的必要条件，也是大学生步入职场后能够快速适应工作环境和获得职业发展的主要条件。

（四）较强的责任心

所谓责任心，就是指个人对自己、对他人、对家庭、对集体、对社会、对国家所负责任的认识、情感和信念，以及与之相应的遵守规范、承担责任和履行义务的自觉态度。而责任心强是用人单位对大学毕业生最基本的素质要求。例如在工作中，在处理一件具体事情上，责任心强可以体现在三个阶段：一是做事情之前，二是做事情的过程中，三是事情完成后出了问题时。第一阶段，做事之前想到后果。第二阶段，做事过程中尽量控制事情向好的方向发展，防止坏的结果出现。第三阶段，出了问题敢于承担责任，勇于担当。责任心是影响一个人在职业生涯发展中能走多远的重要因素之一。大多数用人单位在提拔员工的时候，选择的往往就是那些有担当、勇于承担责任与压力的员工，因为这是一个成功领导者应该具备的品质。要具备这种品质，需要大学生从个人的习惯和修养开始培养。

（五）良好的团队合作能力

现代社会的发展离不开团队合作，个人成长也离不开团队成员的帮助。譬如，企业的兴衰成败在很大程度上取决于其成员相互协商、相互尊重、相互凝聚的程度。所以企业非常看重大学毕业生的团队协作精神。大学毕业生也只有将个人融入团队，个人发展才会更加顺利。大学生在校园时代可利用很多合作和实践的机会，培养团队意识和积累合作经验，必定受益匪浅。

（六）较强的人际沟通能力

现代社会中，沟通无处不在。用人单位需要的是能够运用自己良好的沟通能力与企业内外有关人员接触的大学生，能够合作无间、同心同德、完成组织使命和目的的大学生。进入公司，没有良好的沟通能力，就难以很好地与他人合作共事，影响工作开展。良好的沟通能力也是大学生在面试时展现优势、走向成功的一大法宝。

（七）较强的创新意识和创新能力

很多用人单位对人才能力的需求已由过去的一般要求，发展到以创新能力为核心的特殊要求。那些善于观察，善于思考，不断探索、开拓和创新的大学毕业生是用人单位最看重的人才。因为他们永远不满足于现状，孜孜不倦地向更新、更高、更强的目标挑战，能为单位创造更大的价值，为单位发展带来更多的生机。

（八）较好的心理素质

在如今竞争激烈的环境中能否承受较大的工作压力，能否在工作中经受批评、打击，耐得住孤单、寂寞，是大学生能否在单位立足和发展的重要因素之一。心理素质的好坏，直接影响到大学毕业生能否在艰苦或不利的环境中调整自己，保持积极进取的状态。企业和社会非常欣赏勤奋、上进、肯吃苦的年轻人。大学毕业生在未来的道路上，总会碰到各种各样的困难。在学生时代就要有长期忍受痛苦的思想准备，培养自己耐得住寂寞、敢于拼搏、吃苦耐劳、经得起各种困难的考验、不断进取、百折不挠的精神，提高抗压、抗挫折能力，以适应未来的社会竞争。

大学生若能积极地培养以上八种素质和能力，在毕业时，将是用人单位最为青睐的人才，也将能在职业生涯中获得良好的发展。所以，大学生要尽早有职业生涯规划意识，关注自我职业发展路径和实现路径，并争取机会着手培养自己。

二、大学生综合就业能力培养的途径和方法

大学生的综合就业能力包括职业素质和职业能力。良好的职业素质和职业能力是决定职场成败的重要因素，是职场制胜、事业成功的法宝。大学生须有意识地通过多种途径、方法来培养和提升自我职业素质和职业能力。

（一）在生活中培养

美国心理学之父威廉·詹姆斯说："播下行为的种子，你就会收获一种习惯；播下习惯的种子，你就会收获一种性格；播下性格的种子，你就会收获一种命运。"一个人的习惯、个性并非一朝一夕形成的，而是长期行为的结果。个性习惯就是个人素质的真实写照，所以培养自己的职业素质必须从日常的生活细节及点滴做起。在生活中注意培养良好的行为，进而形成良好的习惯，最终发展为自身良好的个性，自然而然就能表现出良好的素质。

（二）在课堂内积淀

扎实的专业理论知识是发展专业技能的基础。大学生可多向老师、学长学姐、前辈请教，充分利用图书馆等校园资源，夯实专业知识，扩充专业知识面，丰富知识储备；学会自主学习，掌握科学的学习方法和思维方式，培养系统观察、分析、质疑、反思的能力和习惯。

同时，注意专业互补课程的学习。大学生往往不重视与专业无关的课程的学习，殊不知，专业互补课程恰好能让你在众多同学中出类拔萃。试想，一个普通理工科毕业生，却有较高的人文素养，是不是令其增色不少，更容易在竞争中脱颖而出？所以，理工科大学生要注重人文课程的学习，提高自己的人文素质；而文科大学生要注重理科知识的学习，培养自己的理科思维。

（三）在课堂外拓展

课外拓展是提高自身综合能力的良好途径。大学校园内经常会举办各种学术讲座、

文化讲座、专题讲座，常会邀请海内外知名人士、某领域专家学者、社会各界精英到校与同学们分享他们在各自领域的体验和人生感悟。大学生应抓住机会参加，虚心聆听优秀人物的观点见解、创业史和人生经验等，了解学校以外的大千世界，不仅可以拓宽视野，增长见识，还可以优化思维模式。

同时，竞赛可激发创新思维，是提高创新能力和解决具体实际问题等综合能力的有效途径。有条件的大学生可以争取机会多参与一些竞赛项目，这不仅有利于所学知识的融会贯通，提高发现问题、解决问题的能力，拓展创新能力和实践技能，同时也是考验和锻炼学生直面困难与遭遇挫折的勇气、探索问题的毅力和团队协作能力的好机会。

（四）在社团中锻炼

大学是一个小社会，各种不同的学生社团如同一个个小企业。大学生可根据自己的兴趣和需要，有选择地参加一两个学生社团。在参与组织的活动中，了解组织是如何运作的，同时还能锻炼自己的各种能力，如人际交往能力、沟通能力、团队协作能力、组织能力、领导和决策能力等。

（五）在实践中成长

实践出真知，实践长才干。实训、实习、兼职、勤工助学等实践活动是培养职业能力的有效途径。实训、实习过程是将理论和实践相结合的好机会，在实践中能更好地培养和提高动手操作能力。实习过程提供了真实的企业环境，让学生在真实的职业环境下，真正领会到未来工作岗位对专业技能的要求，得到了实际的训练，有助于综合素质和能力的培养、提高，是积累工作经验、提升职业能力的好办法。兼职、勤工助学不但可以减轻家庭经济负担，还可以让自己了解社会。在社会实践中增强独立自主的能力，培养吃苦耐劳、克服困难的精神以及服务他人的意识和责任感，是学生融入社会、获得较快成长的途径。

（六）在培训中强化

参加校内外的职业培训，可以强化专业知识，学习并掌握职业岗位所需的职业技能，获得相关职业资格证书，有助于拓宽就业范围，为职业生涯增添筹码。

对于大学生而言，具备良好的综合能力，就具备了入职的敲门砖。大学生的就业能力和职业发展，关键是在学习与实践中不断地完善自我，提升自我的综合就业能力。

》任务四　掌握求职技巧《

求职过程是求职者全面展现自身综合能力的过程，求职技巧是其综合能力的一个方面，对求职能否成功起着至关重要的作用。掌握必要的求职技巧，可以帮助求职者在求职中赢得不少先机。

一、简历制作

简历往往是招聘人员了解求职者的第一个途径。一份好的简历,可以在众多求职简历中脱颖而出,给招聘人员留下深刻的印象。编制简历须注意以下技巧。

(一)简单厚实

制作简历要讲究形式简单、内容厚实。把握简历的标准——简而有"力",字字有声。简单是指页数不要太多,建议一两页纸就够了,最多不要超过三张。内容厚实是指简历内容要丰富,要把自己的教育背景、工作经验、能力优势都一一表达清楚,突出自己的过人之处,用事实和数字说明自己的强项。对自己值得骄傲的经历和技能,应详尽描述,自信但不自夸,文字表达和词语使用要准确精练。

(二)有针对性

制作简历要有针对性,单位不相同,文化自然有差异,简历制作要针对你所应聘的单位的职位需要,突出自己的技能与能力。应聘不同单位、不同职位一定要用不同的简历。

(三)真实可靠

近几年,企业对求职过程的诚信度越来越关注。一些大学生为了迎合招聘条件,简历"注水"现象比较严重,如在"工作经验"中添加子虚乌有的工作经历,把别人的荣誉证书和成果改头换面地复制,转瞬间成为自己的"辉煌经历","在校期间担任的主要职务"中个个身居要职……假的真不了,就算没有人揭穿,你也很难瞒骗火眼金睛的招聘者,你的简单、真诚或许会打动招聘者,为你赢得一个机会,但是造假欺骗一定是让人厌恶的,就算侥幸被录用,你也必须为你的谎言不断圆谎,总处在忐忑不安中。俗话说得好,日久见人心。一旦被发现,就有可能让你名声扫地。无数案例告诫我们,只有诚信,才能获得双赢。为了你简历的"厚实",你可以从一入学就尽早规划,开始积累,毕业时你必定有沉甸甸的成果展示给他人。

二、面试技巧

面试是由招聘者与应试者当面交谈,或要求应试者现场操作以考查其综合素质与能力的一种方式,普遍运用于大学生就业活动中,是大学生应聘过程中的关键一步。用人单位通过面试,考查应试者的专业水平、实际工作能力、应变能力、协调能力以及人品性格等,是当前招聘单位广泛采用的遴选人才的主要方式。招聘者往往十分重视面试,许多用人决定就是在面试过程中做出的。所以,求职者在面试中恰当地运用求职技巧非常重要。

扫码观看"打造求职就业好'人设'"视频(精品微课)

(一)微笑——彰显涵养

微笑是社交的黏合剂,它使你显得和气、乐观而自信,真诚的微笑会使你处处受欢迎，因为每个人都乐于与和气、快乐的人一起共事。面试时面带微笑、亲切和蔼、谦虚有礼、有问必答，会增进你与面试官的沟通，提升你的外部形象和应聘成功率。

（二）自我介绍——2~3分钟秀自己

自我介绍是应试者与面试官建立互动关系的第一步。在2~3分钟的简短陈述中，面试官将会对应试者的精神面貌、表达方式、对工作的渴望程度等进行初步判断，形成第一印象。在做自我介绍时要简单明了，突出重点，体现能力、特长。不要单纯罗列参加了哪些工作实践和活动，而是要介绍在工作实践和活动中自己学到了什么，对此有何看法和体会，从而体现你是个对待工作认真、善于思考总结、有思想的人。同时，注意不要夸大其词，否则很容易露出破绽，给面试官留下不好的印象。

有位公共关系学教授说过这样一句话："每个人都要向孔雀学习，两分钟就让全世界记住自己的美。"自我介绍也是一样，只需要在短时间内让面试官了解自己的能力、特长就已足够，千万不要画蛇添足。

（三）倾听——全神贯注

全神贯注地听对方说话，始终保持饱满的精神状态，专心致志地注视着对方，脑子里要设法撇开其他事情，将注意力集中在对方说话的内容上。在对方说话的过程中，要不时发出表示听懂或赞同的声音、动作。如果一时没有听懂对方的话或有疑问，不妨用婉转诚恳的语言提出不明确的部分，请对方作进一步的解释，这样既能弄清问题要点和实质，又能让对方在心理上觉得你听得很专心，对他的话很重视。要确认提问内容，切忌答非所问。要认真琢磨对方讲话的重点，必要时可以进行复述，如"我同意您刚才所提的……"，重复对方强调的问题，往往会促进情感的融通。

（四）应答——思考5秒钟

仔细聆听对方的问题，审慎回答，不要太简略，切忌只回答"是的""好""对的""没问题"等无法使内容更生动的字句，要完整并举实例说明，但要避免冗长。回答问题前认真思考5秒钟。这样做，除了可以对要表达的内容稍作组织外，重要的是显示出你很重视对方提出的问题，表现出了尊重和认真。

（五）致谢——真诚

面试结束后，无论得到怎样的答复，比如被顺利录取，得到梦寐以求的工作机会，或者只是得到一个模棱两可的答复"这样吧，××先生/小姐，我们还要进一步考虑你和其他候选人的情况，如果有进一步的消息，我们会及时通知你的"，或是遭到拒绝，都应该对用人单位的面试人员表示感谢，多谢给予面试的机会，多谢其在面试过程中给予的令自己获益的观点，然后礼貌地说再见，最好以握手的方式道别。离开办公室时，应该把刚才坐的椅子扶正到刚进门时的位置，再次致谢后出门。经过前台时，要主动与前台工作人员点头致意，或说"谢谢你""再见"之类的话。这样既表现出应有的礼仪，又表现出自己良好的人际关系能力。在用人单位最后考虑人选时，能增加自己入选的砝码。

测试1　职业兴趣自我测评

职业兴趣测评最早由约翰·霍兰德提出，但并不完全符合中国国情，我国学者陈社育参照他的理论框架，研制了"RCCP通用职业匹配测试量表"，将职业兴趣类型分为六种：现实型（R）、研究型（I）、艺术型（A）、社会型（S）、管理型（E）、常规型（C）。一般来说，完全属于某一种典型类型的人并不多，大多数人除了主要地表现为某一种兴趣类型外，还可能同时具有另外一种兴趣类型的特点，这样两两交叉就形成了36种职业兴趣类型，如表11-1所示。

表11-1　36种职业兴趣类型

类型	现实型（R）	研究型（I）	艺术型（A）	社会型（S）	管理型（E）	常规型（C）
现实型（R）	RR	IR	AR	SR	ER	CR
研究型（I）	RI	II	AI	SI	EI	CI
艺术型（A）	RA	IA	AA	SA	EA	CA
社会型（S）	RS	IS	AS	SS	ES	CS
管理型（E）	RE	IE	AE	SE	EE	CE
常规型（C）	RC	IC	AC	SC	EC	CC

表中RR、II、AA、SS、EE、CC为典型类型，其余都是综合类型。各种类型及其相匹配的职业类型如下。

• 典型现实型（RR）：适合进行明确的、具体的，按一定程序要求的技术性、技能性工作，如机械操作人员、电工技师、技术工人。

• 研究现实型（IR）：适合具有一定科技含量的技术或技能性工作，如计算机编程人员、工程技术人员、质量检验人员。

• 艺术现实型（AR）：适合需要一定艺术表现的技术或技能性工作，如雕刻、手工刺绣、家具和服装制作。

• 社会现实型（SR）：适合与人打交道较多的技术或技能性工作，如出租汽车驾驶员、家电维修人员。

• 管理现实型（ER）：适合需要一定管理能力的技术或技能性工作，如领航员、动物管理员。

• 常规现实型（CR）：适合常规性的技术或技能性工作，如计算机操作人员、机械维护人员。

• 典型研究型（II）：适合需要通过观察、分析而进行系统的创造性活动的科学研究工作和理论性工作，如数学、物理等学科的研究人员和学术评论者。

• 现实研究型（RI）：适合侧重于技术或技能性的科学研究工作，如机械、电子、化工行业的工程师，化学技师，研究室的实验人员。

- 艺术研究型（AI）：适合艺术研究方面的工作，如文艺评论家、艺术作品编辑、艺术理论工作者。
- 社会研究型（SI）：适合社会科学研究方面的工作，如社会学研究人员、心理学研究人员。
- 管理研究型（EI）：适合管理研究方面的工作，如管理学科研者、管理类刊物编辑。
- 常规研究型（CI）：适合常规性的研究工作，如数据采集者、资料搜集人员。
- 典型艺术型（AA）：适合需要通过非系统化的、自由的活动进行艺术表现的工作，如演员、诗人、作曲家、画家。
- 现实艺术型（RA）：适合运用现代科技较多的艺术工作，如电视摄影师、录音师、动画制作人员。
- 研究艺术型（IA）：适合具有探索性的艺术工作，如剧作家、时装艺术大师、工艺产品设计师。
- 社会艺术型（SA）：适合侧重于社会交流或解决社会问题的艺术工作，如作家、播音员、广告设计、时装模特。
- 管理艺术型（EA）：适合需要一定管理能力的艺术工作，如节目主持人、艺术教师、音乐指挥、导演。
- 常规艺术型（CA）：适合常规性的艺术工作，如化妆师、花匠。
- 典型社会型（SS）：适合需要更多时间与人打交道的说服、教育和治疗工作，如教师、公关人员、供销人员、社会活动家。
- 现实社会型（RS）：适合具有一定技术的社会性工作，如护士、职业学校教师。
- 研究社会型（IS）：适合需要进行分析研究的社会性工作，如医生、大学文科教师、心理咨询人员、市场调研人员、政治思想工作者。
- 艺术社会型（AS）：适合具有一定艺术性的社会工作，如记者、律师、翻译人员。
- 管理社会型（ES）：适合需要一定管理能力的社会工作，如工商行政人员、市场管理人员、公安、交警。
- 常规社会型（CS）：适合常规性的公益事务工作，如环卫工作人员、工勤人员。
- 典型管理型（EE）：适合需要胆略、冒风险且承担责任的活动，主要指管理、决策方面的工作，如企业经理、金融投资者。
- 现实管理型（RE）：适合具有一定技术或技能的管理工作，如技术经理、护士长、船长。
- 研究管理型（IE）：适合侧重于分析研究的管理工作，如总工程师、总设计师、专利代理人。
- 艺术管理型（AE）：适合与艺术有关的管理工作，如广告经理、艺术领域的经纪人。
- 社会管理型（SE）：适合与社会有关的管理工作，如销售经理、公关经理。
- 常规管理型（CE）：适合常规性的管理工作，如办公室负责人、大堂经理、领班。
- 典型常规型（CC）：适合严格按照固定的规则、方法进行重复性、习惯性的劳动，并具有一定自控能力的相关工作，如出纳员、行政办事员、图书管理员。
- 现实常规型（RC）：适合需要一定技术或技能的常规性工作，如档案资料管理员、文印人员。

- 研究常规型（IC）：适合需要经常进行研究分析的常规性工作，如估价员、土地测量人员、报表制作人员、统计分析员。
- 艺术常规型（AC）：适合与艺术有关的常规性工作，如美容师、包装人员。
- 社会常规型（SC）：适合需要更多时间与人打交道的常规性工作，如售票员、营业员、接待人员、宾馆服务员。
- 管理常规型（EC）：适合需要一定管理能力的常规性工作，如机关科员、文秘人员。

表11-2是测试量表，请你根据对每一题的第一印象作答，不必仔细推敲，答案没有对错之分，根据与实际情况的符合程度进行判断，与实际情况相符合的得2分，不符合的得0分，难以回答的得1分。对于有些你没有机会从事的工作，你可以在假设的情形下做出判断。在做完从现实型到常规型共108道题后，再分类统计各自总分，填入得分栏中，并依次完成类型确定过程。

表11-2 职业兴趣类型测试量表

问题类型	序号	问题	得分	总分
现实型问题	1	你曾经将钢笔全部拆散加以清洗并能独立地将它装起来吗？		
	2	你会用积木搭出许多造型吗？或小时候常拼七巧板吗？		
	3	你在中学里喜欢做实验吗？		
	4	你对一些动手较多的技术工（如电工、修钟表、印照片、织毛线、绣花、剪纸等）很感兴趣吗？		
	5	当你家里有些东西需要小修小补时，常常是由你来做吗？		
	6	你常常偷偷地去摸弄不让你摸弄的机器或机械（如打字机、摩托车、电梯、机床等）吗？		
	7	你是否深深体会到如果身边有一把镙指钳或老虎钳等工具，会给你提供许多便利？		
	8	看到老师傅在做活，你能很快地、准确地模仿吗？		
	9	你喜欢把一件事做完后再做另一件事吗？		
	10	做事情前，你经常害怕出错，而对工作安排反复检查吗？		
	11	你喜欢亲自动手制作一些东西，并从中得到乐趣吗？		
	12	你喜欢使用锤子、斧头一类的工具吗？		
	13	如果掌握一门手艺，并能以此为生，你会感到非常满意吗？		
	14	你曾经渴望当一名汽车司机吗？		
	15	小时候，你经常把玩具拆开一探究竟吗？		
	16	你喜欢修理自行车、电器一类的工作吗？		
	17	你喜欢跟各类机械打交道吗？		
	18	你亲手制作或修理的东西经常令你的朋友满意吗？		

续上表

问题类型	序号	问题	得分	总分
研究型问题	1	你对电视或单位里的智力竞赛很有兴趣吗？		
	2	你经常到书店或图书馆翻阅图书（文艺小说除外）吗？		
	3	学生时代你常常会主动地去做一些有趣的习题吗？		
	4	你对一件新产品或新事物的构造或工作原理感兴趣吗？		
	5	当有人向你请教某事物如何做时，你总喜欢讲清内部原理，而不仅仅是操作步骤吗？		
	6	你常常会对一件想知道但又无法详细知道的事物，想象出它将是什么或将怎么变化吗？		
	7	看到别人在为一个有趣的难题争论不休时，你会加入进去或者独自一人思考，直到解决为止吗？		
	8	看推理小说或电影时，你常常分析推理谁是罪犯，并且这种分析时常与最后的结果相吻合吗？		
	9	你喜欢一些需要运用智力的游戏吗？		
	10	相比而言，你更喜欢独自一人思考问题吗？		
	11	你的理想是当一名科学家吗？		
	12	你经常不停地思考某一问题，直到想出正确的答案吗？		
	13	你喜欢抽象思维的工作吗？		
	14	你喜欢解答较难的问题吗？		
	15	你喜欢阅读自然科学方面的书籍和杂志吗？		
	16	你能够做那种需要持续集中注意力的工作吗？		
	17	你喜欢学数学吗？		
	18	如果独自在实验室里做长时间的实验，你能坚持吗？		
艺术型问题	1	你对戏剧、电影、文艺小说、音乐、美术等其中的一两个方面较感兴趣吗？		
	2	你常常喜欢对文艺界的明星品头论足吗？		
	3	你参加过文艺演出、绘画训练或经常写写诗歌、短文吗？		
	4	你的朋友经常赞扬你把自己的房间布置得比较优雅且有品味吗？		
	5	你对别人的服装、外貌以及家具摆设等能作出比较准确的评价吗？		
	6	你认为一个人的仪表主要是为了表现一个人对美的追求，而不是为了得到别人的赞扬或美慕吗？		
	7	你觉得工作之余坐下来听听音乐、看看画册或欣赏戏剧等，是你最大的乐趣吗？		

续上表

问题类型	序号	问题	得分	总分
艺术型问题	8	遇到美术展览会、歌手演唱会等活动，你常常去观赏吗？		
	9	音乐能使你陶醉吗？		
	10	你喜欢成为人们注意的焦点吗？		
	11	你喜欢不时地夸耀一下自己取得的成就吗？		
	12	你喜欢做戏剧、音乐、歌舞、摄影等方面的工作吗？		
	13	你能较为准确地分析美术作品吗？		
	14	你爱幻想吗？		
	15	看情感影片或小说时，你常禁不住眼圈湿润吗？		
	16	当接受一项新任务后，你喜欢以自己独特的方法去完成它吗？		
	17	你有文艺方面的天赋吗？		
	18	与推理小说相比，你更喜欢言情小说吗？		
社会型问题	1	你常常主动给朋友写信或打电话吗？		
	2	你能列出五个你自认为够朋友的人吗？		
	3	你很愿意参加学校、单位或社会团体组织的各种活动吗？		
	4	你看到不相识的人遇到困难时，能主动去帮助他，或向他表达你的同情与安慰吗？		
	5	你喜欢去新场所参加活动并结交新朋友吗？		
	6	对一些令人讨厌的人，你常常会由于某种理由原谅他、同情他甚至帮助他吗？		
	7	有些活动虽然没有报酬，但你会觉得这些活动对社会有好处，就积极参加吗？		
	8	你很注意你的仪容风度，这主要是为了让人产生良好的印象吗？		
	9	大家公认你是一个勤劳踏实、愿为大家服务的人吗？		
	10	旅途中你喜欢与人交谈吗？		
	11	你喜欢参加各种各样的聚会吗？		
	12	你很容易结识同性朋友吗？		
	13	你乐于解除别人的痛苦吗？		
	14	对于社会问题，你很少持中庸的态度吗？		
	15	听别人谈"家中被盗"一类的事，很容易引起你的同情吗？		
	16	你通常不喜欢一个人独处吗？		
	17	在工作中，你喜欢听取别人的意见吗？		
	18	和一群人在一起的时候，你经常能找到恰当的话题吗？		

续上表

问题类型	序号	问题	得分	总分
管理型问题	1	当你有了钱后，你愿意用于投资吗？		
	2	你常常能发现别人组织的活动的某些不足，并提出建议让他们改进吗？		
	3	你相信如果让你去做一个个体户，一定会成为富裕户吗？		
	4	你在上学时曾经担任过某些职务（诸如班干部、课代表等）并且自认为干得不错吗？		
	5	你有信心说服别人接受你的观点吗？		
	6	你对一大堆的数字感到头疼吗？		
	7	做一件事情时，你常常事先仔细考虑它的利弊得失吗？		
	8	在别人跟你算账或讲一套理由时，你常常会换一个角度考虑，并发现其中的漏洞吗？		
	9	你曾经渴望有机会参加探险活动吗？		
	10	你认为在管理活动中以个人的意志影响别人的行为是很必要的吗？		
	11	如果待遇相同，你宁愿当一名商品推销员，而不愿当一名机关办事员吗？		
	12	当你开始做一件事后，即使碰到再多的困难，你也执着地干下去吗？		
	13	你总是主动地向别人提出自己的建议吗？		
	14	你更喜欢自己下了赌注的比赛或游戏吗？		
	15	和不熟悉的人交谈对你来说毫不困难吗？		
	16	和别人谈判时，你不愿放弃自己的观点，是吗？		
	17	在集体讨论中，你不愿保持沉默，是吗？		
	18	你不愿意从事工资少但是比较稳定的职业，是吗？		
常规型问题	1	你能够用一两个小时坐下来抄写一份你不感兴趣的材料吗？		
	2	你能按领导或老师的要求尽自己的能力做好每一件事吗？		
	3	无论填报什么表格，你都非常认真吗？		
	4	在讨论会上，如果不少人已经讲的观点与你的不同，你仍然会发表自己的观点吗？		
	5	你常常觉得在你周围有不少人比你更有才能吗？		
	6	你喜欢重复别人已经做过的事情而不喜欢做那些要自己动脑筋摸索着做的事情吗？		
	7	你喜欢做那些已经很习惯了的工作，同时最好这种工作责任心小一些，工作时还能聊聊天、听听歌曲吗？		
	8	你经常能够将非常琐碎的事情整理好吗？		
	9	你总留有充裕的时间去赴约会吗？		

续上表

问题类型	序号	问题	得分	总分
常规型问题	10	对别人借你的和你借别人的东西,你都能记得很清楚吗?		
	11	你喜欢经常请示上级吗?		
	12	你喜欢按部就班地完成要做的工作吗?		
	13	对于急躁、爱发脾气的人,你仍能以礼相待吗?		
	14	你是一个沉静而不易动感情的人吗?		
	15	你喜欢把一切安排得整整齐齐、井井有条吗?		
	16	你经常收拾房间,保持房间整洁吗?		
	17	你办事常常思前想后吗?		
	18	每次写信你都要好好考虑,写完后至少重复看一遍吗?		

如果你在某一部分的得分明显高出其他部分,说明你属于该种典型类型的人。一般来说,综合性的兴趣特征在生活中居多数。那么怎么确定自己的综合特征呢?

首先,列出得分较高的两个兴趣类型的代号(　　)(　　)。

其次,将得分最高的兴趣类型代号的字母填入第一个括号。例如,你是现实型,则是(R)(　　)。

最后,将得分从高到低的兴趣类型代号依次填入空格。如果第二个特征是I,则是(R)(I)。

据此可知,你的兴趣特征是现实研究型。然后,就可以依据这个类型代号在前面所列的职业兴趣类型中进行查阅,从而得知自己的主要职业兴趣。

测试2　价值观探索

价值观的厘清是自我探索的重要课题之一,下面所列的哪些价值观在主导你的行为和想法? 在符合自己情况的选项后面打"√"。

(1) 审美性。具此价值观者,很重视美感。希望自己做出来的东西都能带有一些美感和艺术气息,追求美感的呈现,不喜欢丑陋、呆板的事物。(　　)

(2) 工作环境。具此价值观者,选择工作时,会特别注意该工作所提供的工作环境。喜欢在安静舒适的环境下工作,会避免从事室外与嘈杂的工作;也会尽量去经营自己的工作环境,使它更舒适而适合工作。(　　)

(3) 威望。具此价值观者,较看重自己的尊严与威望。希望所从事的工作能给他带来较好的名声,也希望能因此获得别人的尊重和肯定,希望从事社会地位相对较高的职业,如大学教授、人民代表、政治人物等。(　　)

(4) 利他主义。具此价值观者,有较明显的理想性格,工作的目的是造福人群,喜欢从事能够帮助别人的工作,希望因自己的付出让社会更加美好。(　　)

(5) 自主性。具此价值观者,能安排自己该做的工作,很有主见。别人的意见通常

仅供参考，坚持己见是常有的事。（　　）

（6）挑战性。具此价值观者，喜欢面对不同的挑战，宁愿失败也不愿意守旧，喜欢向自己的极限挑战，不断超越自己的成就。（　　）

（7）工作中的人际关系。具此价值观者，重视与同事和上司的关系。喜欢在工作中认识很多朋友，更希望自己在工作中的人际关系能够和谐。除了工作时间外，也喜欢和同事来往交流。好的同事关系能带来较大的满足，而不佳的同事关系，则会影响工作效率，甚至影响生活。（　　）

（8）经济报酬。具此价值观者，工作的目的在于获取报酬，重视财富的积累，收入的高低常会有意无意地影响他对工作的选择。（　　）

（9）成就。具此价值观者，较看重工作中的成就感，希望能有成功突出的表现，也会因为一项工作完成了而获得满足。喜欢从事能够看到具体成效的工作。（　　）

（10）遵德守法。具此价值观者，重视工作的正当性。不会做不正当的、不符合法律和道德的事情，更不希望他的工作造成对他人的直接或间接的伤害。（　　）

（11）心灵成长。具此价值观者，希望能在工作中促进自我成长，并通过工作认识各种不同个性、不同生活背景的人。（　　）

（12）变异性。具此价值观者，希望工作是多姿多彩、富有变化的，不喜欢每天做同样的事，更讨厌呆板、单调，期待工作中每天都能遇到新鲜事。（　　）

（13）稳定性。具此价值观者，较重视工作的稳定性而不是冒险性。不希望经常调换工作，希望捧着"铁饭碗"、不会被裁员，也很少想要换工作。（　　）

（14）实现性。具此价值观者，其工作的目的在于能够表达自己的想法和看法，喜欢能表现自我风格的工作，更希望能将个人理念通过工作来实现。（　　）

（15）对组织及工作的影响力。具此价值观者，希望能对所在的机构有所影响，喜欢领导别人一起工作时的能力感，若自己无力改变组织中不合理的现状，会有比其他人更深的挫折感。因此，常是组织中最有影响力的领导者。（　　）

（16）升迁及个人发展。具此价值观者，较重视工作的长期发展，在考虑选择工作时，会对升迁、进修、在职训练机会较多，或长期发展趋势较好的工作优先考虑。（　　）

（17）专业发挥。具此价值观者，希望在工作中发挥所学，因此，一份适合自己个性、兴趣的工作是很重要的；而在工作中能够展现个人能力、发挥专业特长就能带来满足。（　　）

（18）自我充实。具此价值观者，对于工作的附带效益较重视。希望工作能使他获得更多的知识、扩大眼界，喜欢动脑筋想新的点子。（　　）

（19）生活安逸。具此价值观者，最重视能过安逸的生活，不希望从事太辛苦的工作，也不喜欢因工作而让生活过得太紧张，认为工作应该要轻松、愉快，过得去就好了。（　　）

（20）休闲时间。具此价值观者，较重视假期，希望有较多较长的假期，无法接受忙得几乎没有休假的工作，也不希望工作会妨碍他自由自在的生活。（　　）

【说明】你所选择的项目，就是你平时很看重的个人生涯价值观。

活动1　生涯幻游活动

一、活动目的
（1）澄清自身的期待与价值。
（2）对未来给予期待与规划。

二、活动准备
（1）场地要求：安静的场所。
（2）道具准备：A4白纸和彩笔。

三、活动步骤
结合音乐欣赏，通过幻游的团体活动，带领学生进入心象视觉空间，并鼓励学生在活动中表达自己的梦想，同时愿意与人分享。最后协助学生借助活动探索自己未来希望的生活形态，并且共同讨论实现梦想的具体步骤。

步骤一：进行"生涯幻游"活动（严禁学生说话，破坏情绪）
（1）请学生尽可能地放松并闭上眼睛。
（2）请学生跟着老师的指导语，进入自己"四十年后的某一天"，然后跟着音乐进行自由联想，享受这美丽的一天。
（3）睁开眼睛，跟随音乐，用画笔来表达自己目前心中的感受或刚才幻游时的心象图。

步骤二：分享
（1）在小组内交流自己的画，并找出最符合自己的意境的画。
（2）挑选出最有代表性的几幅画。
（3）请选择此画的学生说明其选择此画的原因，再请原创者描述画中意境。
（4）请同学思考：是否喜欢这样的生活？为什么？对那时的自己，有没有什么话想说？
（5）布置课后任务：写一封信给未来的自己。

【生涯幻游指导语】请你轻轻地闭上眼睛，做几个深呼吸，深深地吸气，再慢慢地呼出来；自然地吸进来，慢慢地呼出去，自然地吸进来，慢慢地呼出去，自然地吸进来，慢慢地呼出去……放轻松……放轻松……尽可能放松，使自己能舒服地坐在椅子上……现在，闭上眼睛并完全松弛自己……舒缓你的呼吸……看看身体哪些地方还紧张……有的话，请放松……放松……放松……

现在，我们一起坐上时光隧道机，一起来到未来世界，现在是2064年（40年后），算一算你现在几岁？想一想你现在的容貌有变化吗？现在来到40年后的某一天……新的一天你刚醒来。几点了？你在哪儿？你听到什么？闻到什么？你还感觉到什么？有任何人与你一起吗？谁？现在，你已起床了。接着，你准备下床。请你尝试去感觉脚指头接触地面那一刹那的温度……是凉凉的？还是暖暖的？经过一番梳洗之后，你来到衣柜前面，准备换衣服上班。今天你要穿什么样的衣服上班？……穿好衣服，你看一看镜子，你还需要做什么吗？你的情绪如何？……然后你来到了餐厅，早餐吃的是什么？一起用餐的有谁？你跟他们说了什么话？……

吃完早餐，你关上家里的大门，准备前往工作的地点。你回头看一下你家，它是一栋什么样的房子？……然后，你搭乘什么样的交通工具上班？……有人和你在一起吗？……谁呢？……当你走时，注意周遭的一切……你到目的地了，你在何方？这地方像什么？……请注意，你对这地方的感觉是什么？……在这儿，你要做什么工作？……旁边有哪些人与你一起工作？……有的话，他们与你是什么关系？……你要在这儿逗留多久？……今天你还想去别的地方吗？……在这一天中，你还想做什么？……

现在，你回家了，今天是什么日子？……到家时，家里有哪些人欢迎你？……晚餐的时间到了，你会在哪里用餐？……跟谁一起用餐？……吃什么？……吃饱饭后你想做什么？……现在的感觉怎么样？你正在与别人分享你做的事吗？……你准备去睡觉了……回想这一天，你感觉如何？你希望明天也是如此吗？……你对这种生活感觉如何？……

10分钟后，我们将慢慢地回到这里，回到学校，回到我们的班级。现在，我从10开始倒数，当我数到0的时候，请你睁开眼睛。好，10——9——8——7——6——5——4——3——2——1——0……请睁开眼睛，不要说话，用画笔把刚才的旅途心境与感受彩绘出来。

活动2　30天改善计划

时常听一些同学说："我真的明白设定目标的重要性，但是具体实施过程中经常因种种原因扰乱原有的计划，最后往往不了了之。"确实，许多未知的因素是存在的，并影响着目标执行步骤，所以个体的成功不能一蹴而就，只能一步步走向成功。所谓切实可行的计划，就是自行确定的每个月的配额活动清单。马上建立一个"30天改善计划"，它能提高你的效率，同时充实承担责任的条件与实力。

一、活动目的

建立新的良好习惯，控制和消除旧的消极性习惯。

二、活动步骤

在下列5个方面填入你一个月内必须做到的事情，一个月后再检查一下进度，并重新建立新的目标。

1. 从现在起要改掉这些习惯

（1）不按时完成各种事情。

（2）常把消极性的词语挂在嘴边。

（3）作息时间无规律。

（4）……

2. 从现在起要养成这些习惯

（1）每天早上醒来都对自己说些激励的话。

（2）睡前把第二天的事计划好。

（3）任何场合尽量赞美别人。

（4）……

3. 用这些方法来提高自己的学习工作效率

（1）在最高效的时间做重要的事情。

（2）每天都安排一定的运动、休闲、机动时间。

（3）经常静静地思考，包括改善学习和工作的方式方法。

（4）……

4. 用这些方法来改善同学之间的关系（建议举例）

（1）尊重自己周围的每一个人。

（2）认真聆听他人的意见，努力了解他人的观点及其支撑的理由。

（3）对于他人为自己所做的事，哪怕是小事也要表示更大的谢意。

（4）……

5. 用一些途径来提升自己的修养

（1）阅读一本励志书籍。

（2）每周花 2 小时阅读本专业的杂志。

（3）结交几个朋友。

（4）……

完善自我，便是塑造自身生存的能力。当你看到一个处处都高人一等的风云人物时，立刻提醒自己，那不是天生的，是由许许多多严格的自我控制和修养造就的。建立新的积极性习惯，同时根除旧的消极性习惯，正视修养过程，而在这一修养过程中，计划目标便起着灯塔的作用。

约翰·霍兰德的人格类型和职业匹配理论

美国著名心理学家和职业指导专家约翰·霍兰德认为职业兴趣是人格的体现，人格与职业的相互匹配，是职业满意度、职业稳定性和职业成就感的基础。一个人在其人格类型相一致的环境中工作，容易得到乐趣和内在满足，最有可能充分发挥自己的才能。他将人格分为六种类型，与之相匹配的是六大职业类型（如表 11-3 所示，测试题目见表 11-2）。

表 11-3　六大职业类型

类型	人格倾向	典型职业
现实型（R）	具有顺从、坦率、谦虚、自然、坚毅、实际、有礼、害羞、稳健、节俭的特征，表现为： （1）喜爱实用性的职业或情境以从事所喜好的活动，避免社会性的职业或情境； （2）从事技艺性或机械性的工作，擅长动手并以"技术高"为荣； （3）重视具体的事物，如金钱、权力、地位等	电器师、自动化技师、制图员、土木工程师等

续上表

类型	人格倾向	典型职业
研究型（I）	具有分析、谨慎、批评、好奇、独立、聪明、内向、有条理、谦逊、精确、保守的特征，表现为： （1）喜爱研究性的职业或情境，避免企业性的职业或情境； （2）偏好对各种现象进行观察、分析和推理，并进行系统的创造性的探究	科研人员，数学、生物方面的专家等
艺术型（A）	具有复杂、想象、冲动、独立、直觉、无秩序、情绪化、理想化、不顺从、有创意、富有表情、不重实际的特征，表现为： （1）喜爱艺术性的职业或情境，避免传统性的职业或情境； （2）富有表达能力和直觉、独立、有创意、不顺从（包括表演、写作、语言），并重视审美的领域	诗人、作家、画家、摄影师、音乐人、演员等
社会型（S）	具有合作、友善、慷慨、助人、仁慈、有责任心、圆滑、善社交、善解人意、说服他人、理想主义等特征，表现为： （1）喜爱社会型的职业或情境，避免实用性的职业或情境，并以社交方面的能力解决工作及其他方面的问题，但缺乏机械能力与科学能力； （2）喜欢帮助别人、了解别人，有教导别人的能力，且重视社会与伦理的活动与问题	教师、牧师、辅导人员、医生、导游、社团工作者等
管理型（E）	具有冒险、野心、独断、冲动、乐观、自信、追求享受、精力充沛、善于社交、获取注意、知名度等特征，表现为： （1）喜欢企业性质的职业或情境，避免研究性质的职业或情境，会以企业方面的能力解决工作或其他方面的问题； （2）喜欢从事领导他人实现组织目标或获取经济利益的活动，有领导能力与语言能力，缺乏科学能力	推销员、政治家、企业家、采购员、调度员等
常规型（C）	具有顺从、谨慎、保守、自控、服从、规律、坚毅、实际稳重、有效率、缺乏想象力等特征，表现为： （1）喜欢传统性质的职业或情境，避免艺术性质的职业或情境，会以传统的能力解决工作或其他方面的问题； （2）喜欢从事有条理的工作，按部就班、愿意执行他人命令、接受指挥，而不愿独立负责或指挥他人	出纳、会计、秘书、法庭速记员、成本估算员、税务员等

成功，从设定目标开始

比塞尔是西撒哈拉沙漠中的一颗明珠，每年有数以万计的旅游者来到这儿。可是在肯·莱文发现它之前，这里还是一个封闭落后的地方。这儿没有一个人走出过大漠，据说不是他们不愿离开这块贫瘠的土地，而是尝试过很多次都没有走出去。

肯·莱文当然不相信这种说法。他用手语向这儿的人询问原因，结果每个人的回答都一样：从这儿无论向哪个方向走，最后都还是转回出发的地方。

比塞尔人为什么走不出去呢？肯·莱文非常纳闷，最后他雇用了一个比塞尔人，让他带路，看看到底是为什么。他们带了半个月的水，牵了两峰骆驼，肯·莱文收起指南针等现代设备，只挂一根木棍跟在后面。

10 天过去了，他们走了大约 800 英里的路程，第 11 天的早晨，他们果然又回到了比塞尔。这一次肯·莱文终于明白了，比塞尔人之所以走不出大漠，是因为他们根本就不认识北斗星。

在一望无际的沙漠里，一个人如果只凭着感觉往前走，他会走出许多大小不一的圆圈，最后的足迹十有八九是一把卷尺的形状。比塞尔村处在浩瀚的沙漠中间，方圆上千公里没有一点参照物，若不认识北斗星，又没有指南针，想走出沙漠，确实是不可能的。

肯·莱文在离开比塞尔时，带了一位叫阿古特尔的青年，就是上次他雇用的人。他告诉这位青年，只要白天休息，夜晚朝着北面那颗星走，就能走出沙漠。阿古特尔照着去做，3 天之后果然来到了大漠的边缘。阿古特尔因此成为比塞尔的开拓者，他的铜像被竖立在小城的中央。铜像的底座上刻着一行字：新生活是从选定方向开始的。

无论一个人的年龄有多大，他真正的人生之旅，是从设定目标那一天开始的，以前的日子，只不过是在绕圈子而已。

为了求生存、求成功，我们必须在杂乱中建立秩序，找出一个正常的步调，确定一个目标。如果没有目标，就只能在人生的旅途上徘徊，永远到不了目的地。正如空气对于生命一样，目标对于成功也有绝对的必要。

人生往往决定于做决定的那一刻。

决定其实就是选择。你现在的生活是你几年前的选择决定的，同样，你现在的选择也会决定你大学毕业后的生活。

不完美的求职者——犯错误效应

美国心理学家纳特·史坦芬格做过这样一个实验：要求 4 名前来求职的人，一边做自我情况报告的录音，一边用小型的锅煮牛奶。

第一位求职者声称自己学习成绩优秀，而且有出色的社会活动能力。他在报告最后特意提到牛奶煮得很好。

第二位求职者的报告内容与第一个人相差无几，但他在报告的最后说，他不小心碰翻了锅，牛奶也煮糊了。

第三位的情况和前面两位不同。他说自己的学业很糟糕，而且社会组织活动能力不怎么样，但他的牛奶煮得相当棒。

第四位的自我报告和第三位相似，并且牛奶也煮得差劲。

史坦芬格认为，所有求职者都可以归类为上述四类人：第一类人，十分完美，毫无欠缺；第二类人，比较完美，略有欠缺；第三类人，有较大的欠缺，但有小长处；第四类人，毫无长处。

表面上看来，似乎第一类人成功的概率应该更大，但现实的天平却常常倾向于第二类人。因为人毕竟都会有或大或小的毛病，不可能做到面面俱到。所以，如果你是十分出色的人才，在求职时，大可不必去掩饰个人的一些小毛病，真诚一些，这样使人觉得亲近，更容易让人接受。

学习评价

项目	课堂评价标准	自我评分					小组互评				
学习态度	自觉按要求完成学习任务	5	4	3	2	1	5	4	3	2	1
	上课认真，课堂互动活跃	5	4	3	2	1	5	4	3	2	1
	在小组活动中具有团队合作精神	5	4	3	2	1	5	4	3	2	1
活动表现	服从活动安排，积极参与	5	4	3	2	1	5	4	3	2	1
	大胆发表个人观点，思路清晰，表达流畅	5	4	3	2	1	5	4	3	2	1
	乐于回应同学发言，分享有用资源	5	4	3	2	1	5	4	3	2	1
知识掌握	通过本项目的学习，你发现了自己存在什么问题，并计划如何提高？(70分) 【答案填写】 _____										
合计得分											
加权总分 （自我评分×50% + 小组互评×50%）											

项目十二　珍爱生命　积极生活
——大学生生命教育与心理危机干预

深学践悟

拥有乐观心态的人，在生活和工作中更容易呈现出积极和热情的一面。无论遇到多大的困难，都会想尽办法去解决，这样的人工作起来更得心应手，生活上也更有趣。而喜欢以悲观心态看待周遭事物的人，常常在还没出发之前就杞人忧天，臆想出种种困境，失落感与日俱增，患得患失，生活也因此而变得一团糟。所以，无论眼下身处怎样的困境，都请记得保持微笑、积极面对，那才是生活最该有的样子。

——人民日报《让生活积极向上的五种方式》

学习目标

- 知识目标：了解生命教育的价值、起源和发展历程，了解积极心理学关于生命教育的侧重点以及心理危机的类型等基本知识。
- 技能目标：掌握积极心理学的生命观和幸福观，运用积极心理学原理处理与应对生命中出现的心理危机。
- 自我认识目标：学习积极心理学开展危机干预的原则和方法，运用积极心理学关于生命教育的理念和方法预防及应对危机。

大学生心理健康教育——积极心理训练

学习导图

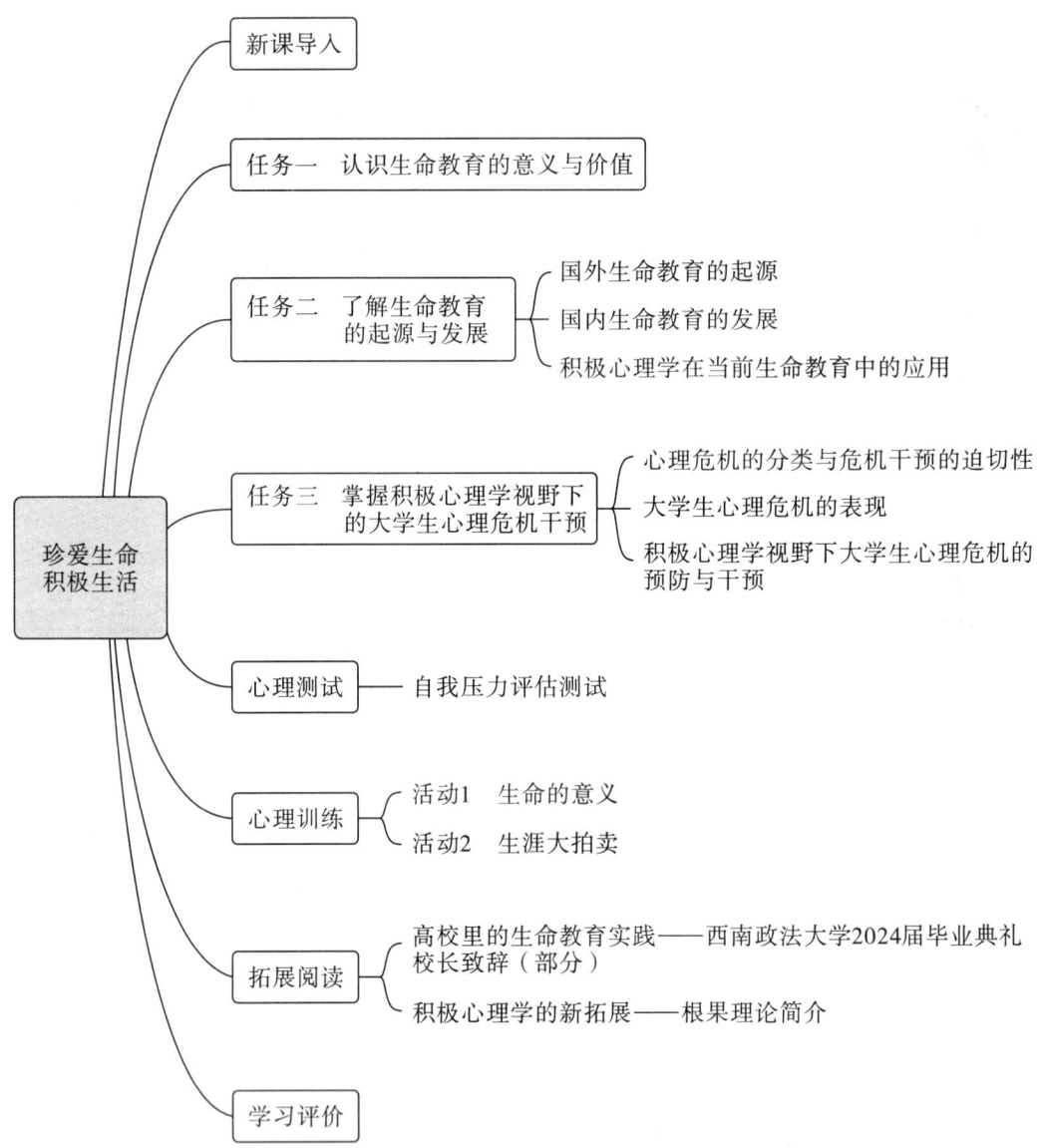

虐待生命之思考

2024年研究生复试期间，有一则关于东南大学本科生徐某祥研究生专业考试第一，却因为"虐猫"事件连续被南京大学、兰州大学拒绝录取的新闻。此事引发舆论广泛关注，许多网友都说南大、兰大这事干得漂亮，真是大快人心。

虐猫行为是对生命的漠视，严重触犯了社会道德底线，虽然我国法律尚未对虐待动物的生命立法，但是严重的失德行为，也会让个体付出沉重的代价。可以想见，虐待动物和虐待人之间的差距是多少呢？一个对动物生命如此残忍的人，对他人又会是怎样的态度呢？实际上，高校对于虐待动物行为的处置，正呈现趋于严格的迹象——

据《广州日报》报道：

2020年，山东理工大学通报学生范某某存在虐猫行为并在网上发布、转发他人虐猫视频，并予以退学处分。

2023年，河南南阳理工学院通报学生李某某存在虐猫行为，并予以开除学籍处分。

2023年，四川科技职业学院通报学生虐待流浪狗，并予以留校察看处分。

2024年4月13日，江西师范大学瑶湖校区学生郭某因被曝虐猫，被开除学籍。

人类总是标榜自己是"高级动物"，正是因为我们有高级感情，懂得爱与怜，懂得尊重每一个生命；我们有道德底线，知道分寸，知道珍爱生命是最基本的价值观，所以针对个别认为虐猫者残害的只是一条简单的生命的看法必须要旗帜鲜明地予以反对。虐待动物绝对不是小事，尊重、善待生命，不仅是对动物存有怜悯之心，更是人类精神文明层次的体现。不能虐待动物，是不可动摇的社会共识。这不仅是从动物福利角度出发，更是为了保护我们人类自身以及防止更大的祸患于未然。

任务一　认识生命教育的意义与价值

一个人如何对待生命，足以反映出很多东西，包括有没有同理心等。这是最基本的品质，某种程度上也决定了一个人怎样看待世界、怎样与世界相处，乃至这个世界将变成什么样。人的一生很漫长，如何守住赤子之心、如何拥抱外部世界，是毕生的课题。培养大学生健康的正确的生命观，是正确的世界观、人生观和价值观的重要内容。

《国家中长期教育改革和发展规划纲要（2010—2020年）》明确提出："坚持以人为本、全面实施素质教育是教育改革发展的战略主题""重视安全教育、生命教育、国防教育、可持续发展教育。"生命教育第一次被纳入国民教育的重大主题。

然而，随着时代的发展，尤其是科技的日新月异，大学生的思想受到网络上良莠不齐的信息影响，他们容易将所谓的时尚简单理解为特立独行，甚至把违背伦理道德的做法标榜为个性。在竞争日益激烈的当下，"卷"绩点、"卷"项目、"卷"实习、"卷"学分都无可厚非，但如果"一叶障目"，把思想道德这个"1"丢在了一边，哪怕智商再过人、成绩再优异、能力再突出，终究可能是竹篮打水一场空。因此，从虐猫考生的被拒以及类似人员被开除学籍等处理方式来看，打破了"唯分数论"的桎梏，再次将生命教育的重要性摆在国人面前。

近年来，越来越多的青少年对生命想象和生命发生发展规律缺乏认识，人身安全意识淡薄，心理受到不同程度的束缚。世界卫生组织官方网站数据显示，2021 年，超过 150 万名 10～24 岁的青少年和青年死亡，每天约 4500 人，而且自杀是 15～19 岁人群的主要死因之一。青少年自杀是一个严重的全球性的公共安全问题，更是一个严肃的普遍性的教育问题。

因此，从家庭到学校再到整个社会全面构建生命教育体系网络，对广大学生开展生命教育，以及进一步提升生命教育的广度、深度和效度，是迫在眉睫的大事。

那么什么是生命教育呢？所谓生命教育是指帮助学生认识生命、尊重生命、珍爱生命，促进学生主动、积极、健康地发展生命，提升生命质量，实现生命意义和价值的教育。生命意义的追寻是人类生存的基本动机，而能否发现个体独特的生活目标与存在的生命意义，常常与心理健康问题密切相关。

》任务二 了解生命教育的起源与发展《

一、国外生命教育的起源

美国学者杰·唐纳·华特士是第一位倡导生命教育的人。1968 年，他在美国加州创建"阿南达村""阿南达学校"，开始倡导和践行生命教育思想。美国现有的生命教育体系大致分为品格教育、迎向生命挑战的教育、情绪教育三部分，通过因地制宜的方式成立专业协会，出版专业性及普及性的书籍和杂志，并通过网络、影视作品等方式传播。

最早明确"生命教育"概念的是 1979 年在澳大利亚成立的"生命教育中心"，该中心现已发展为联合国非政府组织（NGO）的一员，致力于"药物滥用、暴力与艾滋病"的防治。

日本于 1989 年修订的新教学大纲中针对学生自杀、杀人、浪费、破坏环境等日益严重的现实，也明确表示以尊重人的精神和对生命的敬畏的观念来定位道德教育的目标。近年，日本提出了"余裕教育"的口号，就是针对当前日本青少年脆弱的心理和自杀事件而提出的生命教育内容之一，旨在通过宣传教育让青少年认识到生命的美好和重要，勇敢面对挫折，珍惜生命。

英国的生命教育中心创立于 1986 年，旨在防止药物滥用。1990 年，生命教育课程伴随着公民教育一起产生和发展，在推进的过程中形成了以公民教育课程为核心并辅以个人、社会和健康教育的所谓"全人"课程体系。2002年，生命教育纳入国家和学校正规教育课程，并将其渗透到历史、地理、英语、艺术等与生命教育课程内容、背景、教学和学习方式相近的科目。

二、国内生命教育的发展

20世纪80年代，我国台湾地区学者开始对生命教育展开研究。1996年前后，台湾地区校园一再发生暴力与自杀案件，引起教育部门的高度重视，开始在学校开设生命教育课程。台湾地区以全人教育为理念，坚持"为何而活"和"如何生活"两个方向，要求以正面积极的人生观、安身立命的价值观来调和个体的知、情、意、行，围绕个体与自身、个体与他人、人与自然三个维度实施生命教育。

我国香港地区对生命教育也予以极大关注。其生命教育从宗教的角度开展，内容涉及宗教教育、公民教育、伦理、德育等二十几个科目，建设了"宗教与人生——优质生命教育的追寻"等网站，取得了一些成果。相关部门也开展生命教育教师培训，显示了教育行政单位对生命教育的重视。

中国大陆在生命教育方面的教学和研究起步较晚，首先是在中小学进行了推广和实施，并且取得了一定的进展。目前在辽宁、上海、湖南、福建等地的中小学已经开设了生命教育课程，并开始进行生命教育实验。如2004年12月27日，辽宁省启动了中小学生命教育工程，制定了《中小学生命教育专项工作方案》，要求使中小学生身心能够得到充分自由、和谐的发展，培养学生成为充满活力、具有健全人格、具有创新能力的一代新人。2005年3月1日，上海市正式公布了《上海市中小学生命教育指导纲要（试行）》，尝试建立学校、家庭、社会资源共享的生命教育体系；2005年10月17日，湖南省也颁布了《湖南省中小学生命与健康教育指导纲要（试行）》，要求对中小学生进行专项教育。

在大学生中开展生命教育，目前还是一个比较新的领域。2003年4月8日，湖北省召开了"防止高校学生自杀专题会议"，这是全国首次以"防止大学生自杀"为主题的大型会议，体现了高校对大学生生命的关注。2005年荣获感动中国人物、荣获中国宋庆龄基金会"生命教育爱心大使"称号的洪战辉同学在北京大学作了以"受助、自助、助人、助己——当代大学生自主自强、创造精彩人生"为主题的精彩演讲。2006年5月19日，"青少年生命教育全国高校巡回演讲"在北京拉开序幕。珍惜生命的教育开始以多种形式进入大学校园，走进大学生的生活。2008年4月22日，大学生生命教育研究暨《生命教育大学生读本》编写会在武汉大学召开，就如何教育大学生理解生命的内涵、激发大学生热爱生命、提升生命价值展开讨论，与会人员一致认为生命教育已成为我国高校大学生思想政治教育的一个崭新而重要的课题。2008年，云南省率先在全国提出在各级各类学校学生中开展生命教育、生存教育、生活教育（简称"三生教育"），把帮助和引导大学生正确认识生命、生存和生活的意义，提高综合素质作为教育目标。此后，其他省份的部分高校也相继开设了生命教育课程。在机构的建设方面，以北京师范大学为依托，成立了北京师范大学生命教育研究中心，建立了中国生命教育网、中国青少年生命与健康网等网站，出版了《守护孩子的生命》《生命教育读本》《生命教育》以及《大学生生命教育》等书籍。2010年7月,《国家中长期教育改革和发展规划纲要（2010—2020年）》发布，意味着生命教育取得了国家"准生证"，并由此翻开了中国生命教育崭新的一页。

三、积极心理学在当前生命教育中的应用

我国学术界对生命教育的研究源于对西方教育经验的借鉴，在研究不断深入的同时也进行本土化改造，使得生命教育的内涵和外延更加清晰，逐渐经历了"关于生命的教育""通过生命的教育"和"生命导向的教育"三个阶段。展开来讲，"关于生命的教育"指的是生命知识教育，是以生命现象、生命过程和生命本质等内容体系构建的教育，常以独立于学科教学体系外的校本课程形式呈现。比如在中小学中开展生命如何到来的青春期教育课程以及日常的生命、身体安全教育等就属于这一类。"通过生命的教育"指的是以生命教育相关内容为载体的融合课程，即把生命教育作为课程资源与学科教学体系相融合的教育。这一阶段的生命教育逐渐开始与学科教学体系相融合。比如在其他的课程体系中出现了生命教育的专题。"生命导向的教育"指的是以生命价值完满实现为导向的教育，是以生命教育内在逻辑为起点统合学科教学并进行顶层设计的教育。比如在课程思政的内容体系中将生命教育的价值理念贯穿其中，分布在所有的学科教学而不是单一的某个课程中，这样就使得生命教育成为一种潜移默化的教育教学内容。这一阶段的生命教育成为幸福生活的重要内容，成为学科教育的上位概念，实现了学生的生命完满，也成了教育活动的起点与终点。而"生命导向的教育"目前既是一种发展趋势，也是一种实践过程，虽然还任重而道远，但是总是需要一个长期的过程才会产生积极的改变。

而积极心理学在生命教育中的应用，正是推动从"通过生命的教育"到"生命导向的教育"的一种有益尝试和积极实践，将积极心理学融入生命教育，在生命教育中彰显积极心理学有关积极体验、积极思维、积极机构等的力量，凸显生命教育中更加关注人的潜能、更加富有力量的方面，并且在所有的课程里都可以融入，这是与传统的关注消极的、病态的部分截然不同的方向。

（一）积极生命观的养成教育

大学生生命教育是指根据大学生个体身心特点和当前社会发展的需要，有目的、有计划地开展自我教育和生命实践教育。一方面侧重于学生积极生命观的养成教育，真正将生命独特观、生命敬畏观、生命品质观和生命责任观内化为个人的思想；另一方面从学校、家庭和社会三个层面积极构建包括生命教育、生存教育和生活教育三位一体的大学生生命教育网络体系，实现从观念到行为实践的密切融合，促进个人与环境的有机统一。事实上，有效开展大学生生命教育工作，就是做好心理危机干预的预防工作。预防比起干预工作耗时长，见效慢，却是一项基础工程，可以为学生的生命安全筑起一道隐形的防护堤。

扫码观看"热爱生命，成为你自己的光"视频（精品微课）

1. 树立生命独特观

有人认为，我们来到这个地球的幸运概率是 1/∞，成为人的幸运概率是 1/3 000 万，成为你的幸运概率是 1/600 亿。

人的肉体和精神都有不同于其他生命的特殊性。时间的一维性也决定了人的物质生命对每个人来说只有一次。人的生命的独特性突出表现在人与人之间的差异，在无论相貌特征、个性品质、人生道路还是实现人生价值的方式等方面都具有多样性。正如世界上没有两片相同的叶子一样，每个人都是这个世界上独特的个体。有的学生因为自己没他人漂亮、成绩没他人优异、家庭没他人富裕而不满，甚至产生了怨恨父母、嫉妒同伴的思想，恰恰忽略了生命的独特性。无论自己有什么样的缺陷，都是无可取代的生命奇迹。作为大学生个体，要树立生命独特性的观念，真正学会尊重自己和他人的差异，悦纳自己的一切。

关于生命独特观，也要谨防另外一个极端，那就是走向以自我为中心。如果极端地强调自我的独特性，从而走向了以自我为中心，忽视他人的感受和需要，往往会在大学生的集体生活中带来严重的矛盾。最近几年因为大学生宿舍关系紧张而引发的恶性事件频发不得不引起各级教育部门的高度重视，由此可见，作为大学生，我们应该树立的是人类生命的独特观，包括了自己当然也包含了他人。每个人在这个世界上都是独一无二的存在，都应该被尊重，值得被看到，在尊重自身的独特性的同时，多一点包容，欣赏他人的独特性，才能让生命之花绽放出更加绚烂的光彩。

2. 树立生命敬畏观

生命起源于爱，爱把人类带到这个世界。"生命是爱情的结晶"，正是基于两性间的爱慕、尊重和理解，个体才来到人间；正是在父母的陪伴、呵护和照顾下，儿童才茁壮成长。生命是脆弱的，但因为有了爱，它也是坚强的。对待生命，人类要心怀敬畏，无论是自己的，还是他人的。人本主义心理学家艾瑞克·弗洛姆曾经说过："尊重生命、尊重他人也是尊重自己的生命，是生命进程中的伴随物，也是心理健康的一个条件。"

2022 年以来，AI 技术发展一路狂飙，在推动人类文明进程的同时，也在技术与法律、技术与伦理等层面带来了一个又一个新挑战。逝者近亲属以技术"复活"亲人，借"数字虚拟人"满足对亲人的思念，这种近亲属之间的纯情感慰藉，局限于私域行为，目前并不在法律禁止之列。粉丝以技术"复活"偶像，如果不传播或公开，仅用于私密性的个人情感伴随，则与前述状况类似。但是现实中，有些人利用 AI 技术复原已故明星并恶意传播其头像的行为，其实是对生命的严重漠视，在道德层面应该受到谴责，在法律层面要承担一定的法律责任。作为大学生，我们更应该增强对生命的敬畏感，包括人类的生命以及其他一切生命。正如我们前文提到的，虐猫者的行为缺乏对生命的敬畏感，理应受到谴责。同时，对生命的敬畏也应该在生命结束后时刻保持，这才是对生命真正的敬畏。

3. 树立生命品质观

生命品质的高低取决于个体把自己的生命放在一个怎样的位置。有人常常将自己置身于受害者的角色，认为生活的所有苦难都非常不幸地降临到自己的头上，自己是世上最不幸的人；也有的人，虽然身处的环境比较恶劣，但依然保有积极乐观的心态，在现有的条件下不断努力，让有限的生命更加宽厚。这是两种截然不同的生命品质观，自然也就形成了两种截然不同的生存状态。前者看到的是自己失去的，而后者看到的更多是自己所拥有的。有人曾经问霍金："卢伽雷氏病已将你永远固定在轮椅上，你不认为命运让你失去太多了吗？"他始终保持着微笑回答："我的手指还能活动，我的大脑还能思考，我有终生追求的理想，有我爱的人和爱我的亲人、朋友，对了，我还有一颗感恩的心……"人们深受感动的并不是他曾经的苦难，而是他对生命品质孜孜不倦的追求，以及在直面苦难时所表现出的坚守、乐观和勇气。因此，虽然生命的长度有限，但是生命的广度还有无限扩大的空间，要靠个体积极地去拓展。

积极心理学认为，当人们用外在的、不稳定的以及特定的原因来解释事情的成败的时候，往往就是一种乐观的解释风格，而那些喜欢用内在的、稳定的和普遍存在的原因来进行解释的，就偏向于悲观主义的解释风格。具体而言，当成功的时候把原因主要归结于内在的、稳定的努力，失败的时候将原因归结于外在的、不稳定的因素，可以促成更多乐观品质的养成。

塞利格曼以归因研究理论为基础，认为乐观是一种解释风格，解释风格是指个体对成功或者失败进行归因时表现出来的一种稳定倾向，具有稳定性，并把解释风格分为两种：乐观解释风格（optimistic explanatory style）和悲观解释风格（pessimistic explanatory style）。乐观解释风格将坏事归因于外部的、不稳定的、具体的原因，将好事归因于内部的、稳定的、普遍的原因；悲观解释风格则将好事归因于外部的、不稳定的、具体的原因，将坏事归因于内部的、稳定的、普遍的原因等。塞利格曼认为一个人选择乐观还是悲观，取决于其解释问题与挫折的方式是采取乐观的归因方式还是悲观的归因方式。乐观产生健康、康复、精神，而悲观却导致相反的结果。对事件的解释方式是后天习得的，人们可以通过学习，将悲观的归因方式转向乐观的归因方式，这就是习得性乐观。学会乐观能保护儿童在未来免受抑郁和焦虑的侵袭，而且乐观与成年人的幸福高度相关，也能在极大程度上提升生命的品质。

4. 树立生命责任观

生存的反面是死亡，人们如何看待死亡往往也决定了人们如何生存。英国著名剧作家莎士比亚的《哈姆雷特》中有句名言："生存还是死亡，这是一个值得思考的问题。"可见，死亡对人类而言向来是一个严肃而又沉重的话题。人的生死绝非个人之事，而是与家庭、社会密切相关。自杀对个体也许是一种解脱，可是对亲人和社会无疑是巨大的伤害。维克多·弗兰克在《活出意义来》中说："一个人一旦了解他的地位是无可替代的，自然容易尽最大心力为自己的存在负起最大的责任。他只要知道自己有责任为某件尚待完成的事情或某个期盼他早归的人而善自珍重，必定无法抛弃生命。"生命不仅属于个体自己，也属于家庭和整个社会，所以个体在珍惜自身生命的同时，也在履行对家庭和社会的责任。

(二) 积极幸福观的养成教育

清华大学彭凯平教授曾在一次授课过程中提到，2021 年清华大学心理学系和新华社联合对我国 30 多万名中小学生做了一个调查，调查发现，中小学生中"四无"现象较突出：学习无动力，对学习没有兴趣；对真实世界无兴趣，大量的时间花在网上打游戏、刷短视频；社交无能力，对社会关系特别是亲密关系，如与父母的关系，与朋友、同学、亲人的关系缺乏沟通的能力；生命无价值感，抑郁症、焦虑症、恐惧症、强迫症，甚至自杀的比例都在不断上升。最早提出"空心病"这一概念的徐凯文博士于 2016 年就指出了当年 40.4% 的北京大学新生出现了生命无价值感，不知道为什么活着。如今几年过去了，这个"空心病"已经不断地低龄化，蔓延到了中小学。后续徐凯文博士也注意到了大学生的问题其实源于生命的早期，他也做了中小学生的"空心病"研究，并且对"空心病"的高发表示了极大的担忧。学生中出现的"四无"现象，是需要关注和解决的社会问题，它需要全社会的共同努力。彭凯平教授提出，在国内要大力推动积极心理学的应用和发展，帮助人们产生积极的心态，以应对"四无"现象。

扫码观看"寻找生命中的小确幸"视频
（精品微课）

从进化的角度来讲，我们的大脑更愿意关注负面、消极的信息而不愿意关注正面、积极的信息。彭凯平教授在讲话中提到，学者博曼斯特的研究发现，坏信息就是比好信息对我们的影响要大。获得 2002 年诺贝尔经济学奖的卡尼曼教授有一个研究，相同数量的收益和损失产生的心理效应是不同的，比如一晚上赢了十万块钱，输了九万块钱，我们不会想着赢了十万块钱，而是会念念不忘怎么输了那九万块钱。实际上我们还是赚钱的，但人就是关注负面信息的情绪远远大于正面信息。德国哲学家、数学家戈特弗里德·威廉·莱布尼茨认为，乐观是一种天然的理性范畴的认知方式，这个"乐"是人类刻苦追求才能得到的，不幸福是大脑本能的一种特性，幸福需要有所作为，有所修行，有所创造，有所行动。

由此可见，消极的心理或许能帮助我们活下来，而积极的心理可以让我们活得更好。这就是我们为什么提倡积极心态的原因。因为积极心态是人类进化选择出来的一种良性反应。而活得更好的标准则是更加幸福。那么人们解决了温饱问题之后，在随之而来的一系列有关"生命的意义是什么"的探索中，最重要的还是要回答如何才能活得更加幸福。如果说幸福是一种能力的话，这个能力是可以也是能够习得的。下面我们来谈谈如何增强让自己更加幸福的能力。

1. 积极的幸福观里需要有爱

要有爱的感受。作为一个幸福的人，其实很容易感受到爱的温暖。为什么说是爱的温暖？爱不是冲动的，爱是一种神经化学递质的帮助，神经化学递质叫作 oxytocin，翻译成中文是"催产素"，其实不太准确，因为男人也有很多 oxytocin，而它肯定不是为了催产。以前研究催产素的人是个兽医，母猪生产的时候需要注射催产素催产。催产素是爱的激素，当我们爱一个人的时候全身发暖，嗓子发紧，眼泪可能会流出来，这是爱的作用。爱的作用对人而言特别有意义和价值。

那么如何去增强爱的感觉呢？与他人的链接是关键，形成合作的关系是基础。这个他人包含了小家庭里的亲子之爱，也包含了大的社会背景下的人与人之间的爱，可以是爱事业、爱祖国、爱文化、爱同胞，这些都是真实的。

从积极组织发挥的作用来看，家庭是让人们第一时间产生爱的感觉的最重要也最基础的单元。现代家庭中亲子之间的链接越来越紧密，甚至紧密到进入了一种极端误区，父母成了为孩子包办一切，尤其是以学业为核心的所有事务的"代办机构"。孩子回到家里感受到爱的前提是孩子完成了作业，又或者父母监督孩子完成作业。孩子感受到爱的时间也变得极其短暂。如果说爱是无条件的，那么父母对孩子的爱就不应该与学业等捆绑，否则父母的角色就变得很混乱，孩子感受不到来自父母的那种温暖和关心，反而感到的是类似于学校里班主任老师的监督与要求。所以，为了让孩子们在大学阶段仍能拥有积极的心态，那么在孩子成长的早期的家庭教育里，就要让他们尽可能感受到来自父母的正向的、尊重的关心与爱，不以学业成绩为前提的单纯的爱。

在学校里，以应试教育为目标导向所构建的师生关系、同学关系都将变得越来越缺乏爱的温情。因为过分强调竞争已经让其他人都成了彼此的敌人。在这样的氛围下，怎么可能感受到幸福？所以，还是要自上而下对教育的目标加以澄清，始终不能偏离立德树人的目的，不能过分强调竞争。

2. 积极的幸福观里需要有意义

大学生为什么会出现生命无意义感呢？可能原因有很多。但是如果要树立积极的幸福观，认同幸福和意义是可以习得和内化的观念的话，我们就可以看到，在孩子们成长的过程中缺乏让他们产生意义的一系列的实践活动。

没有意义的单纯的快乐是短暂的，而且更多的是感官刺激。常常有学生沉迷于游戏、短视频、小说等不能自拔，这些感官刺激带给他们的快乐让他们欲罢不能，他们在现实中体验不到的成就感、价值感在网络的虚拟空间中得以体验。然而感官刺激的维持只能通过更强的感官刺激，他们沉溺于网络的时间越来越长，就越来越影响正常的作息和身心健康。

真正的幸福是需要意义的，这种意义来源于对社会的贡献。在家里，可以是对家庭的贡献；在学校里，可以是做一些对班级有贡献的事情；在社会上，积极主动地帮助他人，都更能让我们产生意义感、价值感。然而，现在的孩子在家里没有多少可以做贡献的机会，至少有相当比例的家庭并没有培养孩子在家里做贡献的常态机制。孩子们每天花在学习上的时间大量挤压了他们尝试做家务为家里做贡献的时间；在学校里，孩子们为班级做贡献的机会因为没有形成有效的持续性的机制，又或者因为被错误地使用，导致做贡献变成了惩罚，比如罚扫地、罚擦黑板等。孩子们怎么能一边接受惩罚，一边产生做这件事情的意义感和价值感呢？

所以，让人们不抱功利心地为家庭、为学校、为他人做贡献，就会不断地提升事物的意义。唯有做对社会有意义的事情，才能对抗生命中的各种诱惑和挑战。对于大学生而言，充分利用在学校里的一切时间，积极开展包括志愿服务、暑期三下乡、对需要帮助的人施以援手等活动，都可以不断地增强意义感。

任务三 掌握积极心理学视野下的大学生心理危机干预

一、心理危机的分类与危机干预的迫切性

心理危机是指当一个人面对的困难情境无法采用先前处理问题的方式及其惯常的支持系统来应对时，所产生的暂时的心理困扰。心理危机的潜在含义在于个体所面对的情境超越了个体自身的能力。一般根据危机的来源，将心理危机分为发展性危机、境遇性危机、存在性危机和障碍性危机。发展性危机是指在人的正常成长和发展过程中，急剧的变化或转变所导致的异样反应。对大学生来说，新生入学不适应、考试不及格、不喜欢所学的专业、大学毕业没有找到工作等，都可能导致发展性危机。比如，第一次被别人追求，当看到第一封情书的时候有可能被吓得不知道怎么应对，不敢对任何人说。但随着我们慢慢长大，会逐渐积累很多新的经验，可以应对发展性危机。境遇性危机是指个人面临着无法预测和控制的超常事件时出现的危机。这些事件通常是随机的、突然的，具有灾难性和震撼性的。例如，各种自然灾害或人为灾难，遭强暴、受性虐待，失业、失学，亲人死亡，身患不治之症等。比如2008年5月发生在我国四川的"5·12"汶川大地震给民众造成的心理危机就是境遇性危机，以及2020年在全球蔓延的新型冠状病毒引起的肺炎等，这些危机带给人们的心理应激反应，包括了焦虑、烦躁、恐惧、害怕、疑病、抑郁、悲观，有的人老怀疑自己被感染，反复想疫情问题等。这种危机发生突然，影响面广，影响程度深，影响时间长，需要进行及时有效的干预。存在性危机是指伴随着重要的人生问题，如在人生的目的、人生价值、责任、独立性、自由和承诺等问题上的困惑而出现的内部冲突和焦虑。生和死是人生的基本课题，人活在世上，一定会考虑和探索自己存在的价值和意义。比如有的大学生可能有一种压倒性的持续的空虚感、生活无意义感，这种空虚的感觉永远无法用有意义的东西来弥补。障碍性危机是指大学生因严重精神疾患引起的心理危机。

日益增多的大学生心理危机事件，严重影响了学生正常的学习和生活。大学生对生命的态度，对高校和社会的稳定形成巨大的压力。纵观大量的学生心理危机个案，不难发现，由于家庭、学校以及社会对生命教育的缺乏，一些大学生在遭遇困难和挫折后往往自暴自弃，选择过激行为来"解脱"自己。特别是20岁左右的大学生，正是情感比较脆弱的时期，一旦遇到挫折，难以理性对待，甚至一时冲动导致生命之花过早凋谢。因此，针对大学生的身心特点开展切实有效的生命教育是预防和干预大学生心理危机的内在需要，是保障个体生命的可靠路径，也是提升大学生生命质量的必然要求。

二、大学生心理危机的表现

心理危机发生时，情况是紧急的，反应是强烈的，个体可能会感到非常痛苦，这是正常反应。心理危机具有时限性，一般两三天就会好转，大部分一周就会恢复。其症状具有复杂性，包括生理症状和精神症状。心理危机的识别是开展大学生心理危机干预的前提和基础，有效地识别出有心理危机的学生，将使危机干预更有针对性和方向性。郑希付的《临床心理学》中将大学生心理危机的表现分为情绪、认知、行为、躯体四个方面。

①情绪方面：表现出高度的焦虑、紧张、丧失感和空虚感，且可伴随恐惧、愤怒、罪恶、烦恼、羞惭等消极情绪体验。

②认知方面：身心沉浸于悲痛中，导致记忆和知觉改变，难以区分事物的异同，体验到的事物间关系含糊不清，做决定和解决问题的能力受影响，有时害怕自己发狂，一旦危机解决可迅速恢复正常。

③行为方面：不能专心学习或劳动；回避他人或以特殊方式使自己不孤单，与社会联系破坏，可发生对自己或周围的破坏性行为；拒绝帮助，认为接受帮助是软弱无力的表现，行为和思维情感不一致，出现过去没有的非典型行为。

④躯体方面：失眠、头晕、食欲不振、胃部不适等。

当大学生出现四个方面中的两个或两个以上方面的表现，则认为其出现心理危机。

章周炎（2012）认为，心理危机包含三个最基本的要素——重大改变、无能为力、心理失衡，当三个基本要素同时具备时，就说明该个体出现了心理危机。

①重大改变：如个体生活中发生重大事件，遭受挫折境遇，面临严峻挑战，遇到严重阻碍。

②无能为力：惯用的应对策略防御机制失效，努力尝试解决失败，产生严重的乏力感和失控感。

③心理失衡：以往平静、平衡和稳定的状态被打破，各项功能出现明显失调，认知上只感到消极悲观无望，心情抑郁、烦躁、易激怒，行为上不能灵活地做选择，遇事回避或拖延。

三、积极心理学视野下大学生心理危机的预防与干预

心理危机的干预对象主要是存在心理危机倾向与处于心理危机状态的学生。他们一般表现为情绪剧烈波动或认知、躯体、行为等方面有较大改变，暂时不能应对或无法应对正常的生活模式。

1. 识别心理危机的高危个体

对存在下列因素之一的学生，应作为心理危机干预的高危个体予以特别关注。

①情绪低落、抑郁、不与家人或朋友交往者；

②过去有过自杀企图或行为者，经常有自杀意念者；

③存在诸如失恋、学业失败、躯体疾病、家庭变故、人际冲突等明显的动机冲突或

突遭重挫者；

④家庭亲友中有自杀史或自杀倾向者；

⑤人格有明显缺陷者；

⑥长期有睡眠障碍者；

⑦有强烈的罪恶感、缺陷感或不安全感者；

⑧感到社会支持系统长期缺乏或丧失，感到自己无能，看不到"出路"者；

⑨有明显的精神障碍者；

⑩存在明显的攻击性行为或暴力倾向，或其他可能对自身、他人、社会造成危害者。

2. 识别"可能"自杀的信号

自杀者采取行动前或多或少会出现一些信号（明示或暗示），能否成功捕捉到这些信号，便是预防其自杀的关键。

（1）言语信号

言语信号最容易识别，但又容易被忽视。有的人已经明确表示自己想自杀，但容易被误解，认为说自己想死的人不一定会真的自杀。还有一部分自杀者留下遗书传达信息。当发现这类行为时，应当立即采取必要的措施加以预防。若学生已经向老师明示了自己的自杀意图，作为敏感的教育工作者应该在第一时间捕捉到这一信息，并及时启动心理危机干预程序。

（2）行为信号

个体出现突然的、明显的行为改变，比如中断与他人的交往，或危险行为增加，如频繁出现意外事故。有的自杀者会在采取行动前向亲友告别，或向他们诉说一些类似于遗嘱或道歉的话，或将自己心爱的物品赠送给他人，甚至将自己的钱财转交给他人。

（3）认知信号

自杀者认为痛苦的状况是无法逃避、无法忍受、无止境、无助与无望的，感到疲劳，没有力量坚持下去，找不到生命的答案。

（4）情绪感受信号

个体流露出无助、无望的情绪情感。长时间的抑郁情绪突然好转并不见得是一种康复的表现。当想自杀的人不再犹豫并下定决心要采取自杀行动时，他会因为找到了解脱的办法而体验到放松的感觉，所以长期抑郁的人突然情绪好转更应引起警惕。

3. 学会助人：关心、陪伴、及时报告学校

如果发现身边的同学出现了以上提及的有可能发生危机的信号，要果断、及时地报告给学校相关老师，包括辅导员、班主任等。一方面要充分相信学校在处理危机事件方面的经验，另一方面要相信生命的维护是最大的价值所在，及时报告就是在帮助同学。

在平时的学习和生活中，尽量对身边的人多留意、多关心。尤其是对近期考试挂科比较多、睡眠质量比较差、刚刚复学回来、刚刚经历了亲人去世等事件的同学给予关心和陪伴。人人都多一点爱，身边处于危机的同学就能感受到，他们就有可能因为身边人的关爱而选择更有效的应对方式。

4. 学会自助：理智思考、善待自己、及时寻求相关人员的帮助

积极心理学认为，当我们在遇到危机的时候，其实也是一次化危为机的时候。我们既要看到危机带给自己的冲击，也要看到危机带给自己成长的可能，从更加积极、乐观的视角看待危机事件。

比如失恋，我们可以看到，在情感的世界里，你又多了一份体验，你又多了一次减少彼此伤害的机会，又或者多了一次彼此寻求幸福的机会。这个人不适合自己，幸亏及时发现，避免了更多的伤害。

比如考试失利，不妨看看自己的内心，也许这场考试是提醒自己需要调整，在心态、学习方法乃至行为习惯方面去找到更加契合自己的。一次考试失利，并不代表所有的考试失利。

当朝着积极思维的方向去看待问题的时候，很多问题就反而变成了答案，也变成了成长的契机。最重要的是，作为学生，我们需要充分关注自己的身心状态，如果确实出现了危机情况，要及时寻求帮助。寻求专业的帮助是有力量的表现，是爱自己的表现。

自我压力评估测试

要想战胜压力，第一步是要敢于承认压力的存在，承认压力是你正面临的问题，这对减轻压力非常关键。现在请你进行自我压力评估测试，对表 12-1 的陈述做出反应，选择一个最贴切的答案。尽可能客观公正：若回答"从不"则选 1，若回答"总是"则选 4，以此类推（选项：1—从不，2—有时，3—经常，4—总是）。然后算出总分，参照后面的结果分析进行自我评估，借鉴测试答案以明确需要改进的地方。

表 12-1　自我压力评估测试量表

序号	项目	选项			
1	一旦工作发生差错，就责备自己	1	2	3	4
2	一直积压问题，然后总想发作	1	2	3	4
3	全力投入工作以忘记私人问题	1	2	3	4
4	向最接近的人发泄怒气和沮丧	1	2	3	4
5	遭受压力时，注意到自身行为的不良变化	1	2	3	4
6	只看到生活中的消极方面而忽视积极方面	1	2	3	4
7	环境变化时感到不适	1	2	3	4
8	感觉不到在团队中的自我价值	1	2	3	4
9	上班或出席重要会议时迟到	1	2	3	4
10	对针对自己的批评反应消极	1	2	3	4
11	一小时左右不工作就内疚	1	2	3	4

续上表

序号	项目	选项			
12	即使没有压力,也感到匆忙	1	2	3	4
13	没有足够的时间阅读书籍	1	2	3	4
14	希望即刻得到他人的注意或他人的服务	1	2	3	4
15	工作和在家时都不爱暴露真实情感	1	2	3	4
16	同时承揽过多的工作	1	2	3	4
17	拒绝接受同事和上司的劝告	1	2	3	4
18	忽视自身专业和生理方面的局限性	1	2	3	4
19	工作占据全部时间,无暇享受兴趣和爱好	1	2	3	4
20	未加周全的思考就处理问题	1	2	3	4
21	工作太忙,整整一周不能和朋友、同事共进午餐	1	2	3	4
22	问题棘手时,逃避、拖延	1	2	3	4
23	感觉行动不果断就会受人利用	1	2	3	4
24	感到工作过多时,羞于告诉他人	1	2	3	4
25	避免托付工作给他人	1	2	3	4
26	尚未分清主次就处理工作	1	2	3	4
27	对他人的请求和需要,总是难以拒绝	1	2	3	4
28	认为每天必须完成所有的工作	1	2	3	4
29	认为不能应付自己的工作量	1	2	3	4
30	因害怕失败而不采取行动	1	2	3	4
31	往往把工作看得比亲人和家庭生活更重要	1	2	3	4
32	事情没有即刻生效便失去耐心	1	2	3	4

【计分方法与结果分析】

现在你已经完成自我评估测试,请算出总分,然后根据相应的分数段去评估你所承受的压力。

★32~64 分:你能很好地驾驭压力,因为积极性压力大多能够产生激励作用。所以,努力在积极性压力和消极性压力之间寻找最佳平衡点。

★65~95 分:你承受的压力还是适度和安全的,但某些地方需要改进。

★96~128 分:你承受的压力太大了,需要寻找策略以减轻压力。

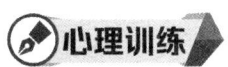

活动1 生命的意义

一、活动目的

让学生在认知上改变对生命的态度,不要放弃自己的生命;激励学生规划人生,并用积极的心态面对人生中的挑战。

二、活动时间

10~15分钟。

三、活动准备

（1）分组：无须分组，大班进行。

（2）道具：每位同学准备纸和笔。

四、场地要求

安静的室内。

五、活动步骤

（1）给每个人发一张印有如下数字和格子的纸条。假设这张纸条的长度是我们每个人从0~100岁的生命。

0	10	20	30	40	50	60	70	80	90	100

（2）请问同学们现在多少岁？（年龄前面的纸条撕掉）

（3）请问同学们想活到多少岁？（年龄后面的纸条撕掉）

（4）请问同学们一天24个小时会如何分配？

通常是睡觉8小时，占了1/3；吃饭、休息、聊天、玩游戏、看电影、玩电脑等又占了1/3；其实真正做有意义的事的时间只剩24个小时的1/3。（将所剩下的折成三等份）

（5）请同学们思考并分享：在有限的时间里你将会做哪些有意义的事情呢？

六、小结与升华

（1）老师提出问题，引发同学们思考：过去对你的意义是什么？现在对你的意义是什么？未来对你的意义是什么？

（2）请学生代表分享活动感受。

（3）教师对活动进行总结和点评，注意从积极心理学的角度引导学生思考，培育学生积极的生命观，让学生体会到每个人的存在就是一种价值，而为社会、为他人做出自己的贡献更是拓展了生命的意义，每个人都是有价值的，我们需要做的不是与他人进行比较，而是在个人的维度上不断升华生命的品质。

（改编自《积极心理学团体活动课操作指南》）

活动2　生涯大拍卖

一、活动目的

通过活动，引导学生思考自己人生的意义。

二、活动时间

15~20分钟。

三、活动准备

（1）道具：拍卖品和钱币（打印）、拍卖槌。

（2）分组：无须分组，大班进行。

（3）选定拍卖师。

四、场地要求

较大的室内空间。

五、活动步骤

（1）准备拍卖品（投影和打印）：

①豪宅；

②巨额财富；

③一张取之不尽、用之不竭的信用卡；

④美貌贤惠的妻子或英俊博学的丈夫；

⑤一个小岛；

⑥一座宏大的图书馆；

⑦长命百岁；

⑧一个勤劳的仆人；

⑨三五个知心朋友；

⑩一支价值 50 万元并每年可获得 25% 纯利收入的股票；

⑪名垂青史；

⑫一张免费环游世界的机票；

⑬和家人共度周末；

⑭直言不讳的勇敢；

⑮百折不挠的真诚。

（2）给每位学生发 1000 元（游戏代币），代表每位学生一生的时间和精力。

（3）将 15 项人生美事和优良品质逐一进行拍卖，100 元起价，欢迎竞价。

（4）连喊三遍统一价格，无人再出更高价的时候，敲落拍卖槌，价高者得到拍卖品（领取"拍卖品"并上交手上相应的"钱"）。

六、分享交流

（1）你为什么要用全场最高价得到这样东西？你现在后悔了吗？为什么？

（2）有的同学什么都没有买，为什么？

（3）在拍卖过程中，你有什么感受？

（4）假如现在已经是生命的终点，你是否后悔刚才你所争取的东西？而这样东西是否是你最想要的？

（5）金钱是否就会带来幸福和欢乐？有没有一些东西比金钱更重要？

15 项人生美事和优良品质当中，我们最想得到的东西映射出自己将会愿意花时间、花精力去追求的人生目标，但是并不代表我们在生命的尽头就一定会得到。

人生本来是没有意义的，我们活着就是为了寻找意义。我们人生的意义，是我们自己赋予的。请给生命以时间，给时间以生命，活出生命的意义，活出自己的价值。

拓展阅读

高校里的生命教育实践——西南政法大学2024届毕业典礼校长致辞（部分）

有关勇敢、坚持、热爱，我想和大家分享我在西政所听到的第一个"在校生"的故事。

2021级经济学院的邓显松同学自幼患有渐冻症，他报考了自己所热爱的西政，尽管他一天天地加速走向生命最后的归宿，但他始终坚强、微笑地面对可能突如其来的死亡，永不放弃对学业的追求，在巨大的痛苦中仍然发奋学习，并且成绩优秀。

西政也以同样的热爱回报我们这位勇敢的孩子，他的同学们背着他、抱着他去教室，在帮助显松同学的同时也感悟着生命的力量和坚持。

邓显松同学在2023年4月去世，他的父母把剩余的校友捐赠的3300元又回捐给母校，这个小小的数字背后既反映着西政学子自强不息的精神特质，也象征着西政人团结友爱的校园传统。

今年，在这一数字的基础之上，征得显松同学父母的同意，学校基金会设立了以他名字命名的"显松自强不息奖"。

西政永远不会放弃，也永远不会忘记每一位热爱生活、追求卓越的西政的孩子。

这就是我们的自强不息、和衷共济。

在邓爸爸提供的视频里，记者找到这样一段话："如果你的四肢逐渐无力，如果你无法行走，如果你的身体被困于一隅，你会做什么？邓显松的选择是——勇敢地，笃定地，去实现自己无人知晓的梦。"

——《中国青年报》

积极心理学的新拓展——根果理论简介

前面讲到，积极心理学之父马丁·塞利格曼先生把积极心理学的目标定为创造最高的生命质量和活出怒放的生命状态。那么，我们到底应该关注什么，才能让我们进入积极生命模式圈，活出积极怒放的生命状态呢？

围绕"生命"这个主题，我把对一个人的教育比喻成一棵生命之树。教育一个人，犹如种植一棵树，分为果、干、根。"果"是什么？"果"是我们所希望这个人能够产出的东西，比如信息、知识、能力、技能、成功、成就、学历、分数、成绩、排名、薪水、房子、名利、地位等。"干"可以理解为我们为达到目标而采取的方式方法。比如：上哪个学校，用什么教材，是否减负，怎么减负，学什么内容，如何学习，等等。而"根"则是隐藏在体内，看不见、摸不着的部分，也是常常被我们忽略的部分，比如我们的自我认知、自我定位、自信、情绪、感受、关系、兴趣、爱好、目标、梦想、需求、性格、生活习惯、行为模式，等等。"根"虽然看不见、摸不着，但它却是给我们生命提供源源不断动力和能量的源泉，是让我们充满勃勃生机的生命之水。

在教育的过程中，是"根"重要还是"果"重要？在教育的过程中，我们到底应该关注什么？是"根"还是"果"？我们当今的教育，大家都在关注什么？关注"根"还是关注"果"？我们的社会、学校、老师、家长、学生在关注什么？

——邓婷、博延顿《运用积极心理学解析教育的"根"与"果"》

学习评价

项目	课堂评价标准	自我评分					小组互评				
学习态度	自觉按要求完成学习任务	5	4	3	2	1	5	4	3	2	1
	上课认真，课堂互动活跃	5	4	3	2	1	5	4	3	2	1
	在小组活动中具有团队合作精神	5	4	3	2	1	5	4	3	2	1
活动表现	服从活动安排，积极参与	5	4	3	2	1	5	4	3	2	1
	大胆发表个人观点，思路清晰，表达流畅	5	4	3	2	1	5	4	3	2	1
	乐于回应同学发言，分享有用资源	5	4	3	2	1	5	4	3	2	1
知识掌握	宇宙的年龄约有多大？约137亿年。地球的年龄约有多大？约46亿年。人类历史约有多久？约300万年。人的生命又有多久呢？最长不过百来年。生命如此短暂，如何让自己的生命之花绚烂绽放，活出最好的自我？（70分） 【答案填写】 _____ _____ _____ _____ _____ _____ _____ _____ _____										
合计得分											
加权总分 （自我评分×50% + 小组互评×50%）											

参考文献

[1] 卡尔. 积极心理学：有关幸福和人类优势的科学 [M]. 丁丹, 译. 北京：中国轻工业出版社, 2014.

[2] 阿德勒. 儿童的人格教育 [M]. 彭正梅, 彭莉莉, 译. 上海：上海人民出版社, 2006.

[3] 阿德勒. 人, 做得到任何事：阿德勒心理学讲义 [M]. 吴书榆, 译. 北京：北京时代华文书局, 2018.

[4] 阿德勒. 生命的意义 [M]. 欧阳瑾, 译. 北京：台海出版社, 2018.

[5] 高普尼克. 园丁与木匠 [M]. 刘家杰, 赵昱鲲, 译. 杭州：浙江科学技术出版社, 2023.

[6] 德西, 弗拉斯特. 内在动机：自主掌控人生的力量 [M]. 王正林, 译. 北京：机械工业出版社, 2020.

[7] 艾利克森, 普尔. 刻意练习：如何从新手到大师 [M]. 王正林, 译. 北京：机械工业出版社, 2016.

[8] 岸见一郎, 古贺史健. 被讨厌的勇气 [M]. 渠海霞, 译. 北京：机械工业出版社, 2018.

[9] 白羽. 改变心力：团体心理训练与潜能激发 [M]. 杭州：浙江文艺出版社, 2006.

[10] 班兰美. 基于网络环境的大学生心理问题及应对研究 [J]. 知识文库, 2019, (24)：246.

[11] 陈国海, 许国彬, 肖沛雄. 大学生心理与训练 [M]. 广州：中山大学出版社, 2006.

[12] 陈海贤. 了不起的我：自我发展的心理学 [M]. 北京：台海出版社, 2019.

[13] 陈丽君, 杨颖, 王雪梅, 等. 青少年学习自我效能感与网络色情成瘾：一个链式中介模型 [J]. 中国临床心理学杂志, 2018, 26 (4)：706-710+715.

[14] 陈锐敏. 新媒介环境下网络心理测评中的青年亚文化风格探析 [D]. 辽宁大学, 2023.

[15] 陈晓晖, 高超, 杜冲, 等. 大连理工大学学风建设调查与分析 [J]. 大连理工大学学报（社会科学版）, 2007, 28 (4)：81-84.

[16] 陈媛媛. 网络色情成瘾注意加工的神经机制 [D]. 成都医学院, 2023.

[17] 程刚，肖友琴. 大学生失恋应对方式的构成及其特点［J］. 中国健康心理学杂志，2010，18（10）：1274-1276.

[18] 程良越，谢珊. 大学生职业生涯发展［M］. 广州：广东高等教育出版社，2011.

[19] 邓艳香. 大学生意志力培养的探析［J］. 时代教育，2013（17）：205-206.

[20] 丁义艳. 基于积极心理学观点的青少年网络使用分析［J］. 心理月刊，2020，15（8）：68.

[21] 董少校. 搜索引擎：莫被遮蔽思维之光［N］. 中国教育报，2012-10-26（005）.

[22] 冯廷勇，刘雁飞，易阳，等. 当代大学生学习适应性研究进展与教育对策［J］. 西南大学学报（社会科学版），2010，36（2）：135-139.

[23] 高竟玉. 特区高职院校学风建设的调查及分析［J］. 企业家天地：理论版，2008（5）：205.

[24] 高林国，汪瑶. 大学生心理健康教育教程［M］. 哈尔滨：哈尔滨工业大学出版社，2022.

[25] 郭嘉程，董柔纯，许放，等. 社会临场感与大学生网络过激行为的关系：双自我意识的并行中介及性别的调节作用［J］. 心理发展与教育，2024，40（2）：176-186.

[26] 郭立艳. 高职学生学习倦怠研究［J］. 职业教育研究，2010（2）：36-37.

[27] 郭瑞立. 学习能力训练教案（上/下）［M］. 南京：南京大学出版社，2014.

[28] 韩进之，杨丽珠，魏华忠. 我国大学生自我意识发展特点研究［J］. 心理发展与教育，1987（4）：1-7.

[29] 侯丽萍，张慧全. 高职大学生心理健康与自我调适［M］. 北京：中国轻工业出版社，2007.

[30] 胡蓉，刘雪梅，郑海霞. 大学生心理健康教育［M］. 天津：天津科学技术出版社，2021.

[31] 黄桂玲，颜剑雄，林佳丽，等. 大数据背景下农村大学生心理危机问题及其干预路径研究［J］. 农业经济，2021（4）：131-133.

[32] 黄雪薇. 大学生心理健康教育教程［M］. 广州：广东科技出版社，2007.

[33] 贾晓波，陈世平. 学校心理辅导实用教程［M］. 天津：天津教育出版社，2002.

[34] 尼尔森，洛特. 十几岁孩子的正面管教［M］. 尹莉莉，译. 北京：北京联合出版公司，2014.

[35] 尼尔森. 正面管教［M］. 玉冰，译. 北京：北京联合出版公司，2016.

[36] 姜新东. 大学生自我意识的迷失与引导探源［J］. 思想政治教育研究，2020，36（5）：112-116.

[37] 蒋宁. 网络暴力的道德审视［D］. 北京邮电大学，2021.

[38] 金盛华，张杰. 当代社会心理学导论［M］. 北京：北京师范大学出版社，2002.

[39] 德韦克. 终身成长［M］. 楚祎楠，译. 南昌：江西人民出版社，2024.

[40] 彼得森. 打开积极心理学之门［M］. 侯玉波，王非，译. 北京：机械工业出版社，2016.

［41］彼得森. 积极心理学［M］. 徐红，译. 北京：群言出版社，2010.

［42］威尔伯. 超越死亡：恩宠与勇气［M］. 胡因梦，刘清彦，译. 北京：生活·读书·新知三联书店，2011.

［43］李高峰. 生命与死亡的双重变奏：国际视野下的生命教育［D］. 上海：华东师范大学，2010.

［44］李慧敏，林启修. 大学生网络道德行为、网络使用与自我意识的关系［J］. 哈尔滨职业技术学院学报，2020（2）：131–133.

［45］李娜，王永辉，黄荡，等. 大学生心理危机成因分析及干预体系的建立［J］. 科技创业月刊，2013，26（12）：146–147+150.

［46］李卿. 云南省高校"三生教育"现状与路径研究［D］. 昆明：昆明理工大学，2012.

［47］李全彩，赵入坤. 当代大学生学风问题调查分析［J］. 课程教育研究，2016（33）：214–215.

［48］李婷婷. 网络环境下大学生负面情绪的影响因素及作用机理研究［J］. 中国民族博览，2018，(9)：61–62.

［49］李彤彤，李坦，郭栩宁. 基于社交媒体大数据的大学生心理危机预警［J］. 现代远程教育研究，2021，33（4）：92–103.

［50］李雪娇. 新时期大学生心理危机干预对策探索［J］. 长春大学学报，2014，24（2）：191–194.

［51］李娅. 当代大学生生命教育实践研究［D］. 南京：南京师范大学，2011.

［52］李逸龙，王青，韩旭东. 倾听积极心理学：来自哈佛讲堂的人生幸福课［M］. 北京：国家行政学院出版社，2013.

［53］李珍贞. 微媒体对青少年网络心理的影响与应对策略研究［J］. 数据，2021，（11）：107–109.

［54］李壮. 大学生网络心理体验分析［J］. 校园心理，2015，13（4）：265–267.

［55］道金斯. 自私的基因（40周年增订版）［M］. 卢允中，译. 北京：中信出版社，2023.

［56］联合国教科文组织. 学会生存：教育世界的今天和明天［M］. 北京：教育科学出版社，1996.

［57］梁瑞琼，邱鸿钟. 大学生心理健康教育与训练［M］. 北京：教育科学出版社，2010.

［58］林启修，马向真，李慧敏. 大学生隐性自恋人格与网络失范行为的关系：自我意识与人际敏感的链式中介作用［J］. 黑龙江高教研究，2024，42（1）：140–146.

［59］洛特，曼登霍尔. 做你自己的心理治疗师［M］. 花莹莹，译. 北京：北京联合出版公司，2015.

［60］洛特，肯特，韦斯特. 懂我就是爱我［M］. 张婷婷，译. 北京：北京联合出版公司，2015.

［61］刘欢，白广平. 网络环境下高校心理学教学与心理干预策略创新——评《新概念

网络心理力学》[J]. 科技管理研究, 2021, 41 (2): 229.

[62] 刘善循. 高效率学习与心理素质训练: 如何使你更聪明 [M]. 北京: 教育科学出版社, 2010: 326-331.

[63] 柳静, 王铭, 孙启武, 等. 我国大学生心理咨询与危机干预的管理现状调查 [J]. 中国临床心理学杂志, 2022, 30 (2): 477-482.

[64] 龙迪. 心理危机的概念、类别、演变和结局 [J]. 青年研究, 1998 (12): 42-45.

[65] 陆可心, 李雨菡, 姚玉红. 大学生生命教育课程实效评估——以某985高校生命教育课程为例 [J]. 高校辅导员学刊, 2024, 16 (2): 71-79+99.

[66] 陆育蕾. 浅谈"95后"大学生网络心理素养现状 [J]. 宿州教育学院学报, 2015, 18 (4): 108-109.

[67] 鲍迈斯特, 蒂尔尼. 意志力: 关于专注、自控与效率的心理学 [M]. 丁丹, 译. 北京: 中信出版社, 2012.

[68] 塞利格曼. 认识自己, 接纳自己 [M]. 任俊, 译. 沈阳: 万卷出版公司, 2010.

[69] 塞利格曼. 真实的幸福 [M]. 洪兰, 译. 杭州: 浙江教育出版社, 2024.

[70] 倪海珍, 杜旭林. 高职大学生心理健康与成长 [M]. 北京: 科学出版社, 2008.

[71] 倪旭东, 王勤勤. 国内心理幸福感研究综述——基于CNKI数据库的文献计量分析 [J]. 浙江理工大学学报 (社会科学版), 2018, 40 (4): 319-328.

[72] 欧阳叶, 刘建军. 大学生网络过激行为的心理分析及引导策略 [J]. 长沙航空职业技术学院学报, 2019, 19 (1): 120-124.

[73] 潘菽. 教育心理学 [M]. 北京: 人民教育出版社, 1983.

[74] 漆昌柱, 罗小霞, 叶冬茂. 人格和社会支持因素对大学生网络沉迷行为的影响 [C]//Intelligent Information Technology Application Association. Proceedings of the 2011 International Conference on Future Computer Science and Application (FCSA 2011 V4). 武汉体育学院研究生部; 湖北思远信息技术培训学院; 武汉纺织大学体育部, 2011: 3.

[75] 海特. 象与骑象人 [M]. 李静瑶, 译. 杭州: 浙江科学技术出版社, 2023.

[76] 邱鸿钟. 大学生心理健康教育 [M]. 广州: 广东高等教育出版社, 2004.

[77] 邱鸿钟. 大学生心理健康教育 [M]. 广州: 广东高等教育出版社, 2008.

[78] 邱鸿钟. 大学生心理健康教育 [M]. 广州: 广东高等教育出版社, 2012.

[79] 邱鸿钟. 性心理学 [M]. 广州: 暨南大学出版社, 2008.

[80] 饶淑园, 赖美琴. 大学生心理健康 (修订版) [M]. 广州: 暨南大学出版社, 2011.

[81] 人民网. 大学生性健康调查报告: 超两成大学生曾发生性行为 [EB/OL]. (2016-09-26). http://bj.people.com.cn/n2/2016/0926/c233081-29062983.html.

[82] 任俊. 积极心理学 [M]. 北京: 开明出版社, 2012.

[83] 芮雪. 浅谈如何构建网络心理健康教育体系 [J]. 山西青年, 2015 (22): 91-93.

[84] 石林. 健康心理学 [M]. 北京: 北京师范大学出版社, 2001.

［85］时蓉华. 社会心理学［M］. 上海：上海人民出版社，2002.

［86］舒天戈. 百年哈佛：教给学生的人生哲学［M］. 北京：石油工业出版社，2005.

［87］宿春礼，王彦明. 影响中学生一生的 100 个哲理故事［M］. 北京：中国和平出版社，2006.

［88］孙丽. 网络沉迷行为的人性论分析［J］. 理论界，2011，（8）：123-125.

［89］沙哈尔. 幸福的方法［M］. 汪冰，刘骏杰，译. 北京：当代中国出版社，2011.

［90］谭琛. 家庭环境和强迫信念对大学生网络成瘾发展轨迹的影响［D］. 中南大学，2023.

［91］谭华玉，黄喜珊. 心理弹性对大学生无聊状态及学习倦怠的影响［J］. 广东水利电力职业技术学院学报，2017，15（4）：12-17.

［92］谭谦章，袁一平. 新编大学生心理健康教程［M］. 北京：化学工业出版社，2011.

［93］陶行知. 陶行知文集［M］. 南京：江苏教育出版社，1997.

［94］田澜，肖方明，陶文萍. 关于中小学生学习适应性的研究［J］. 宁波大学学报（教育科学版），2002，24（1）：41-42.

［95］田澜，张大均，陈旭. 小学生学习适应问题的整合性教育干预实验研究［J］. 心理科学，2004（6）：110-113.

［96］汪冰. 世界再亏欠你，也要敢于拥抱幸福［M］. 武汉：长江文艺出版社，2013.

［97］王惠萍，李克信，时建朴. 农村初中生学习适应性发展的研究［J］. 应用心理学，1998（1）：49-54.

［98］王慧. 网络暴力中网民道德失范问题及治理研究［D］. 武汉工程大学，2020.

［99］王丽. C 大学学风状况及分析［J］. 学习月刊，2010（11）：95-96.

［100］王晓晨，张安东，薛勇民，等. 趣味哲学［M］. 太原：希望出版社，1992.

［101］王心华. 互联网背景下大学生的自我意识——评《大学生心理健康教育》［J］. 中国测试，2021，47（4）：169.

［102］王学风. 国外中小学的生命教育及启示［J］. 外国中小学教育，2007（1）：43-44.

［103］王滟明. 在哈佛听积极心理学［M］. 北京：中国华侨出版社，2012.

［104］王勇，赵龙飞. 大学生体育锻炼行为与生命质量关系的实证研究［J］. 铜仁学院学报，2024，26（1）：31-39.

［105］斯蒂克斯鲁德，约翰逊. 自驱型成长：如何科学有效地培养孩子的自律［M］. 叶社，译. 北京：机械工业出版社，2023.

［106］韦先良. 提高大学生学习兴趣路径探究［J］. 语文学刊，2012（5）：135-136.

［107］吴少怡. 新编大学生心理健康教程（微课版）［M］. 北京：中国传媒大学出版社，2021.

［108］吴亚子. 近年我国大学生心理危机干预研究的进展及存在问题［J］. 教育评论，2015（7）：98-101.

［109］伍泽宇，严嘉炜，杨鼎. "互联网+"背景下大学生心理健康风险及对策研究［J］. 中国商论，2018（27）：27-29.

［110］务楠，耿红卫. 国外网络对青少年心理发展的影响及对策研究［J］. 基础教育论

坛，2020（6）：79-80.

[111] 席居哲. 如何做一个心理弹性者（上）[J]. 大众心理学，2014（2）：25-26.

[112] 席居哲. 如何做一个心理弹性者（下）[J]. 大众心理学，2014（3）：24-25.

[113] 熊平安. 学习习惯和意志力因素与独立学院学生学习能力及效果的相关性分析[J]. 学校党建与思想教育，2013（27）：35-36.

[114] 徐安娜，黄克宇，谷立峰. 广东白云学院学风建设状况调查及思考[J]. 广东白云学院学报，2007（14）：54-61.

[115] 徐碧波，谢涵，林崇德，等. 中国青少年互联网心理与行为研究及展望[J]. 心理发展与教育，2018，34（3）：377-384.

[116] 徐炳吉，段福兴. 论大学生学习兴趣的激发与培养[J]. 山东理工大学学报（社会科学版），2006（1）：93-94.

[117] 徐玲，刘小敏，李鹏程. 大学生心理健康教育教程[M]. 北京：经济日报出版社，2008.

[118] 徐美华，刘轩. 当代大学生的"佛系"特征、成因及影响———基于16所高校717名大学生的调查研究[J]. 重庆高教研究，2022，10（2）：117-127.

[119] 徐绍华. 国外"三生教育"的探索与借鉴[J]. 昆明理工大学学报（社会科学版），2010（3）：12-17.

[120] 许加明，张倩倩. 新媒体时代大学生宿舍"宅"的形成机制与自我体验[J]. 山东青年政治学院学报，2021，37（1）：26-33.

[121] 许克亮. 职校生心智成长训练：团体游戏汇编[M]. 北京：机械工业出版社，2016.

[122] 闫红霞，樊富珉，何瑾. 大学生积极心理健康教育[M]. 高等教育出版社，2023.

[123] 央广网. 我国现有吸毒人员240.4万名，人数首次出现下降[EB/OL].（2019-06-26）. https:// baijiahao. baidu. com/s? id = 1637408443117640508&wfr = spider&for = pc.

[124] 阳志平，彭华军. 积极心理学团体活动课操作指南（第2版）[M]. 北京：机械工业出版社，2016.

[125] 阳志平，彭华军. 积极心理学团体活动课操作指南[M]. 北京：机械工业出版社，2009.

[126] 杨洪玲. 大学生心理危机特点及干预机制探索[J]. 吉林省教育学院学报（学科版），2009（10）：44-45.

[127] 杨秋雨，员美娜，李晓萱，等. 大学生手机使用、睡眠及体力活动状况对其生命质量的影响[J]. 职业与健康，2022，38（19）：2697-2702+2707.

[128] 杨韶刚，徐燕萍. 从"心"发展，扬帆起航[M]. 北京：九州出版社，2017.

[129] 杨雪花，郑爱明. 自我探索与成长：大学生心理健康教育[M]. 成都：电子科技大学出版社，2021.

[130] 叶琳琳. 大学生心理健康教育与心理素质训练（第2版）[M]. 北京：北京师范大学出版社，2021.

[131] 叶奕乾. 心理学 [M]. 北京：中央广播电视大学出版社，1990.

[132] 喻丰. 遇见幸福 [M]. 北京：中信出版集团，2020.

[133] 岳衡. 有氧运动对社交网络成瘾者负性认知偏向的影响 [D]. 内蒙古师范大学，2023.

[134] 张春兴. 现代心理学 [M]. 上海：上海人民出版社，1994.

[135] 张积家，陈俊. 高等教育心理学 [M]. 北京：高等教育出版社，2005.

[136] 张雷. 进化心理学 [M]. 广州：广东高等教育出版社，2007.

[137] 张磊. 民办高校学风的现状分析及建设机制 [D]. 长春理工大学，2007.

[138] 张苗. "互联网+"场域下大学生学习适应能力提升路径研究 [J]. 当代教育科学，2017（4）：93-96.

[139] 张敏强. 大学生职业规划与就业指导 [M]. 广州：广东高等教育出版社，2008.

[140] 张鹏程，沈永江，杨荣华. 青少年网络心理危机的内涵、影响因素与干预模式研究 [J]. 教学与管理，2016，(33)：76-79.

[141] 张淑娟，朱振东. 大学生网络心理危机评估量表的编制 [J]. 赤峰学院学报（自然科学版），2015，31（10）：193-195.

[142] 张晓琴，柳彩霞，梅俊华. 人格特质、网络服务对网络孤独感的影响方式 [J]. 中国健康心理学杂志，2007（10）：879-882.

[143] 张彦军. 从唐僧师徒气质特点看中国古人对气质的认识 [J]. 吉林省教育学院学报，2013（5）：137-138.

[144] 张志超. "95后"大学生学风问题及对策研究——以燕山大学电气工程学院为例 [J]. 教育教学论坛，2018（20）：69-70.

[145] 章周炎，汪丽华. 大学生心理危机的识别与预警 [J]. 当代青年研究，2012（7）：76-80.

[146] 赵浩. 大学生网络行动与社会自我认识的关系 [J]. 湖北函授大学学报，2015，28（4）：26-27.

[147] 赵佳楠，刘凤林. 网络背景下青少年心理问题成因及对策研究 [J]. 大学，2024，(7)：181-184.

[148] 赵新年，倪晓莉. 网络行为与自我意识的相关性分析——以大学生网民为例 [J]. 兰州大学学报（社会科学版），2015，43（3）：82-88.

[149] 赵昱鲲. 无行动，不幸福 [M]. 沈阳：万卷出版有限责任公司，2024.

[150] 赵中. 大学校园心理危机预防体系的分析 [J]. 黑龙江教育学院学报，2012（2）：106-108.

[151] 郑洪利. 大学生心理素质训练教程 [M]. 上海：上海交通大学出版社，2005.

[152] 郑晖，姚健儿，刘延，等. 大学生心理健康教育 [M]. 长沙：湖南师范大学出版社，2011.

[153] 郑希付. 临床心理学 [M]. 河南：河南大学出版社，1997.

[154] 郑祥专. 大学生积极心理健康教育 [M]. 北京：中国轻工业出版社，2009.

[155] 郑雪. 人格心理学 [M]. 广州：广东高等教育出版社，2004.

[156] 郑涌,黄希庭. 自我同一性状态对时间透视体验的结构关系研究[J]. 心理科学,1998,(3): 201-204+200-286.

[157] 郑涌,黄希庭. 自我概念的结构: Ⅱ. 大学生自我概念维度的因素探析[J]. 西南师范大学学报(哲学社会科学版),1998(5): 55-60.

[158] 中山大学心理健康教育咨询中心. 心灵的成长——关爱心灵的礼物[M]. 广州:中山大学出版社,2006.

[159] 钟志农. 心理辅导活动课操作实务[M]. 宁波:宁波出版社,2007.

[160] 周彬. 网民网络心理依赖、疏离现实与自我救赎[J]. 江淮论坛,2021(1): 147-152.

[161] 周媛,吴文春. 在校大学生在线学习活动特征调查与策略研究[J]. 长春教育学院学报,2013(3): 13-14+35.